李明 / 主编

中国法院类案检索与裁判规则专项研究丛书

中国法学会研究会支持计划
最高人民法院审判理论研究会主持

建设工程施工合同纠纷案件裁判规则（三）

人民法院出版社

图书在版编目（CIP）数据

建设工程施工合同纠纷案件裁判规则. 三 / 李明主编. -- 北京：人民法院出版社，2022.11
（中国法院类案检索与裁判规则专项研究丛书）
ISBN 978-7-5109-3519-0

Ⅰ. ①建… Ⅱ. ①李… Ⅲ. ①建筑工程－工程施工－合同纠纷－审判－案例－中国 Ⅳ. ①D923.65

中国版本图书馆CIP数据核字(2022)第095951号

建设工程施工合同纠纷案件裁判规则（三）

李明　主编

责任编辑：马倩
出版发行：人民法院出版社
地　　址：北京市东城区东交民巷 27 号（100745）
电　　话：（010）67550526（责任编辑）67550558（发行部查询）
　　　　　　　　　65223677（读者服务部）
客 服 QQ：2092078039
网　　址：http://www.courtbook.com.cn
E － mail：courtpress@sohu.com
印　　刷：天津嘉恒印务有限公司
经　　销：新华书店

开　　本：787 毫米×1092 毫米　1/16
字　　数：442 千字
印　　张：24.75
版　　次：2022 年 11 月第 1 版　2022 年 11 月第 1 次印刷
书　　号：ISBN 978-7-5109-3519-0
定　　价：98.00 元

版权所有　侵权必究

中国法院类案检索与裁判规则专项研究

首席专家组组长：姜启波

首席专家组成员（以姓氏笔画为序）：

丁文严　王保森　王　锐　王毓莹　代秋影　包献荣
刘俊海　李玉萍　李　明　杨　奕　吴光荣　沈红雨
宋建宝　陈　敏　范明志　周海洋　胡田野　袁登明
钟　莉　唐亚南　曹守晔　韩德强　黎章辉

建设工程施工合同纠纷案件裁判规则（三）

主　编：李　明

副主编：朱树英　袁华之　林镲海

专家团队成员（以姓氏笔画为序）：

韦文津　付少军　朱树英　李　明　何学源　林镲海
周丽霞　周吉高　胡玉芳　郦煜超　栗　魁　项　平
袁华之　曹　珊　程美姗

中国法院
类案检索与裁判规则专项研究
说　明

最高人民法院《人民法院第五个五年改革纲要（2019—2023）》提出"完善类案和新类型案件强制检索报告工作机制"。2020年9月发布的《最高人民法院关于完善统一法律适用标准工作机制的意见》（法发〔2020〕35号）对此进行了细化，并进一步提出"加快建设以司法大数据管理和服务平台为基础的智慧数据中台，完善类案智能化推送和审判支持系统，加强类案同判规则数据库和优秀案例分析数据库建设，为审判人员办案提供裁判规则和参考案例"。为配合司法体制综合配套改革，致力于法律适用标准统一，推进人民法院类案同判工作，中国应用法学研究所组织了最高人民法院审判理论研究会及其下设17个专业委员会的力量，开展中国法院类案检索与裁判规则专项研究，并循序推出类案检索和裁判规则研究成果。

最高人民法院审判理论研究会及其分会的研究力量主要有最高人民法院法官和地方各级人民法院法官，国家法官学院和大专院校专家教授，国家部委与相关行业的专业人士。这些研究力量具有广泛的代表性，构成了专项研究力量的主体。与此同时，为体现法为公器，应当为全社会所认识，并利用优秀的社会专业人士贡献智力力量，专项研究中也有律师、企业法务参加，为专项研究提供经验与智慧，并参与和见证法律适用的过程。以上研究力量按照专业特长组成若干研究团队开展专项研究，坚持同行同专业同平台研究的基本原则。

专项研究团队借助大数据检索平台，形成同类案件大数据报告，为使用者提供同类案件裁判全景；从检索到的海量类案中，挑选可索引的、优秀的例案，为使用者提供法律适用参考，增加裁判信心，提高裁判公信；从例案中提炼出同类案件的裁判规则，分析裁判规则提要，提供给使用者参考。从司法改革追求的目标看，此项工作能够帮助法官从浩如烟海的同类案件中便捷找到裁判思路清晰、裁判法理透彻的好判决（即例案），帮助法官直接参考从这些好判决中提炼、固化的裁判规则。如此，方能帮助法官在繁忙工作中实现类案类判。中国法院类案检索与裁判规则专项研究，致力于统一法律适用，实现法院依法独立行使审判权与法官依法独立行使裁判权的统一。这也正是应用法学研究的应有之义。

专项研究的成果体现为电子数据和出版物（每年视法律适用的发展增减），内容庞大，需要大量优秀专业人力长期投入。有关法院裁判案件与裁判内容检索的人工智能并不复杂，算法也比较简单，关键在于"人工"，在于要组织投入大量优秀的"人工"建设优质的检索内容。专项研究团队中的专家学者将自己宝贵的时间、智力投入到"人工"建设优质内容的工作中，不仅仅需要为统一我国法律适用、提升裁判公信力作出贡献的情怀，还需要强烈的历史感、责任感，具备科学的体系思维和强大的理性能力。此次专项研究持续得越久，越能向社会传达更加成熟的司法理性，社会也越能感受到蕴含在优质司法中的理性力量。

愿我们砥砺前行。

2022 年 11 月

建设工程施工合同纠纷案件裁判规则（三）

前　言

为统一法律适用和裁判尺度，规范法官自由裁量权，增强民商事审判的公开性、透明度以及可预期性，提高司法公信力，近年来，最高人民法院制定并发布了多部司法文件，2015年9月21日施行的《最高人民法院关于完善人民法院司法责任制的若干意见》中要求人民法院建立审判业务研讨机制，通过类案参考、案例评析等方式统一裁判尺度；2017年8月1日起试行的《最高人民法院司法责任制实施意见（试行）》中要求法官在办理案件时应制作类案与关联案件检索报告制度；2019年10月28日施行《最高人民法院关于建立法律适用分歧解决机制的实施办法》，旨在深化司法体制综合配套改革，严格落实全面推进"类案和新型案件强制检索"制度；2020年7月26日，最高人民法院发布《关于统一法律适用加强类案检索的指导意见（试行）》，对类案检索的适用范围、检索主体及平台、检索范围和方法、类案识别和比对、检索报告或说明、结果运用、法官回应、法律分歧解决、审判案例数据库建设等予以明确。强调法官对指导性案例的参照和对其他类案的参考，旨在实现法律的统一适用。

为了不断满足新时代对人民法院审判工作提出的新要求、新期待，最高人民法院审判理论研究会开展的类案检索与裁判规则专项研究，借助大数据检索平台，形成同类案件大数据报告，为使用者提供同类案件的裁判全景，并从大数据检索到的海量类案中挑选可索引的、优秀的例案，对司法实践遇到的法律适用问题予以引领和规范，目的是保证司法裁判的严肃性和权威性，实现好、维护好、发展好最广大人民群众的根本利益。

"百年大计，质量第一"，建筑行业是我国经济社会发展的重要产业，涉及人民群众生存发展的根本利益，面对新时代人民群众对权利保护的新期待，迫切需要规范建筑市场秩序、保障工程质量、保护弱势群体的合法权益，由于建设工程施工合同纠纷案件涉及的行政部门多、专业技术性强、事实认定难、法律适用争议大等特点，非常有必要从中国实际出发，立足解决中国的现实问题，对审判实践中的裁判规则进行梳理总结，发挥法学理论服务司法实践，服务人民法院中心工作的基本要求，解决建设工程审判实践中遇到的疑惑和困难。

应当承认，在检索大数据报告和提炼裁判规则过程中，仍然存在一些需要进一步完善的地方，如类案关键词与裁判规则之间的匹配度、要件事实与裁判规则之间的识别度、检索算法的不同导致数据不一致等。任何值得去的地方都没有捷径，这就需要我们今后的理论研究工作迈难关、想办法、找思路，这也就是我们前进动力和努力方向，只要路是对的，就不怕远。

类案检索与裁判规则专项研究是一项系统工程，特别是建设工程领域的研究，需要多方的协同努力，集腋成裘、聚沙成塔，通过助力人民法院的类案与关联案件检索制度，希望能够为促进建筑业健康发展，保障实现人民法院依法独立行使审判权和法官依法独立行使裁判权的统一，为促进社会主义市场经济健康发展贡献绵薄之力。

建设工程施工合同纠纷案件裁判规则（三）

凡 例

一、法律法规

1.《中华人民共和国民法典》，简称《民法典》

2.《中华人民共和国民事诉讼法》，简称《民事诉讼法》

3.《中华人民共和国标准化法》，简称《标准化法》

4.《中华人民共和国城乡规划法》，简称《城乡规划法》

5.《中华人民共和国建筑法》，简称《建筑法》

6.《中华人民共和国土地管理法》，简称《土地管理法》

7.《中华人民共和国审计法》，简称《审计法》

8.《房屋建筑和市政设施工程施工分包管理办法》，简称《房建市政分包办法》

9.《建设工程价款结算暂行办法》，简称《建设工程价款结算办法》

二、司法解释及司法文件

1.《最高人民法院关于审理建设工程施工合同纠纷案件适用法律问题的解释（一）》，简称《建设工程司法解释一》

2.《最高人民法院关于民事诉讼证据的若干规定》，简称《民事证据规定》

3.《最高人民法院关于审理买卖合同纠纷案件适用法律问题的解释》，简称《买卖合同司法解释》

4.《最高人民法院关于审理涉及国有土地使用权合同纠纷案件适用法律问

题的解释》,简称《国有土地使用权司法解释》

5.《最高人民法院关于审理民间借贷案件适用法律若干问题的规定》,简称《民间借贷司法解释》

6.《全国法院民商事审判工作会议纪要》,简称《九民会议纪要》

7.《最高人民法院关于适用〈中华人民共和国民事诉讼法〉的解释》,简称《民诉法司法解释》

8.《最高人民法院关于适用〈中华人民共和国民法典〉总则编若干问题的解释》,简称2022年《民法典总则编司法解释》

目 录

> **第一部分　建设工程施工合同纠纷案件裁判规则摘要　// 001**

> **第二部分　建设工程施工合同纠纷案件裁判规则　// 013**

建设工程施工合同纠纷案件裁判规则第 52 条：建设工程施工合同无效，且建设工程经验收不合格的，修复后的建设工程经验收合格的，发包人可以请求承包人承担修复费用　/ 015

一、类案检索大数据报告　/ 015
二、可供参考的例案　/ 017
三、裁判规则提要　/ 022
四、辅助信息　/ 027

建设工程施工合同纠纷案件裁判规则第 53 条：建设工程施工合同无效，且建设工程经验收不合格的，修复后的建设工程经验收不合格的，承包人请求支付工程款，不予支持　/ 029

一、类案检索大数据报告　/ 029

二、可供参考的例案 /031

三、裁判规则提要 /036

四、辅助信息 /039

建设工程施工合同纠纷案件裁判规则第 54 条：承包人超越资质等级许可的业务范围签订建设工程施工合同，在建设工程竣工前取得相应的资质等级，应当认定合同有效 /041

一、类案检索大数据报告 /041

二、可供参考的例案 /043

三、裁判规则提要 /048

四、辅助信息 /056

建设工程施工合同纠纷案件裁判规则第 55 条：当事人对垫资和垫资利息有约定的，按约定处理，但约定的利息计算标准高于垫资时的同类贷款利率或者同期贷款市场报价利率的部分除外 /058

一、类案检索大数据报告 /058

二、可供参考的例案 /061

三、裁判规则提要 /066

四、辅助信息 /070

建设工程施工合同纠纷案件裁判规则第 56 条：当事人对垫资没有约定的，按照工程欠款处理 /071

一、类案检索大数据报告 /071
二、可供参考的例案 /073
三、裁判规则提要 /078
四、辅助信息 /087

建设工程施工合同纠纷案件裁判规则第 57 条：当事人对垫资利息没有约定，承包人请求支付利息的，不予支持 /088

一、类案检索大数据报告 /088
二、可供参考的例案 /091
三、裁判规则提要 /096
四、辅助信息 /101

建设工程施工合同纠纷案件裁判规则第 58 条：有劳务作业法定资质的承包人与总承包人、分包人签订的劳务分包合同，应当认定有效 /103

一、类案检索大数据报告 /103
二、可供参考的例案 /105
三、裁判规则提要 /112
四、辅助信息 /117

建设工程施工合同纠纷案件裁判规则第 59 条：承包人明确表示或者以自己行为表明不履行合同主要义务的，发包人有权请求解除建设工程施工合同　/119

  一、类案检索大数据报告　/119
  二、可供参考的例案　/122
  三、裁判规则提要　/128
  四、辅助信息　/136

建设工程施工合同纠纷案件裁判规则第 60 条：合同约定的期限内没有完工，且在发包人催告的合理期限内仍未完工的，发包人可以请求解除建设工程施工合同　/138

  一、类案检索大数据报告　/138
  二、可供参考的例案　/141
  三、裁判规则提要　/146
  四、辅助信息　/155

建设工程施工合同纠纷案件裁判规则第 61 条：已经完成的建设工程质量不合格，承包人拒绝修复的，发包人有权解除建设工程施工合同　/156

  一、类案检索大数据报告　/156
  二、可供参考的例案　/159
  三、裁判规则提要　/165

四、辅助信息 /172

建设工程施工合同纠纷案件裁判规则第62条：承包人将建设工程转包、违法分包的，发包人有权解除建设工程施工合同 /176

一、类案检索大数据报告 /176

二、可供参考的例案 /179

三、裁判规则提要 /182

四、辅助信息 /189

建设工程施工合同纠纷案件裁判规则第63条：发包人提供的主要建筑材料、建筑构配件和设备不符合强制性标准，致使承包人无法施工，经催告后在合理期限内仍未履行相应义务的，承包人可以解除合同 /194

一、类案检索大数据报告 /194

二、可供参考的例案 /197

三、裁判规则提要 /203

四、辅助信息 /213

建设工程施工合同纠纷案件裁判规则第64条：发包人不履行合同约定的协助义务，致使承包人无法施工，且催告后在合理期限内仍未履行相应义务，承包人可以解除合同 /216

一、类案检索大数据报告 /216

二、可供参考的例案 /219

三、裁判规则提要 / 224

四、辅助信息 / 238

建设工程施工合同纠纷案件裁判规则第 65 条：建设工程施工合同解除后，已经完成的建设工程质量不合格，修复后的建设工程经验收合格，发包人有权请求承包人承担修复费用 / 242

一、类案检索大数据报告 / 242

二、可供参考的例案 / 245

三、裁判规则提要 / 251

四、辅助信息 / 260

建设工程施工合同纠纷案件裁判规则第 66 条：建设工程施工合同解除后，已经完成的建设工程质量不合格，修复后的建设工程经验收不合格，承包人请求支付工程价款，不予支持 / 262

一、类案检索大数据报告 / 262

二、可供参考的例案 / 265

三、裁判规则提要 / 272

四、辅助信息 / 278

建设工程施工合同纠纷案件裁判规则第 67 条：建设工程施工合同因违约解除的，解除权人可以请求违约方承担违约责任 / 280

一、类案检索大数据报告 / 280

二、可供参考的例案 /283

三、裁判规则提要 /292

四、辅助信息 /303

建设工程施工合同纠纷案件裁判规则第 68 条：因承包人的原因造成建设工程质量不符合约定，承包人拒绝修理、返工或者改建，发包人请求减少支付工程价款的，人民法院应予支持 /306

一、类案检索大数据报告 /306

二、可供参考的例案 /309

三、裁判规则提要 /317

四、辅助信息 /324

建设工程施工合同纠纷案件裁判规则第 69 条：发包人不得以承包人未开具发票为由拒绝支付工程价款，但合同另有约定的除外 /326

一、类案检索大数据报告 /326

二、可供参考的例案 /328

三、裁判规则提要 /332

四、辅助信息 /337

建设工程施工合同纠纷案件裁判规则第 70 条：国家审计机关的审计结果不宜直接作为工程结算的依据，但合同另有明确约定的除外 /339

一、类案检索大数据报告 /339

二、可供参考的例案　/ 341

三、裁判规则提要　/ 347

四、辅助信息　/ 352

第三部分　建设工程施工合同纠纷案件裁判关联规则　// 355

第一部分
建设工程施工合同纠纷案件裁判规则摘要

第一部分

建设工程造价合同内容案例

编制说明解读

◆ 建设工程施工合同纠纷案件裁判规则第 52 条：

建设工程施工合同无效，且建设工程经验收不合格的，修复后的建设工程经验收合格的，发包人可以请求承包人承担修复费用

【规则描述】《民法典》第 793 条第 1 款的意旨在于建设工程施工合同无效，工程验收不合格，修复后验收合格的，发包人应当参照合同关于工程价款的约定折价补偿承包人；第 2 款的意旨主要包括修复后的建设工程验收合格与否的法律后果。在合同无效且验收不合格时，应否折价补偿承包人应当以修复后能否验收合格作为判定标准；如经修复后验收合格的，发包人应当折价补偿承包人。关于修复义务主体及费用承担，发包人原则上应先通知承包人进行修复，如发包人未通知承包人修复即另行委托第三方进行修复的，承包人承担的修复费用以由其自行修复所需的合理费用为限。

◆ 建设工程施工合同纠纷案件裁判规则第 53 条：

建设工程施工合同无效，且建设工程经验收不合格的，修复后的建设工程经验收不合格的，承包人请求支付工程款，不予支持

【规则描述】 在建设工程施工合同无效，且竣工验收不合格时，能否获得折价补偿款应以修复后能否验收合格作为判定标准，经修复后的建设工程经竣工验收不合格时，发包人才有权拒绝承包人关于折价补偿款的请求。"质量缺陷能够修复"的举证责任应由承包人承担，需要通过鉴定确定质量缺陷能否修复，承包人未提出鉴定的，应当承担举证不能的法律后果。

◆ 建设工程施工合同纠纷案件裁判规则第 54 条：

承包人超越资质等级许可的业务范围签订建设工程施工合同，在建设工程竣工前取得相应的资质等级，应当认定合同有效

【规则描述】 我国法律明确禁止承包人超越资质等级许可的业务范围承揽工程，

该规定系国家法律、行政法规的"效力性强制性规定",如违反该效力性强制性规定则签订的建设工程施工合同应属无效。但是,为了避免出现大量合同无效的情形,同时兼顾资质等级设立的立法精神,促进当事人积极履行合同、保证交易安全、促进市场经济的健康发展,司法解释对于承包人超越资质等级许可的业务范围签订的施工合同无效问题制定了合同效力补正制度,即规定承包人超越资质等级许可的业务范围签订建设工程施工合同,在建设工程竣工前取得相应资质等级,施工合同应认定为有效。

建设工程施工合同纠纷案件裁判规则第 55 条:

当事人对垫资和垫资利息有约定的,按约定处理,但约定的利息计算标准高于垫资时的同类贷款利率或者同期贷款市场报价利率的部分除外

【规则描述】 垫资,是指在建设工程施工合同或另行签订的垫资合同中约定,承包方不要求发包方先行支付工程款或者仅支付部分工程款,利用其自有资金先行进场施工,建设工程施工到一定阶段或者工程全部完成后,由发包方再支付垫付的工程款。建设工程施工合同中的垫资条款或者另行签订的垫资合同的实质是发包方利用其在建设工程施工合同缔约过程中的优势地位,要求承包方提供的延付融资服务,也是发包方与承包方针对建设工程支付价款的一种约定。在司法实践中,当事人对垫资没有明确约定时,通常按照工程欠款处理。

建设工程施工合同纠纷案件裁判规则第 56 条:

当事人对垫资没有约定的,按照工程欠款处理

【规则描述】 承包人以自有资金开展项目施工的,对于垫付资金的安排应当进行明确约定。若发包人与承包人之间没有约定的,即使实际存在垫资的行为,对于垫资款的返还只能按照工程欠款予以处理。

建设工程施工合同纠纷案件裁判规则第 57 条：

当事人对垫资利息没有约定，承包人请求支付利息的，不予支持

【规则描述】 垫资利息作为垫资条款中重要的部分，主张垫资利息关乎承包人的经济利益与财产权利，因此，在裁判中处理垫资利息纠纷时，要针对不同的案件情况作出正确具体的处理，这对于规范建筑市场、协调发承包人的法律关系及权益将大有裨益。本条是关于建设工程合同中垫资利息请求依据的原则性规定。垫资利息以建设工程合同对垫资有明确约定为前提，否则将无法主张垫资利息，同时作为建设工程施工合同的一部分，处理垫资利息问题时，经常出现与建设工程施工合同效力的认定等问题交叉的情形。

建设工程施工合同纠纷案件裁判规则第 58 条：

有劳务作业法定资质的承包人与总承包人、分包人签订的劳务分包合同，应当认定有效

【规则描述】 根据《建筑法》及其相关规定，劳务作业承包人必须具有相应的资质，并在其资质等级许可的范围内承揽业务。严禁个人承揽分包工程业务。劳务作业分包由劳务作业发包人与劳务作业承包人通过劳务合同约定。劳务作业承包人必须自行完成所承包的任务。因此，施工总承包企业或者专业承包企业将承包工程中的劳务作业，发包给具有相应资质的劳务作业承包人，签订的劳务分包合同是合法、有效的，受法律保护；发包给个人，签订的劳务分包合同是非法、无效的，不受法律保护。

建设工程施工合同纠纷案件裁判规则第 59 条：

承包人明确表示或者以自己行为表明不履行合同主要义务的，发包人有权请求解除建设工程施工合同

【规则描述】 合同解除是合同法中的一项重要制度，合同解除可以分为协商解

除、约定解除和法定解除。其中法定解除主要适用于当事人不履行合同的主要义务，致使合同目的无法实现的情形，是一种合同违约的救济方式。《民法典》第563条第2项规定，"在履行期限届满之前，当事人一方明确表示或者以自己的行为表明不履行主要债务"，当事人可以解除合同。主要债务的履行，关系债权人最重要的权利的实现，关系订立合同的主要目的的实现。对建设工程施工合同中的发包人而言，承包人在合同的主要债务为及时完成建设工程，如果承包人明示或者以自己的行为表示其不履行合同的主要债务的，发包人有权解除合同；但发包人该项解除权的行使，应限于承包人不履行合同主要债务的前提下。该裁判规则确立的目的是通过明确解除合同的条件，在保护守约方的同时，防止合同被随意解除，从而保证建设工程施工合同全面实际履行。

◈ 建设工程施工合同纠纷案件裁判规则第60条：

合同约定的期限内没有完工，且在发包人催告的合理期限内仍未完工的，发包人可以请求解除建设工程施工合同

【规则描述】 合同解除，是指在合同有效成立后，因一方或双方当事人的意思表示，使合同关系终止，未履行的部分不必履行，既已履行的部分依具体情形进行清算的制度，它是合同特有的终止原因。为了鼓励合同交易、防止当事人滥用合同解除权、侵犯对方当事人的合法权益，合同解除的情形有协商解除、约定解除、法定解除三种情形。在建设工程施工合同履行过程中，承包人主要义务之一即按期完成施工任务。故根据《民法典》第563条第1款第3项的规定，如承包人在合同约定期限内没有完工，且在发包人催告的合理期限内仍未完工的，发包人应可以请求解除施工合同。发包人行使该合同解除权的实质条件有：施工合同应为有效，合同有效是施工合同解除的前提条件；合同对完工期限应具有明确约定；未在合同期限内完工系由承包人原因导致，并非由于发包人原因、第三方原因或情势变更等原因导致；承包人在发包人催告后的"合理期限"内仍未完工。程序条件则为：承包人在合同约定期限内未完工后，发包人必须履行催告义务，该项催告义务的时间节点，必须是在承包人已经逾期完工之后，对于催告的方式则一般采用书面形式。

建设工程施工合同纠纷案件裁判规则 61 条：

已经完成的建设工程质量不合格，承包人拒绝修复的，发包人有权解除建设工程施工合同

【规则描述】 合同解除权，即解除权人享有的依其单方意思表示即可使民事法律关系消灭的权利。从解除权产生来源可分为约定解除权和法定解除权两种。约定解除权是当事人在合同中明确约定行使解除权的条件，条件成就时一方享有的解除权；法定解除权则必须有明确的法律条文作为行使解除权的依据。建设工程施工合同的合同目的是建设质量合格且符合约定标准的工程，以满足发包人的使用功能。建设工程的质量是建设工程的灵魂，质量不合格的工程不能竣工验收并投入使用，发包人不能实现签订及履行合同的根本目的。如承包人已经完成的建设工程质量不合格，还拒绝修复的，显然已不是简单的违约，而是根本违约，导致发包人不能实现合同目的。

建设工程施工合同纠纷案件裁判规则 62 条：

承包人将建设工程转包、违法分包的，发包人有权解除建设工程施工合同

【规则描述】 建设工程施工合同中的转包和违法分包为法律禁止行为，国务院在 2000 年施行的《建设工程质量管理条例》对转包行为与违法分包行为进行了界定。违法分包是指：（1）总承包单位将建设工程分包给不具备相应资质条件的单位的；（2）建设工程总承包合同中未有约定，又未经建设单位认可，承包单位将其承包的部分建设工程交由其他单位完成的；（3）施工总承包单位将建设工程主体结构的施工分包给其他单位的；（4）分包单位将其承包的建设工程再分包的。转包，是指承包单位承包建设工程后，不履行合同约定的责任和义务，将其承包的全部建设工程转给他人或者将其承包的全部建设工程肢解以后以分包的名义分别转给其他单位承包的行为。

建设工程施工合同纠纷案件裁判规则第 63 条：

发包人提供的主要建筑材料、建筑构配件和设备不符合强制性标准，致使承包人无法施工，经催告后在合理期限内仍未履行相应义务的，承包人可以解除合同

【规则描述】 建设工程的主要建筑材料、建筑构配件和设备是工程的重要组成部分，直接影响建设工程质量、安全，直接关系到建设工程使用人及其他不特定第三人的人身财产安全及社会公共利益，因此必须符合强制性国家标准。《建筑法》第59 条及《建设工程质量管理条例》第 14 条、第 29 条均规定，发包人应当保证其提供的建筑材料、建筑构配件和设备符合设计文件和合同要求；承包人须对建筑材料、建筑构配件和设备等进行检验，未经检验或检验不合格的，不得使用。为避免出现因发包人提供的主要建筑材料、建筑构配件和设备不符合强制性国家标准且经承包人催告后又未在合理期限内予以更换，导致工程长期处于停工状态的情形，《民法典》第 806 条第 2 款明确规定，承包人在该等情形下享有合同解除权。同时，为平衡合同各方利益，维护合同的稳定性，适用本规则时，应严格遵照《民法典》规定、限定适用条件，不得任意扩大承包人合同解除权的行使范围。

建设工程施工合同纠纷案件裁判规则第 64 条：

发包人不履行合同约定的协助义务，致使承包人无法施工，且催告后在合理期限内仍未履行相应义务，承包人可以解除合同

【规则描述】 建设工程施工合同的履行过程中，因法律法规规定、合同约定或工程施工客观需要，存在诸多必须由发包人履行的协助义务，其中一部分协助义务如发包人不履行，则可能导致承包人无法施工。为督促发包人正确、及时履行该等协助义务，避免出现因发包人不履行必要的协助义务而导致的承包人无法施工、工程长期停滞的情况，《民法典》第三编第十八章第 806 条第 2 款明确规定，发包人不履行协助义务，致使承包人无法施工，经催告后在合理期限内仍未履行相应义务的，承包人可以解除合同。须注意的是，解除并非合同履行的常态，为维护合同的稳定性，采用本裁判规则时，应严格遵照《民法典》规定限定承包人解除权的适用范围，

不得任意扩大。

◆ 建设工程施工合同纠纷案件裁判规则第 65 条：

建设工程施工合同解除后，已经完成的建设工程质量不合格，修复后的建设工程经验收合格，发包人有权请求承包人承担修复费用

【规则描述】 在建设工程施工合同解除后，根据建设工程的特性，不发生相互返还的结果。其通常结果是，发包人取得已完成的具有利用价值的合格工程，发包人支付相应工程款。但如果承包人已经完成的建设工程质量不合格，但该质量问题属于能够修复的，则承包人仍可以取得相应工程款，但承包人应当承担修复费用。当然，如果发包人对于工程质量不合格有过错的，发包人也应当根据责任比例合理分担修复费用。

◆ 建设工程施工合同纠纷案件裁判规则第 66 条：

建设工程施工合同解除后，已经完成的建设工程质量不合格，修复后的建设工程经验收不合格，承包人请求支付工程价款，不予支持

【规则描述】 在建设工程施工合同解除后，根据建设工程的特性以及物尽其用、节约社会资源的价值导向，已经完成的建设工程质量不合格的，包括经修复后可以达到质量合格以及修复后仍不能达到质量合格的，相应的参照《民法典》第 793 条的规定进行处理。承揽合同是以完成一定工作并交付工作成果为目的，建设工程合同的客体是工程，承包人的基本义务就是按质按期地完成建设工程建设，如果建设工程确属无法修复或修复后的建设工程经验收仍然不合格的，则建设工程已没有实际使用价值，则无须承包人支付工程价款。

建设工程施工合同纠纷案件裁判规则第 67 条：

建设工程施工合同因违约解除的，解除权人可以请求违约方承担违约责任

【规则描述】 建设工程施工合同因违约解除的，解除权人可根据《民法典》第 577 条规定要求违约方承担赔偿损失，但对应当赔偿的损失范围及计算方法，在裁判时应综合考虑到合同履行情况、市场行业利润率、企业管理水平、材料价格、双方过错程度与损失之间的因果关系等因素，根据案件实际情况，综合认定是否支持预期可得利益。

建设工程施工合同纠纷案件裁判规则第 68 条：

因承包人的原因造成建设工程质量不符合约定，承包人拒绝修理、返工或者改建，发包人请求减少支付工程价款的，人民法院应予支持

【规则描述】 2020 年《建设工程司法解释一》第 12 条较 2004 年《建设工程司法解释一》第 11 条，将"因承包人的过错"变为"因承包人的原因"，符合了《民法典》第 577 条关于违约责任归责原则所采用的严格责任原则，不以当事人的主观过错为构成要件，更注重强调责任主体的责任承担，这也进一步要求承包人注重工程质量的提升，保障质量合格。

建设工程施工合同纠纷案件裁判规则第 69 条：

发包人不得以承包人未开具发票为由拒绝支付工程价款，但合同另有约定的除外

【规则描述】 在建设工程施工合同中，支付工程款是发包人的主要合同义务，开具并给付发票仅为承包人的从给付义务，在合同无特别约定的情况下，二者不具有对等关系，发包人不享有先履行抗辩权。但如果施工合同中明确地约定了发包人的拒付权的，根据私法自治的原则，法院应当尊重当事人的合意，认定发包人的抗

辩成立。同时，出卖人向买受人交付增值税发票，属于法律明确规定的义务，并非基于诚信原则产生的义务，故属于从合同义务。因此，承包人拒绝履行交付增值税专用发票义务的，发包人有权提起诉讼要求承包人履行，并可请求损失赔偿。

♠ 建设工程施工合同纠纷案件裁判规则第 70 条：

国家审计机关的审计结果不宜直接作为工程结算的依据，但合同另有明确约定的除外

【**规则描述**】 审计机关对政府投资或以政府投资为主的建设项目的总预算或者概算的执行情况、年度预算的执行情况和年度决算、单项工程结算、项目竣工决算，依法进行审计监督。但《审计法》规范的是审计机关与被审计单位之间的行政关系，不是被审计单位与其合同相对方的民事合同关系。《审计法》的规定不宜直接引申为应当以审计结果作为被审计单位与施工单位进行结算的依据。若以审计结果作为被审计单位与施工单位进行结算的依据，实质上是以审计决定改变建设工程合同，扩大了审计决定的法律效力范围。

第二部分
建设工程施工合同纠纷案件裁判规则

第二部分

建设工程施工合同司法解释
参考资料

建设工程施工合同纠纷案件裁判规则第 52 条：

建设工程施工合同无效，且建设工程经验收不合格的，修复后的建设工程经验收合格的，发包人可以请求承包人承担修复费用

【规则描述】　《民法典》第 793 条第 1 款的意旨在于建设工程施工合同无效，工程验收不合格，修复后验收合格的，发包人应当参照合同关于工程价款的约定折价补偿承包人；第 2 款的意旨主要包括修复后的建设工程验收合格与否的法律后果。在合同无效且验收不合格时，应否折价补偿承包人应当以修复后能否验收合格作为判定标准；如经修复后验收合格的，发包人应当折价补偿承包人。关于修复义务主体及费用承担，发包人原则上应先通知承包人进行修复，如发包人未通知承包人修复即另行委托第三方进行修复的，承包人承担的修复费用以由其自行修复所需的合理费用为限。

一、类案检索大数据报告

时间：2020 年 8 月 7 日之前；案例来源：Alpha 案例库；案由：民事纠纷；检索条件：（1）法院认为包含：同句"建设工程施工合同无效"；（2）法院认为包含：同句"修复后的建设工程经验收合格"。本次检索获取 2020 年 8 月 7 日之前共计 10 篇裁判文书。其中：

①认为施工合同无效，修复后验收合格，发包人请求承包人支付修复费应予支持的共计 4 件，占比为 40%；

②认为发包人就其修复费用举证不能不予支持的共计 1 件，占比为 10%；

③认为承包人未能修复，请求发包人支付工程款不予支持的共计 2 件，占比为 20%；

④认为就修复费用，由发承包双方承担的共计1件，占比为10%；

⑤认为施工合同有效，验收合格后原告请求扣除修复费用不予支持的共计1件，占比为10%；

⑥认为应当支持承包人请求发包人可参照合同关于工程款约定支付的共计1件，占比为10%。

整体情况如图1-1所示：

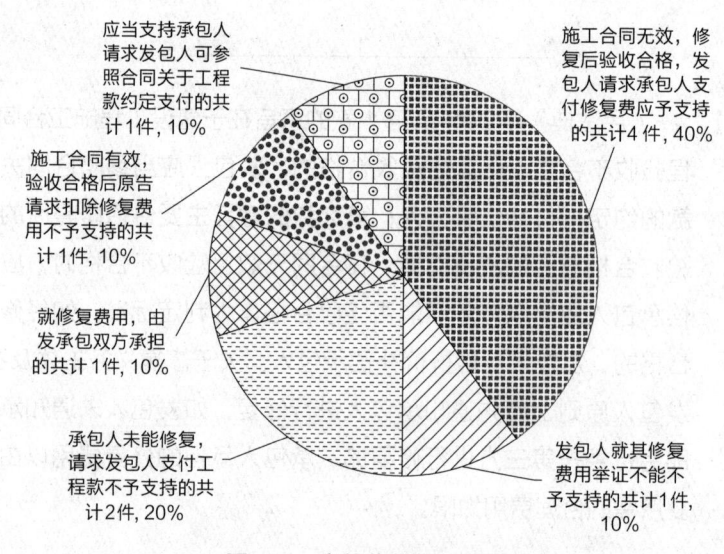

图1-1 案件裁判结果情况

如图1-2所示，从案件年份分布可以看出，在当前条件下，涉及同段中同句"建设工程施工合同无效"；和法院认为包含：同句"修复后的建设工程经验收合格"条件下的相应的民事纠纷案例数量的变化趋势。

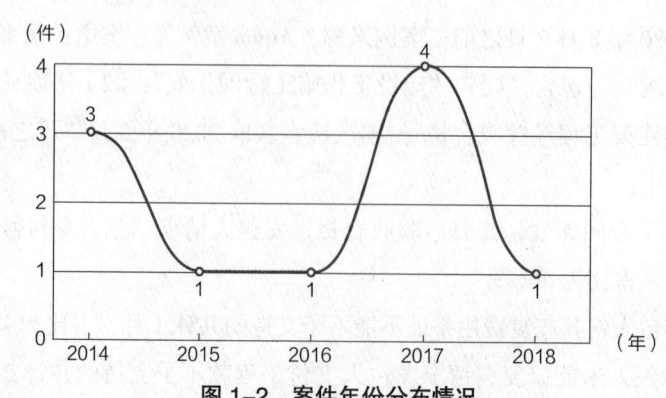

图1-2 案件年份分布情况

如图 1-3 所示,从上面的程序分类统计可以得出当前的审理程序分布状况,其中一审案件有 7 件,二审案件有 2 件,再审案件有 1 件,并能够推算出一审上诉率约为 28.57%。

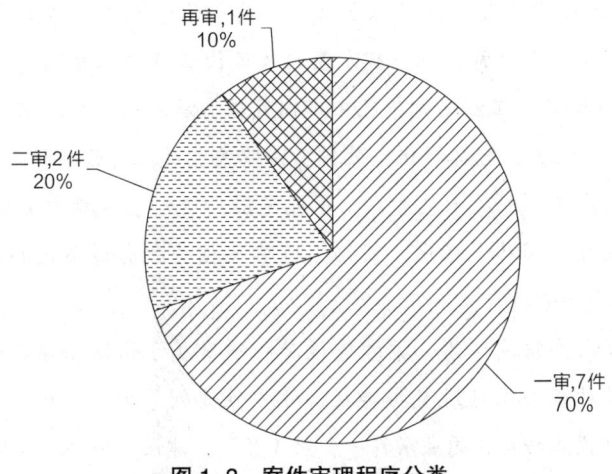

图 1-3　案件审理程序分类

通过对审理期限的可视化分析可以看到,当前条件下的审理时间更多处在 365 天以上的区间内,平均时间为 337 天。

二、可供参考的例案

例案一：广西建工集团第一建筑工程有限责任公司与北京长林瑞投资有限公司、巴中市教育和体育局建设工程施工合同纠纷案

【法院】

四川省高级人民法院

【案号】

（2018）川民初 47 号

【当事人】

原告：广西建工集团第一建筑工程有限责任公司

被告：北京长林瑞投资有限公司

【基本案情】

2012 年 3 月 30 日,体育局在媒体上刊登《巴中市体育馆游泳馆和望王山运动公

园项目BT招商公告》，面向社会公开招募"两馆"和望王山运动公园项目投资者。

2012年9月5日，甲方体育局与乙方北京长林瑞投资有限公司（以下简称北京长林瑞公司）签订《BT合同》。

2012年10月16日，发包人北京长林瑞公司与承包人广西建工集团第一建筑工程有限责任公司（以下简称广西一建）签订《建设工程施工合同》。其中《协议书》约定："一、工程概况。工程名称：巴中市体育馆、游泳馆工程。工程内容：本项目所有建筑、安装、装置、园林绿化、装饰、道路及相关配套设备设施等。资金来源：自筹。二、工程承包范围及承包方式。承包范围：经发承包双方确认的本项目所有建筑、安装、装置、园林、绿化、装饰、道路及相关配套设备设施等。承包方式：包工包料（施工总承包）。"

四川省高级人民法院认为，案涉建设工程项目属于依法必须公开招标的项目，体育局与北京长林瑞公司通过直接委托、竞争性谈判等方式，确定项目施工单位，根据2004年《建设工程施工司法解释一》第1条[①]"建设工程施工合同具有下列情形之一的，应当根据合同法第五十二条第（五）项的规定，认定无效：（一）承包人未取得建筑施工企业资质或者超越资质等级的；（二）没有资质的实际施工人借用有资质的建筑施工企业名义的；（三）建设工程必须进行招标而未招标或者中标无效的"的规定，北京长林瑞公司与广西一建签订的《建设工程施工合同》为无效合同。

案涉建设工程存在质量问题，未经竣工验收合格，且未经修复，更没有经修复后竣工验收合格。

【案件争点】

北京长林瑞公司支付工程款的条件是否成就。

【裁判要旨】

根据2004年《建设工程司法解释一》第2条[②]"建设工程施工合同无效，但建设工程经竣工验收合格，承包人请求参照合同约定支付工程价款的，应予支持"、第3

[①] 参见2020年《建设工程司法解释一》第1条："建设工程施工合同具有下列情形之一的，应当依据民法典第一百五十三条第一款的规定，认定无效：（一）承包人未取得建筑业企业资质或者超越资质等级的；（二）没有资质的实际施工人借用有资质的建筑施工企业名义的；（三）建设工程必须进行招标而未招标或者中标无效的。承包人因转包、违法分包建设工程与他人签订的建设工程施工合同，应当依据民法典第一百五十三条第一款及第七百九十一条第二款、第三款的规定，认定无效。"

[②] 参见《民法典》第793条第1款："建设工程施工合同无效，但是建设工程经验收合格的，可以参照合同关于工程价款的约定折价补偿承包人。"

条[①]"建设工程施工合同无效,且建设工程经竣工验收不合格的,按照以下情形分别处理:(一)修复后的建设工程经竣工验收合格,发包人请求承包人承担修复费用的,应予支持……"的规定,无效的建设工程施工合同,承包人请求参照合同关于工程价款的约定折价补偿承包人的,折价补偿的前提条件是验收合格或者是经修复后验收合格。不符合该条件的,发包人有权拒绝折价补偿。

例案二:北京京城普石防水防腐工程有限公司等建设工程施工合同纠纷案

【法院】

北京市第一中级人民法院

【案号】

(2016)京01民终791号

【当事人】

上诉人(原审原告,反诉被告):北京京城普石防水防腐工程有限公司

上诉人(原审被告,反诉原告):北京东豪建设集团有限公司

【基本案情】

2013年5月20日,北京东豪建设集团有限公司(以下简称东豪公司,发包方)与北京东城普石防水防腐工程有限公司(以下简称普石公司,承包方)签订《北京市建设工程施工合同》,约定:工程名称为中国科学院半导体研究所图书馆及科研楼改造装修工程(以下简称装修工程);工程性质为装饰装修;承包范围为防水;承包方式为包工包料。东豪公司提供的现场照片证明,2013年8月10日下大雨后,由于漏水造成楼房内部损坏的情况。

2013年8月19日,东豪公司(甲方)与中国电子系统工程总公司(乙方,以下简称中电总公司)及中国科学院半导体研究所基建处(第三方见证)签订《协议书》,内容为:由东豪公司总承包的装修工程中的屋面防水工程,由于屋面防水卷材女儿墙部位粘结不牢固,出现脱落、空鼓等质量问题(见照片),导致2013年8月10日7号科研楼一层超净化设备间漏水,经基建处及甲乙双方现场勘查、核实,现

[①] 参见《民法典》第793条第2款第1项:"建设工程施工合同无效,且建设工程经验收不合格的,按照以下情形处理:(一)修复后的建设工程经验收合格的,发包人可以请求承包人承担修复费用。"

对7号科研楼一层超净化设备间90平方米的吊顶以及多处漏水部位进行整改（详见清单）。2013年9月4日，中电总公司作为收款人向东豪公司出具发票一张，项目名称为工程款，金额为10万元。

东豪公司（甲方）与北京同奥利建筑装饰工程有限公司（乙方，以下简称同利公司）及中国科学院半导体研究所基建处（第三方见证）签订《协议书》，内容为：由东豪公司总承包的装修工程中的屋面防水工程，由于屋面防水卷材女儿墙部位粘结不牢固，出现脱落、空鼓等质量问题（见照片），导致2013年8月10日7号科研楼二层办公室漏水，经基建处及甲乙双方现场勘查、核实，现对7号科研楼二层淋水部位进行整改（施工部位详见清单）。2013年8月29日，同利公司向东豪公司出具发票一张，项目名称为工程款，金额为8000元。

2013年11月8日的《工程质量竣工验收记录》，内容为"工程名称：装修工程；施工单位：东豪公司；开工日期：2012年12月15日；竣工日期：2013年11月8日；综合验收结论：符合设计及施工质量验收规范要求，同意验收"。上面加盖有中国科学院半导体研究所（建设单位）北京方圆工程监理有限公司（监理单位）、东豪公司（施工单位）、世源科技工程有限公司（设计单位）的公章。

一审法院认为，对于东豪公司提出的要求普石公司支付相关修复费用之反诉请求，第一，普石公司对东豪公司提交的两份协议书的真实性均予以认可，该协议书为东豪公司与第三方签订的施工合同，注明了施工原因，且有中国科学院半导体研究所基建处见证及实际支付工程款的发票为证，已经形成证据链，结合现场照片可以证明因普石公司施工后出现漏水的客观事实；第二，根据普石公司与东豪公司签订的建设工程施工合同的约定，东豪公司在施工质量出现问题后，应当要求普石公司进行维修，但目前东豪公司没有证据证明其通知了普石公司，根据法院查明的事实，可以证明漏水的事实客观存在，而保修金的数额又远不足以弥补相关损失，故在此情况下，东豪公司作为承包人为履行修复义务委托相关单位进行维修，并请第三方见证的行为是符合客观情况的，法院不持异议。综合上述分析，东豪公司反诉要求普石公司给付维修工程款之诉讼请求，有合法依据，法院予以支持。

【案件争点】

发包人未通知承包人修复即另行委托他人修复，承包人是否应当承担维修费用。

【裁判要旨】

发包人未通知承包人修复，并另行委托他人修复的，承包人承担的修复费用以由其自行修复所需的合理费用为限。承包人主张发包人委托第三方产生的维修费用超出合理限度的，应提供证据予以证明。

例案三：江苏南通二建集团有限公司与吴江恒森房地产开发有限公司建设工程施工合同纠纷案

【法院】

江苏省高级人民法院

【案号】

（2012）苏民终字第0238号

【当事人】

上诉人（原告、反诉被告）：江苏南通二建集团有限公司

被上诉人（被告、反诉原告）：吴江恒森房地产开发有限公司

【基本案情】

2004年10月15日，江苏南通二建集团有限公司（以下简称南通二建）与吴江恒森房地产开发有限公司（以下简称恒森公司）依法签订建设工程施工合同，其中约定由南通二建承建恒森公司发包的吴江恒森国际广场全部土建工程。2005年1月6日，南通二建与恒森公司签订会议纪要，双方确认南通二建为总包单位，由南通二建收取恒森公司分包合同总价1%总包管理费。2005年4月20日，南通二建与恒森公司签订补充合同，约定恒森公司将恒森国际广场室外铺装总体工程发包给南通二建施工。涉案工程于2005年7月20日竣工验收。

一审法院依当事人申请，委托天正鉴定所进行鉴定。鉴定意见为：屋面构造做法不符合原设计要求，屋面渗漏范围包括伸缩缝、部分落水管道、出屋面排气管及局部屋面板。一审法院认为，鉴于诉讼前双方已失去良好的合作关系，由南通二建进场施工重做防水层缺乏可行性，故恒森公司可委托第三方参照全面设计方案对屋面缺陷予以整改，并由南通二建承担整改费用。南通二建不服一审判决，向江苏省高级人民法院提起上诉。

【案件争点】

在当事人已失去合作信任的情况下，法院是否可以判决由发包人自行委托第三方对质量问题进行整改，所需费用应如何分担。

【裁判要旨】

在承包人多次局部维修仍不能彻底解决质量问题，且当事人失去信任的合作基

础的情况下，为解决矛盾，法院可以判决由发包人自行委托第三方对质量问题予以整改，承包人承担相应整改费用。

三、裁判规则提要

（一）合同无效且工程验收不合格时，应以修复后能否验收合格作为判定是否折价补偿承包人的标准

建设工程的修复，系指对于质量不符合国家有关规范、标准或者合同约定的建设工程，采取整改等补救措施，以使建设工程符合该等质量要求的行为。《民法典》第781条："承揽人交付的工作成果不符合质量要求的，定作人可以合理选择请求承揽人承担修理、重作、减少报酬、赔偿损失等违约责任。"《建设工程质量管理条例》第32条："施工单位对施工中出现质量问题的建设工程或者竣工验收不合格的建设工程，应当负责返修。""建设工程的质量缺陷无法通过修复予以弥补，建设工程丧失利用价值。对于没有利用价值的建设工程，只能毁掉重新进行建设，承包人自然没有请求折价补偿的权利。"[1]

首先，从工程质量角度来看，工程质量是建设工程的生命。《建筑法》及相关行政法规开宗明义指出立法的主要宗旨之一就是工程质量，即工程质量是立法的核心目的，是立法的出发点和落脚点。《建筑法》第1条："为了加强对建筑活动的监督管理，维护建筑市场秩序，保证建筑工程的质量和安全，促进建筑业健康发展，制定本法。"《建设工程质量管理条例》第1条："为了加强对建设工程质量的管理，保证建设工程质量，保护人民生命和财产安全，根据《中华人民共和国建筑法》，制定本条例。""承包人的基本义务是按质、按期完成工程建设任务"[2]即按照国家规定和合同约定的标准完成的工程质量达到相应的标准是承包人的法定义务。

其次，有修复的可能和必要。对发包人来说，建设工程质量不合格不仅没有价值，甚至可能还有危害，需要拆除重建，给发包人带来损失。因此，建设工程施工合同无效后，对承包人进行折价补偿的前提是建设工程经验收合格。对于经验收不

---

[1] 最高人民法院民法典贯彻实施工作领导小组主编：《中华人民共和国民法典合同编理解与适用（三）》，人民法院出版社2020年版，第1938页。

[2] 最高人民法院民法典贯彻实施工作领导小组主编：《中华人民共和国民法典合同编理解与适用（三）》，人民法院出版社2020年版，第1902页。

合格，但是具有修复可能的建设工程，基于节约社会资源原则和维护当事人之间的公平，应当在确保工程质量安全的前提下，充分科学评估建设工程在技术上和经济上是否具有修复可能或修复必要。如果可以通过修复使建设工程重新达到验收合格的，应当提倡进行修复，并由承包人承担修复费用，不宜一概要求恢复原状推倒重建，造成社会资源的浪费。如果从技术上和经济上判断确属没有可能修复或修复成本明显过高，进行修复不经济、不合理的，则没有必要要求必须进行修复，徒增不合理的负担和成本。[1]

再次，从公平原则角度来看，如果合同无效，验收不合格，不给予承包人修复的机会即驳回承包人请求折价补偿的请求，这种做法可能造成的后果是，发包人不用支付对价即可以接受建设工程。如果建设工程具有利用价值，则发包人依据无效合同取得利益，而承包人不能依据其投入得到相应的报酬，此时双方的利益严重不平衡，损害承包人利益，并不符合民法的公平原则。[2]

最后，从解决纠纷角度来看，如果验收一次不合格，就直接判决驳回承包人折价补偿的请求，可能会导致大量验收不合格的建设工程施工合同纠纷得不到彻底解决。比如，在判决生效后，工程经修复验收合格，如果构成《民事诉讼法》第207条第1项所规定的"有新的证据，足以推翻原判决、裁定的"情况时，承包人可能据此提出再审申请，不但会增加各方诉累，同时也会浪费司法资源。因此，从平衡承包人和发包方利益、妥善解决此类纠纷等角度而言，以修复后能否验收合格作为判定是否折价补偿承包人的标准具有合理性及必要性。

（二）经修复后验收合格的，发包人应当参照合同关于工程价款的约定折价补偿承包人

《民法典》第793条第2款第1项规定："建设工程施工合同无效，且建设工程经验收不合格的，按照以下情形处理：（一）修复后的建设工程经验收合格的，发包人可以请求承包人承担修复费用。"该项规定需要结合《民法典》第793条第1款来理解，即结合"建设工程施工合同无效，但是建设工程经验收合格的，可以参照合同关于工程价款的约定折价补偿承包人"之规定，可知修复后经验收合格的，承包人仍有权请求发包人参照合同关于工程价款的约定折价补偿承包人。

---

[1] 黄薇主编：《中华人民共和国民法典合同编释义》，法律出版社2020年版，第667页。
[2] 最高人民法院民法典贯彻实施工作领导小组主编：《中华人民共和国民法典合同编理解与适用（三）》，人民法院出版社2020年版，第1941页。

《民法典》第157条规定："民事法律行为无效、被撤销或者确定不发生效力后，行为人因该行为取得的财产，应当予以返还；不能返还或者没有必要返还的，应当折价补偿。有过错的一方应当赔偿对方由此所受到的损失；各方都有过错的，应当各自承担相应的责任。法律另有规定的，依照其规定。"由于施工合同的履行过程是将劳动、材料物等转化为建筑物的过程，具有特殊性，无法适用返还财产，"此时应当通过折价补偿的方式来达到使财产关系恢复原状的目的"[①]。"折价补偿"的性质属于不当得利返还，即"承包人请求折价补偿款的基础法律关系并不是有效建设工程施工合同而是建设工程施工合同无效后的不当得利返还"[②]，而根据《民法典》第577条："当事人一方不履行合同义务或者履行合同义务不符合约定的，应当承担继续履行、采取补救措施或者赔偿损失等违约责任。""违约责任，首先要求合同义务的有效存在"[③]，违反有效合同产生的法律责任是"继续履行、采取补救措施或者赔偿损失等"违约责任，因此，不能认为建设工程施工合同无效的法律后果是"将无效合同按照有效合同来对待和处理"，因而，是否补偿取决于履行无效合同后发包人是否获得利益，此时须对承包人所建造的建筑物是否有价值进行评价：如果建筑物具有价值，则发包人获得了利益，须对承包人进行补偿；如果建筑物没有价值，"皮之不存，毛将焉附"，则发包人未获得利益，也就不存在补偿问题。

对于如何评价建筑物价值，根据《民法典》第799条、《建筑法》第61条第2款之规定，建设工程经竣工验收合格后，方可交付使用；未经验收或者验收不合格的，不得交付使用。据此，在合同无效，工程经竣工验收不合格的情况下，如果经修复可以使质量问题得到弥补，符合国家或者行业强制性质量标准，能够验收合格并交付使用，此时建筑物就仍具有价值，发包人也因此获得利益。根据前述《民法典》第157条之规定，发包人应当就因该无效施工合同取得的建筑物财产对承包人进行折价补偿，折价补偿的标准可以参照合同关于工程价款的约定。

需要注意的是，根据《民法典》第793条规定的"可以参照合同关于工程价款的规定折价补偿承包人"，"并未规定只有承包人可以请求参照合同约定支付工程价款，也不意味着承包人可以获得参照合同约定结算或者依据其他方式结算的选择

[①] 黄薇主编：《中华人民共和国民法典合同编释义》，法律出版社2020年版，第416页。
[②] 最高人民法院民事审判第一庭编著：《最高人民法院新建设工程施工合同司法解释（一）理解与适用》，人民法院出版社2021年版，第248页。
[③] 黄薇主编：《中华人民共和国民法典合同编释义》，法律出版社2020年版，第263页。

权"。[①] 即，其一，关于行使主体。除承包人外，发包人也可以请求参照合同约定支付工程价款。其二，关于结算方式。一是由于"撇开合同关于工程价款的约定，很难确定一个公平公正的补偿标准"，为了尽可能公平公正地平衡承包人与发包人利益关系，法律上设定了"可以参照合同关于工程价款的约定折价补偿"，因此，从这个角度来说，"可以参照"具有限定性、合理性、必要性和法定性，不能想当然地把此处的"可以参考"泛化为一般口头语意义上的"可以"，也不能想当然地将此处的"可以"推出"也可以不"或"可以选择其他方式"的含义。二是不宜把"申请人民法院委托鉴定机构对工程价款进行鉴定"与"可以参照合同关于工程价款的约定折价补偿"相提并论或等同，更不是"可以参照合同关于工程价款的约定折价补偿"的"替代方案"，鉴定仅仅是确定工程款的实现方式之一，承包人的鉴定选择权本身无法包含"可以参照合同关于工程价款的约定"里的全部内容，更何况当初确定"可以参照合同关于工程价款的约定"裁判规则本身，就是为了尽可能避免"以鉴代审"和适用鉴定而导致的诉讼拖延现象，原因在于"按照工程定额或者建设行政主管部门发布的市场价值信息作为计价标准计算工程的造成成本，都需要委托鉴定，势必增加当事人的诉讼成本，扩大当事人的损失，延长案件审理期限，不利于对当事人合法权益的保护，案件审理的法律效果与社会效果不能得到有机统一"。[②]

（三）合同无效，承包人仍应承担修复义务

司法实践中，发承包双方通常会在合同当中明确约定承包人对于工程质量问题的修复义务，在合同有效的情形下，发包人可依据合同约定以及《民法典》第801条"因施工人的原因致使建设工程质量不符合约定的，发包人有权请求施工人在合理期限内无偿修理或者返工、改建。经过修理或者返工、改建后，造成逾期交付的，施工人应当承担违约责任"之规定，要求承包人履行合同项下的修复义务。在合同无效的情形下，此时发包人虽不再依据"合同约定"要求承包人履行修复义务，但承包人仍应承担修复义务，其修复义务来源为建设工程质量责任相关法律规定。《建筑法》第58条规定："建筑施工企业对工程的施工质量负责。建筑施工企业必须按照工程设计图纸和施工技术标准施工，不得偷工减料。工程设计的修改由原设计单位负责，建筑施工企业不得擅自修改工程设计。"第59条规定："建筑施

[①] 李明：《最高人民法院建设工程施工合同纠纷案解》，法律出版社2020年版，第47页。
[②] 最高人民法院民法典贯彻实施工作领导小组主编：《中华人民共和国民法典合同编理解与适用（三）》，人民法院出版社2020年版，第1940~1941页。

工企业必须按照工程设计要求、施工技术标准和合同的约定，对建筑材料、建筑构配件和设备进行检验，不合格的不得使用。"第60条规定："建筑物在合理使用寿命内，必须确保地基基础工程和主体结构的质量。建筑工程竣工时，屋顶、墙面不得留有渗漏、开裂等质量缺陷；对已发现的质量缺陷，建筑施工企业应当修复。"《建设工程质量管理条例》第32条规定："施工单位对施工中出现质量问题的建设工程或者经竣工验收不合格的建设工程，应当负责返修。"上述规定表明，承包人对建设工程的质量具有法定责任，如果建设工程验收不合格，承包人应当依法承担修复义务。

（四）发包人原则上应先通知承包人进行修复

根据《建设工程质量管理条例》第32条等相关规定，施工合同无效，承包人对其施工的工程仍应承担修复义务。如果由承包人自行修复，则承包人自行承担修复费用；但如果发包人委托第三方修复，承包人可能会主张发包人未先行通知承包人修复即委托第三人修复，因此不承担修复费用或认为修复费用过高，不应全部由承包人承担。2020年《建设工程司法解释一》第12条规定："因承包人的原因造成建设工程质量不符合约定，承包人拒绝修理、返工或者改建，发包人请求减少支付工程价款的，人民法院应予支持。"根据该条规定可以看出，原则上发包人应该先通知承包人修复，只有在承包人拒绝修复时才能委托第三方进行修复。《民法典》第591条第1款规定："当事人一方违约后，对方应当采取适当措施防止损失的扩大；没有采取适当措施致使损失扩大的，不得就扩大的损失要求赔偿。"故在发包人未通知承包人修复而直接委托第三方修复的情况下，对于第三方修复费用超出承包人自行修复所需的合理费用之外的差额费用，属于发包人造成的扩大的损失，发包人无权要求承包人承担该部分差额费用。也即如果发包人未通知承包人修复即委托第三方进行修复的，承包人承担的修复费用应以由其自行修复所需的合理费用为限。

（五）发包人委托第三方进行修复

当承包人主张发包人委托第三方修复的费用过高时，应由承包人提供证据予以证明。2019年《民事证据规定》第30条第1款规定："人民法院在审理案件过程中认为待证事实需要通过鉴定意见证明的，应当向当事人释明，并指定提出鉴定申请的期间。"据此，如果第三方修复费用是否过高的事实需要通过鉴定意见证明的，法院应向当事人释明可申请司法鉴定，先经鉴定机构确定修复方案后，再由鉴定机构依据修复方案计算合理修复费用。

鉴于发包人已经履行了先通知承包人进行修复的义务，系因承包人已多次修复仍不合格，发包人才委托第三方进行修复，因此，发包人委托第三方修复的费用与合理修复费用的差额并非发包人造成的扩大损失，即使第三方修复费用略高于合理修复费用，也可以理解为正常的市场溢价行为，可认定第三方修复费用的合理性；但当承包人能证明第三方修复费用过分高于合理费用时，法院可予以酌减。

四、辅助信息

《民法典》

第一百五十七条　民事法律行为无效、被撤销或者确定不发生效力后，行为人因该行为取得的财产，应当予以返还；不能返还或者没有必要返还的，应当折价补偿。有过错的一方应当赔偿对方由此所受到的损失；各方都有过错的，应当各自承担相应的责任。法律另有规定的，依照其规定。

第七百九十三条　建设工程施工合同无效，但是建设工程经验收合格的，可以参照合同关于工程价款的约定折价补偿承包人。

建设工程施工合同无效，且建设工程经验收不合格的，按照以下情形处理：

（一）修复后的建设工程经验收合格的，发包人可以请求承包人承担修复费用；

（二）修复后的建设工程经验收不合格的，承包人无权请求参照合同关于工程价款的约定折价补偿。

发包人对因建设工程不合格造成的损失有过错的，应当承担相应的责任。

第七百九十九条　建设工程竣工后，发包人应当根据施工图纸及说明书、国家颁发的施工验收规范和质量检验标准及时进行验收。验收合格的，发包人应当按照约定支付价款，并接收该建设工程。

建设工程竣工经验收合格后，方可交付使用；未经验收或者验收不合格的，不得交付使用。

第八百零一条　因施工人的原因致使建设工程质量不符合约定的，发包人有权请求施工人在合理期限内无偿修理或者返工、改建。经过修理或者返工、改建后，造成逾期交付的，施工人应当承担违约责任。

2020年《建设工程司法解释一》

第十二条　因承包人的原因造成建设工程质量不符合约定，承包人拒绝修理、返工或者改建，发包人请求减少支付工程价款的，人民法院应予支持。

建设工程施工合同纠纷案件裁判规则第 53 条：

建设工程施工合同无效，且建设工程经验收不合格的，修复后的建设工程经验收不合格的，承包人请求支付工程款，不予支持

【规则描述】 在建设工程施工合同无效，且竣工验收不合格时，能否获得折价补偿款应以修复后能否验收合格作为判定标准，经修复后的建设工程经竣工验收不合格时，发包人才有权拒绝承包人关于折价补偿款的请求。"质量缺陷能够修复"的举证责任应由承包人承担，需要通过鉴定确定质量缺陷能否修复，承包人未提出鉴定的，应当承担举证不能的法律后果。

一、类案检索大数据报告

时间：2020 年 8 月 7 日之前；案例来源：Alpha 案例库；案由：民事纠纷；检索条件：法院认为包含：同段"修复后的建设工程经验收不合格"。本次检索获取 2020 年 8 月 7 日之前共计 5 篇裁判文书。其中：

①认为施工合同无效，修复后的建设工程不合格，承包人请求工程不予支持的共计 3 件，占比为 60%；

②认为修复后的工程质量合格，发包人应支付工程款的共计 1 件，占比为 20%；

③认为发承包双方均未主张建设工程不合格，工程已结算应支付工程款的共计 1 件，占比为 20%。

整体情况如图 2-1 所示：

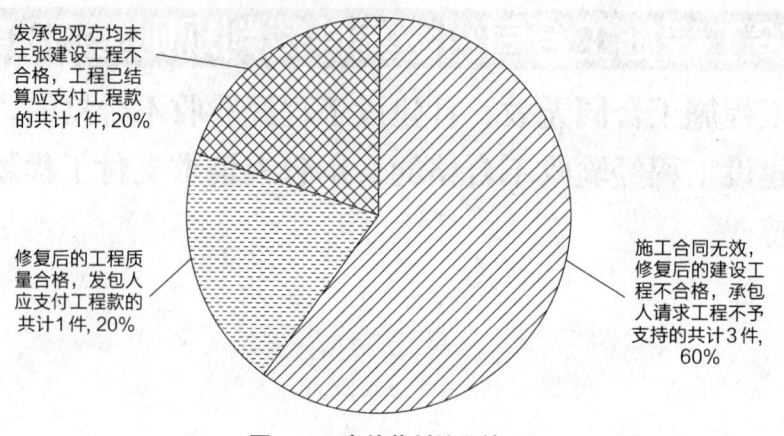

图 2-1 案件裁判结果情况

发承包双方均未主张建设工程不合格，工程已结算应支付工程款的共计1件，20%

修复后的工程质量合格，发包人应支付工程款的共计1件，20%

施工合同无效，修复后的建设工程不合格，承包人请求工程不予支持的共计3件，60%

如图 2-2 所示，从案件年份分布可以看出，在当前条件下，涉及法院认为包含：同段"修复后的建设工程经验收不合格"条件下的相应的民事纠纷案例数量的变化趋势。

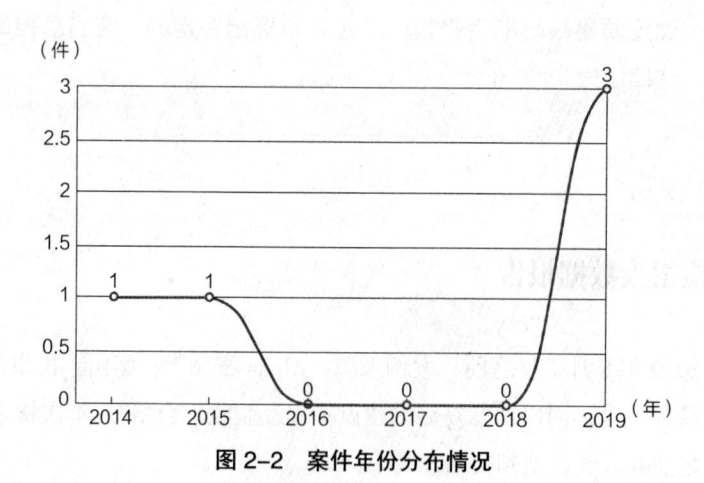

图 2-2 案件年份分布情况

如图 2-3 所示，从上面的程序分类统计可以看到当前的审理程序分布状况。一审案件有 2 件，二审案件有 3 件。

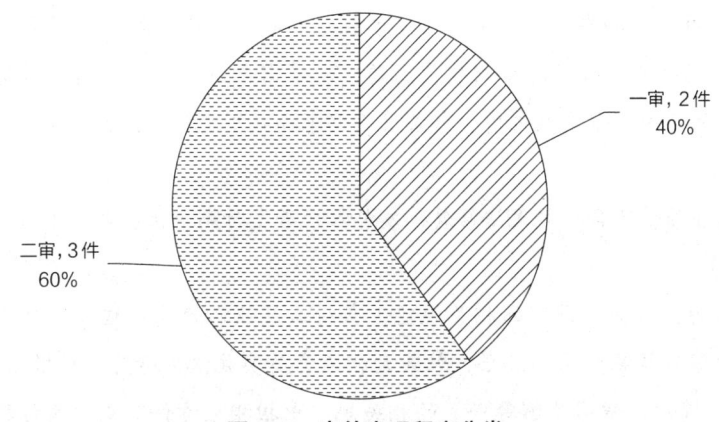

图 2-3　案件审理程序分类

通过对审理期限的可视化分析可以看到，当前条件下的审理时间更多处在 31~90 天的区间内，平均时间为 76 天。

二、可供参考的例案

例案一：高某军与邱某英、韩某丽等建设工程合同纠纷案

【法院】

江苏省高级人民法院

【案号】

（2016）苏民申 1111 号

【当事人】

再审申请人（一审被告、反诉原告、二审上诉人）：邱某英

再审申请人（一审被告、反诉原告、二审上诉人）：韩某丽

再审申请人（一审被告、反诉原告、二审上诉人）：韩某林

再审申请人（一审被告、反诉原告、二审上诉人）：韩某清

再审申请人（一审被告、反诉原告、二审上诉人）：孙某花

被申请人（一审原告、反诉被告、二审被上诉人）：高某军

【基本案情】

韩某与被申请人高某军签订了《房屋建筑安全包工协议书（包工资）》约定由韩某承建高某军的房屋。因经鉴定，韩某为高某军建设的房屋不满足家具营业用房、

家具加工车间的使用要求，亦不满足普通住宅、宿舍、办公楼的使用要求，即安全性不满足规范要求，存在严重的质量问题，房屋需要拆除重建，高某军要求韩某赔偿拆除重建的费用提起本案之诉，韩某反诉要求高某军支付其欠付的工程劳务费。

【案件争点】

案涉房屋质量不合格且无法修复，发包人应否支付剩余工程款。

【裁判要旨】

法院认为，根据建设部的相关规定，农村二层住宅的建筑施工人员不需要建筑资质，但涉案建筑物为局部三层，韩某无相应资质实施施工行为，应根据《建筑法》及2004年《建设工程司法解释一》的相关规定承担相应责任，双方签订的《房屋建筑安全包工协议书（包工资）》应属无效。根据2004年《建设工程司法解释一》第3条第1款第2项[①]的规定，修复后的建设工程经验收不合格，承包人请求支付工程价款的，不予支持。本案中，韩某所承建的工程经鉴定为质量不合格且无法修复，其也并未提供证据证明房屋质量不合格的原因系高某所致，因此，韩某应当对所建房屋质量不合格承担相应责任，其要求高某支付剩余的工程款不符合法律规定。

例案二：甘肃金佛寺建设工程有限公司与甘肃伟业房地产开发有限公司建设工程施工合同纠纷案

【法院】

甘肃省高级人民法院

【案号】

（2018）甘民终529号

【当事人】

上诉人（原审原告）：甘肃金佛寺建设工程有限公司

被上诉人（原审被告）：甘肃伟业房地产开发有限公司

【基本案情】

2011年9月20日，甘肃金佛寺建设工程有限公司（以下简称金建公司）和甘肃伟业房地产开发有限公司（以下简称伟业公司）签订《建设工程施工合同》1份，约

---

① 参见《民法典》第793条第2款第2项："修复后的建设工程经验收不合格的，承包人无权请求参照合同关于工程价款的约定折价补偿。"

定由金建公司承建伟业公司开发的玉门森地·玫瑰葡萄庄园一期第二标段工程。

因工程款支付问题，双方产生争议，金建公司于2014年3月3日提起诉讼。2014年5月16日，伟业公司提出鉴定申请，鉴定项目包括：已施工的工程质量是否符合设计要求和国家建筑工程质量验收规范要求；以及，如不能在现有的工程基础上继续施工，对现有的工程应作如何处理等。一审法院委托甘肃土木工程科学研究院出具的《玉门森地·玫瑰葡萄庄园一期第二标段工程施工质量检测报告》显示，部分工程不符合设计要求和国家工程质量验收规范要求；就目前看无法继续按照设计要求继续施工。

2018年3月6日庭审中，金建公司要求对工程修复问题和工程质量不合格原因进行鉴定。2018年3月12日，金建公司向法院提交申请1份，内容为："……金建公司已经提交了工程质量合格的检测报告，已经完成了工程质量问题的举证责任。出具检测报告的单位和人员具有合法资质，伟业公司开庭时也没有对我公司工程质量检测报告出具单位和出具人员资质提出异议。鉴于以上情况，金建公司请求法院调取工程质量检测原始资料和检测人员资质证书，组织双方举证质证后，根据举证质证结果再行决定重新进行工程质量鉴定事项。"对金建公司的以上请求，法院通知金建公司对2015年9月2日法院询问笔录进行了质证，金建公司对询问笔录中武某的签名无异议，也认可当时对鉴定人员资质证书原件、混凝土抗压原始记录表原件以及现场勘验笔录进行了质证。对于是否申请对工程质量修复及工程质量形成原因相关事项进行鉴定的问题，金建公司在法院重新限定的期限内提交《关于2018年5月11日酒泉市中级人民法院提出的甘肃金佛寺建设工程有限公司与甘肃伟业房地产开发有限公司合同纠纷一案相关问题的答复意见》1份，载明："……甘肃土木工程科学研究院出具的工程质量鉴定报告及相关鉴定人员资质等问题未解决之前，我公司暂不申请工程质量重新鉴定及工程质量不合格原因鉴定。待以上问题解决后，再决定是否申请以上两项鉴定。"

一审法院认为：金建公司在法院两次限定期内未就工程质量缺陷修复及工程质量缺陷形成原因提交鉴定申请，视为在本案中不申请鉴定。依照甘肃土木工程科学研究院出具的检测报告，金建公司所完工程存在质量缺陷，"已无法继续按照设计要求继续施工"，参照2004年《建设工程司法解释一》第10条[①]的规定，工程质量存

[①] 参见《民法典》第806条第3款："合同解除后，已经完成的建设工程质量合格的，发包人应当按照约定支付相应的工程价款；已经完成的建设工程质量不合格的，参照本法第七百九十三条的规定处理。"

在缺陷时，施工方取得工程款的条件为建设工程经修复后验收合格，此事实应由施工方金建公司承担举证责任。现工程质量缺陷能否修复、如可修复维修费用如何认定以及工程质量缺陷形成原因等问题暂无法认定，金建公司主张的工程款、违约金本案中无法支持。金建公司不服一审判决，向甘肃省高级人民法院提起上诉。

【案件争点】

案涉房屋质量不合格且无法修复，发包人应否支付工程款。

【裁判要旨】

本案中，承包人所施工部分经检测不符合设计要求和国家工程质量验收规范要求，也无法按照设计要求继续施工。法院认为，承包人主张工程质量有缺陷原因不明，应当进一步举证证明导致工程质量有缺陷的原因事实，但承包人并未申请对涉案工程进行鉴定，无法证明涉案工程的质量问题并非其造成，亦无法证明涉案工程存在的缺陷可以被修复，根据《民诉法解释》第90条、第91条的规定，承包人应当承担不利的法律后果。因此，法院根据2004年《建设工程司法解释一》第3条[①]、第10条[②]的规定，驳回了承包人主张工程款的诉求。

例案三：内蒙古承远建设工程承包有限责任公司与巴彦淖尔市磴口县滨辉水务有限公司建设工程施工合同纠纷案

【法院】

最高人民法院

【案号】

（2014）民申字第1336号

【当事人】

再审申请人（一审原告、二审上诉人）：内蒙古承远建设工程承包有限责任公司

被申请人（一审被告、二审被上诉人）：巴彦淖尔市磴口县滨辉水务有限公司

[①] 参见《民法典》第793条第2款第1项："建设工程施工合同无效，且建设工程经验收不合格的，按照以下情形处理：（一）修复后的建设工程经验收合格的，发包人可以请求承包人承担修复费用。"

[②] 参见《民法典》第806条第3款："合同解除后，已经完成的建设工程质量合格的，发包人应当按照约定支付相应的工程价款；已经完成的建设工程质量不合格的，参照本法第七百九十三条的规定处理。"

【基本案情】

内蒙古承远建设工程承包有限责任公司（以下简称承远建设公司）与巴彦淖尔市磴口县滨辉水务有限公司（以下简称滨辉水务公司）签订《建设工程施工合同》，约定承远建设公司以包工包料的形式承建了磴口县污水处理厂工程。涉案工程于2009年10月完工。在当月进行的工程初验中，因其不符合验收要求，被质监站书面通知要求整改。后被巨宇监理公司认定涉案工程存在九项质量问题，系不合格工程。对涉案工程存在的质量问题承远公司进行了整改。

在2010年12月31日，质监站在《污水处理厂验收情况报告》中明确，承远建设公司虽于2009年10月31日、2010年9月20日两次报送整改报告，但经质监站复查，并未全部整改完毕，不具备竣工验收条件。

最高人民法院认为，本案所涉工程污水处理厂系市政基础设施工程，工程竣工验收虽由建设单位负责组织实施，但依据双方合同履行期间生效的原建设部颁发的《房屋建筑工程和市政基础设施工程竣工验收暂行规定》第5条第11项规定，工程符合下列要求方可进行竣工验收：建设行政主管部门及其委托的工程质量监督机构等有关部门责令整改的问题全部整改完毕。因承远建设公司并未按照质监站要求履行全部整改义务，涉案工程未能进行最终竣工验收的责任在承远建设公司而非滨辉水务公司。据此，原判决认定涉案工程是不合格工程有事实与法律依据。遂裁定驳回内蒙古承远建设工程承包有限责任公司的再审申请。

【案件争点】

滨辉水务公司支付工程款的条件是否成就。

【裁判要旨】

根据2004年《建设工程司法解释一》第3条第2款第2项[①]"建设工程施工合同无效，且建设工程经竣工验收不合格的，按照以下情形分别处理：……（二）修复后的建设工程经竣工验收不合格，承包人请求支付工程价款的，不予支持……"的规定，在建设工程施工合同无效的情况下，承包人请求参照合同约定支付工程价款的前提条件是验收合格或者是经修复后验收合格。不符合该条件的，发包人有权拒绝参照合同关于工程价款的约定折价补偿承包人。

[①] 参见《民法典》第793条第2款："建设工程施工合同无效，且建设工程经验收不合格的，按照以下情形处理：……（二）修复后的建设工程经验收不合格的，承包人无权请求参照合同关于工程价款的约定折价补偿。"

三、裁判规则提要

（一）经修复后的建设工程经验收不合格时，发包人有权不支付工程价款

建设工程验收，系指发包人组织勘察、设计、监理、施工等单位及专家，对建设工程是否符合国家有关规范、标准以及合同约定进行检验，并评价建设工程质量是否合格的过程及行为。经过验收，参与验收的勘察、设计、监理和发包人等各方形成一致的认可意见，则为验收通过即验收合格；反之，各方未形成一致的认可意见，则为验收未通过，即验收不合格。《建筑法》第61条第2款规定："建筑工程竣工经验收合格后，方可交付使用；未经验收或者验收不合格的，不得交付使用。"《工程质量管理条例》第16条规定："建设单位收到建设工程竣工报告后，应当组织设计、施工、工程监理等有关单位进行竣工验收。建设工程竣工验收应当具备下列条件：（一）完成建设工程设计和合同约定的各项内容；（二）有完整的技术档案和施工管理资料；（三）有工程使用的主要建筑材料、建筑构配件和设备的进场试验报告；（四）有勘察、设计、施工、工程监理等单位分别签署的质量合格文件；（五）有施工单位签署的工程保修书。建设工程经验收合格的，方可交付使用。"《民法典》第799条规定："建设工程竣工后，发包人应当根据施工图纸及说明书、国家颁发的施工验收规范和质量检验标准及时进行验收。验收合格的，发包人应当按照约定支付价款，并接收该建设工程。建设工程竣工经验收合格后，方可交付使用；未经验收或者验收不合格的，不得交付使用。"

在审判实务中，对于合同无效，工程经验收不合格，或者合同无效，建设工程未经竣工验收的，承包人主张工程款的，发包人往往会以工程未经竣工验收合格，无法交付使用为由提出不支付工程款的抗辩，此时，若建设工程可修复仍有价值时，无疑会导致发包人不支付对价即可接受建设工程，而承包人不能依据其投入得到相应的报酬，有违民法的公平原则，也不利于纠纷的彻底解决，而如对其进行拆除重建，造成社会资源的浪费。[①]

针对上述问题，本条裁判规则明确规定以"修复后的建设工程验收"的结果为

[①] 最高人民法院民法典贯彻实施工作领导小组主编：《中华人民共和国民法典合同编理解与适用（三）》，人民法院出版社2020年版，第1941～1942页。

准，即在验收不合格后给予承包人修复的机会，在修复后仍不合格的情况下才不支持承包人向发包人主张工程价款。如此设置，使得建设工程质量问题是否能够修复，是否具有使用价值成为在此类纠纷中必须查明的事实，经过查明后，有价值的建设工程通过修复后能够"物尽其用"；如通过经验收不能修复的方式确定其没有使用价值的，并在此基础上确定工程款能否支付，最大程度地平衡了发承包双方利益，从而达到较好的纠纷解决效果。

（二）合同无效，建设工程验收不合格，修复后仍不能验收合格，发包人有权不支付工程价款

《民法典》第793条规定："建设工程施工合同无效，但是建设工程经验收合格的，可以参照合同关于工程价款的约定折价补偿承包人。"与2004年《建设工程司法解释一》第2条规定的"建设工程施工合同无效，但建设工程经竣工验收合格，承包人请求参照合同约定支付工程价款的，应予支持"是相互呼应的，两者虽对于建设工程质量结果的确认时间上表述略有不同，一个是"验收合格"，一个是"竣工验收合格"，但本质上均是以承包人最终交付的建设工程质量是否合格作为是否支持承包人主张工程款的前提条件。

《民法典》第157条规定："民事法律行为无效、被撤销或者确定不发生效力后，行为人因该行为取得的财产，应当予以返还；不能返还或者没有必要返还的，应当折价补偿。有过错的一方应当赔偿对方由此所受到的损失；各方都有过错的，应当各自承担相应的责任。法律另有规定的，依照其规定。"由于施工合同的履行过程是将劳动、材料物等转化为建筑物的过程。基于这一特殊性，合同无效，发包人取得的财产形式上是承包人建设的工程，实际上是承包人对工程建设投入的劳务及建筑材料，故而无法使用无效恢复原状的返还原则，只能折价补偿。"折价补偿"作为《民法典》第157条明确规定的一项法律后果，原则上对其性质可以认定为不当得利。不能返还或者没有必要返还的财产，作为受领人没有合法根据取得的利益，以"折价"为金钱的形式予以返还。[①] 而是否可依不当得利请求返还取决于履行无效合同后发包人是否获得利益，此时须对承包人所建造的建筑物是否有价值进行评价：如果建筑物具有价值，则发包人获得了利益，须对承包人进行补偿；如果建筑物没有价值，则发包人未获得利益，也就不存在补偿问题，此时只能根据过错原则赔偿损失。对于如何评价建筑物价值，根据《民法典》

---

① 韩世远：《合同法总论》（第四版），法律出版社2018年版，第322页。

第799条、《建筑法》第61条第2款、《建设工程质量管理条例》第16条第3款之规定，建设工程经验收合格后，方可交付使用；未经验收或者验收不合格的，不得交付使用。据此，如果建筑物验收不合格，无法交付使用，其价值就无法体现。

综上所述，经修复后竣工验收仍不合格的建设工程，对于发包人并无价值可言，发包人不能从中获取利益，并不构成不当得利，此时也就失去了折价补偿的前提和基础，发包人也就无须通过支付工程款的方式进行折价补偿。至于承包人投入的劳务及建筑材料等，则属于承包人所遭受的损失，该部分损失责任如何承担，则需要根据过错原则进行判定，此为其他裁判规则所解决的问题，在此不进行详述。

（三）"质量缺陷能够修复"的举证责任由承包人承担

根据《民事诉讼法》第67条："当事人对自己提出的主张，有责任提供证据。"《民诉法司法解释》第90条："当事人对自己提出的诉讼请求所依据的事实或者反驳对方诉讼请求所依据的事实，应当提供证据加以证明，但法律另有规定的除外。在作出判决前，当事人未能提供证据或者证据不足以证明其事实主张的，由负有举证证明责任的当事人承担不利的后果。"如上所述，在合同无效时，根据《民法典》第157条规定，发包人应就其因无效合同履行而获得的利益对承包人进行"折价补偿"。因此，承包人诉请支付工程款，就应证明发包人获利，也即应当提供证据证明已完工程具有价值。而在验收不合格的情况下，承包人要证明工程仍有价值，就应证明质量缺陷是可修复的。因此，"质量缺陷能够修复"的举证责任，应当由主张者承包人承担。

（四）实际修复后不合格的，发包人有权拒付工程款

如前所述，在合同无效的情况下，发包人支付工程款之本质就是对承包人已完工程的折价补偿，而是否折价补偿取决于建设工程是否具有使用价值。在验收不合格的情况下，建筑工程是否具有价值，一般通过能否修复并达到验收合格进行判定。如果不能修复，则工程不能验收交付使用，就不具有利用价值，发包人无须支付工程款。如果可以修复，则工程仍有利用价值，承包人可在修复完成后向发包人主张工程款。

审判实务中可能会出现这样的情况：工程质量问题可修复，但因承包人未妥善履行修复义务等原因导致实际修复后仍不合格。对此，鉴于《建筑法》第61条第2款规定："建筑工程竣工经验收合格后，方可交付使用；未经验收或者验收不合格的，不得交付使用。"《建设工程质量管理条例》第16条规定："建设工程经验收合格的，方

可交付使用。"如果承包人修复后的建设工程经验收不合格，无法达到发包人的合同目的，根据《建筑法》《建设工程质量管理条例》的立法目的和《民法典》中的权利义务相一致原则，此时承包人无权请求支付工程款。

此外，合同应当严格遵守和全面履行，"合同全面履行原则，首先强调当事人必须依据合同约定全面履行义务，即要求合同当事人必须按照合同约定的履行主体、标的、时间、地点以及方法等履行其义务。按照合同全面履行的原则，债务人的履行在质量、数量、履行方法、地点等方面都必须符合法律规定与合同的约定，否则均可构成违约"[1]，修复不当属于承包人未能完成合同约定的义务，不能混淆合同双方的权利义务关系，不应将承包人未能完成的合同义务转嫁给发包人，因此，承包人未能完成修复义务，应当按照《民法典》等规定承担相应的法律后果，而不能以让发包人承担修复义务的方式来规避本应由承包人承担的法律责任；并且，要严格把握修复后的建设工程经再次验收是否合格这一临界点，若承包人修复不合格无法通过验收的，则不再支持承包人支付工程款的请求。

四、辅助信息

《民法典》

第一百五十七条 民事法律行为无效、被撤销或者确定不发生效力后，行为人因该行为取得的财产，应当予以返还；不能返还或者没有必要返还的，应当折价补偿。有过错的一方应当赔偿对方由此所受到的损失；各方都有过错的，应当各自承担相应的责任。法律另有规定的，依照其规定。

第七百九十三条 建设工程施工合同无效，但是建设工程经验收合格的，可以参照合同关于工程价款的约定折价补偿承包人。

建设工程施工合同无效，且建设工程经验收不合格的，按照以下情形处理：

（一）修复后的建设工程经验收合格的，发包人可以请求承包人承担修复费用；

（二）修复后的建设工程经验收不合格的，承包人无权请求参照合同关于工程价款的约定折价补偿。

发包人对因建设工程不合格造成的损失有过错的，应当承担相应的责任。

第七百九十九条 建设工程竣工后，发包人应当根据施工图纸及说明书、

---

[1] 王利明：《合同法研究（第二卷）》（第二版），中国人民大学出版社2019年版，第13页。

国家颁发的施工验收规范和质量检验标准及时进行验收。验收合格的,发包人应当按照约定支付价款,并接收该建设工程。

建设工程竣工经验收合格后,方可交付使用;未经验收或者验收不合格的,不得交付使用。

《建筑法》

第六十一条 交付竣工验收的建筑工程,必须符合规定的建筑工程质量标准,有完整的工程技术经济资料和经签署的工程保修书,并具备国家规定的其他竣工条件。

建筑工程竣工经验收合格后,方可交付使用;未经验收或者验收不合格的,不得交付使用。

《建设工程质量管理条例》

第十六条 建设单位收到建设工程竣工报告后,应当组织设计、施工、工程监理等有关单位进行竣工验收。

建设工程竣工验收应当具备下列条件:

(一)完成建设工程设计和合同约定的各项内容;
(二)有完整的技术档案和施工管理资料;
(三)有工程使用的主要建筑材料、建筑构配件和设备的进场试验报告;
(四)有勘察、设计、施工、工程监理等单位分别签署的质量合格文件;
(五)有施工单位签署的工程保修书。

建设工程经验收合格的,方可交付使用。

建设工程施工合同纠纷案件裁判规则第 54 条：

承包人超越资质等级许可的业务范围签订建设工程施工合同，在建设工程竣工前取得相应的资质等级，应当认定合同有效

【规则描述】 我国法律明确禁止承包人超越资质等级许可的业务范围承揽工程，该规定系国家法律、行政法规的"效力性强制性规定"，如违反该效力性强制性规定则签订的建设工程施工合同应属无效。但是，为了避免出现大量合同无效的情形，同时兼顾资质等级设立的立法精神，促进当事人积极履行合同、保证交易安全、促进市场经济的健康发展，司法解释对于承包人超越资质等级许可的业务范围签订的施工合同无效问题制定了合同效力补正制度，即规定承包人超越资质等级许可的业务范围签订建设工程施工合同，在建设工程竣工前取得相应资质等级，施工合同应认定为有效。

一、类案检索大数据报告

时间：2020 年 8 月 7 日之前；案例来源：Alpha 案例库；案由：建设工程施工合同纠纷；检索条件：引用法条：（1）2004《建设工程司法解释一》第 5 条[①]；（2）法院认为包含：同句"取得相应资质等级"。本次检索获取 2020 年 8 月 7 日之前共计 30 篇裁判文书。其中：

①认为建设工程竣工前未取得相应资质等级合同无效的共计 6 件，占比为 20%；

②认为建设工程竣工前已取得相应资质等级条件合同有效的共计 16 件，占比为

---

① 参见 2020 年《建设工程司法解释一》第 4 条："承包人超越资质等级许可的业务范围签订建设工程施工合同，在建设工程竣工前取得相应资质等级，当事人请求按照无效合同处理的，人民法院不予支持。"

53.33%；

③认为应招标而未招标等导致合同无效的共计3件，占比为10%；

④认为建设工程尚未竣工请求合同无效不予支持的共计5件，占比为16.67%。

整体情况如图3-1所示：

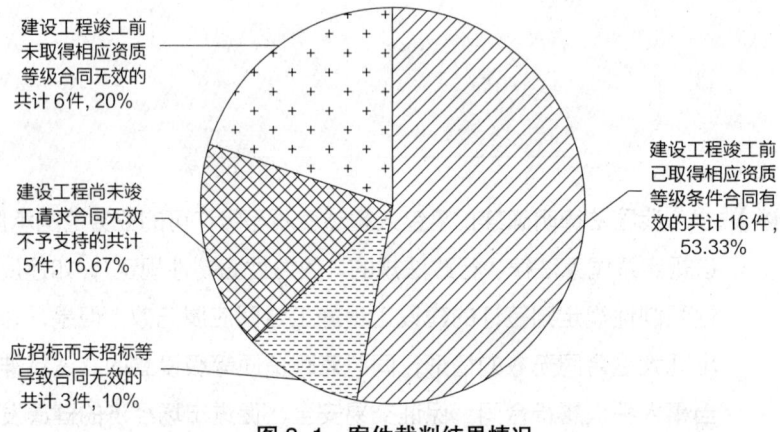

图3-1 案件裁判结果情况

如图3-2所示，从案件年份分布可以看出，在当前条件下，涉及引用法条：（1）2004年《建设工程司法解释一》第5条[①]；（2）法院认为包含：同句"取得相应资质等级"，可以看到当前条件下建设工程施工合同纠纷案例数量的变化趋势。

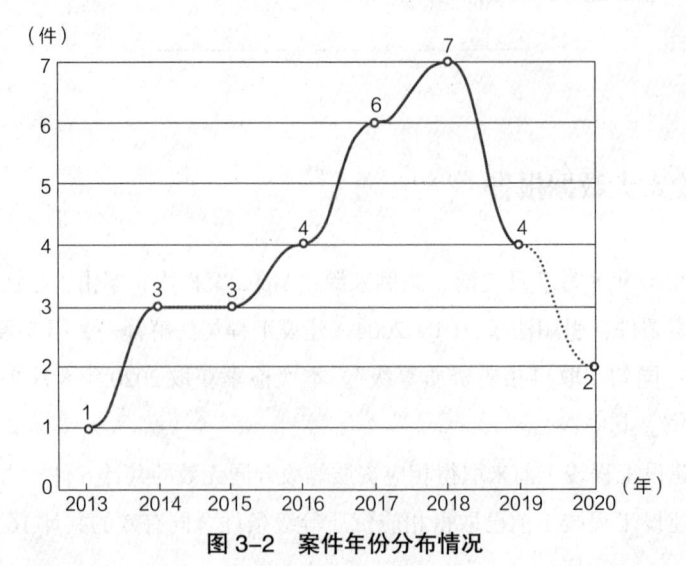

图3-2 案件年份分布情况

---

① 参见2020年《建设工程司法解释一》第4条："承包人超越资质等级许可的业务范围签订建设工程施工合同，在建设工程竣工前取得相应资质等级，当事人请求按照无效合同处理的，人民法院不予支持。"

如图 3-3 所示，从上面的程序分类统计可以看到建设工程施工合同纠纷当前的审理程序分布状况。一审案件有 13 件，二审案件有 16 件，再审案件有 1 件。

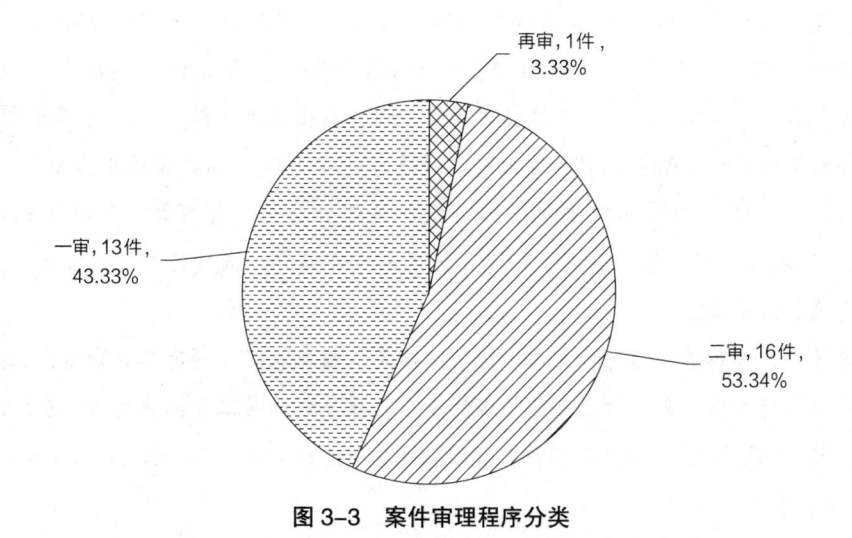

图 3-3 案件审理程序分类

过对审理期限的可视化分析可以看到，当前条件下的审理时间更多处在 91~180 天的区间内，平均时间为 229 天。

二、可供参考的例案

例案一：贵州贵新煤业有限公司与贵州汇源建筑工程有限公司建设工程施工合同纠纷案

【法院】

贵州省高级人民法院

【案号】

（2017）黔民终 170 号

【当事人】

上诉人（原审被告、反诉原告）：贵州贵新煤业有限公司

被上诉人（原审原告、反诉被告）：贵州汇源建筑工程有限公司

【基本案情】

2012 年 3 月 10 日，贵州汇源建筑工程有限公司（以下简称汇源公司）中标承建

贵州贵新煤业有限公司（以下简称贵新煤业）发包的"贵新煤业（整合）扩建工程第一标段单身宿舍工程"（以下简称宿舍工程）。2012年3月13日，双方就宿舍工程签订《建设工程施工合同》，该合同就工程建筑面积、就工期、质量、付款、结算等明确进行了约定。根据《单位工程质量认证书》可知，宿舍工程于2013年10月31日竣工。2014年10月14日，汇源公司向贵新煤业移交竣工资料，《竣工移交资料表》上注明移交的资料包括决算书、竣工图、材料价格签证单、《竣工验收报告》等。

另，贵新煤业又将其职工食堂工程发包给汇源公司，并签订、履行了相应的《建设工程施工合同》等。后因贵新煤业迟迟未完成结算、未按约支付工程款，汇源公司遂将其诉至法院。

本案中，贵新煤业称招标文件已经明确规定，投标人必须具有二级资质，但汇源公司在中标时和签订合同时无相应等级的资质，故签订的施工合同应无效。后经法院查明，汇源公司最迟于2013年7月5日已取得房屋建筑工程施工总承包二级资质。

【案件争点】

承包人超越资质等级签订施工合同，后在竣工前取得相应资质的，该施工合同是否有效。

【裁判要旨】

本案中，虽然汇源公司在签订合同时无相应资质，但在宿舍工程2013年10月31日竣工前，汇源公司已具备房屋建筑工程施工总承包二级资质（当时房屋建筑工程施工总承包企业资质由高至低分为特级、一级、二级、三级资质）。据此，依据2004年《建设工程司法解释一》第5条[①]"承包人超越资质等级许可的业务范围签订建设工程施工合同，在建设工程竣工前取得相应资质等级，当事人请求按照无效合同处理的，不予支持"的规定，涉案施工合同应认定为有效。

例案二：云南云锡同乐太阳能光热光电产业有限公司与云南省玉溪恒立建安工程有限公司建设工程施工合同纠纷案

【法院】

云南省高级人民法院

[①] 参见2020年《建设工程司法解释一》第4条："承包人超越资质等级许可的业务范围签订建设工程施工合同，在建设工程竣工前取得相应资质等级，当事人请求按照无效合同处理的，人民法院不予支持。"

【案号】

（2010）云高民一终字第 149 号

【当事人】

上诉人（原审被告）：云南云锡同乐太阳能光热光电产业有限公司

被上诉人（原审原告）：云南省玉溪恒立建安工程有限公司

【基本案情】

2005 年至 2006 年期间，经玉溪高新技术产业开发区管理委员会的组织协调，云南省玉溪恒立建安工程有限公司（以下简称恒立公司）在未与云南云锡同乐太阳能光热光电产业有限公司（以下简称同乐公司）签订书面施工合同的情况下，即为同乐公司完成了涉案工程的施工。

2006 年 1 月 16 日，恒立公司向同乐公司提交了《工程竣工验收报告》。该报告载明验收内容为（1）110 千伏泰山变出线间隔安装；（2）35 千伏电缆敷设；（3）35 千伏降压站安装，并由施工方、客户方及玉溪供电局相关人员签字验收。

2009 年 7 月 3 日，双方签订了《工程结算协议》，就中介审计机构委托、付款时间（如约定在收到审计报告后 7 天内，同乐公司按审定金额，扣除 100 万元预付款后付清剩余工程款）等明确进行了约定。后恒立公司及同乐公司因工程款结算事宜发生争议，同乐公司迟迟未确认结算款金额，恒立公司遂将同乐公司起诉至人民法院，要求其支付欠付的工程款及利息等。

本案中，恒立公司在开始施工时无电力工程施工资质，但于 2005 年 10 月 31 日即竣工前（竣工时间：2006 年 1 月 16 日）取得了电力工程施工总承包三级资质（当时三级资质系电力工程最低资质等级），承包工程范围为可承担单项合同额不超过企业注册资本金 5 倍的单机容量 10 万千瓦及以下的机组整体工程、110 千伏及以下送电线路及相同电压的等级的变电站整体工程施工总承包。

【案件争点】

承包人签订施工合同时没有施工资质，后在工程竣工前取得相应资质等级的，合同是否有效。

【裁判要旨】

本案中，同乐公司及恒立公司均确认涉案工程施工期间是 2005 年至 2006 年。且，虽然恒立公司在实际承建工程即 2005 年 4 月无施工资质，但是在施工期间、竣工验收前即 2005 年 10 月 31 日已取得电力工程施工总承包三级资质。故，虽然 2004

年《建设工程司法解释一》第1条第1项①规定："建设工程施工合同具有下列情形之一的，应当根据合同法第五十二条第（五）项的规定，认定无效：（一）承包人未取得建筑施工企业资质或者超越资质等级的。"但是根据2004年《建设工程司法解释一》第5条②的规定，"承包人超越资质等级许可的业务范围签订建设工程施工合同，在建设工程竣工前取得相应资质等级，当事人请求按照无效合同处理的，不予支持"，涉案合同仍应为有效。

例案三：德江县城市公交客运有限公司与贵州征美建设工程有限公司建设工程施工合同纠纷案

【法院】

贵州省高级人民法院

【案号】

（2019）黔民终12号

【当事人】

上诉人（原审被告）：德江县城市公交客运有限公司

被上诉人（原审原告）：贵州征美建设工程有限公司

【基本案情】

2015年1月20日，德江县城市公交客运有限公司（以下简称公交公司）为甲方与案外人德江建筑公司为乙方签订《建设工程施工合同》，约定甲方将其德江县城市公交综合服务中心建设项目1、2、3、4号楼建筑物建筑安装工程，发包给乙方承建施工。合同主要内容：建筑规模约120400平方米，承包范围包工包料，合同工期738天，合同价款暂估16600万元。合同第五条第3款约定了工程（进度）款支付方式。同时约定，乙方向甲方缴纳500万元履约保证金。待拨付第一次工程进度款时全部退还。甲乙双方及法定代表人在合同上签字盖章，冉某梅作为乙方委托代理人在该合同上签名。冉某梅于2015年2月18日，向公交公司总经理杨某卫交纳履约保证

---

① 参见2020年《建设工程司法解释一》第1条第1款第1项："建设工程施工合同具有下列情形之一的，应当依据民法典第一百五十三条第一款的规定，认定无效：（一）承包人未取得建筑业企业资质或者超越资质等级的。"

② 参见2020年《建设工程司法解释一》第4条："承包人超越资质等级许可的业务范围签订建设工程施工合同，在建设工程竣工前取得相应资质等级，当事人请求按照无效合同处理的，人民法院不予支持。"

金350万元，3月1日交纳履约保证金100万元。

2015年3月1日，公交公司为甲方与贵州征美建设工程有限公司（以下简称征美公司）为乙方签订《建筑施工合同补充协议书》，对前述《建设工程施工合同》进行补充约定。其中，对付款方式作调整：（1）1、2、3、4号楼，按每号楼施工至地上5层，按完成总价的65%支付工程进度款，以后进度款按完成7层支付一次，支付额为总价的65%，工程完工后支付至总价款的95%，剩余工程款待竣工验收后支付98%，剩余2%为工程质量保证金；（2）其他部分按原合同执行。乙方向甲方缴纳500万元履约保证金，待工程施工至地上五层时全款退还。征美公司该工程项目的管理人员冉某梅，作为乙方委托代理人在该协议书上签名。该《补充协议书》签订后，征美公司组织施工队伍进场施工。

2015年7月20日，公交公司为甲方与征美公司为乙方签订《建设工程施工合同》，并将合同订立时间写为2015年1月20日。除进度款支付方式及质保金约定有调整外，其他内容与公交公司和德江建筑公司2015年1月20日签订《建设工程施工合同》基本一致。冉某梅作为乙方委托代理人在该合同上签名。

征美工程公司施工过程中，公交公司未支付过工程款。至2016年1月，征美公司停止施工。至停工时，征美公司完成1号楼基础及地下两层、2号楼主体封顶等工程的施工，3、4号楼基础及主体工程尚未动工。至起诉前，公交公司已返还履约保证金236万元。在本案诉讼中，征美公司申请对其已完成工程量造价进行司法鉴定。经一审法院委托贵州正业建设工程造价事务有限公司鉴定，涉案工程造价为49266958.07元。

本案中，征美公司在施工过程中不具有施工资质，其于2016年1月27日取得"建筑工程施工总承包二级"和"市政公用工程施工总承包三级"资质，即征美公司起诉时候已经具备涉案工程的修建资质。

【案件争点】

在建设工程竣工前取得相应的资质等级，施工合同是否有效。

【裁判要旨】

涉案《建设工程施工合同》及《建设工程施工合同补充协议》应为有效。本案中，冉某梅并非挂靠征美公司施工，依照2004年《建设工程司法解释一》第5条[①]"承包人超越资质等级许可的业务范围签订建设工程施工合同，在建设工程竣工前取得相应资

---

① 参见2020年《建设工程司法解释一》第4条："承包人超越资质等级许可的业务范围签订建设工程施工合同，在建设工程竣工前取得相应资质等级，当事人请求按照无效合同处理的，人民法院不予支持。"

质等级,当事人请求按照无效合同处理的,不予支持"之规定,现涉案工程尚未竣工验收,且征美公司已经取得相应施工资质。因此,征美公司与公交公司签订的《建设工程施工合同》及《建设工程施工合同补充协议》应当认定为有效。

三、裁判规则提要

(一)关于建筑施工企业资质

资质审查制度,是指"勘查、设计单位、建筑施工企业、工程监理单位经建设行政主管部门进行资质审查、取得相应等级资质证书,并在资质等级许可的范围内从事建筑活动的制度"。[1]《建筑法》第13条规定:"从事建筑活动的建筑施工企业、勘察单位、设计单位和工程监理单位,按照其拥有的注册资本、专业技术人员、技术装备和已完成的建筑工程业绩等资质条件,划分为不同的资质等级,经资质审查合格,取得相应等级的资质证书后,方可在其资质等级许可的范围内从事建筑活动。"第26条规定:"承包建筑工程的单位应当持有依法取得的资质证书,并在其资质等级许可的业务范围内承揽工程。禁止建筑施工企业超越本企业资质等级许可的业务范围或者以任何形式用其他建筑施工企业的名义承揽工程。禁止建筑施工企业以任何形式允许其他单位或者个人使用本企业的资质证书、营业执照,以本企业的名义承揽工程。"《建设工程质量管理条例》第7条规定:"建设单位应当将工程发包给具有相应资质等级的单位。建设单位不得将建设工程肢解发包。"第25条规定:"施工单位应当依法取得相应等级的资质证书,并在其资质等级许可的范围内承揽工程。禁止施工单位超越本单位资质等级许可的业务范围或者以其他施工单位的名义承揽工程。禁止施工单位允许其他单位或者个人以本单位的名义承揽工程。施工单位不得转包或者违法分包工程。"根据上述规定可知,建筑企业的资质系通过其拥有的注册资本、专业技术人员、技术装备和已完成的建筑工程业绩等条件,划分不同等级,并以证书形式许可从事建筑施工活动的凭证。我国资质等级管理制度肇始于1984年,是国家为了有效维护建筑市场秩序、对建设工程质量进行监督管理、保障千家万户及广大人民群众的健康安全,参照相关国家对建设工程的质量管理模式而

---

[1] 最高人民法院民事审判第一庭编著:《最高人民法院新建设工程施工合同司法解释(一)理解与适用》,人民法院出版社2021年版,第50页。

建立的，是事前预防的一种监管方式。

关于建筑资质立法的目的。《建筑法》第1条规定："为了加强对建筑活动的监督管理，维护建筑市场秩序，保证建筑工程的质量和安全，促进建筑业健康发展，制定本法。"其开宗明文地强调"保证建筑工程的质量和安全"，而国家立法在建筑行业进行统一监督管理的核心目的正在于建设工程质量。为了保证建筑工程质量，因此，要求从事建筑活动必须具备相应的法定资格，或者说，建筑资质条件是由法律明文规定的，也就是说，只有具备相应的建筑资质等级，才可在其资质等级许可的范围内从事建筑活动，"依法取得的资质证书，是进行建筑市场从事建筑活动的准入证；资质证书载明的资质等级，是表示其业务能力大小的证明"。"以统一的标准去衡量那些企业或单位的资金状况、人员素质、技术装备、建筑业绩、管理水平等方面的能力，综合评价它们，达到一定的标准的方可进行建筑市场，承担工程，这样就为保证建筑业的有序发展和保证建筑工程质量奠定一个重要的基础"。[①]

（二）我国关于建筑施工企业资质等级的发展

1. 我国关于建筑企业资质等级的规定

自20世纪80年代始至今，我国建筑企业资质等级一直处于不断细化发展过程中，目前我国施行的是2007年版《施工总承包企业特级资质标准》（建市〔2007〕72号）及2014年版《建筑业企业资质标准》（建市〔2014〕159号）。当然，该规定自施行至今，部分条款也有相应变化，如《住房城乡建设部关于建筑业企业资质管理有关问题的通知》（建市〔2015〕154号）、《住房城乡建设部关于简化建筑业企业资质标准部分指标的通知》（建市〔2016〕226号）、《住房和城乡建设部办公厅关于取消建筑业企业最低等级资质标准现场管理人员指标考核的通知》（建办室〔2018〕53号）等即对其有相关调整。

根据《建筑业企业资质标准》规定，建筑企业资质分为施工总承包、专业承包和施工劳务三个序列。其中：

（1）施工总承包序列设有12个类别（如建筑工程施工总承包、公路工程施工总承包、铁路工程施工总承包等），资质一般分为4个等级（高至低分别是特级、一级、二级及三级）；

（2）专业承包序列设有36个类别（如地基基础工程专业承包、起重设备安装工

[①] 卞耀武主编：《中华人民共和国建筑法释义》，法律出版社1998年版，第9页、第91页。

程专业承包、预拌混凝土专业承包、消防设施工程专业承包等），一般分为3个等级（由高至低分别是一级、二级及三级）；

（3）施工劳务序列不分类别和等级。

2.我国关于建筑企业资质等级规定的发展动向

近些年，我国建筑企业资质改革向逐渐简化的趋势发展，意向推动资质管理向"宽准入、严监管、强服务"转变。如：2014年11月，住建部将专业承包资质由60个类别压缩至36个类别；2016年10月，《住房和城乡建设部关于简化建筑业企业资质标准部分指标的通知》取消关于注册建造师、中级以上职称人员、持有岗位证书的现场管理人员、技术工人的指标考核（各类别最低等级除外）；2018年11月，《住房和城乡建设部办公厅关于取消建筑业企业最低等级资质标准现场管理人员指标考核的通知》取消建筑业企业最低等级资质标准中关于持有岗位证书现场管理人员的指标考核；2019年3月，《住房和城乡建设部建筑市场监管司2019年工作要点》也明确优化市场准入机制，进一步简化企业资质类别和等级设置，减少申报材料等；2019年3月，《住房和城乡建设部办公厅关于实行建筑业企业资质审批告知承诺制的通知》决定在全国范围对建筑工程、市政公用工程施工总承包一级资质审批实行告知承诺制，以减少审批环节；2020年11月，《住房和城乡建设部关于印发建设工程企业资质管理制度改革方案的通知》中就建设工程企业资质认定事项压减工作，制定了改革方案；2020年12月，《住房和城乡建设部等部门关于加快培育新时代建筑产业工人队伍的指导意见》中指出要"改革建筑施工劳务资质，大幅降低准入门槛"等。

（三）超越建筑施工企业资质等级签订的施工合同的效力

《建筑法》第26条规定："承包建筑工程的单位应当持有依法取得的资质证书，并在其资质等级许可的业务范围内承揽工程。禁止建筑施工企业超越本企业资质等级许可的业务范围或者以任何形式用其他建筑施工企业的名义承揽工程。禁止建筑施工企业以任何形式允许其他单位或者个人使用本企业的资质证书、营业执照，以本企业的名义承揽工程。"《建设工程质量管理条例》第25条规定："施工单位应当依法取得相应等级的资质证书，并在其资质等级许可的范围内承揽工程。禁止施工单位超越本单位资质等级许可的业务范围或者以其他施工单位的名义承揽工程。禁止施工单位允许其他单位或者个人以本单位的名义承揽工程。"基于上述规定，建筑企业应在其资质等级许可的业务范围内承揽工程，我国明令禁止建筑施工企业超越本企业资质等级许可的业务范围承揽工程。对于超越资质等级许可签订的施工合同

应认定为无效,主要理由:

第一,违反效力性强制性规定的,"其效力必须被否定"。①《民法典》第153条规定:"违反法律、行政法规的强制性规定的民事法律行为无效。但是,该强制性规定不导致该民事法律行为无效的除外。违背公序良俗的民事法律行为无效。"一般认为,"导致合同无效的效力性规定,作为公法进入私法的一条重要通道,具有引致条款的意义,因而往往是指公法上的强制性规定"②,而《建筑法》系由全国人民代表大会常务委员会审议通过的法律,《建设工程质量管理条例》系国务院通过的行政法规,《建筑法》第26条和《建设工程质量管理条例》第25条属于效力性强制性规定,超越资质等级许可签订施工合同违反了法律、行政法规的效力性强制性规定,因此,施工合同无效。

第二,违反有关建筑市场主体准入制度强制性规定。我国的建筑行业实行企业资质管理制度,目的在于严格规范建筑企业的市场准入条件,核心目的是保证建设工程质量,所以,要求建筑企业承揽建设工程必须与其资质等级相一致,而"法律对于实施法律行为的主体资格、资质的要求,其目的在于禁止不具有相应资格、资质的主体进入、从事相应的法律行为,故不具有相应资格、资质的主体从事的法律行为原则上无效"③,2020年《建设工程司法解释一》第1条第1款第1项规定:"建设工程施工合同具有下列情形之一的,应当依据民法典第一百五十三条第一款的规定,认定无效:(一)承包人未取得建筑业企业资质或者超越资质等级的。"该条款明确规定建筑企业超越资质等级签订的施工合同应为无效。

(四)超越建筑企业资质等级签订的施工合同所涉效力补正问题

1. 合同效力补正的必要性

合同效力,是指"依法成立的合同在当事人之间产生的法律拘束力"。④合同无效,是指该合同自始对所有的人不发生效力并保持其不发生效力的状态,合同无效具有当然性、自始性及确定性。无效合同补正,是指当事人所签订的合同因违反了

---

① 黄薇主编:《中华人民共和国民法典总则编释义》,法律出版社2020年版,第406页。
② 最高人民法院民事审判第二庭编著:《〈全国法院民商事审判工作会议纪要〉理解与适用》,人民法院出版社2019年版,第243页。
③ 最高人民法院民事审判第二庭编著:《〈全国法院民商事审判工作会议纪要〉理解与适用》,人民法院出版社2019年版,第247页。
④ 王利明:《合同法研究(第一卷)》(第三版),中国人民大学出版社2015年版,第527页。

法律禁止性规定，导致合同不能满足有效条件，当事人可以通过补正行为使合同满足有效的条件，从而使合同有效。①或者说，"是指当事人对于无效合同进行修正，消除其无效的原因，或者通过法院依当事人的请求修改合同，从而使合同变为有效合同。"②在我国，关于无效合同补正的情形具有相关规定，如 2020 年《建设工程司法解释一》第 4 条规定："承包人超越资质等级许可的业务范围签订建设工程施工合同，在建设工程竣工前取得相应资质等级，当事人请求按照无效合同处理的，人民法院不予支持。"2020 年《国有土地使用权司法解释》第 2 条规定："开发区管理委员会作为出让方与受让方订立的土地使用权出让合同，应当认定无效。本解释实施前，开发区管理委员会作为出让方与受让方订立的土地使用权出让合同，起诉前经市、县人民政府自然资源主管部门追认的，可以认定合同有效。"2020 年《最高人民法院关于审理城镇房屋租赁合同纠纷案件具体应用法律若干问题的解释》第 2 条规定："出租人就未取得建设工程规划许可证或者未按照建设工程规划许可证的规定建设的房屋，与承租人订立的租赁合同无效。但在一审法庭辩论终结前取得建设工程规划许可证或者经主管部门批准建设的，人民法院应当认定有效。"上述条款其实在 2020 年前早已施行，自该条款初次施行至今已经多年，均取得了良好的社会效果。

关于承包人超越资质等级签订的施工合同适用无效合同补正具有其深刻的社会意义。在我国建筑行业的发展过程中，由于建筑业市场没有形成规范的经营秩序，存在大量承包人超越资质等级承揽工程的情况。但是，建筑企业资质等级在施工过程中可能处于动态变化过程中，如施工过程中按照建筑企业的申请，资质等级可能会提高，且资质申报准备、审批等也有一个时间过程。鉴于此，为了避免出现大量合同无效的情形，同时兼顾资质等级设立的立法精神，促进当事人积极履行合同、保证交易安全、促进建筑市场经济的健康发展，则就超越资质等级签订的施工合同制定了合同效力补正制度。

2. 合同效力补正的要件

关于超越资质等级签订的施工合同所涉效力补正的构成要件问题。《德国民法典》第 141 条规定："无效的法律行为经行为人确认者，其确认应视为重新实施的法律行为。"我国学者认为，德国法这一规定从表面上看，似乎是追认，但实际上是成

---

① 参见最高人民法院民事审判第一庭编著：《最高人民法院新建设工程施工合同司法解释（一）理解与适用》，人民法院出版社 2021 年版，第 52 页。

② 王利明：《合同法研究（第一卷）》（第三版），中国人民大学出版社 2015 年版，第 626 页。

立新的法律行为，所以必须具备新的法律行为所具备的一切有效要件。[①] 该"确认"的意思既可以由确认权人以明示的意思表达出来，也可以从确认权人可推断的行为判断出来。在法国，无效合同的补正方式，为当事人可以放弃其主张合同无效的权利，而使无效合同变为有效。现我国关于超越资质等级签订的施工合同所涉效力补正问题，并不以当事人承认为前提，而系国家法律明确规定，其要件主要包括：第一，被补正的合同必须是应当被确认无效的合同。第二，当事人必须采取一定的行为消除合同无效的原因。其中包括当事人通过协议修改合同或者实施一定的行为消除无效的原因。例如，如果当事人一方应当具备某种资质而没有具备，从而违反了法律的规定，但是，根据《最高人民法院关于适用〈中华人民共和国合同法〉若干问题的解释（一）》（已失效）第9条的规定，在一审法庭辩论终结前获得了资质，就可以使合同有效。第三，当事人承认该合同的内容。当事人的承认与无效合同的内容基本相同，如果当事人达成新的协议，且与无效合同的内容不同，就属于订立新的合同，而不属于无效合同的补正。[②] 关于建设工程施工合同中合同效力的补正，需要关注的问题主要有：

（1）关于适用范围。根据2020年《建设工程司法解释一》第4条的规定，该条款适用范围为"承包人超越资质等级许可的业务范围所签订的施工合同"。对于违反资质等级施工的行为，一般包括超越资质等级、无资质等级进行施工的行为。其中，超越资质等级施工，是指对于低资质的建筑企业违反建筑企业资质等级标准，承揽本应由高资质的建筑企业承揽的建设工程，如三级建筑企业承接二级建筑企业的业务，二级建筑企业承接一级建筑企业的业务等。无资质等级施工，一般分为以下三种：①非企业如包工头、建筑队等承揽工程的行为；②仅有法人营业执照，但没有施工企业资质证书或资质证书未年检承揽工程的行为；③具有的资质证书与承建工程所需的资质不一致，如仅有地基基础工程专业承包，但需要承揽的工程却是消防设施工程等。

审判实务中，对于无资质的建筑企业签订的施工合同是否适用于2020年《建设工程司法解释一》第4条即合同效力补正，存在不同的观点：

第一种观点认为，不应适用。主要理由是：该条款仅限于"超越"资质等级的情形，如三级建筑施工企业承接二级建筑施工企业的业务，二级建筑施工企业承接

---

① 沈达明、梁仁洁：《德意志法上的法律行为》，对外贸易教育出版社1992年版，第185页。
② 参见王利明：《合同法研究（第一卷）》（第三版），中国人民大学出版社2015年版，第626页。

一级建筑施工企业的业务等。无资质的情形不属于超越资质等级施工，此种情形下的施工合同效力补正没有法律依据。

第二种观点认为，应当适用。① 主要理由是：首先，从广义上而言，无资质的承包人违反规定承揽建设工程，实际上也属于超越资质等级施工的范围；其次，符合2020年《建设工程司法解释一》第4条规定的立法本意。无资质的承包人在工程竣工前取得相应的资质，对承揽的工程质量已经具有一定的保证，且为了保障建筑市场秩序、尊重当事人的意思表示等，应本着尽量促使合同有效的原则处理相关问题。

（2）关于补正时间前取得相应的资质等级。在该项规定制定之初，就补正时间即取得相应施工资质等级的时间存在三种不同观点：第一种观点认为，可吸取《关于审理房地产管理法施行前房地产开发经营案件若干问题的解答》中关于房地产开发商补办手续规定，宽限至一审诉讼期间；第二种观点认为，应限定在工程竣工前，以防止影响工程质量，避免与《建筑法》立法目的相悖；第三种观点则认为应限定在起诉前。②

一般认为，补正时间应当限定在"工程竣工前"，因为工程竣工前取得相应的资质，表明承包人已经具备承揽建设工程的能力。而对于"起诉前"或"一审诉讼期间"，则会存在问题：当事人可能在工程竣工后很长一段时间才向法院提起诉讼；建设工程纠纷案件较为复杂，诉讼审理期间也较长，如果以"起诉前"或"一审诉讼期间"作为补正时间节点，与已经竣工工程没有任何关系，既与《建筑法》的立法目的相违背③，也不利于保证已竣工工程的质量。根据《建筑法》第61条："交付竣工验收的建筑工程，必须符合规定的建筑工程质量标准，有完整的工程技术经济资料和经签署的工程保修书，并具备国家规定的其他竣工条件。建筑工程竣工经验收合格后，方可交付使用；未经验收或者验收不合格的，不得交付使用。"《建设工程质量管理条例》第16条："建设单位收到建设工程竣工报告后，应当组织设计、施工、工程监理等有关单位进行竣工验收。建设工程竣工验收应当具备下列条件：（一）完成建设工程设计和合同约定的各项内容；（二）有完整的技术档案和施工管理资料；（三）有工程使用的主要建筑材料、建筑构配件和设备的进场试验报告；（四）有勘察、设计、施工、工程

---

① 见本条规则所涉例案二。
② 最高人民法院民事审判第一庭编著：《最高人民法院新建设工程施工合同司法解释（一）理解与适用》，人民法院出版社2021年版，第53页。
③ 最高人民法院民事审判第一庭编著：《最高人民法院新建设工程施工合同司法解释（一）理解与适用》，人民法院出版社2021年版，第55页。

监理等单位分别签署的质量合格文件;(五)有施工单位签署的工程保修书。建设工程经验收合格的,方可交付使用。"如上,"工程竣工前"是合同效力补正的分界线。

3. 关于"工程竣工日期"

"工程竣工日期"应按如下方式进行认定:

(1)当事人有约定的则从约定。如当事人就工程竣工日期如何认定有明确约定,则应尊重当事人意思表示,按照约定予以认定。如:(1999)《施工合同示范文本》通用条款第 32.4 条约定:"工程竣工验收通过,承包人送交竣工验收报告的日期为实际竣工日期。工程按发包人要求修改后通过竣工验收的,实际竣工日期为承包人修改后提请发包人验收的日期。"(2013/2017)《施工合同示范文本》通用条款第 13.2.3 条竣工日期约定:"工程经竣工验收合格的,以承包人提交竣工验收申请报告之日为实际竣工日期,并在工程接收证书中载明;因发包人原因,未在监理人收到承包人提交的竣工验收申请报告 42 天内完成竣工验收,或完成竣工验收不予签发工程接收证书的,以提交竣工验收申请报告的日期为实际竣工日期;工程未经竣工验收,发包人擅自使用的,以转移占有工程之日为实际竣工日期。"

(2)就工程竣工日期有争议的,则按照 2020 年《建设工程司法解释一》第 9 条规定进行认定。2020 年《建设工程司法解释一》第 9 条规定:"当事人对建设工程实际竣工日期有争议,按照下列情形分别处理:(一)建设工程经竣工验收合格的,以竣工验收合格之日为竣工日期;(二)承包人已经提交竣工验收报告,发包人拖延验收的,以承包人提交验收报告之日为竣工日期;(三)建设工程未经竣工验收,发包人擅自使用的,以转移占有建设工程之日为竣工日期。"根据上述规定,当事人对工程实际竣工日期有争议的,按以下三种方式处理:

第一,工程竣工验收合格的,则以竣工验收合格之日为竣工日期。如竣工验收报告中建设单位、监理单位、设计单位、勘察单位及施工单位确认工程竣工验收合格的日期。

第二,承包人提交竣工验收报告,但发包人拖延验收的,则应以承包人提交验收报告之日为竣工日期。如上,(2013/2017)《施工合同示范文本》通用条款第 13.2.3 条对此也有相关约定。

第三,如工程未经竣工验收,发包人擅自使用的,则以转移占有建设工程之日为竣工日期。其中,对于"转移占有",应为发包人使用工程之日,如果发包人未经竣工验收的工程进行实际控制,那么发包人实际控制之日则应视为"转移占有"之日。

四、辅助信息

《民法典》

第一百五十三条 违反法律、行政法规的强制性规定的民事法律行为无效。但是，该强制性规定不导致该民事法律行为无效的除外。

违背公序良俗的民事法律行为无效。

《建筑法》

第十三条 从事建筑活动的建筑施工企业、勘察单位、设计单位和工程监理单位，按照其拥有的注册资本、专业技术人员、技术装备和已完成的建筑工程业绩等资质条件，划分为不同的资质等级，经资质审查合格，取得相应等级的资质证书后，方可在其资质等级许可的范围内从事建筑活动。

第二十六条 承包建筑工程的单位应当持有依法取得的资质证书，并在其资质等级许可的业务范围内承揽工程。

禁止建筑施工企业超越本企业资质等级许可的业务范围或者以任何形式用其他建筑施工企业的名义承揽工程。禁止建筑施工企业以任何形式允许其他单位或者个人使用本企业的资质证书、营业执照，以本企业的名义承揽工程。

《建设工程质量管理条例》

第二十五条 施工单位应当依法取得相应等级的资质证书，并在其资质等级许可的范围内承揽工程。

禁止施工单位超越本单位资质等级许可的业务范围或者以其他施工单位的名义承揽工程。禁止施工单位允许其他单位或者个人以本单位的名义承揽工程。

施工单位不得转包或者违法分包工程。

2020年《建设工程施工司法解释一》

第一条第一款 建设工程施工合同具有下列情形之一的，应当依据民法典第一百五十三条第一款的规定，认定无效：

（一）承包人未取得建筑业施工企业资质或者超越资质等级的；

（二）没有资质的实际施工人借用有资质的建筑施工企业名义的；

（三）建设工程必须进行招标而未招标或者中标无效的。

第四条 承包人超越资质等级许可的业务范围签订建设工程施工合同，在建设工程竣工前取得相应资质等级，当事人请求按照无效合同处理的，人民法院不予支持。

第九条 当事人对建设工程实际竣工日期有争议的，人民法院应当分别按照以下情形予以认定：

（一）建设工程经竣工验收合格的，以竣工验收合格之日为竣工日期；

（二）承包人已经提交竣工验收报告，发包人拖延验收的，以承包人提交验收报告之日为竣工日期；

（三）建设工程未经竣工验收，发包人擅自使用的，以转移占有建设工程之日为竣工日期。

建设工程施工合同纠纷案件裁判规则第 55 条：

当事人对垫资和垫资利息有约定的，按约定处理，但约定的利息计算标准高于垫资时的同类贷款利率或者同期贷款市场报价利率的部分除外

【规则描述】　　垫资，是指在建设工程施工合同或另行签订的垫资合同中约定，承包方不要求发包方先行支付工程款或者仅支付部分工程款，利用其自有资金先行进场施工，建设工程施工到一定阶段或者工程全部完成后，由发包方再支付垫付的工程款。[①] 建设工程施工合同中的垫资条款或者另行签订的垫资合同的实质是发包方利用其在建设工程施工合同缔约过程中的优势地位，要求承包方提供的延付融资服务，也是发包方与承包方针对建设工程支付价款的一种约定。在司法实践中，当事人对垫资没有明确约定时，通常按照工程欠款处理。

一、类案检索大数据报告

时间：2020 年 8 月 9 日之前；案例来源：Alpha 案例库；案由：建设工程施工合同纠纷；检索条件：（1）法院认为包含：同句"垫资和垫资利息"；（2）法院认为包含：同句"约定的利息计算标准"；（3）法院认为包含：同句"中国人民银行发布的同期同类贷款利率"。本次检索获取 2020 年 8 月 9 日之前共计 480 篇裁判文书。其中：

①认为当事人对垫资和垫资利息有约定，应按约定返还的共计 97 件，占比为 20.21%；

[①] 最高人民法院民事审判第一庭编著：《最高人民法院建设工程施工合同司法解释的理解与适用》，人民法院出版社 2004 版，第 62 页。

②认为当事人约定的利息计算标准高于中国人民银行发布的同期同类贷款利率部分不予支持的共计171件，占比为35.63%；

③认为不高于中国人民银行发布的同期同类贷款利率部分支持，高于部分不予支持共计137件，占比为28.54%；

④认为利息与违约金不能重复计算的共计25件，占比为5.21%；

⑤认为双方无垫资和垫资利息约定不予支持共计33件，占比为6.87%；

⑥认为工程已交付双方已结算，利息应按中国人民银行发布的同期同类贷款利率计算的共计17件，占比为3.54%。

整体情况如图4-1所示：

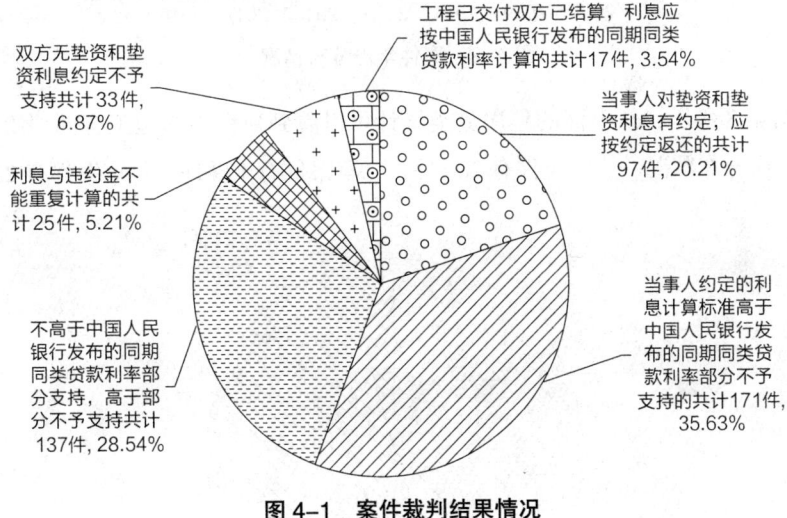

图4-1 案件裁判结果情况

如图4-2所示，从案件年份分布可以看出，在当前条件下，涉及法院认为包含：同句"垫资和垫资利息"；法院认为包含：同句"约定的利息计算标准"；法院认为包含：同句"中国人民银行发布的同期同类贷款利率"条件下的相应的民事纠纷案例数量的变化趋势。

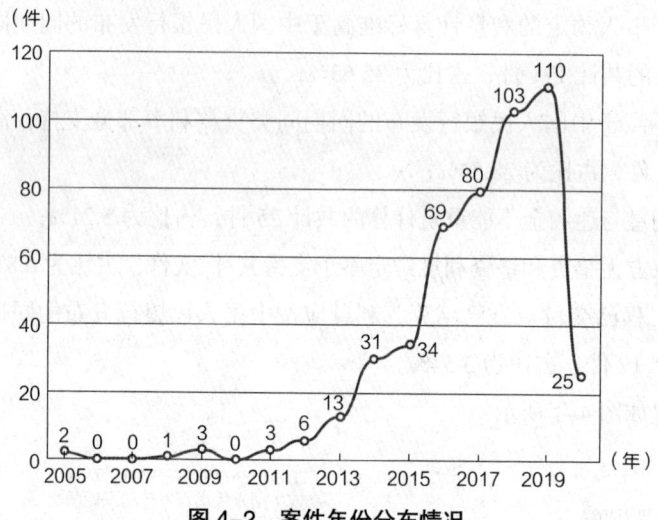

图 4-2 案件年份分布情况

如图 4-3 所示，从上面的程序分类统计可以看到建设工程施工合同纠纷下当前的审理程序分布状况。一审案件有 280 件，二审案件有 179 件，再审案件有 21 件。

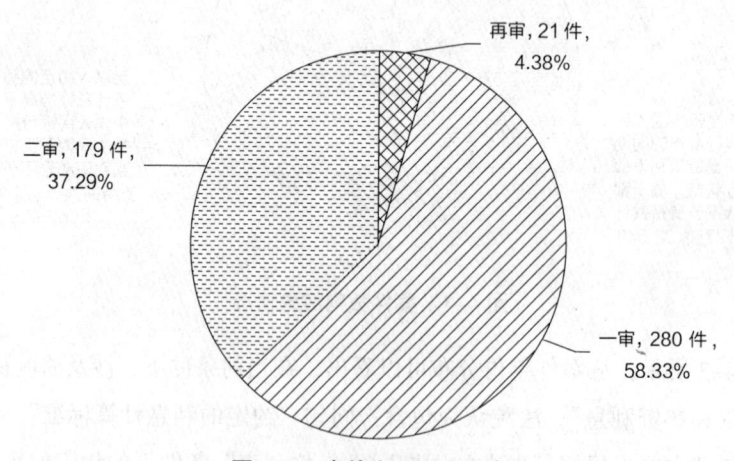

图 4-3 案件审理程序分类

通过对审理期限的可视化分析可以看到，当前条件下的审理时间更多处在 31~90 天的区间内，平均时间为 199 天。

二、可供参考的例案

例案一：中扶建设有限责任公司与德化金龙置业有限公司建设工程施工合同纠纷案

【法院】

最高人民法院

【案号】

（2017）最高法民终766号

【当事人】

上诉人（原审原告、反诉被告）：中扶建设有限责任公司

上诉人（原审被告、反诉原告）：德化金龙置业有限公司

【基本案情】

中扶建设有限责任公司（以下简称中扶公司）于2012年12月进场开始垫资施工。2013年8月19日，德化金龙置业有限公司（以下简称金龙公司）制作项目一标段二次招标《施工招标文件》《投标邀请书》。2013年9月6日，中扶公司向金龙公司发出《投标函》。2013年9月27日，金龙公司向中扶公司发出一标段《中标通知书》。2013年10月7日，双方签订一标段建设工程施工合同。

2014年3月31日，双方签订二标段建设工程施工合同，2014年4月14日，金龙公司向中扶公司发出二标段《中标通知书》。2014年4月6日，中扶公司、金龙公司签订两份《协议书》，分别约定双方于2013年10月7日及2014年3月31日签订两份《建设工程施工合同》，金龙公司以该合同向德化县住建局备案，申领建筑工程施工许可证，经双方协商一致，该两份合同作废；双方确定于2014年4月10日前重新签订一标段的《建设工程施工合同》，于2014年4月21日前重新签订二标段的《建设工程施工合同》。金龙公司应按照中扶公司每月已完成的工程量，按日1.5‰计算支付给中扶公司垫资施工利息；中扶公司交给金龙公司的1000万元保证金，自中扶公司支付给金龙公司之日起，按日1.5‰计付利息，直至保证金退回中扶公司之日止；

2015年5月19日，金龙公司以中扶公司屡屡推迟各工期节点的完成时间为由，向中扶公司发出《责令中扶建设有限责任公司清退场函》，该函载明金龙公司"实际拨付总额19100万元，包括16738万元、1832万元（退未开收据的1000万元保证金，

未开发票的682万元资金成本，未开发票的150万元清场费）、多拨付530万元"等内容。中扶公司2015年5月22日回函认为金龙公司无权解除合同。2015年6月29日，金龙公司向中扶公司发出《解除建设工程施工合同通知书》。中扶公司于2015年7月2日回函重申金龙公司无权解除合同。

【案件争点】

垫资利息的支付问题。

【裁判要旨】

关于垫资利息问题。2004年《建设工程司法解释一》第6条[①]规定："当事人对垫资和垫资利息有约定，承包人请求按照约定返还垫资及其利息的，应予支持，但是约定的利息计算标准高于中国人民银行发布的同期同类贷款利率的部分除外。当事人对垫资没有约定的，按照工程欠款处理。当事人对垫资利息没有约定，承包人请求支付利息的，不予支持。"中扶公司与金龙公司于2014年5月10日签订《协议书》，确认2014年1月1日前中扶公司垫资12900万元增加的资金成本为682万元，该资金成本实际为中扶公司垫资的利息。金龙公司未提供证据证明该682万元利息超过按中国人民银行发布的同期同类贷款利率计算的利息，也未提供证据证明2014年5月10日协议并非其真实意思表示，故一审法院判令金龙公司支付该部分垫资利息682万元，并无不当。关于2014年1月1日后的垫资利息，双方在2014年4月6日协议中约定垫资利息按照日1.5‰计算，因约定的利息计算标准高于中国人民银行发布的同期同类贷款利率，对超过部分依法不应支持。一审法院依据上述法律规定，将2014年1月1日后的垫资利息计付标准调整为中国人民银行发布的同期同类贷款利率，并根据金龙公司付款情况逐笔计算，并无不妥。

例案二：山河建设集团有限公司与湖北宏信房地产开发有限公司建设工程施工合同纠纷案

【法院】

最高人民法院

[①] 参见2020年《建设工程司法解释一》第25条："当事人对垫资和垫资利息有约定，承包人请求按照约定返还垫资及其利息的，人民法院应予支持，但是约定的利息计算标准高于垫资时的同类贷款利率或者同期贷款市场报价利率的部分除外。当事人对垫资没有约定的，按照工程欠款处理。当事人对垫资利息没有约定，承包人请求支付利息的，人民法院不予支持。"

【案号】

（2019）最高法民终1341号

【当事人】

上诉人（原审原告）：山河建设集团有限公司

被上诉人（原审被告）：湖北宏信房地产开发有限公司

【基本案情】

2014年3月17日，湖北宏信房地产开发有限公司（以下简称宏信公司）与山河建设集团有限公司（以下简称山河集团）签订一份《建设工程施工承包协议书》，约定由山河集团（乙方）承建宏信公司（甲方）开发的位于湖北省武穴市武穴办事处下关社的武穴东方商贸城地块项目。

2015年9月28日，宏信公司与山河集团经友好协商，就《建设工程施工承包协议书》约定的工程项目工程建设、工程款支付等事宜达成《补充协议》，协议约定："……三、建设资金：本项目继续建设资金仍由山河集团垫资，但宏信公司承担垫资成本，按垫资金额以月利率三分计算利息成本……七、工程款支付：宏信公司分期向山河集团支付工程款，具体付款节点：2015年12月28日前向山河集团支付总工程款10%的工程款，2016年1月28日前向山河集团支付总工程款30%的工程款，2016年2月4日前向山河集团支付总工程款100%的工程款……如宏信公司不按时支付工程款，应按每日千分之一支付违约金并赔偿由此给山河集团造成的一切损失（包括但不限于乙方追款费用、律师费用以及其他一切损失），均由宏信公司承担。"双方在补充协议中还对妥善处理前期工程事宜等内容作了相应约定。

【案件争点】

垫付款项及相应利息支付问题。

【裁判要旨】

关于山河集团垫付工程款。诉讼期间经当事人对账确认，宏信公司对山河集团主张的垫付工程款共计9656364.77元予以确认。对于垫付工程款利息，山河集团主张按照《补充协议》第3条约定："宏信公司承担垫资成本，按垫资金额以月利率三分计算利息成本"，故垫付工程款利息应从垫付日的第二日起按月息三分计算利息。法院认为，根据2004年《建设工程司法解释一》第6条规定："当事人对垫资和垫资利息有约定，承包人请求按照约定返还垫资及其利息的，应予支持，但是约定的利息计算标准高于中国人民银行发布的同期同类贷款利率的部分除外。"山河集团主张按照月息三分计算垫付款利息，该利息计算标准已高于中国人民银行发布的同期同类贷款利率，故对于超过法定利率标准上限的利息部分诉讼请求不予支持。宏信公司应付垫付款项利息应从垫付日次日起按照中国人民银行发布的同期同类贷款利率标准计算，利息计算至宏信公司实际给付之日止。

例案三：陕西省泰烜建设集团有限公司与陕西众和置业有限公司建设工程施工合同纠纷案

【法院】

最高人民法院

【案号】

（2018）最高法民再324号

【当事人】

再审申请人（一审原告、二审上诉人）：陕西省泰烜建设集团有限公司

再审申请人（一审被告、二审上诉人）：陕西众和置业有限公司

【基本案情】

2010年9月29日，陕西省泰烜建设集团有限公司（以下简称泰烜建设公司）与陕西众和置业有限公司（以下简称众和置业公司）就圣水江南住宅小区承包有关事宜签订了《圣水江南住宅小区施工合作协议》（以下简称《合作协议》）。2010年12月10日双方就案涉项目再次签订《协议》约定："该协议签订后，众和置业公司、泰烜建设公司及预算公司三方对预算事务所做的标底6390万元予以签章确认作为据实结算依据，中标价只作为招标适用，不作为据实结算依据。"

2010年12月21日，双方签订《陕西省建设工程施工合同》（以下简称《施工合同》）。2011年11月，泰烜建设公司对圣水江南住宅建设项目1-11号住宅楼封顶。由于众和置业公司的资金不能按时到位，泰烜建设公司垫资修建。2012年2月18日，双方经协商后同意案涉项目的垫资和欠款问题签订《补充协议》约定："……截至2012年2月10日，众和置业公司欠泰烜建设公司工程款3334451.03元及应退保证金100万元，合计欠款4334451.03元。众和置业公司承诺在2012年3月31日前将此款支付清结。若众和置业公司在2012年3月31日未付清此款，则泰烜建设公司按照欠款额的15‰（月利率）自2012年2月10日起计收欠款利息，直至该欠款支付清结之日……自2012年2月11日起，圣水江南住宅小区建设项目全部工程达到《施工合同》约定的支付工程款要求，因资金不到位，不能按照约定支付工程款时，泰烜建

设公司继续垫资施工、修建。则众和置业公司须在支付工程款时再向泰烜建设公司支付按15‰（月利率）工程款欠款和垫资款利息，并承担自工程决算之日起按照实际欠款额日万分之三所计算的滞纳金，直至工程款欠款和垫资款支付清结之日……"

2013年5月10日、2013年12月25日，泰烜建设公司、众和置业公司分别在《建设工程竣工验收报告》签字确认案涉全部工程验收合格。2012年6月20日、2012年8月17日、2012年9月17日、2012年11月8日、2013年11月27日，泰烜建设公司与众和置业公司就工程款欠款及利息进行了确认，并形成了确认书。众和置业公司多次以工作联系单的形式致函泰烜建设公司，就该工程项目部分楼体山墙位置出现局部渗水现象，要求泰烜建设公司进行修整。泰烜建设公司认为渗水原因是众和置业公司在设计时没有外墙防渗漏的防水层设计所致。

2015年1月14日，双方当事人及汉中龙华工程咨询有限责任公司共同形成《陕西众和圣水江南小区建设项目工程结算造价确认单》审定造价为63072099元。2015年1月28日，双方共同对该工程项目决算后进行了结算，形成《工程决算结算单》，确认该结算单作为圣水江南住宅小区双方工程款结算最终依据。《工程决算结算单》载明："1.……工程决算审定价为：62905775元，配合费审定价为166324元，合计63072099元。2.众和置业公司应付泰烜建设公司施工阶段利息为3035122.28元。3.以上第1项和第2项合计为66107221.28元。4.泰烜建设公司下浮工程决算审定价3%，价款为1811686元，众和置业公司实际应支付工程决算价款为64295535.28元。"根据《工程决算结算单》确认，工程结算价款为64295535.28元，众和置业公司实际付款53867803.45元。

【案件争点】

关于垫资款利息和逾期支付进度款的利息应否调减。

【裁判要旨】

案涉《工程决算结算单》是泰烜建设公司将工程竣工经验收合格并交付后，双方就工程结算自愿达成的协议，其内容不违反法律法规强制性规定，不损害国家、社会公共利益和第三人的合法权益，应属有效。结算单通常是双方当事人基于种种考虑的妥协产物，各方都可能作出权利上的让步，故除非有法定事由，应当予以尊重。因此，众和置业公司应当按照结算单确定的数额履行付款义务。二审法院将双方约定的利息予以调减不当，法院予以纠正。

三、裁判规则提要

（一）关于垫资和垫资利息的约定

在司法实践中，垫资的主要表现形式有三种：（1）全额垫资，全额垫资是指整个工程都由承包人出资进行建设，直至工程竣工验收合格后，发包人再向承包人支付工程价款。（2）部分垫资，部分垫资是指工程的建设资金一部分来自发包人、一部分来自承包人，其主要表现为：发包人要求承包人以支付保证金的形式作为工程项目启动资金；利用工程进度款的不足额支付，造成部分垫资施工。（3）约定施工节点付款，按照施工节点付款是指发包人依据承包人的工程项目建设进度分批次支付工程款。

关于处理垫资问题时须综合考虑涉及的垫资本金和垫资利息两方面的问题。2020年《建设工程司法解释一》第25条第1款是针对垫资本金和垫资利息处理的直接规定，按照2020年《建设工程司法解释一》的规定内容，处理垫资问题的主要依据是发包方和承包方之间的约定。但如何理解和把握司法解释中规定的"有约定"，是司法实践中经常面临的难题。审判实务中，有的发包方和承包方在签订建设工程施工合同时，为规避2020年《建设工程司法解释一》关于垫资利息上限的规定，或者规避如《政府投资条例》第22条规定的政府投资项目禁止垫资施工的规定，经常模糊或变相约定垫资和垫资利息的条款内容，进一步增加了司法机关识别、认定垫资条款约定内容的困难程度。

在建设工程施工合同中是否存在垫资条款，需要看合同中双方当事人是否存在相关明确约定。即约定的建设工程施工合同的合同内容必须能够解释出发包方和承包方之间存在关于垫资和垫资利息的意思表示，在判断发包方和承包方对垫资和垫资利息是否有约定时，可以考虑审视以下内容：（1）发包方和承包方是否约定按照垫资方式施工，以及是否约定发包方支付与垫资相关的利息、财务费用；（2）发包方和承包方是否对建设工程垫资的利息的计算方法和起算时间进行约定；（3）承包方投入款项是否用于对应的工程建设，等等。若按照上述内容认定合同中约定的垫资和垫资利息的内容，未能满足2020年《建设工程司法解释一》第25条第1款规定的"有约定"要求，则一般认定"当事人约定的垫资款实质为欠付工程款，而对垫资款利息的约定也应视为对欠付工程款利息的约定",①即根据2020年《建设工程司法解释一》第25条第2款的规定，按照工程欠款的相关规定进行处理。

此外，对于已经实际履行完毕的建设工程施工合同，即承包方负责施工的建设工程已经竣工验收的，建设工程已经具备了投入使用的条件，此阶段发包方和承包方的重点工作是完成建设工程价款的结算和确认，若在建设工程结算阶段对垫资和垫资利息进行约定的，"此时应将垫资本金和利息的处理重点放在工程价款的结算上。如双方已对垫资作出明确约定的，可以根据合同的约定处理垫资的本金问题，但如当事人之间的建设工程施工合同没有对垫资作出明确规定，应将承包人的垫资作为工程款处理。对于部分履行的合同，如果合同有效继续履行或者合同解除，则垫资问题从合同约定；如果合同被确认为无效，则垫资问题应按照无效处理，垫资本金作为返还财产的内容，利息可作为无效合同的损失，根据过错原则处理"。②

根据《民事诉讼法》第67条和《民诉法司法解释》第90条有关举证责任的基本原则，关于上述各步骤所涵盖的合同内容和履行的有关证据，均由主张存在垫资和垫资利息约定的当事人进行举证，即当事人必须能够提供证据证明垫资期间和垫资利息标准和计算方式，同时证明垫资款项用于对应的建设工程，否则即使建设工程合同中约定由承包方进行垫资施工，当事人关于垫资和垫资利息的主张也无法得到司法机关的支持。

（二）关于垫资利息的标准

2020年《建设工程司法解释一》第25条第1款对垫资利率不得高于垫资时同类贷款利率或者同期贷款市场报价利率标准的限制，是针对约定的垫资利率超过垫资时同类贷款利率或者同期贷款市场报价利率的部分来进行规制的。即当发包方和承包方之间约定的垫资利息标准高于同期同类贷款利率标准的，超过部分的垫资利息的主张无法得到司法机关的支持，即应按照垫资时同类贷款利率或者同期贷款市场报价利率标准作相应的核减。在处理约定垫资利息标准超过2020年《建设工程司法解释一》第25条第1款的限制性规定的争议时，是否一律支持或绝对支持当事人核减垫资利息的主张的问题，需要在全面审查发包方和承包方针对垫资所涉及事项

---

① 详见（2018）最高法民终1149号黑龙江安邦房地产开发有限公司、江苏金建建设集团有限公司建设工程施工合同纠纷二审民事判决书。

② 最高人民法院民事审判第一庭编著：《最高人民法院新建设工程施工合同司法解释（一）理解与适用》，人民法院出版社2021年版，第263页。

的约定内容的基础上，进行综合判断，特别是在发包方和承包方在案涉工程签订的结算协议中确认垫资利息数额等情况下，需要综合考察结算协议是否系当事人基于种种考虑的妥协产物，各方是否都可能作出权利上的让步[①]等各种主客观因素，对于2020年《建设工程司法解释一》第25条约定的垫资利率限制标准的适用及处理，需要结合建设工程施工合同的实际进展阶段及履行情况进行综合审查判断。

需要注意的是，2020年《建设工程司法解释一》规定的同类贷款利率是指中国人民银行发布的贷款基准利率，而同期贷款市场报价利率是根据《最高人民法院关于印发〈全国法院民商事审判工作会议纪要〉的通知》的规定，自2019年8月20日起，中国人民银行授权全国银行间同业拆借中心于每月20日（遇节假日顺延）9时30分公布的贷款市场报价利率（LPR）。因此，应注意自2019年8月20日起将同期同类贷款利率标准替换为全国银行间同业拆借中心公布的贷款市场报价利率。

（三）关于垫资利息计算标准的规定

建设工程所涉及的垫资问题的处理依据为2020年《建设工程司法解释一》第25条的规定，依据前述分析可知，发包方和承包方约定垫资利率不得高于垫资时同类贷款利率或同期贷款市场报价利率的规范的适用前提是司法机关根据当事人签订建设工程施工合同及合同实际履行情况综合判断，确认发包方和承包方之间存在关于垫资和垫资利息的约定内容。

若承包方向发包方主张建设工程进度款、结算款所涉及的利息的，该利息的性质是法定孳息，实践中应当以欠付工程进度款、结算款为基数，以应当支付工程进度款、结算款的时点为起算时点，以应当支付的工程进度款、结算款消灭的时点为计算终点。[②]按照2020年《建设工程司法解释一》第26条、第27条的规范内容为依据计算建设工程进度款、结算款的利息。不宜依据2020年《建设工程司法解释一》第25条规定的垫资利息限制性标准为依据，主张核减建设工程进度款、结算款的利息。应当严格掌握2020年《建设工程司法解释一》第25条第1款规定内容的适用前提，避免出现混淆适用建设工程进度款、结算款和建设工程垫资利息规范的情形。

[①] 详见（2018）最高法民再324号陕西省泰烜建设集团有限公司、陕西众和置业有限公司建设工程施工合同纠纷再审民事判决书。

[②] 最高人民法院民事审判第一庭编：《民事审判指导与参考（总第78辑）》，人民法院出版社2019年版，第111页。

（四）关于建设工程的垫资和垫资利息与建设工程价款优先受偿的范围

承包方的垫资属于其开展建设活动所必须支出的成本，已经通过建设施工过程物化到建设工程中，即垫资的本质是发包方与承包方针对建设工程支付价款的一种延期支付约定。《民法典》第 807 条规定："发包人未按照约定支付价款的，承包人可以催告发包人在合理期限内支付价款。发包人逾期不支付的，除按照建设工程的性质不宜折价、拍卖的以外，承包人可以与发包人协议将该工程折价，也可以请求人民法院将该工程依法拍卖。建设工程的价款就该工程折价或者拍卖的价款优先受偿。"即依据该规定，承包方对其享有的建设工程价款享有优先受偿权。垫资建设属于建设工程施工活动中较为常见的情形，根据 2020 年《建设工程司法解释一》第 40 条规定："承包人建设工程价款优先受偿的范围依照国务院有关行政主管部门关于建设工程价款范围的规定确定。承包人就逾期支付建设工程价款的利息、违约金、损害赔偿金等主张优先受偿的，人民法院不予支持。"该规定是现阶段认定建设工程价款的优先受偿权范围的核心规范，规定中并无垫资款属于建设工程价款优先受偿的范围的内容。

司法实践中，对于承包人的垫资是否属于建设工程价款优先受偿的范围，存在不同观点和认识。第一种观点认为，应当属于建设工程价款优先受偿权的范围，主要理由是承包人的垫资已经物化到建筑中；第二种观点认为，不应属于建设工程价款优先受偿权的范围，主要是理由是工程垫资本身属于一种违法行为，且存在垫资未必用于建设工程的风险。综上，一般认为，不宜直接将承包人的垫资认定来建设工程价款优先受偿权的范围，主要是基于这样几个方面的考虑："（1）有关垫资施工的法律法规以及配套制度尚不完善，存在一定的社会风险，不宜提倡；（2）承包人对于建设工程价款优先受偿权的范围，应依照建筑行政主管部门关于建设工程价款范围的规定而确定。目前看来，发包人应付的全部建设工程价款可就建设工程折价或者拍卖的价款优先受偿，足以偿付承包人的垫资；（3）实践中的情况较为复杂，即使承包人垫资施工，但完成的建设工程质量不合格的，无权请求发包人支付工程价款。"[1]

除承包方垫资的款项外，根据垫资条款约定和垫资实际支出所计算的垫资利息，无论是否符合 2020 年《建设工程司法解释一》第 25 条的规定，也不应纳入建设工

---

[1] 最高人民法院民事审判第一庭编著：《最高人民法院新建设工程施工合同司法解释（一）理解与适用》，人民法院出版社 2021 年版，第 265 页。

程价款的优先受偿范围内。理由如下：

一是司法实践中将垫资利息归类为法定孳息，即与建设工程进度款、结算款的利息的性质一致。而2020年《建设工程司法解释一》第40条第2款规定将承包方主张的逾期支付的建设工程价款的利息排除在建设工程价款优先受偿的范围之外，因此作为性质相同的垫资利息，也应排除在建设工程价款优先受偿的范围之外。

二是在论证垫资是否属于建设工程价款优先受偿范围时的重要理由是承包方以垫资方式物化到建设工程中的价款，能够被有关行政主管部门规定的全部建设工程价款所涵盖，但有关行政主管部门规定的全部建设工程价款中并不包括承包方垫资建设所产生的垫资利息，因此建设工程垫资所产生的垫资利息不属于建设工程价款优先受偿的范围。

四、辅助信息

《民法典》

第八百零七条 发包人未按照约定支付价款的，承包人可以催告发包人在合理期限内支付价款。发包人逾期不支付的，除根据建设工程的性质不宜折价、拍卖外，承包人可以与发包人协议将该工程折价，也可以请求人民法院将该工程依法拍卖。建设工程的价款就该工程折价或者拍卖的价款优先受偿。

2020年《建设工程司法解释一》

第二十五条第一款 当事人对垫资和垫资利息有约定，承包人请求按照约定返还垫资及其利息的，人民法院应予支持，但是约定的利息计算标准高于垫资时的同类贷款利率或者同期贷款市场报价利率的部分除外。

第四十条 承包人建设工程价款优先受偿的范围依照国务院有关行政主管部门关于建设工程价款范围的规定确定。

承包人就逾期支付建设工程价款的利息、违约金、损害赔偿金等主张优先受偿的，人民法院不予支持。

建设工程施工合同纠纷案件裁判规则第56条：
当事人对垫资没有约定的，按照工程欠款处理

【规则描述】　承包人以自有资金开展项目施工的，对于垫付资金的安排应当进行明确约定。若发包人与承包人之间没有约定的，即使实际存在垫资的行为，对于垫资款的返还只能按照工程欠款予以处理。

一、类案检索大数据报告

时间：2020年8月8日之前；案例来源：Alpha案例库；案由：建设工程施工合同纠纷；检索条件：（1）全文：垫资；（2）法院认为包含：同句"当事人对垫资没有约定的，按照工程欠款处理"。本次检索获取2020年8月9日之前共计322篇裁判文书。其中：

①认为当事人对垫资没有约定，按照工程欠款处理的共计157件，占比为48.76%；

②认为当事人对垫资有约定按照约定处理的共计26件，占比为8.07%；

③认为当事人对垫资利息无约定，请求支付利息不予支持的共计7件，占比为2.17%；

④认为当事人对垫资无约定，但工程已竣工（使用）的，达成结算协议应按工程款处理的共计132件，占比为41%。

整体情况如图5-1所示：

图 5-1 中各部分说明：
- 当事人对垫资无约定，但工程已竣工（使用）的，达成结算协议应按工程款处理的共计132件，41%
- 当事人对垫资没有约定，按照工程欠款处理的共计157件，48.76%
- 当事人对垫资利息无约定，请求支付利息不予支持的共计7件，2.17%
- 当事人对垫资有约定按照约定处理的共计26件，8.07%

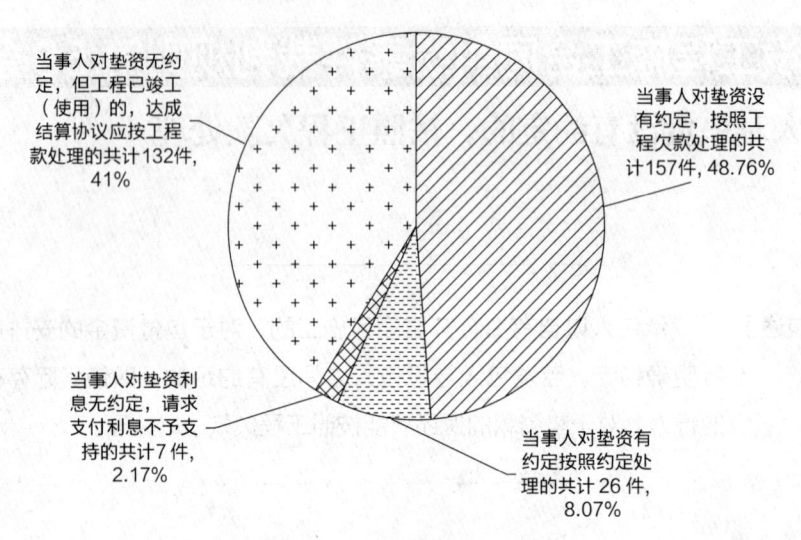

图 5-1　案件裁判结果情况

如图 5-2 所示，从案件年份分布可以看出，在当前条件下，涉及全文：垫资；法院认为包含：同句"当事人对垫资没有约定的，按照工程欠款处理"条件下的相应的民事纠纷案例数量的变化趋势。

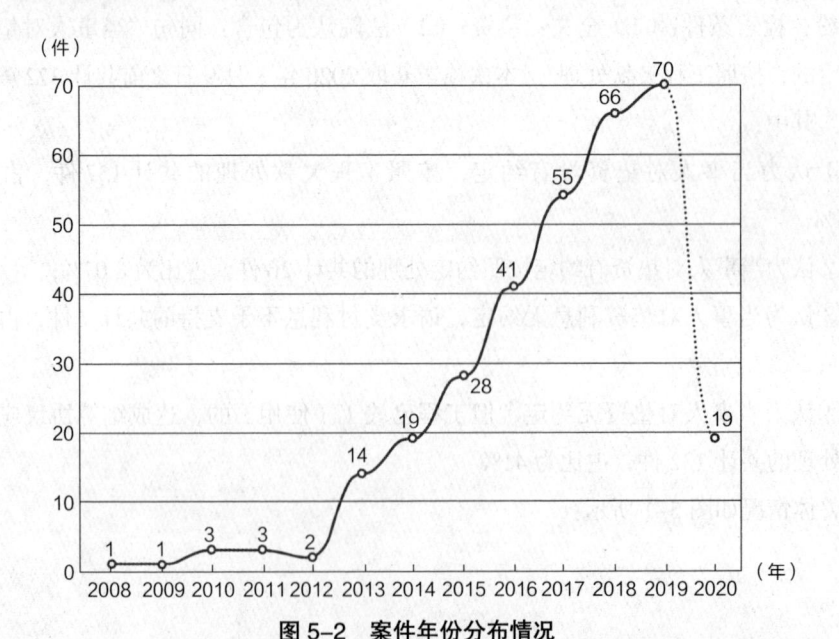

图 5-2 数据（件）：
2008年1，2009年1，2010年3，2011年3，2012年2，2013年14，2014年19，2015年28，2016年41，2017年55，2018年66，2019年70，2020年19

图 5-2　案件年份分布情况

如图 5-3 所示，从上面的程序分类统计可以看到建设工程施工合同纠纷下当前的审理程序的分布状况。一审案件有 182 件，二审案件有 128 件，再审案件有 12 件。

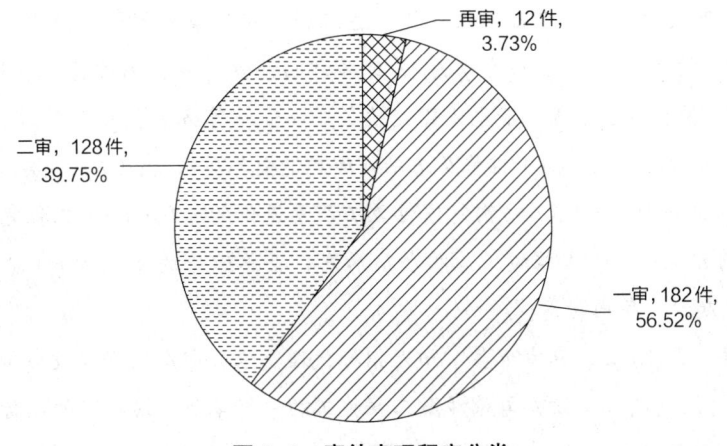

图 5-3 案件审理程序分类

通过对审理期限的可视化分析可以看到，当前条件下的审理时间更多处在 31~90 天的区间内，平均时间为 185 天。

二、可供参考的例案

例案一：湖北国兴建设有限责任公司与唐某元建设工程施工合同纠纷案

【法院】

湖北省高级人民法院

【案号】

（2018）鄂民终 526 号

【当事人】

上诉人（原审被告）：湖北国兴建设有限责任公司

被上诉人（原审原告）：唐某元

原审被告：郭某勇

原审被告：麻城市辉煌置业有限责任公司

【基本案情】

2009 年 7 月 15 日，湖北国兴建设有限责任公司（以下简称国兴建设公司）的法定代表人郭某勇作为麻城市辉煌置业有限责任公司（以下简称辉煌置业公司）代表人以辉煌置业公司的名义作为发包方，唐某元作为国兴建设公司代表人以国兴建设公司名义作为承包方，就麻城市鼓楼花园二期工程的建设签订《建设工程施工协议书》一份。2011年11月29日，双方就上述工程的建设重新签订一份《建设工程施工协议书》，约定双方于2009年7月15日签订的协议作废，由该协议取代原协议。协议约定："协议价款：500万元（暂定价）……5.结算方式：据实结算，不降级，不下浮。6.价款的支付：（1）桩基及基础处理完退全部质保金；（2）三层封顶付工程总造价20%的进度款；（3）结构封顶付至工程总造价的50%；（4）工程完工后支付至总造价的85%；（5）工程竣工验收合格后支付至总造价的95%；（6）余款竣工验收合格之日起，一年内付清。"

2012年1月10日，麻城市鑫宇阳光招标代理有限公司向国兴建设公司发出《中标通知书》，认定国兴建设公司系涉案工程施工的中标单位。该项目的招标范围为土建及装修，中标价为441.39万元，项目经理为郭某勇。2011年12月30日，辉煌置业公司作为发包方与国兴建设公司作为承包方就涉案工程签订协议书一份，作为中标备案合同，协议对工程的承包范围、工期、质量合同价款等进行了约定。

2009年7月15日、8月7日、8月27日，唐某元分三笔向国兴建设公司缴纳工程保证金30万元、10万元、10万元，共计50万元，后国兴建设公司将其中的25万元作为工程款返还给唐某元。国兴建设公司与唐某元口头约定将涉案工程中的12套房屋的销售款抵付给唐某元作为该公司应支付的工程款，唐某元先后收到上述12套房屋的销售款189.45万元（其中2012年12月11日收款164.45万元、2013年1月3日收款5万元、2013年11月14日收款10万元、2014年1月28日收款10万元）。

因原被告双方未能就工程结算以及欠付工程款和利息事宜达成一致，原告唐某元向湖北省黄冈市中级人民法院提起诉讼，请求三被告连带向其支付拖欠的工程款以及履行完毕前的利息。

【案件争点】

工程款及逾期利息的司法认定。

【裁判要旨】

一审法院认为，就涉案工程2011年11月29日签订的《建设工程施工协议书》，从合同表面来看，涉案工程的发包人为辉煌置业公司，承包方为国兴建设公司，而实际上辉煌置业公司并未实际参与涉案工程的开发，国兴建设公司亦未实际参与涉案工程任何建设事项，该公司只是通过协议从辉煌置业公司处取得涉案工程的开发权，涉案工程系唐某元垫资兴建，故应认定国兴建设公司为实际发包方，唐某元为实际承包方和施工人。但因唐某元并无建筑施工资质，因此《建设工程施工协议书》

为无效合同。2004年《建设工程司法解释一》第6条第2款[①]规定："当事人对垫资没有约定的，按照工程欠款处理。"因涉案工程系唐福元垫资所建，且双方当事人对垫资没有约定，故依照上述规定，对唐福元的垫资，应按照工程欠款来处理。湖北省高级人民法院经审理对于原审法院的判决予以维持。

例案二：中国水电建设集团十五工程局有限公司与陕西省引汉济渭工程建设有限公司建设工程施工合同纠纷案

【法院】

陕西省高级人民法院

【案号】

（2019）陕民终1026号

【当事人】

上诉人（原审原告，反诉被告）：陕西省引汉济渭工程建设有限公司

上诉人（原审被告，反诉原告）：中国水电建设集团十五工程局有限公司

【基本案情】

2009年经陕西省引汉济渭工程协调领导小组办公室（以下简称引汉济渭办）招标，由陕西尚天建筑工程有限公司（以下简称尚天建筑公司）中标承建引汉济渭工程大河坝基地项目建设。施工过程中，因原合同双方发生纠纷，于2010年底停工，2012年6月经西安市仲裁委仲裁，双方解除建设工程承包合同。2012年年底，引汉济渭办与中国水电建设集团十五工程局有限公司（以下简称水电十五局公司）所属的引汉济渭工程项目部协商，双方口头约定由水电十五局公司垫资承建大河坝基地工程项目。水电十五局公司于2013年2月4日通过引汉济渭办岭南现场工作部组织的移交会上正式接受该工程土建及室内装修工程的施工，在引汉济渭办岭南部的协调下，同年3月14日，水电十五局公司与基地原承包单位陕西尚天建筑工程有限公司签订了项目移交协议，3月20日，水电十五局公司进驻施工现场后，先与建设方、监理共同对遗留的土建工程量进行清查未果，4月20日，又由引汉济渭办岭南部牵头，与施工监理、水电十五局公司施工人员一起对原施工项目及工程量进行了排查确认，初步确定了据实签证的剩余工程量及其计量

[①] 参见2020年《建设工程司法解释一》第25条第2款："当事人对垫资没有约定的，按照工程欠款处理。"

方案。在初步确定剩余工程量后，水电十五局公司项目部便组织施工队伍开始施工。

工程完工后，双方未组织竣工验收，陕西省引汉济渭工程建设有限公司（以下简称引汉济渭公司）于2014年4月全部接收工程并投入使用。杜某某工队于2013年12月23日初步结算工程价款为16500983.63元；2014年10月，秦某某工队室内装修初步结算工程价款为5171268.96元，室外规划项目初步结算工程价款为7467929.80元，两项合计12639198.76元。2014年12月28日，水电十五局公司委托陕西鸿远建设项目管理有限公司对工程价款进行造价审核，审核结果为：杜新红工队13831959.98元，秦某某工队二次装修4800886.77元，室外工程6501279元，两项合计11302165.77元。水电十五局公司于2014年12月30日将审核结果上报引汉济渭大河坝分公司，2015年11月19日水电十五局公司向引汉济渭公司送达了《关于大河坝基地建设款申请支付的函》。因双方未签订书面建设工程施工合同，双方对工程量和工程价款未形成一致意见，遂诉至一审法院。

【案件争点】

垫资应当如何处理。

【裁判要旨】

关于水电十五局公司主张由引汉济渭公司向其支付漏算利息488813.35元、总承包费884311.96元能否成立的问题。水电十五局公司主张工程交付前其有24笔代建或承建垫付资金合计12946429.80元，应从垫付之日按同期银行贷款利率支付资金占用费488813.35元。本案中，双方当事人未签订书面合同，水电十五局公司未能提交证据证明双方就垫资和垫资利息进行了约定。2004年《建设工程司法解释一》第6条第2款[①]规定："当事人对垫资没有约定的，按照工程欠款处理。"第3款规定："当事人对垫资利息没有约定的，承包人请求支付利息的，不予支持。"故对水电十五局公司主张的垫资利息，即工程代建资金占用费，一审法院不予支持，并无不当。

例案三：中科盛博建设集团有限公司与浙江裕丰律师事务所建设工程施工合同纠纷案

【法院】

浙江省高级人民法院

[①] 参见2020年《建设工程司法解释一》第25条第2款："当事人对垫资没有约定的，按照工程欠款处理。"

【案号】

（2018）浙民终 134 号

【当事人】

上诉人（原审原告）：中科盛博建设集团有限公司

上诉人（原审被告）：浙江裕丰律师事务所

【基本案情】

2012 年 11 月 18 日，浙江裕丰律师事务所（以下简称裕丰律所）作为发包人和中科盛博建设集团有限公司（以下简称中科公司）作为承包人签订一份《建设工程施工合同》，该合同就承包范围、合同工期、付款方式等作了约定。同日，双方签订《补充协议》，其中第八条约定："……乙方在主体结构验收之日起一个月内向甲方提交完整的结算文件资料（未完成的工程量待全部完成时提交结算文件资料），甲方自收到乙方已完工程结算资料之日起两个月内完成审核，审核结算价的 90% 扣除已付工程款的余额，甲方自审核完成之日起十个月内（最长不超过十二个月）支付给乙方，期间利息按年息 15% 计算……"

2014 年 12 月 30 日，双方再次签订《补充协议》，其中第一条约定："……甲方在 2015 年 1 月 15 日前（最晚不超过 1 月 25 日）未支付或支付不足所欠款项，甲方同意乙方全面停工，并所欠款年息 15% 计，同时承担延迟违约金人民币伍百万元……"

2015 年 11 月 4 日，双方签订《补充协议二》，第四条约定："关于工程款计息金额以及计息时间：甲乙双方协商确定计息起始时间为 2015 年 9 月 15 日。如至 2015 年 12 月 31 日不具备除市政景观以外的各项单体工程竣工验收条件的（人防、消防、单体工程），计息起始时间按推迟的实际天数相应顺延起计，但因甲方的原因除外。工程款计息利率按双方已签订的补充协议约定。"第六条约定："工程款支付金额及日期的约定：综合竣工验收之日起 4 个月内（最长不超过 5 个月内）支付。工程款的支付金额为审核结算价的 90% 扣除已付工程款的余额，还余审计结算价的 7% 计息起始时间为综合验收通过 7 天开始计息，3% 作为质保金，待项目整体竣工验收合格之日起满 2 年后退还其中的 80%，满三年后一次性结清。"

由于双方未能就结算事宜达成一致意见，中科公司向杭州市中级人民法院提起诉讼。杭州市中级人民法院作出（2016）浙 01 民初 1328 号民事判决后，双方当事人均针对工程欠款认定及利息计取问题提起了上诉。

【案件争点】

原被告对垫资是否有约定及利息问题如何认定。

【裁判要旨】

首先，2004年《建设工程司法解释一》第6条第2款[1]规定："当事人对垫资没有约定的，按照工程欠款处理。"根据双方签订的《建设工程施工合同》及补充协议中，2012年11月18日签订的《补充协议》第八条和2015年11月4日的《补充协议二》第四条，双方当事人明确约定了欠付工程款的支付条件和时间，并没有明确欠付的工程款为垫资款。原审认定双方当事人诉争工程款为工程欠款正确。

三、裁判规则提要

（一）关于垫资款与工程欠款

1. 垫资款与工程欠款性质上的区别

根据《民法典》第770条第1款："承揽合同是承揽人按照定作人的要求完成工作，交付工作成果，定作人支付报酬的合同。"而"定作人就是要求承揽人完成承揽工作并接受承揽工作成果、支付报酬的人"。[2]根据《民法典》第788条："建设工程合同是承包人进行工程建设，发包人支付价款的合同。建设工程合同包括工程勘察、设计、施工合同。建设工程是指承包人进行工程建设，发包人支付价款的合同。"发包人的主要合同义务就是支付工程款。在实施工程建设项目时，发包人通常应当自备资金保障工程建设，并向承包人支付预付款以保障承包人能够开展施工所必需的前期采购工作。从原则上来说，承包人应当在收到工程款的基础上开展施工工作。

按照《建设工程价款结算办法》第12条的规定，发包人应当按照合同总金额的10%～30%向承包人拨付工程预付款。住建部印发的《建设工程施工合同（示范文本）》（GF—2017-0201，以下简称示范文本）第12.2.1项中规定："预付款的支付按照专用合同条款约定执行，但至迟应在开工通知载明的开工日期7天前支付。预付款应当用于材料、工程设备、施工设备的采购及修建临时工程、组织施工队伍进场等。"在承包人开始施工后，发包人应当按照工程进度向承包人支付工程进度款。《建设工程价款结算办法》第13条明确规定工程进度款可以按月结算支付，发包人在审核承包人上报的已完工程量后，按照工程款的60%～90%的标准向承包人支付

---

[1] 参见2020年《建设工程司法解释一》第25条第2款："当事人对垫资没有约定的，按照工程欠款处理。"

[2] 黄薇主编：《中华人民共和国民法典合同编释义》，法律出版社2020年版，第620页。

工程进度款。示范文本第12.3.2项规定："除专用合同条款另有约定外，工程量的计量按月进行。"第12.4.1项付款周期规定："除专用合同条款另有约定外，付款周期应按照第12.3.2项计量周期的约定与计量周期保持一致。"若发承包双方未在专用条款中对付款方式和进度作出特别约定的，则通常采用通用条款的规定，也即工程进度款应当按月支付。示范文本并不具有强制适用的效力，但是在实践中发承包人通常采用该示范文本作为合同文本，通用条款中的约定符合建设工程领域的行业惯例，发包人未按照施工合同约定的条件和期限支付工程预付款或进度款的构成违约，发包人应付未付的工程款则构成工程欠款。当然，发承包双方当事人可以通过在专用条款中对工程款支付方式作出另外约定，双方可以约定发包人不按月向承包人支付工程款。此时，双方当事人作出的约定可能被认定为对工程款支付方式的安排，也可能被认定为对垫资的约定。

由于承包人在建筑市场整体上处于弱势地位，加之发包人为规避相关融资的风险等因素，在一定的情况下形成了承包人与发包人签订垫资施工合同的情况。在审判实践中，由于垫资施工引发的情况类型比较多样，情况比较复杂，总的来看，需要平衡当事人的真实意思表示与双方实力地位、强制性规定与合同效力、鼓励交易与合同正义等之间的关系，依法认定垫资合同效力，保护弱势群体的合法权益，鼓励合同交易，尊重市场规律，维护建筑市场交易秩序的正义、稳定和发展。

垫资款与工程款及工程欠款既有相似性也有一定区别。采用垫资模式施工的建设工程项目，承包方在签订合同后，不要求发包方先支付工程款或者不要求支付进度工程款，而是利用自有资金先进场进行施工，待工程施工到一定阶段或者工程全部完成后，再由发包方支付垫付的工程款。承包人的垫资款一般来说本质上就是发包人应当支付的工程款，但是在有垫资约定的情况下发包人未支付的工程款金额，应当认定为垫资款，而不构成工程欠款。

按照在签订建设工程施工合同时是否有明确约定的标准，可以将垫资从类型上划分为"主动垫资"和"被动垫资"。"主动垫资"，是指发承包双方当事人的合意行为，承包人同意以自有资金先行开始施工，达到双方约定的条件或标准后发包人再开始向承包人支付工程价款。此时垫资约定属于对工程价款支付方式的一种约定，在约定付款条件成就前发包人暂不承担支付工程价款的义务，即承包人愿意先行垫资的施工。"被动垫资"，是指发承包双方在签订建设工程施工合同时并未约定由承包人以自有资金开展施工，但在施工过程中可能出现各种意外情形影响发包人按时支付工程款，承包人此时或继续施工时则存在以自有资金保障施工的正常进行，即承包人因发包人欠付工程款而不得不垫资施工的情形。因发包人短时间欠付工程款的，一般也不构成承包人直接停工的合理事由，而且承包人为了赶工期或者防止因自身原因导致出现工期违约的情形，通常也不会轻易选择停工。此时承包人垫付的资金其本质上就是发包人应付未付的工程款，除当事人对垫资行为进行追认外，一般认定为工程欠款。因此，除承包方另行向发包方提供资金用于工程建设外，无论是"主动垫资"还是"被动垫资"，承包人的垫资款的本质都可以理解为是发包人最终应当向承包人支付的工程款，但因是否存在明确约定的区别，处理的方式也存在差异。

此外，垫资约定与企业间借贷既具有共性特征，也具有差异特征。共性特征如企业间借贷是企业闲置资金相互融通的一种行为，借贷双方按照合同约定的条件和期限进行还本付息。发承包双方对垫资及垫资利息的约定，事实上构成了发包人与承包人之间的资金融通，特别是在承包方向发包方另行提供用于工程建设资金的情况下，发包方按照建设工程施工合同约定的条件和期限向承包人支付垫资款及利息的行为类似借贷关系中的还本付息行为。差异特征如垫资关系与企业间借贷关系的根本目的不同。"当事人约定的垫资的法律性质与民间借贷相近，但仍非完全的民间借贷性质，不宜将《最高人民法院关于审理审理民间借贷案件适用法律若干问题的规定》划定利率的司法保护上限直接适用于工程垫资行为。"[①] 在借款合同中，虽然借贷双方应当约定借款用途，但是借款合同的根本目的只是实现资金的融通。而垫资约定的根本目的是完成双方施工合同所承包的特定的建设工程，而非单纯在发包人与承包人之间实现资金的融通。因此，虽然存在共性特征但也不宜片面地将垫资，特别是承包人直接向发包人提供资金的垫资，直接按照企业间借贷关系予以处理。

2. 有关垫资的行政规范与合同效力之间的关系

国家对垫资施工行为的规定存在一个发展的过程。这一过程中，应当区分行政管理行为与民事法律行为，应当区分效力性强制性规定或管理性强制性规定与建设工程施工合同的效力的关系，不应混淆两者的关系，不应将垫资施工合同违反相关的行政规范，而随意认定为垫资施工协议无效。

1996年6月4日，原建设部、财政部、原国家计委颁布了《关于严格禁止在工程建设中带资承包的通知》，该通知第4条要求："任何建设单位都不得以要求施

[①] 最高人民法院民事审判第一庭编著：《最高人民法院新建设工程施工合同司法解释（一）理解与适用》，人民法院出版社2021年版，第264页。

工单位带资承包作为招标投标条件，更不得强行要求施工单位将此类内容写入工程承包合同。"第 5 条要求："施工单位不得以带资承包作为竞争手段承揽工程，也不得拖欠建材和设备生产厂家货款的方法转嫁由此造成的资金缺口。"《建设部、国家发展和改革委员会、财政部、中国人民银行关于严禁政府投资项目使用带资承包方式进行建设的通知》中规定："带资承包是指建设单位未全额支付工程预付款或未按工程进度按月支付工程款（不含合同约定的质量保证金），由建筑业企业垫款施工。"2019 年《政府投资条例》第 22 条规定："政府投资项目所需资金应当按照国家有关规定确保落实到位。政府投资项目不得由施工单位垫资建设。"因此《政府投资条例》及各类政策规范对政府投资项目中的垫资行为持否定态度。应注意的是，虽然《政府投资条例》将政府投资项目中禁止垫资的规定上升至行政法规的效力层级，但其根本目的是规范对政府投资项目的管理和防止政府隐性债务的发生，也即禁止政府违规举借债务。《政府投资条例》第 34 条对违反此规定的法律责任也仅是针对项目单位或责任人员的行政责任，并未涉及政府投资项目中民事行为的效力。

一般认为，2019 年《政府投资条例》第 22 条规定的立法目的在于维护施工单位的合法利益，加强政府投资项目的行政管理，因此，属于管理性强制性规定，不属于效力性强制性规定，故不应以该条款为法律依据而认定建设工程施工合同中的垫资协议无效。对于承包人垫资施工的事实，对政府投资项目中对于工程款支付约定是否属于垫资约定的，仍应按照 2020 年《建设工程司法解释一》的相关规定进行识别和处理。

综上所述，垫资约定的性质具有一定的复合性质，既属于发承包双方对于工程款支付作出的一种安排，但同时对垫资款返还、垫资期间利息计取问题的约定又具有一定的融资性质。因此，对于承包人与发包人之间对"垫资和垫资利息有约定"，应当通过清晰明确的约定将垫资与工程款及工程欠款作出区分。在"没有约定"的情形下，由于承包人垫资是基于发包人迟延支付工程款的同意，应将垫资行为按照工程欠款处理。

3. 关于垫资利息和工程欠款利息

利息是货币在一定时期内的使用费，指货币持有者因贷出货币或货币资本而从借款人手中所获得的报酬。除垫资和工程欠款在性质上的差异，垫资利息和工程欠款利息在计取期间、计取标准等方面也存在差异。

（1）"有约定"和没有约定的处理不同。在发承包双方约定承包人垫资施工的情况下，垫资利息按照发承包双方的约定计取。垫资系发承包双方当事人的合意行为，双方当事人应当能够充分就垫资款及利息计取问题进行协商。双方当事人可以约定在垫资期间计算垫资利息，也可约定垫资期间届满未付垫资款的利息计算方式。双方当事人未对垫资利息进行约定的，则参照借款关系理解为承包人同意不计取利息，即2020年《建设工程司法解释一》第25条第3款规定的双方当事人没有约定的，人民法院不支持承包人的垫资利息请求。

建设工程施工合同，系双务有偿合同，支付工程款是发包人的主要合同义务。发包人违反合同义务未履行支付工程价款的，则构成合同违约，应当承担相应的违约责任，因此，工程欠款与约定垫资的性质明显不同，工程欠款并非发承包双方当事人的合意，根据《民法典》第577条"当事人一方不履行合同义务或者履行合同义务不符合约定的，应当承担继续履行、采取补救措施或者赔偿损失等违约责任"，是发包人的单方违约行为。工程欠款利息与工程款本金具有附随性，2020年《建设工程司法解释一》第26条规定将工程欠款利息界定为法定孳息。法定孳息是指，"依一定的法律关系由原物所生的物，是原物的所有权人进行租赁、投资等特定的民事法律活动而应当获得的合法收益"。[1]依据《民法典》第321条第2款规定："法定孳息，当事人有约定的，按照约定取得；没有约定或者约定不明确的，按照交易习惯取得。"其一，"如果当事人在施工合同中已经约定逾期支付工程款所应承担的违约责任方式，则应优先适用该当事人之间的约定。因此，如果当事人在建设工程施工合同中明确约定了发包人在承担利息之外还应赔偿损失或者承担其他违约责任，则承包人在请求发包人承担约定之违约责任的同时还请求支付相应约定利息的，应当从其约定"。[2]其二，根据2020年《建设工程司法解释一》第26条，没有约定的，按照同期同类贷款利率或者同期贷款市场报价利率计息。同样，可以参考《买卖合同司法解释》第18条第4款的规定："买卖合同没有约定逾期付款违约金或者该违约金的计算方法，出卖人以买受人违约为由主张赔偿逾期付款损失，违约行为发生在2019年8月19日之前的，人民法院可以中国人民银行同期同类人民币贷款基准利率为基础，参照逾期罚息利率标准计算；违约行为发生在2019年8月20日之后的，人民法院可以违约行为发生时中国人民银行授权全国银行间同业拆借中心公布的一年期贷款市场报价利率（LPR）标准为基础，加计30%～50%计算逾期付款损失。"其三，根据《民法典》第577条："当事人一方不履行合同义务或者履行合同

---

[1] 黄薇主编：《中华人民共和国民法典物权编释义》，法律出版社2020年版，第278页。
[2] 最高人民法院民事审判第一庭编：《民事审判实务问答》，法律出版社2022年版，第89～90页。

义务不符合约定的,应当承担继续履行、采取补救措施或者赔偿损失等违约责任。"如果当事人仅就欠付工程价款约定支付违约金,而未额外约定支付欠付工程款利息的,则此时发包人支付违约金即为承担了赔偿损失的违约责任,承包人无权请求发包人额外支付工程价款利息。[1]

(2)起算时间不同。垫资条款应当对垫资利息的计算时间作出明确约定,因此,垫资利息的起算时间较为容易确定。若双方当事人对垫资或垫资利息未明确约定的,"当事人对垫资利息没有约定,承包人请求支付利息的,人民法院不予支持",显然也不存在垫资利息起算的问题。

根据2020年《建设工程司法解释一》第27条:"利息从应付工程价款之日开始计付。当事人对付款时间没有约定或者约定不明的,下列时间视为应付款时间:(一)建设工程已实际交付的,为交付之日;(二)建设工程没有交付的,为提交竣工结算文件之日;(三)建设工程未交付,工程价款也未结算的,为当事人起诉之日。"工程欠款利息的起算时间是工程款应付款之日。通常建设工程中发包人按月进度和按合同约定比例支付工程进度款,竣工结算完成后支付剩余工程款。若施工合同中对于每月进度款的支付时间作出明确约定,或者结合月进度报量审核及合同条件能够确定进度款付款时间的,发包人未按照合同约定支付的,则从当月进度款支付之日起起算其欠付进度款利息。但是建设工程施工合同有自身的特性,在建设工程施工过程中经常遇到施工资料不完备、设计变更、工期延误等各种因素导致发包人无法按照合同约定的付款时间支付进度款,月进度款的支付时间也因各种因素的影响而无法确定。在无法确定具体付款时间的情况下,可按照2020年《建设工程司法解释一》第27条的规定起算利息计付时间。

(3)计取标准不同。垫资利息的计取标准必须由发承包双方当事人进行明确约定。而且关于利息计取的标准,根据2020年《建设工程司法解释一》第25条第1款的规定,双方当事人约定的利率不应当高于垫资时的同类贷款利率或者同期贷款市场报价利率,超过部分的人民法院应当不予支持。对于当事人未约定垫资利息计取标准的,根据2020年《建设工程司法解释一》第25条的规定,不应计取垫资利息。

工程欠款的利息计取标准可以由发承包双方当事人进行约定,双方约定的利率可以不以垫资时的同类贷款利率或者同期贷款市场报价利率为上限。发承包人若对

---

[1] 最高人民法院民事审判第一庭编:《民事审判实务问答》,法律出版社2022年版,第90页。

利息有约定相关的计付标准，则按照约定处理。若合同约定的利息标准所计算的赔偿额过分高于所造成的实际损失的，则发包方有权要求法院基于实际损失情况适当调减。但原则上仍充分尊重当事人的意思自治，即按照当事人约定标准执行。在双方当事人对欠款利率没有约定的情况下，则应当根据2020年《建设工程司法解释一》第26条的规定，按照同期同类贷款利率或者同期贷款市场报价利率计算。

（二）如何理解对垫资没有约定的情况

1. 对垫资的内容没有作出书面约定。根据《民法典》第510条的规定，若双方当事人在合同中对价款没有约定或约定不明的，可以通过补充协议进行约定，不能达成补充协议的只能按照合同相关条款或者交易习惯确定。双方当事人对于垫资未作书面约定的，在起诉时发包人与承包人之间必然产生争议。此时，根据《民法典》第510条的规定应当按照交易习惯确定承包人的垫资款应当如何予以处理。但垫资并不属于工程建设领域常用的履约方式，依据示范文本通用条款对工程款支付的约定和《建设工程价款结算办法》的规定，在建设工程领域的行业惯例是按月支付工程进度款，但并不能以前述文本和规范为依据就推断构成了垫资。

垫资属于发承包双方对于合同履行方式的一种选择，因此，应当通过书面的形式作出明确的约定，发承包双方当事人没有以任何书面形式对垫资作出约定的，发包人主张承包人"口头承诺"但实际并未履行垫资行为的，不宜认定为发承包双方达成了垫资施工的合意。发承包双方当事人对于垫资未作任何"约定"的，则承包人的垫资款仅能按照发包人欠付工程款予以处理。

2. 综合判断视为"没有约定"垫资的情形。发承包双方当事人通过书面方式作出约定的，不局限于在建设工程施工合同中对垫资作出约定。双方当事人可以通过签订补充协议、结算协议等形式对垫资进行约定。即使在承包人"被动垫资"的情形下，承包人也可以通过补充协议等形式对于垫资行为作出追认的意思表示。因此，对工程款支付安排应当进行综合判断，以确定是否属于2020年《建设工程司法解释一》第25条第2款规定的"没有约定"的情形。

垫资的性质具有复合性，一方面垫资属于发承包双方对于工程款支付方式的安排，另一方面垫资还具有资金融通的合意。一般认为，发承包双方当事人合同约定的垫资条款只有同时具备工程款支付安排和资金融通的合意时，方可构成垫资约定。首先，垫资条款必然包含对工程款支付的约定，是发承包双方对于发包人"迟延给付"工程款达成的合意。按照垫资条款的约定，发承包双方对于工程款的支付时点和支付比例作出安排，发包人无须按照《建设工程价款结算办法》及建设工程施工合同示范文本的要求支付预付款或按月支付进度款。其次，垫资条款应当包含发承包双方当事人对于资金融通的合意。垫资条款并不仅仅只是对于工程款支付时点的安排，更重要的是包含了发包人向承包人融资的意思表示。对于是否具有融资意思表示，可以结合发承包双方对于垫资利息的约定、条款表述的方式等进行综合判断。

在对垫资约定进行综合判断时，应当注意将垫资约定与单纯的工程价款支付条款和单纯的借款进行区分。

第一，单纯的工程价款支付条款是发承包双方当事人对于工程价款支付时间及金额的约定。工程价款支付属于发承包双方当事人意思自治的范围，虽然按照行业惯例承包人应当在收到工程款的基础上进行施工，发包人应当向承包人支付预付款并按月支付进度款，但是发承包双方通过专用条款对发包人支付工程款的时间作出调整并不违反法律或行政法规的强制性规定，应当属于有效的约定。即使按照约定在某一段时间内承包人需要垫资施工的，也不影响该条款本身作为对工程款支付方式的安排。但是，在单纯的工程款支付条款中，发包人不具有向承包人融资的意思表示，在约定的付款条件尚未成就时发包人不具有支付工程款的义务，发承包双方并不会就承包人垫资阶段发包人未支付的工程款计息问题作出约定。

第二，单纯的借款约定仅仅是为了实现发包人向承包人融资的目的，这与垫资约定具有根本性的区别。垫资约定中，虽然发包人具有向承包人融资的意思表示，但是双方当事人的根本目的是完成工程的施工。也即，在考虑是否构成垫资约定时，还应当对发包人资金的实际用途进行审查。承包人所垫资金必须用于合同对应的建设工程施工，若约定其他用途的，则发承包双方之间仅构成借贷关系而不构成垫资关系。当然，发包人拖欠工程款导致承包人垫资施工，后发承包双方就承包人垫资作出约定的，不存在资金用途的问题，承包人垫付的资金必然是用于合同项下工程施工的。

因此，在发承包双方在合同中有一定的约定时，该约定是否能够认定为垫资约定须结合双方当事人真实意思表示以及其他合同条款、履约行为作出综合判断。以是否使用"垫资"一词作为发承包双方的约定为标准，可以大体分为两大类：（1）明确使用"垫资"一词；（2）未明确使用"垫资"一词。

若发承包双方当事人在约定中明确使用"垫资"一词，或者使用与"垫资"意思相近的表述，例如"带资施工""自筹资金施工""以自有资金施工"等，承包人对于垫资的意思表示已经足够清晰，一般应当认定为对垫资有明确约定。但是，在裁判中不能片面地、孤立地、绝对地囿于是否仅以"垫资"的文字表述作为唯一的判断标准，而忽视了是否具有垫资行为的内在实质。首先，垫资的核心是为完成建设工程施工，承包人应当履行施工义务。若建设工程施工合同中有垫资约定，但是承包人并未实际实施施工行为的，则发承包双方是借垫资约定实现发包人借款的目的。在此种情形下，发承包双方只能按照借款关系予以处理。其次，承包人应当确有垫资行为。如果虽有约定垫资但是发包人仍陆续向承包人支付工程款，发包人向承包人支付工程款足以满足承包人开展施工基本需求的，则承包人实际上并无垫资行为，此时发包人应付未付的款项不应当按照垫资处理，而应当按照工程欠款处理。

在另外一种情形下，发承包双方在合同中不直接使用"垫资"一词，而是通过对付款时间节点以及付款比例的约定实现承包人垫资施工的目的。参考《建设工程价款结算办法》和建设工程施工合同示范文本的规定，若发包人支付的预付款比例低于工程价款10%或者发包人未按月结算支付工程进度款的，均有构成垫资的可能性。此种情形常见的表述方式有：

（1）发承包双方约定发包人不支付预付款，待主体结构施工至50%开始按比例支付工程款；

（2）发承包双方约定施工至±0支付一定比例的工程款，施工至主体结构封顶支付一定比例的工程款，竣工验收后支付剩余工程款；

（3）发承包双方约定发包人暂不支付工程款，待竣工验收后再按照约定的条件向承包人支付；

（4）发承包双方约定发包人先期支付较低比例的预付款，待承包人完成较多的施工任务后再支付工程款。

在此基础上，判断此类不使用"垫资"一词的约定是否属于对垫资没有约定的，仍应当按照前述分析对发承包双方当事人的真实意思表示作出综合判断。除非通过其他证据能够明确认定双方对垫资达成合意，否则应当视为对垫资没有约定，按照工程欠款进行处理。

（三）如何理解按照工程欠款处理

当审查认定合同中并无垫资约定的，则承包人的先行施工形成的工作量对应的价款应当按照工程欠款予以处理。按照工程欠款予以处理需要确认承包人实际工程量，并在此基础上确认发包人应当予以支付的工程款项的数额，即当事人所主张的先行施工垫资款项，并不必然完全纳入发包人应予以支付的工程款项的范畴。也就是说基于垫资款认定的工程款项是否构成工程欠款应当按照双方约定的付款条件进行确定，尤其是在施工尚未履行完毕发承包双方即产生争议的情况下，若发包人的付款条件尚未成就的，则发包人不承担付款义务，承包人主张的所谓垫资款并不必然构成工程欠款。而判断是否构成工程欠款支付条件，一是考察发承包双方在合同中对于工程欠款处理方式作出的约定，二是在双方当事人没有明确约定时，则应当按照2020年《建设工程司法解释一》第26条和第27条的约定进行处理。

四、辅助信息

《民法典》

  第五百一十条　合同生效后，当事人就质量、价款或者报酬、履行地点等内容没有约定或者约定不明确的，可以协议补充；不能达成补充协议的，按照合同相关条款或者交易习惯确定。

2020年《建设工程司法解释一》

  第二十五条第二款　当事人对垫资没有约定的，按照工程欠款处理。

  第二十六条　当事人对欠付工程价款利息计付标准有约定的，按照约定处理；没有约定的，按照中国人民银行发布的同期同类贷款利率计息。

  第二十七条　利息从应付工程价款之日计付。当事人对付款时间没有约定或者约定不明的，下列时间视为应付款时间：

  （一）建设工程已实际交付的，为交付之日；

  （二）建设工程没有交付的，为提交竣工结算文件之日；

  （三）建设工程未交付，工程价款也未结算的，为当事人起诉之日。

建设工程施工合同纠纷案件裁判规则第 57 条：

当事人对垫资利息没有约定，承包人请求支付利息的，不予支持

【规则描述】 垫资利息作为垫资条款中重要的部分，主张垫资利息关乎承包人的经济利益与财产权利，因此，在裁判中处理垫资利息纠纷时，要针对不同的案件情况作出正确具体的处理，这对于规范建筑市场、协调发承包人的法律关系及权益将大有裨益。本条是关于建设工程合同中垫资利息请求依据的原则性规定。垫资利息以建设工程合同对垫资有明确约定为前提，否则将无法主张垫资利息，同时作为建设工程施工合同的一部分，处理垫资利息问题时，经常出现与建设工程施工合同效力的认定等问题交叉的情形。

一、类案检索大数据报告

时间：2020 年 8 月 9 日之前；案例来源：Alpha 案例库；案由：建设工程施工合同纠纷；检索条件：（1）全文：垫资利息；（2）法院认为包含：同句"当事人对垫资利息没有约定，承包人请求支付利息的，不予支持"。本次检索获取 2020 年 8 月 7 日之前共计 371 篇裁判文书。其中：

①认为当事人对垫资利息无约定，承包人请求支付利息不予支持的共计 311 件，占比为 83.83%；

②认为当事人对垫资利息有约定按约定处理的共计 17 件，占比为 4.58%；

③认为当事人对垫资利息有约定，但超出部分不予支持的共计 9 件，占比为 2.43%；

④认为当事人对垫资利息无约定，但工程已竣工（使用）应支付工程欠款利息

的共计 7 件，占比为 1.89%；

⑤认为实际施工人垫资，承包人请求垫资利息不予支持的共计 4 件，占比为 1.07%；

⑥认为双方已达成工程款结算协议或欠据，请求支付工程款利息应予支持的共计 23 件，占比为 6.2%。

整体情况如图 6-1 所示：

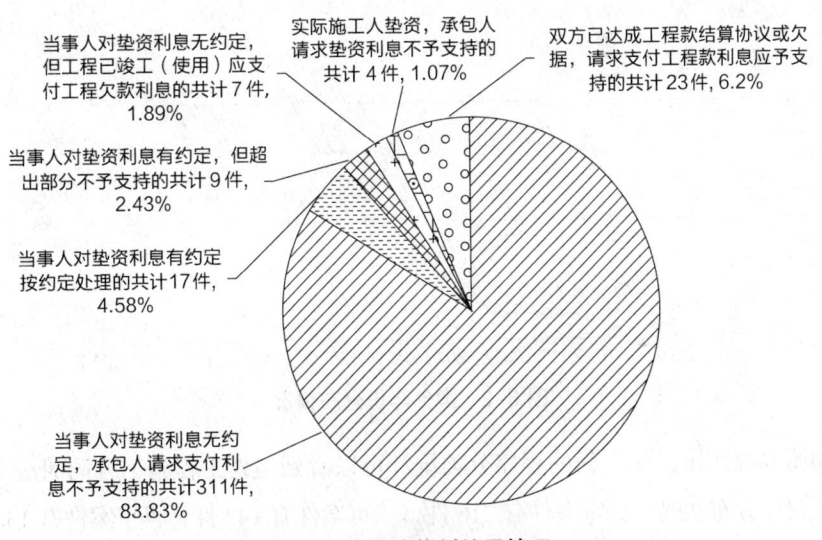

图 6-1 案件裁判结果情况

如图 6-2 所示，从案件年份分布可以看出，在当前条件下，涉及全文：垫资利息；法院认为包含：同句"当事人对垫资利息没有约定，承包人请求支付利息的，不予支持"条件下的相应的民事纠纷案例数量的变化趋势。

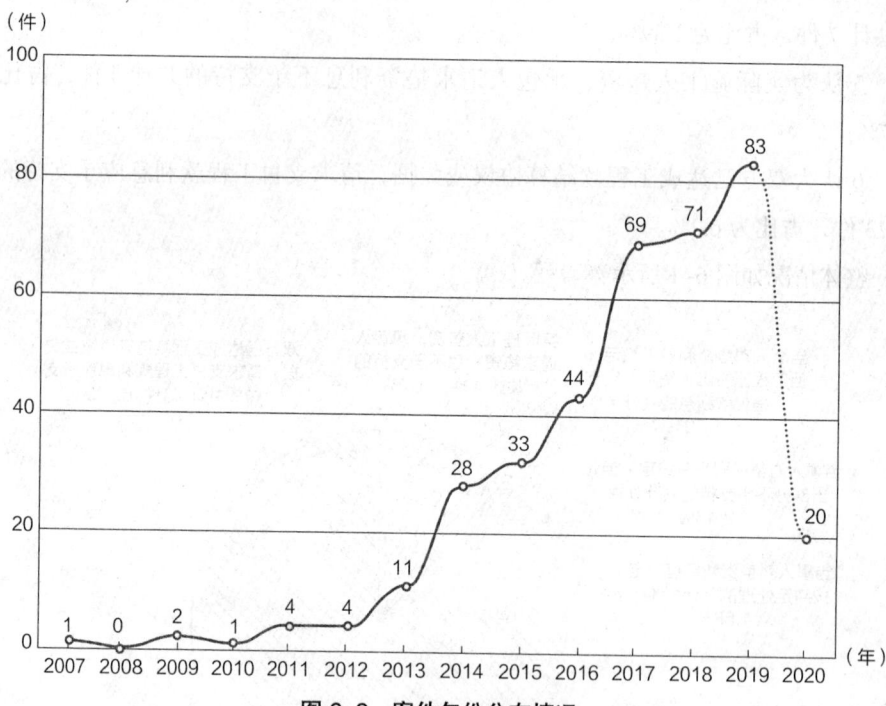

图 6-2　案件年份分布情况

如图 6-3 所示，从上面的程序分类统计可以看到建设工程施工合同纠纷下当前的审理程序分布状况。一审案件有 216 件，二审案件有 142 件，再审案件有 13 件。

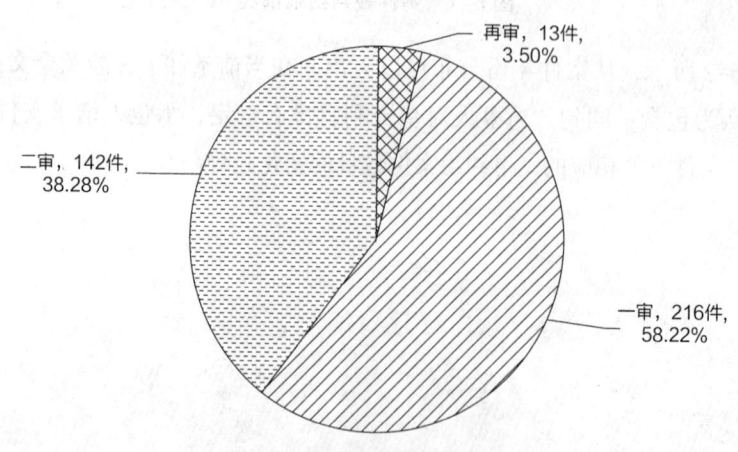

图 6-3　案件审理程序分类

通过对审理期限的可视化分析可以看到，当前条件下的审理时间更多处在 31～90 天的区间内，平均时间为 180 天。

二、可供参考的例案

例案一：北京华威建筑工程有限公司与呼伦贝尔天瑞房地产开发有限责任公司等建设工程施工合同纠纷案

【法院】

最高人民法院

【案号】

最高法民终523号

【当事人】

上诉人（原审原告，反诉被告）：北京华威建筑工程有限公司

被上诉人（原审被告，反诉原告）：呼伦贝尔天瑞房地产开发有限责任公司

被上诉人（原审被告）：扎兰屯市人民政府

【基本案情】

呼伦贝尔天瑞房地产开发有限责任公司（以下简称天瑞公司）与北京华威建筑工程有限公司（以下简称华威公司）于2007年10月15日，就天瑞公司开发的明月花园小区一期工程进行招投标，天瑞公司与华威公司于2007年11月20日签订了《建设工程施工合同》，该合同已在扎兰屯市建设局备案。该合同第一部分《协议书》约定：工程概况、工程施工范围、合同工期及合同价款。第二部分《通用条款》约定了双方的一般权利和义务、施工组织设计和工期、质量与检验、安全施工、合同价款及支付、材料设备供应、工程变更、竣工验收与结算、违约、索赔等内容。第三部分《专用条款》对工程的具体问题进一步进行了约定，其中：第23条约定合同价款采用固定总价方式确定；第26条约定工程款支付为主体完成后支付该单位工程总造价的50%。2008年9月5日，天瑞公司开发的明月花园小区二期工程进行了招投标，天瑞公司与华威公司于2008年9月22日就该项目二期签订了《建设工程施工合同》，该合同也在扎兰屯市建设局备案。二期工程施工合同除工期及价款外，其他内容和一期工程的约定基本一致。

2009年9月28日，天瑞公司与扎兰屯市人民政府（以下简称政府）签订《协议书》，将天瑞公司开发的明月花园小区18栋楼盘抵顶所欠政府拆迁费，政府将其改造建设为廉租房。在签订该《协议书》之前，扎兰屯市建设局、天瑞公司、华威公司于2009年6月就政府接收的18栋楼盘已进行了交接。2010年7月至8月，双方

对已完工程逐一进行了验收。2010 年 7 月 12 日，天瑞公司收到华威公司编制的明月花园小区住宅楼工程为 78756673 元的《工程结算报告》。华威公司提供了 2010 年 7 月 31 日《华威垫付款明细表》，该明细表有双方会计的签字，但天瑞公司不予认可。该明细表载明华威公司垫付 56935381.84 元，天瑞公司支付工程款 40254066.41 元，双方各自承认所提供数据的真实性。此后，华威公司向内蒙古自治区高级人民法院提起诉讼，其中一个请求是判令支付垫付工程款利息人民币 535716.22 元。

一审法院认为：就垫付工程款的利息，依据 2004 年《建设工程司法解释一》第 6 条第 3 款[①]"当事人对垫资利息没有约定的，承包人请求支付利息的，不予支持"之规定，华威公司请求给付垫付工程款利息缺乏法律依据。华威公司不服一审判决，提起上诉。

【案件争点】

垫付工程款利息的支付问题。

【裁判要旨】

《建设工程施工合同》虽约定华威公司应垫资至主体工程完工，但并未约定天瑞公司向华威公司支付垫资利息，华威公司主张垫资利息，缺乏依据。

例案二：江西中实建设有限公司与宿松县住房和城乡建设局建设工程施工合同纠纷案

【法院】

安徽省高级人民法院

【案号】

（2015）皖民四终字第 00464 号

【当事人】

上诉人（原审原告）：江西中实建设有限公司

上诉人（原审被告）：宿松县住房和城乡建设局

【基本案情】

宿松县住房和城乡建设局（以下简称宿松县住建局）原名宿松县建设局，系宿松县振兴大道道路及配套工程的建设方。2007 年 9 月，宿松县住建局就该工程的投

---

① 参见 2020 年《建设工程司法解释一》第 25 条第 3 款："当事人对垫资利息没有约定，承包人请求支付利息的，人民法院不予支持。"

资及施工事宜，发布了《宿松县振兴大道工程施工招商招标文件》（以下简称《招标文件》），规定该工程由中标人全额垫资建设，自工程竣工验收合格后当年年底开始分三年付清工程款，付款比例分别为当年年底付总工程款的30%，第二年底付总工程款的30%，第三年年底付总工程款的40%，并自竣工验收合格之日起按国有商业银行同期贷款利率支付利息。该文件同时规定了工程造价编制标准、评标办法等。江西中实建设有限公司（以下简称江西中实公司），原名九江市设备安装公司，2012年12月改制后变更为现名称，其与宿松县华盛投资有限公司联合投标并中标。2007年11月18日，宿松县人民政府与宿松县华盛投资有限公司签订了《宿松县振兴大道道路及配套工程项目投资建设合同书》。同日，江西中实公司与宿松县人民政府指定的业主单位宿松县住建局签订一份《建设工程施工合同》，约定由江西中实公司全额垫资承建宿松县振兴大道道路及配套工程。在该合同专用条款中，双方约定的"合同文件及解释顺序"为："本协议书、中标通知书、本合同专用条款、本合同通用条款……招商文件和说明。"2010年9月21日，案涉工程竣工验收合格并投入使用。经审计机关审核确认，该工程决算总价款为31790864元，宿松县住建局于2011年1月30日至2011年12月31日分期付清了工程款。对于《招标文件》规定的垫付资金利息，江西中实公司经多次催要未果，遂诉至原审法院，请求判令宿松县住建局：（1）支付工程垫付资金利息款1972787元。（2）支付上述利息款的利息（利息自2012年1月1日起至款清之日止按同期中国人民银行贷款利率计算）。

一审法院认为：江西中实公司根据宿松县住建局《招标文件》的要求参与投标并中标，双方据此签订的《建设工程施工合同》是双方真实意思表示，合法有效，双方均应自觉履行。江西中实公司主张的宿松县住建局应支付的垫资款利息。从《招标文件》的内容看，案涉工程由投标人全额垫资，待工程竣工验收后按比例分期付款，并按国有商业银行同期贷款利率支付垫资款利息。由于双方2007年11月18日签订的《建设工程施工合同》确定《招标文件》系合同文件的组成部分，故对江西中实公司的上述主张依法应予支持。关于垫资款数额，案涉工程建设方式为BT模式，按照行业习惯，垫资款数额即为总工程款。江西中实公司提交的利息计算表显示的利息计算方式不符合合同约定，且利率确定有误。根据双方合同约定，自2010年9月21日起至2010年12月31日止的利息，应以31790864元为本金，计算的利息为430552.78元；自2011年1月1日起至2011年12月31日止的利息，应以22255360.4元（31790864元×70%）为本金，结合分期支付情况计算的利息为742113.37元，应付利息总计1172666.15元。江西中实公司另主张宿松县住建局自

2012年1月1日起，按中国人民银行同期贷款利率承担上述欠付利息款的利息。因垫资款的利息应与垫资款同时支付，超过给付期限后已转化为一般债务，依照《民间借贷司法解释》第7条之规定，江西中实公司主张的该部分利息，依法应予支持。

后江西中实公司与宿松县住建局均不服安徽省安庆市中级人民法院（2015）宜民一初字第00011号民事判决，向安徽省高级人民法院提起上诉。

【案件争点】

工程垫资款利息的认定。

【裁判要旨】

双方签订的《建设工程施工合同》专用条款第26条"工程款支付"约定："详见补充条款47.6条。"而该补充条款47.6条约定的"付款方法"为：（1）本工程无预付款；（2）见《宿松县振兴大道道路及配套工程项目投资建设合同书》。根据二审查明的事实，双方约定的"工程建设资金的筹措和工程款的支付方式"为垫资款自工程决算后三年内按比例付清，并无支付相关利息的内容。法院认为，《宿松县振兴大道道路及配套工程项目投资建设合同书》虽然未将《招标文件》涉及的垫资利息内容纳入其中，且对具体付款时间亦作了不同于《招标文件》的约定，但该差异并未背离招投标确定的实质性内容，应是招投标双方最终达成的一致意见，无悖于法。本案双方当事人虽在《建设工程施工合同》中将《招标文件》列为解释合同的文件之一，但其适用的场合应限于合同约定内容不明确的情况。由于案涉两份合同均无垫资利息的约定，江西中实公司直接要求宿松县住建局按《招标文件》的内容承担垫资利息的请求，缺乏事实和法律依据，法院予以驳回。原审法院对此认定错误，宿松县住建局的该上诉理由成立，法院予以支持。

例案三：中十冶集团有限公司与陕西万祥实业有限公司建设工程合同纠纷案

【法院】

陕西省高级人民法院

【案号】

陕民一终字第00120号

【当事人】

上诉人（原审原告、反诉被告）：中十冶集团有限公司

上诉人（原审被告，反诉原告）：陕西万祥实业有限公司

【基本案情】

2007年6月20日陕西万祥实业有限公司（以下简称万祥公司）作为发包方与中十冶集团有限公司（以下简称中十冶公司）作为承包方签订《建设工程施工合同》。约定：中十冶公司承建万祥公司位于西安市高新四路"领先E族"工程项目。开工日期以监理批准的开工报告为准，工期为650日历天。合同价款为99877136元。发包人接到工程量报告后在3日内审核完毕，在确认计量结果后14天内，发包人应向承包人支付工程款。本合同采用固定价格方式确定工程价款。2007年6月25日，万祥公司与中十冶公司签订《补充协议（二）》约定：因招标文件中有关土方和桩基工程造价计算有误，中十冶公司同意让利70万元，该款在工程总造价款中扣减，中十冶公司实际结算合同价款为99177136元。2008年9月13日，双方又签订的《补充协议》约定：后续工程的钢材改由万祥公司供货，数量按原工程合同执行，价差由万祥公司负担；住宅楼主体工程于2008年12月31日封顶，公寓楼于2009年1月15日封顶，未按时封顶的，万祥公司扣罚中十冶公司工程款50万元。另查明，2007年5月6日，万祥公司"领先E族"项目招标文件《答疑纪要》对钢材、水泥以及特殊贵重材料价格由于情势变更异常大幅度上涨或下降进行约定。2008年8月，涉案工程监理单位根据中十冶公司第一次上报的工程量进度下发001号工程款支付证书，此前中十冶公司已向万祥公司预借工程款2301万元。施工期间，双方产生纠纷，经协商，中十冶公司与万祥公司于2009年3月14日又签订《补充协议书》，约定中十冶公司从2009年3月14日起将涉案工程移交给万祥公司，中十冶公司不再参与该工程的后期施工，所引起的一切经济责任由万祥公司承担。该协议签订后，中十冶公司退出涉案工地。后中十冶公司向陕西省西安市中级人民法院提起诉讼主张万祥公司承担建设工程索赔费20008200元。万祥公司于2011年9月30日根据中十冶公司的本诉提出反诉。

一审法院认为：本案中，中十冶公司主张包括垫资贷款利息270万元等七项损失共计20008200元，根据2004年《建设工程司法解释一》第6条第3款[①]"当事人对垫资利息没有约定，承包人请求支付利息的，不予支持"的规定，涉案合同并未对垫资利息进行约定，因此中十冶公司主张万祥公司承担垫资利息无合同及法律依据，不能成立。后中十冶公司与万祥公司均不服一审判决，提出上诉。

[①] 参见2020年《建设工程司法解释一》第25条第3款："当事人对垫资利息没有约定，承包人请求支付利息的，人民法院不予支持。"

【案件争点】

垫资利息的认定

【裁判要旨】

根据2004年《建设工程司法解释一》第6条第3款[①]"当事人对垫资利息没有约定,承包人请求支付利息的,不予支持"的规定,涉案合同并未对垫资利息进行约定,因此中十冶公司主张万祥公司承担垫资利息无合同及法律依据,依法不能成立。

三、裁判规则提要

(一)规则背景

我国针对垫资及垫资利息的问题在认识上存在一个发展的过程。1996年6月4日发布的《建设部、国家计委、财政部关于严格禁止在工程建设中带资承包的通知》[②](以下简称《禁止垫资通知》)第4条规定:"任何建设单位都不得以要求施工单位带资承包作为招标投资条件,更不得强行要求施工单位将此类内容写入工程承包合同。违者取消其工程招标资格,并给予经济处罚。对于在工程建设过程中出现的资金短缺,应由建设单位自行筹集解决,不得要求施工单位垫款施工。建设单位不能按期结算工程款,且后续建设资金到位无望的,施工单位有权按合同中止施工,由此造成的损失均由建设单位按合同承担责任。"第5条规定:"施工单位不得以带资承包作为竞争手段承揽工程,也不得用拖欠建材和设备生产厂家货款的方法转嫁由此造成的资金缺口。违者要给予经济处罚,情节严重的,在一定时期内取消其工程投标资格。今后由于施工单位带资承包而出现的工程款回收困难等问题,由其按合同自行承担有关责任。"由此可看出,在当时的背景下,是禁止承包人进行垫资的。在当时的司法实践中,该通知也成为认定垫资及垫资利息属无效条款的参考依据,即认为建设工程合同中的垫资条款属于企业之间违规拆借资金的行为,因违反国家金融法律法规而应认定为无效。但是当时关于垫资款与垫资利息条款的效力的观点并不完全一致,造成了一定程度上的适用混乱。《禁止垫资通知》在实践中并未

[①] 参见2020年《建设工程司法解释一》第25条第3款:"当事人对垫资利息没有约定,承包人请求支付利息的,人民法院不予支持。"

[②] 通知因《建设部、国家发展和改革委员会、财政部、中国人民银行关于严禁政府投资项目使用带资承包方式进行建设的通知》(建市〔2006〕6号)的出台于2006年1月4日被废止。

发挥规范建筑行业的积极效果，有的当事人通过制定"阴阳合同"等方式以实现规避政策规定的目的。关于垫资行为相关影响因素，主要涉及：

一是建筑企业的实力。伴随着我国基建行业的大力发展，建筑市场逐渐趋于"饱和状态"，由于存在"供需不平衡"和"僧多粥少"的局面，施工单位之间竞争激烈，通过资金实力获取市场地位是发展的必然趋势。垫资行为在建筑行业的应用具有一定的"普遍性"，实力较强的建筑企业通过垫资来争取获得建设工程项目，求得企业的生存与发展。

二是建筑市场国际化的趋势要求。2001年12月11日，我国正式加入世界贸易组织，建筑行业的发展需要面对由国内市场迈向国际市场，逐步达到与国际建筑行业接轨的问题。在国外建筑市场，垫资是国际建筑市场的交易惯例，其是被允许且运行良好的，其运行良好依托于其具备成熟的信托基金制度和工程担保制度。如果坚持的垫资无效观点，则会与国际建筑市场的通行的交易惯例和市场理念存在差异，不利于引导国内建筑企业实施"走出去"的战略，不利于参与国际建筑行业的竞争与合作。

三是法律、行政法规的相关制度规定。《民法典》第153条规定的违反法律、行政法规强制性规定的合同无效的内容的适用，应当以全国人大及其常委会制定的法律和国务院制定的行政法规为依据，不得以地方性法规、行政规章为依据。由于《禁止垫资通知》是部委之间联合发布的一种政策管理性文件，并不具备"行政法规"的效力级别，因此，不能依据《禁止垫资通知》的规定认定建设工程施工合同中的垫资条款无效。

基于《民法典》的施行带来的规则认知变化，为解决建筑行业垫资施工裁判规则的不统一的问题，维护各方参与主体的合法权益，考虑到建筑行业垫资施工的普遍性和发展趋势，2020年《建设工程司法解释一》第25条就是对垫资条款的裁判方式予以了统一。该条原则上对垫资条款作有效处理，但仍对当事人主张垫资利息进行严格限制，即除非当事人对垫资利息有明确约定，否则主张垫资利息的主张无法得到支持。

（二）对支付垫资利息主张进行严格限制的原因

1. 政策层面并不鼓励承包人进行垫资施工

从垫资承包早期政策即禁止垫资通知的内容可以看出，国家一直对垫资持反对、禁止的态度，2006年1月4日发布的《建设部、国家发展和改革委员会、财政部、中国人民银行关于严禁政府投资项目使用带资承包方式进行建设的通知》第1条规定："政府投资项目一律不得以建筑业企业带资承包的方式进行建设，不得将建筑业企业带资承包作为招投标条件；严禁将此类内容写入工程承包合同及补充条款，同时要对政府投资项目实行告知性合同备案制度。"2019年4月14日，国务院发布的《政府投资条例》第22条规定："政府投资项目所需资金应当按照国家有关规定确保落实到位。政府投资项目不得由施工单位垫资建设。"首次以行政法规的形式明确政府投资项目不得由施工单位垫资建设，相比之前的规范性文件，针对政府投资项目禁止垫资建设的规范内容具有了更高的法律层级及法律上的强制力。由此可知，国家针对政府投资项目依旧持严禁垫资的态度，主要目的仍是规范实践中垫资建设的情形。国家之所以对垫资持否定性态度考虑的相关因素，主要包括但不限于：

第一，尚不具备成熟的垫资担保制度。"垫资行为本身并不是问题，问题在于市场机制和企业机制。要真正解决拖欠工程款和由此带来的一系列问题，重要的不是禁止垫资行为，而是应建立完善的企业管理和建设资金监督管理机制。"[①] 我国并未建立起体系完善的垫资担保制度，不能为承包人提供可靠的充分的资金保障，倘若承包人融资渠道出现问题，承包人将深陷资金困境，将直接影响项目后期的进展，甚至可能发生停工、成为"烂尾工程"等严重后果，不但引发建设工程质量问题，而且还可能由此引发一些其他社会问题。

第二，容易引致其他法律诉讼。承包人的垫资款除了来自自有资金，有一部分来自商业贷款，若发包人无法按时给付工程款，承包人将面临无法还贷的法律风险甚至可能面临诉讼。此外，承包人垫资还可能引发"三角债"问题，即发包人无法按时给付工程款，承包人又会拖欠分包商工程款、材料供应商货款、农民工工资，不仅导致承包商面临大量诉讼，还直接导致农民工"讨薪问题"频发，影响社会秩序和经济秩序的稳定。

第三，建筑市场诚信体系尚待完善。司法实践中，一些发包人以垫资作为招投标的中标条件，迫使承包人不得不选择进行垫资施工，这便使得承包人从一开始就在合同履行中处于"不利地位"。此外，在垫资承包项目中，承包人以垫资为条件接到工程项目后，只能采用比非垫资承包更过分的措施以节约成本、降低风险，甚至会采取以违法分包的方式转嫁工程垫资风险，从而获得工程承包的"差价"。这将直

[①] 最高人民法院民事审判第一庭编著：《最高人民法院新建设工程施工合同司法解释（一）理解与适用》，人民法院出版社2021年版，第257页。

接影响工程的质量，直接关系到人民的生命财产安全。

2. 垫资不完全等同于"工程款"

垫资是承包人先代替发包人垫付的"工程款"，虽然其在本质上来说，一般属于"工程款"的范畴，但是，两者无论在内涵还是在外延上是不同的，即，"垫资既不同于企业间资金拆借，又不同于一般工程欠款的处理原则"，[①] 垫资是承包人"自愿为之"的行为，根据 2020 年《建设工程司法解释一》第 25 条第 3 款的规定"当事人对垫资利息没有约定，承包人请求支付利息的，人民法院不予支持"，而欠付工程款则是发包人的违约行为。对于违约行为所产生的利息处理，根据 2020 年《建设工程司法解释一》第 26 条的规定"当事人对欠付工程价款利息计付标准有约定的，按照约定处理；没有约定的，按照同期同类贷款利率或者同期贷款市场报价利率计息。"可知，即使发承包人在建设工程合同中没有对欠付工程款利息作出规定，发包人也要支付相应的利息损失。

3. 严格限制承包人主张垫资利息并不会严重损害承包人的权益

工程欠款利息与垫资利息的区别在于，二者的计息时间起算点的差异，工程欠款利息的起算时间为发包人应付工程款而未付之日起计算，垫资利息的起算时间点为按照"有约定"+"工程欠款"方式计算。之所以认为在发承包人未约定垫资的情况下，将其认定为工程欠款，从而支付工程欠款利息作为保护承包人的方式，是因为垫资建设多属于承包人"自愿为之"的行为，其实施了主动垫资的行为，并对垫资利息作出处分，因此要承担可能发生的不利后果。

（三）关于支付垫资利息的请求是否支持

请求支付垫资利息，是指承包人垫资施工的，针对垫资产生的资金占用损失，依据事实基础和法律依据进而请求发包人对其所垫付的资金支付相应利息的情形，但是通常法院不予支付垫资利息的请求的情形，主要包括：

一是双方关于垫资利息"无约定"。债，是按照合同的约定或者依照法律的规定，在当事人之间产生特定的权利义务关系。债，可基于合同、侵权、无因管理和不当得利等行为而发生。承包人请求支付垫资利息本质上属于合同之债，即基于合同的约定产生债的法律关系。根据 2020 年《建设工程司法解释一》第 25 条第 1 款

---

① 最高人民法院民事审判第一庭编著：《最高人民法院新建设工程施工合同司法解释（一）理解与适用》，人民法院出版社 2021 年版，第 258 页。

的规定，当事人对垫资利息有明确约定的，可以请求支付垫资利息。但2020年《建设工程司法解释一》第25条第3款规定："当事人对垫资利息没有约定，承包人请求支付利息的，不予支持。"因此，承包人与发包人对于垫资利息有约定的，在诉讼中承包人请求发包人支付垫资利息，法院予以支持，反之，若承包人与发包人对垫资利息没有约定，承包人请求垫资利息的，法院不予支持，因此，承包人支付垫资利息的请求无法得到支持的原因是建设工程施工合同文本中无关于垫资利息约定的内容。

二是合同无效与垫资利息。司法实践中建设工程施工合同确认有效的，发包方和承包方对垫资本金和垫资利息有约定的，应当按照合同约定处理，即使建设工程施工合同仅部分履行或被解除的，发包方和承包方仍应按照合同约定处理垫资本金和垫资利息的问题。但建设工程施工合同被确认无效的，发包方和承包方关于垫资本金和垫资利息的约定内容也应确认无效。即因建设工程施工合同自始无效，则发包方和承包方为履行建设工程施工合同而约定的垫资本金和垫资利息的相关约定也应认定无效，承包人不得依据垫资利息的约定主张支付垫资利息，而应当按照关于无效合同的法律规定对因垫资造成的资金占用损失依据过错原则进行分配。

承包方通过垫资方式对建设工程进行施工建设，相关建设成果已经物化到建设工程中，根据《民法典》第157条规定："民事法律行为无效、被撤销或者确定不发生效力后，行为人因该行为取得的财产，应当予以返还；不能返还或者没有必要返还的，应当折价补偿。有过错的一方应当赔偿对方由此所受到的损失；各方都有过错的，应当各自承担相应的责任。法律另有规定的，依照其规定。"因建设工程的特殊性，导致垫资建设的建设成果无法予以返还，也没有必要予以返还。"如果合同被确认为无效，则垫资问题亦应按照无效处理，垫资本金作为返还财产的内容，利息可作为无效合同的损失，根据过错原则处理"，[1]因此，有必要对提供垫资的承包方予以折价补偿。折价补偿应以承包方提供的垫资本金为基础，对于垫资建设所产生的资金占用成本和其他损失，则应当综合考量导致建设工程施工合同无效的过错因素，按照发包方和承包方各自的过错程度确定各自应当承担的责任。

三是因"黑白合同"与垫资利息。司法实践中，发包人在工程发包与订立合同阶段往往处于优势地位，发包人往往基于成本及利润的考虑，会与承包人订立多份

---

[1] 最高人民法院民事审判第一庭编著：《最高人民法院新建设工程施工合同司法解释（一）理解与适用》，人民法院出版社2021年版，第263页。

合同，此时便会出现"黑白合同"的现象。根据2020年《建设工程司法解释一》第2条规定："招标人和中标人另行签订的建设工程施工合同约定的工程范围、建设工期、工程质量、工程价款等实质性内容，与中标合同不一致，一方当事人请求按照中标合同确定权利义务的，人民法院应予支持。"可知当承包人与发包人就工程价款、履行期限在两份合同中约定不一致的，如一份合同中约定发包人支付工程进度款，另一份合同中却约定由承包人垫资施工并约定相应的垫资利息，此种情形就属于对合同的实质性内容相背离，该两份合同即属于"黑白合同"。根据2020年《建设工程司法解释一》第2条的规定，在"黑白合同"的情形下，因"黑合同"无法被法院采纳作为解决建设工程施工合同纠纷的合同依据，而依据"白合同"中无关于垫资利息约定，承包人自然也无法请求相应的垫资利息。

（四）承包人请求支付垫资利息的诉讼时效问题

承包人主张垫资利息的诉讼时效的起算时间，原则上，应以发包人和承包人"有约定"的支付时间节点作为起算节点。但是，要求支付垫资本金的期限约定，并不必然适用于垫资利息的支付。对于当事人对垫资利息的支付时间节点未作约定的，司法实务中有观点认为，如果当事人对违约金和垫资款利息的支付时间有约定的，应从约定支付之日起计算诉讼时效期间；如果当事人对违约金和垫资款利息的支付时间没有约定的，应从工程结算之日起计算诉讼时效期间。如双方未自行结算需委托中介机构进行造价鉴定的，从收到中介机构的鉴定报告之日起计算诉讼时效期间。针对不同情形以确定垫资利息的支付时间节点，并以此为依据确认垫资利息主张的诉讼时效期间。

四、辅助信息

《民法典》

第一百五十七条　民事法律行为无效、被撤销或者确定不发生效力后，行为人因该行为取得的财产，应当予以返还；不能返还或者没有必要返还的，应当折价补偿。有过错的一方应当赔偿对方由此所受到的损失；各方都有过错的，应当各自承担相应的责任。法律另有规定的，依照其规定。

2020年《建设工程司法解释一》

第二条 招标人和中标人另行签订的建设工程施工合同约定的工程范围、建设工期、工程质量、工程价款等实质性内容，与中标合同不一致，一方当事人请求按照中标合同确定权利义务的，人民法院应予支持。

招标人和中标人在中标合同之外就明显高于市场价格购买承建房产、无偿建设住房配套设施、让利、向建设单位捐赠财物等另行签订合同，变相降低工程价款，一方当事人以该合同背离中标合同实质性内容为由请求确认无效的，人民法院应予支持。

第二十五条第三款 当事人对垫资利息没有约定，承包人请求支付利息的，不予支持。

建设工程施工合同纠纷案件裁判规则第58条：有劳务作业法定资质的承包人与总承包人、分包人签订的劳务分包合同，应当认定有效

【规则描述】 根据《建筑法》及其相关规定，劳务作业承包人必须具有相应的资质，并在其资质等级许可的范围内承揽业务。严禁个人承揽分包工程业务。劳务作业分包由劳务作业发包人与劳务作业承包人通过劳务合同约定。劳务作业承包人必须自行完成所承包的任务。因此，施工总承包企业或者专业承包企业将承包工程中的劳务作业，发包给具有相应资质的劳务作业承包人，签订的劳务分包合同是合法、有效的，受法律保护；发包给个人，签订的劳务分包合同是非法、无效的，不受法律保护。

一、类案检索大数据报告

时间：2020年8月9日之前；案例来源：Alpha案例库；案由：建设工程施工合同纠纷；检索条件：（1）全文：劳务分包合同；（2）法院认为包含：同句"具有劳务作业法定资质的承包人与总承包人、分包人签订的劳务分包合同"。本次检索获取2020年8月7日之前共计210篇裁判文书。其中：

①认为主张具有劳务作业法定资质的承包人与总承包人、分包签订的劳务分包无效不予支持共计137件，占比为65.24%；

②认为未举证证明具有劳务作业法定资质因此合同无效的共计32件，占比为15.24%；

③认为具有劳务作业法定资质的承包人与总承包人、分包签订的劳务分包协议为有效协议的共计9件，占比为4.29%；

④认为不具有劳务作业法定资质故合同无效的共计13件，占比为6.19%；

⑤认为实际施工人不具有劳务作业法定资质故合同无效共计12件，占比为5.71%；

⑥认为借用劳务作业法定资质故合同无效的共计7件,占比为3.33%。

整体情况如图7-1所示:

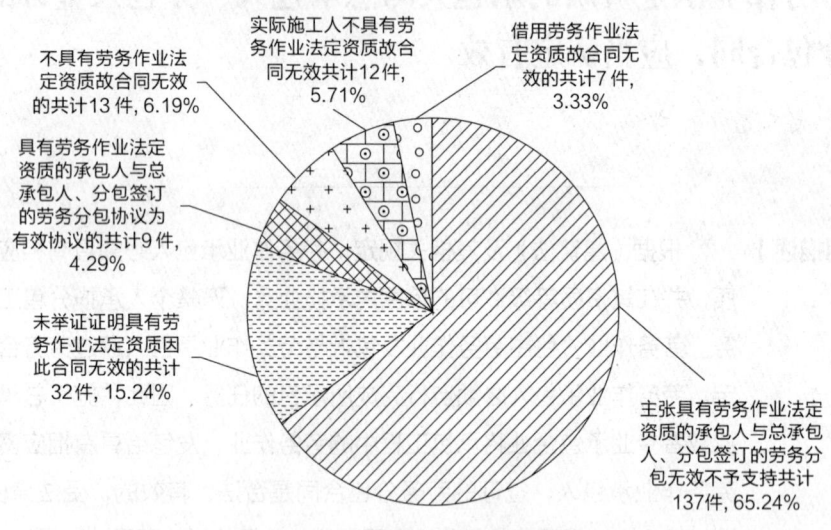

图7-1 案件裁判结果情况

如图7-2所示,从案件年份分布可以看出,在当前条件下,涉及全文:劳务分包合同;法院认为包含:同句"具有劳务作业法定资质的承包人与总承包人、分包人签订的劳务分包合同"条件下的相应的民事纠纷案例数量的变化趋势。

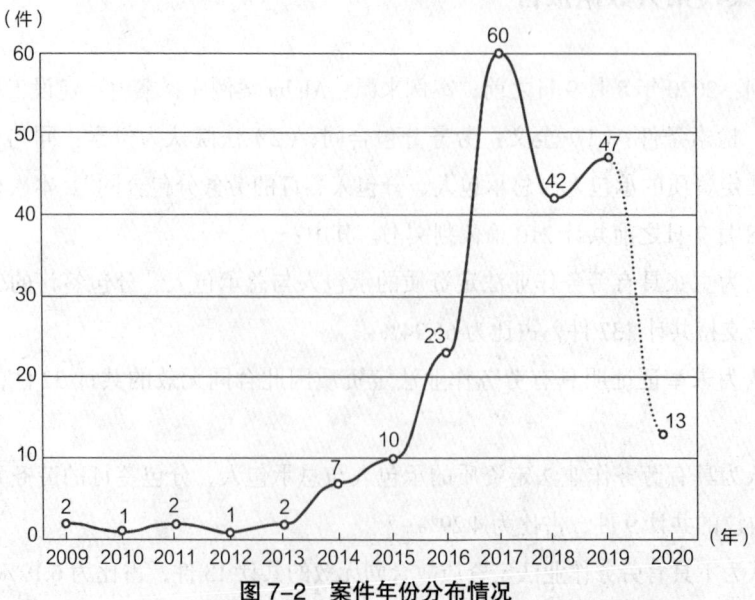

图7-2 案件年份分布情况

如图 7-3 所示，从上面的程序分类统计可以看到建设工程施工合同纠纷下当前的审理程序分布状况。一审案件有 118 件，二审案件有 88 件，再审案件有 4 件。

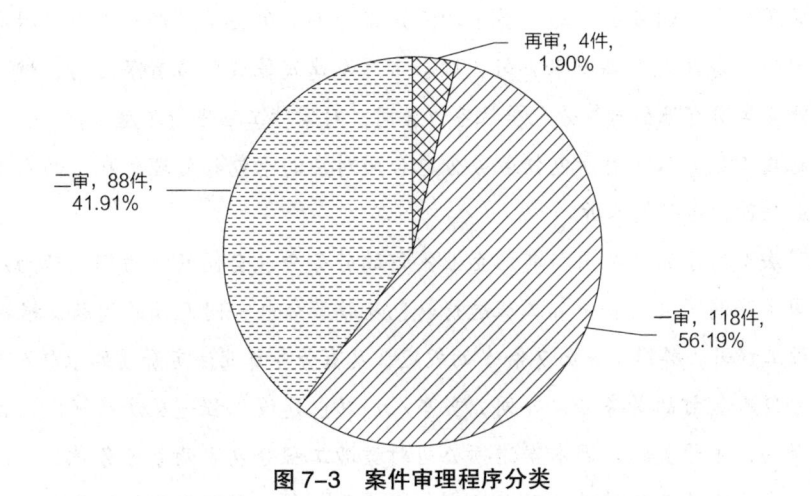

图 7-3　案件审理程序分类

通过对审理期限的可视化分析可以看到，当前条件下的审理时间更多处在 31～90 天的区间内，平均时间为 173 天。

二、可供参考的例案

例案一：浦项建设（中国）有限公司、首尔星宝置业（烟台）有限公司建设工程施工合同纠纷案

【法院】

最高人民法院

【案号】

（2017）最高法民终 154 号

【当事人】

上诉人（一审原告）：浦项建设（中国）有限公司

上诉人（一审被告）：首尔星宝置业（烟台）有限公司

【基本案情】

2009 年 2 月 10 日，浦项建设（中国）有限公司（以下简称浦项公司）与首尔星宝置业（烟台）有限公司（以下简称星宝公司）经过招投标程序，就案涉天亨佳园

韩国商城一期工程签订《建设工程施工合同》，浦项公司为工程总承包方。后双方又签订了多份补充协议。

合同履行中，浦项公司与宜昌市四海建筑劳务有限公司、烟台中傲建材有限公司、烟台市飞龙建筑劳务有限公司、烟台市飞龙建筑幕墙门窗有限公司、烟台市飞龙建筑开发集团有限公司等分包单位签订合同，对案涉工程进行了施工。

工程竣工后，双方对于包括劳务分包合同对应的承包人管理费在内的众多问题无法达成一致，遂引起本诉。

一审法院对于浦项公司与其他企业签订的劳务分包合同的效力问题认为：对于星宝公司主张浦项公司将全部工程进行转包及肢解分包合同无效的问题，根据2004年《建设工程司法解释一》第7条[①]的规定，具有劳务作业法定资质的承包人与总承包人、分包人签订的劳务分包合同，当事人以转包建设工程违反法律规定为由请求确认无效的，不予支持。因本案浦项公司对案涉工程分包了两家劳务单位、两家材料单位、多家专业分包单位，而劳务分包不属于转包，本案不应认定为全部支解分包，故对于星宝公司的该项答辩意见，一审法院不予采信。

一审判决后，浦项公司对于部分判决内容不服，星宝公司对全部判决内容不服，双方均提起上诉。

【二审争议焦点之一】

涉案分包合同是否有效。

【裁判要旨】

最高人民法院经审查认为，合同履行过程中，双方对浦项公司原承包工程范围"一期设计图纸所有内容"进行了调整并签订《一期工程总承包合同补充协议书》，该协议第三条约定："原备案合同的工程范围调整为：法律法规、烟台市地方政府主管部门规定、总包单位不能分包的工程除外的全部工程。"即星宝公司同意浦项公司在符合法律规定的前提下，将涉案工程予以分包。实际施工过程中，浦项公司分别与宜昌市四海建筑劳务有限公司、烟台市飞龙建筑劳务有限公司等签订了《劳务分包合同》，双方在合同中就工程价款的结算、取费标准、竣工验收、付款方式等权利义务的约定属于劳务分包合同的内容。据此，根据《建筑法》第29条"建筑工程总承包单位可以将承包工程中的部分工程发包给具有相应资质条件的分包单位；但是，

[①] 参见2020年《建设工程司法解释一》第5条："具有劳务作业法定资质的承包人与总承包人、分包人签订的劳务分包合同，当事人请求确认无效的，人民法院依法不予支持。"

除总承包合同中约定的分包外,必须经建设单位认可"的规定,浦项公司依据双方对于分包工程的约定,将涉案劳务、材料等工程予以分包不违反法律强制性规定。一审法院认定涉案工程总承包合同、补充协议及分包合同等为有效协议并无不当。星宝公司称浦项公司将全部工程肢解分包、涉案分包合同无效的主张,没有事实依据和法律依据,本院不予支持。

例案二:重庆佳欧劳务有限公司与中交一公局厦门工程有限公司建设工程施工合同纠纷案

【法院】

贵州省高级人民法院

【案号】

(2017)黔民终357号

【当事人】

上诉人(原审原告):重庆佳欧劳务有限公司

被上诉人(原审被告):中交一公局厦门工程有限公司

【基本案情】

2010年8月,沪昆铁路客运专线贵州有限公司将沪昆客运贵州东段CKGZTJ-4标段工程发包给中交第一公路工程局有限公司(以下简称中交一公局)承建,双方于2010年9月20日签订合同编号为HKGZ建施(2010)004号的《站前工程施工总价承包合同书》(CKGZTJ-4标段),对双方的权利义务进行了约定,合同中还约定了CKGZTJ-4标段的总的工程量、工程价款和工期。后中交一公局在贵州省凯里市经济开发区设立中交第一公路工程局有限公司沪昆客专贵州段工程指挥部二工区(以下简称二工区),将贵州段四标段的D1K564+870.5-D2K578+507段落工程交由中交一公局厦门工程有限公司(以下简称中交厦门公司)负责施工,该工区的项目负责人是周长云。后中交厦门公司又将其承建的路段部分软基处理工程分包给重庆佳欧劳务有限公司(以下简称佳欧公司)承建,佳欧公司具有砌筑作业劳务分包一级、木工作业劳务分包一级、钢筋作业劳务分包一级、混凝土作业劳务分包不分等级等资质。

中交厦门公司于2006年9月27日注册成立,系中交一公路工程局有限公司的控股子公司。

2012年6月10日,以中交第一公路工程局有限公司沪昆客专贵州段工程指挥部二工区作为甲方与佳欧公司作为乙方签订了《中交第一公路工程局有限公司沪昆客专贵州段工程指挥部二工区工程施工合同》(以下简称《工程施工合同》),该合同约定了包括"承包单价中均已包括了乙方为实施和完成本合同工程所需的全部费用,包括但不限于劳务、材料、机械设备……为本工程修复缺陷的全部费用""工程主要材料和特殊材料由甲方统一采购,以调拨形式给乙方"等内容。该合同签订后,于当日双方又签订了《工程施工合同专用条款》,对《工程施工合同》进行了补充,该合同修改了原通用合同 3.5.2.2 条为:"承包单价中包括了乙方为实施和完成本合同工程所需的劳务、管理、安全文明、临时驻地、设备及维护、生活用电、生活水费用、其他小型机具及税金费用等,但不包含施工材料费用(水泥、地材、电、油料等材料)"等内容。

合同签订以后,佳欧公司即组织人员及机械设备于 2012 年 6 月 15 日进场施工,于 2014 年 10 月 23 日完工退场,现该路段已通车,但贵州段四标段总体工程尚未竣工验收。

佳欧公司向一审法院起诉要求确认双方签订的《工程施工合同》无效,并要求中交厦门公司向其支付欠付工程款、索赔款项、奖励费用及相应利息损失等。

一审法院认为,中交一公局将贵州段四标段的 D1K564+870.5-D2K578+507 段落工程交由其旗下控股子公司即本案被告中交厦门公司负责施工。中交厦门公司于 2012 年 6 月 10 日与佳欧公司签订《工程施工合同》,将该标段工程部分软基处理工程分包给佳欧公司。对于该合同的合同性质,不应仅仅从字面上予以理解,应从工程实质性质方面进行分析。劳务分包与工程分包不同,劳务分包是工程承包人将建设工程施工中的劳务作业发包给具有劳务承包资质的其他施工企业的行为,从本案涉案合同所约定的内容来看,双方所约定的工程为"软基处理工程",具体内容为单管旋喷桩、水泥搅拌桩、CFG 桩,双方采用的承包方式是综合单价承包,佳欧公司主要负责人工和机械,主要材料由中交厦门公司统一负责采购,佳欧公司根据中交厦门公司所派技术人员的指导进行施工,再根据双方的承包方式和结算方式及内容等各方面因素综合分析,一审法院认为,中交厦门公司承包给佳欧公司的"软基处理工程"为劳务分包,双方签订的《工程施工合同》系名为"工程施工"实为"劳务分包"的劳务分包合同。根据 2004 年《建设工程司法解释一》第 7 条[①]"具有劳

[①] 参见 2020 年《建设工程司法解释一》第 5 条:"具有劳务作业法定资质的承包人与总承包人、分包人签订的劳务分包合同,当事人请求确认无效的,人民法院依法不予支持。"

务作业法定资质的承包人与总承包人、分包人签订的劳务分包合同，当事人以转包建设工程违反法律规定为由请求确认无效的，不予支持"的规定，佳欧公司具备一级劳务资质，其承包铁路软基的工程属于劳务分包，其与被告中交厦门公司签订的《工程施工合同》系合法有效的劳务分包合同。

一审法院根据2001年《民事证据规定》第35条"诉讼过程中，当事人主张的法律关系的性质或者民事行为的效力与人民法院根据案件事实作出的认定不一致时，不受本规定第三十四条规定的限制，人民法院应当告知当事人可以变更诉讼请求"的规定，于2016年12月19日已经向佳欧公司释明，但佳欧公司仍然坚持其诉讼主张。故一审法院对其以主张确认合同无效的诉讼请求，一审法院依法予以驳回。对于佳欧公司的第二项、第三项、第四项、第五项、第六项诉讼请求，均是以主张《工程施工合同》无效作为请求权基础的诉请，佳欧公司在一审法院释明以后并未提出变更诉讼请求，故对其以确认合同无效作为基础的诉讼请求，应当予以驳回，并作出驳回佳欧公司诉讼请求的判决。

一审判决后，佳欧公司不服判决内容，提起上诉。

【二审争议焦点之一】

关于本案《工程施工合同》的性质及效力如何认定。

【裁判要旨】

二审法院经审查认为，第一，本案《工程施工合同》系劳务分包合同，理由：一方面，《工程施工合同》约定工程内容为劳务施工。双方《工程施工合同》约定施工内容为"软基处理工程"，具体内容为单管旋喷桩、水泥搅拌桩、CFG桩。工程主要材料和特殊材料由中交厦门公司统一负责采购，以调拨形式给佳欧公司。前述约定可以看出，佳欧公司并未负责主要材料的采购等工作，其分包的工程项目为劳务工程。另一方面，《工程施工合同》附件《工程量清单》也载明单管旋喷桩单价为35元/米、水泥搅拌桩单价为16元/米、CFG桩单价为30元/米，根据市场行情，此价格不应包括材料。《计日工劳务、材料、设备单价表》中也仅计取了人工费，对材料费、设备费未计费，进一步印证了佳欧公司仅进行劳务作业的事实。因此，佳欧公司承包内容为人工作业及相关的少量辅料、机械设备，《工程施工合同》约定工程内容为劳务施工。第二，《工程施工合同》系有效合同，理由：首先，佳欧公司取得相应的劳务分包企业资质等级。依据建设部《建筑业企业资质等级标准》的规定，劳务分包企业资质标准包括木工、砌筑、抹灰、石制作、油漆、钢筋、混凝土、脚手架、模板、焊接、水暖、饭金、架线作业共计13种。本案中，佳欧公司具有砌筑作业劳务分包一级，木工作业劳务分包一级，钢筋作业劳务分包一级，混凝土作业劳务分包不分等级等资质。其次，本案承包方式是佳欧公司提供劳务，由总承包人或专业工程分包人负责提供主要材料、大型机械及技术管理等工作，而不是由佳欧公司包工包料。因此，具有劳务作业法定资质的承包人与总承包人、分包人签订的劳务分包合同有效。

例案三：河南恒基建设集团有限公司与淮阳县安民建筑劳务有限公司劳务合同纠纷案

【法院】

最高人民法院

【案号】

（2016）最高法民再120号

【当事人】

再审申请人（一审被告、二审上诉人）：河南恒基建设集团有限公司

被申请人（一审原告、二审被上诉人）：淮阳县安民建筑劳务有限公司

【基本案情】

2012年10月10日，发包人平顶山汉飞蓝韵酒店有限公司（以下简称汉飞蓝韵公司）与承包人河南恒基建设集团有限公司（以下简称恒基公司）签订建设工程施工合同一份。

2012年10月18日，工程承包人恒基公司与劳务分包人淮阳县安民建筑劳务有限公司（以下简称安民公司）签订了《建设工程施工劳务分包合同》一份，恒基公司加盖印章，谭晓恒签字。后双方又签订《平顶山汉飞酒店劳务补充协议》一份。

2013年12月15日，汉飞蓝韵公司向安民公司发出通知：该酒店与恒基公司的承建合同已因恒基公司的原因予以解除，安民公司与恒基公司的有关事宜与该酒店无关。要求安民公司于2013年12月20日前撤离该酒店施工场地。同日汉飞蓝韵公司发出告示：该酒店与恒基公司的施工合同已经解除，恒基公司的任何事宜与该酒店已无关系。

2013年12月16日，安民公司向恒基公司发出通知：2013年12月15日安民公司收到业主单位汉飞蓝韵公司的通知，业主与你方恒基公司解除合同，让安民公司于2013年12月20日前撤离现场。

安民公司企业法人营业执照经营范围：建筑劳务服务。

安民公司因恒基公司未按工程量及工程款结算支付所欠款项，向河南省平顶山市中级人民法院提起诉讼，请求判令恒基公司支付工程款、解除劳务分包合同。

一、二审法院均认为双方签订的劳务分包合同为有效合同，对双方当事人具有约束力。恒基公司不服，向最高人民法院申请再审。

【再审争议焦点之一】

案涉《建设工程施工劳务分包合同》是否有效。

【裁判要旨】

本案再审期间，恒基公司称安民公司在一审中提交的砌筑作业分包一级资质复印件是虚假的，并提交河南省住房和城乡建设厅建筑管理处出具的《证明》予以证明，上述《证明》的主要内容为："经核实，我处未对淮阳县安民建筑劳务有限公司核准过砌筑作业等劳务分包资质。"为此，最高人民法院要求安民公司将其砌筑作业等劳务分包一级资质证书原件提交审查，但安民公司未能提交，其委托代理人后承认安民公司未取得砌筑作业等劳务分包资质。

最高人民法院认为，在本案一审期间，安民公司向一审法院提交了营业执照和砌筑作业分包一级资质证书的复印件，恒基公司在一、二审中均未对安民公司提交的资质证书复印件提出异议。因而一、二审判决认定案涉《建设工程施工劳务分包合同》有效。本案再审期间，恒基公司提供新证据证明建设主管部门未核准过安民公司砌筑作业等劳务分包资质。安民公司未能按照要求提供相应的砌筑作业等劳务分包资质证书的原件，且安民公司的委托代理人也承认安民公司未取得砌筑作业等劳务分包资质。因此，恒基公司提交的新证据可以证明安民公司不具备砌筑作业等劳务分包资质。鉴于安民公司没有取得相应的劳务分包资质，根据《建筑法》第29条第3款"禁止总承包单位将工程分包给不具备相应资质条件的单位。禁止分包单位将其承包的工程再分包"的规定，以及2004年《建设工程司法解释一》第1条①"建设工程施工合同具有下列情形之一的，应当根据合同法第五十二条第（五）项的规定，认定无效：（一）承包人未取得建筑施工企业资质或者超越资质等级的"

---

① 参见2020年《建设工程司法解释一》第1条："建设工程施工合同具有下列情形之一的，应当依据民法典第一百五十三条第一款的规定，认定无效：（一）承包人未取得建筑业企业资质或者超越资质等级的；（二）没有资质的实际施工人借用有资质的建筑施工企业名义的；（三）建设工程必须进行招标而未招标或者中标无效的。承包人因转包、违法分包建设工程与他人签订的建设工程施工合同，应当依据民法典第一百五十三条第一款及第七百九十一条第二款、第三款的规定，认定无效。"

规定，恒基公司与安民公司签订的《建设工程施工劳务分包合同》违反法律强制性规定，应属无效。《合同法》第 56 条规定，无效的合同自始不具有法律约束力。故案涉《建设工程施工劳务分包合同》自始不具有法律约束力，不能产生合同解除的后果。一、二审判决认定案涉《建设工程施工劳务分包合同》有效，并据此判决解除双方所签订的《建设工程施工劳务分包合同》，缺乏法律依据，显属不当。

三、裁判规则提要

（一）具有劳务作业法定资质的承包人与总承包人、分包人签订的劳务分包合同有效

依据现行法律规范，具有劳务作业法定资质的承包人依法签订的劳务分包合同，原则上有效，同时"依法予以支持"的表述，不仅表明人民法院认定劳务分包合同的效力应以《民法典》第 791 条等法律规范为依据，而且，可以适应未来劳务企业资质标准变化等情形的前瞻性需要。在建设工程施工合同履行过程中，经常会存在总承包人或者分包人将承包工程的劳务作业部分分包给具有相应资质的企业或者其他单位的情况，该情况明显不属于 2020 年《建设工程司法解释一》第 1 条规定的合同无效情形，不能将此情况认定是总承包人或者分包人将建设工程转包或者支解分包，当事人以此为由主张劳务作业分包合同无效的，原则上不应支持。

1. 应根据合同内容确定合同性质

根据《建筑法》《民法典》等的明确规定，禁止总承包单位将工程分包给不具备相应资质条件的单位。禁止分包单位将其承包的工程再分包。允许建筑工程总承包单位将承包工程中的部分工程分包给具有相应资质条件的分包单位。在《房建市政分包办法》中，国家明确"鼓励发展专业承包企业和劳务分包企业""分包工程承包人必须具有相应的资质，并在其资质等级许可的范围内承揽业务"。在施工实践中，总承包人或建设方通常会将部分专业工程及劳务分包给第三方施工，专业工程承包人（分包人）也可能将专业工程中的劳务作业分包给第三方施工，合同当事人之间签订的分包合同或施工合同名称可能与合同内容、性质不相符，应从工程实质方面进行分析。

劳务分包与工程分包不同，劳务分包是工程承包人（总承包人、分包人）将建设工程施工中的劳务作业分包给具有劳务承包资质的其他施工企业的行为，劳务分包的本质特点在于劳务作业承包人仅提供劳务、零星辅助材料和设备，主要的材料、机具及技术管理工作仍由工程承包人负责，双方根据预先确定的劳务单价进行工程款项、劳务款项的结算，一般不会发生材料、机械等费用，而区分的目的就是以所履行合同义务的实质性内容判断合同性质。劳务分包合同的标的是劳务作业，劳务法律关系限于劳务分包合同双方当事人，无须经发包人或总包人的同意，劳务分包中第三人提供的仅是劳动力，由分包人提供技术和管理，两者结合才成完成建设工程，劳务分包中的第三人对工程承担合格责任，第三人向分包人结算的是直接费中的人工费以及相应的管理费[①]。

2. 劳务作业发包人应具备的合法身份

根据《房建市政分包办法》规定，施工分包，是指建筑业企业将其所承包的房屋建筑和市政基础设施工程中的专业工程或者劳务作业发包给其他建筑业企业完成的活动；劳务作业分包是指施工总承包企业或者专业承包企业（以下简称劳务作业发包人）将其承包工程中的劳务作业发包给劳务分包企业（以下简称劳务作业承包人）完成的活动。此规定清晰地界定了劳务作业发包人的范围，限于施工总承包企业（总承包人）或者专业承包企业（分包人）。判断劳务分包合同是否合法有效，首先要确定劳务作业发包人是否具有合法的分包身份，不具有合法分包身份进行的分包，是违法分包，所签订的合同是无效合同。

3. 劳务作业承包人不能再次分包劳务作业

《民法典》第791条："发包人可以与总承包人订立建设工程合同，也可以分别与勘察人、设计人、施工人订立勘察、设计、施工承包合同。发包人不得将应当由一个承包人完成的建设工程支解成若干部分发包给数个承包人。总承包人或者勘察、设计、施工承包人经发包人同意，可以将自己承包的部分工作交由第三人完成。第三人就其完成的工作成果与总承包人或者勘察、设计、施工承包人向发包人承担连带责任。承包人不得将其承包的全部建设工程转包给第三人或者将其承包的全部建设工程支解以后以分包的名义分别转包给第三人。禁止承包人将工程分包给不具备相应资质条件的单位。禁止分包单位将其承包的工程再分包。建设工程主体结构的施工必须由承包人自行完成。"《建筑法》第28条："禁止承包单位将其承包的全部建筑工程转包给他人，禁止承包单位将其承包的全部建筑工程肢解以后以分包的名

[①] 参见最高人民法院民事审判第一庭编：《民事审判实务问答》，法律出版社2022年版，第73~74页。

义分别转包给他人。"均规定了禁止分包单位将其承包的工程再分包。《房建市政分包办法》明确规定，劳务作业承包人必须自行完成所承包的任务。因此，无论再次分包的次承包人有无资质，劳务作业承包人承接总承包人或者分包人分包的劳务作业后，均不能再次分包，防止工程通过多次流转后，最终实际进行施工的承包人因利润的减少而降低成本，进而影响施工质量。

在案件审理过程中，应当注意确定劳务作业发包人与劳务作业承包人的法律关系。劳务作业发包人若为施工总承包企业（总承包人）或者专业承包企业（分包人），其进行的劳务作业分包是合法的；只承接劳务作业的劳务作业承包人，若为具有法定施工资质的企业，再次将劳务作业分包，因不具备合法的分包人身份，分包行为则为违法；如果是只具有法定劳务作业资质的劳务企业，显然是不能作为劳务作业发包人，因此，不能单纯以劳务作业发包人是施工企业还是劳务企业，作为判断劳务分包是否合法的依据。如果仅偏重审查劳务作业承包人的身份，未对劳务作业发包人的身份未作为重点审查对象，则可能会造成不适格的劳务作业发包人分包的劳务作业合同效力被认定为有效合同。

4. 具有劳务作业法定资质承包人的资格变化

住建部原有规定，按照不同专业类别，根据注册资本金、专业技术人员、从业人员等不同条件，将施工劳务企业划分为不同的资质等级，施工劳务企业只能在资质等级范围内承接劳务作业，以确保工程质量。故人民法院在既往审理此类案件时，往往首先要求劳务作业承包人提供劳务作业资质证书，对于劳务作业承包人超越资质等级签订的劳务分包合同，一律认定为无效合同，并无不当。

但随着我国建筑施工行业改革的稳步推进，其中一项重要举措，就是取消施工劳务企业资质的审批。根据住房和城乡建设部2014年11月6日印发、自2015年1月1日起施行的《建筑业企业资质标准》规定[1]，建筑业企业资质分为施工总承包、专业承包和施工劳务三个序列，施工劳务序列不分类别和等级，可承担各类

---

[1] 2022年住房和城乡建设部办公厅"关于《建筑业企业资质标准（征求意见稿）》等4项资质标准公开征求意见的通知（一）"中，资质分类分级建筑业企业资质分为施工综合资质、施工总承包资质、专业承包资质和专业作业资质4个序列。其中施工综合资质不分类别和等级；施工总承包资质设有13个类别，分为2个等级（甲级、乙级）；专业承包资质设有18个类别，一般分为2个等级（甲级、乙级，部分专业不分等级）；专业作业资质不分类别和等级。本标准包括建筑业企业资质各个序列、类别和等级的资质标准。https://www.mohurd.gov.cn/gongkai/fdzdgknr/zqyj/202202/20220225_764633.html，最后访问时间：2022年8月31日。

施工劳务作业。从企业资产和企业主要人员两个方面，对施工劳务企业的资质标准进行了明确。对企业资产的要求是：（1）净资产200万元以上。（2）具有固定的经营场所。对企业主要人员的要求是：（1）技术负责人具有工程序列中级以上职称或高级工以上资格。（2）持有岗位证书的施工现场管理人员不少于5人，且施工员、质量员、安全员、劳务员等人员齐全。（3）经考核或培训合格的技术工人不少于50人。

随着国家管理政策的变化，根据《建筑业企业资质管理规定和资质标准实施意见》以及《建筑业企业资质管理规定》等，企业可以申请施工总承包、专业承包、施工劳务资质三个序列的各类别资质，申请资质数量不受限制。由此，施工总承包资质企业可以申请施工劳务资质，获得施工劳务资质后便可承接劳务作业。但目前实践中，鲜有施工总承包资质企业申请施工劳务资质，施工总承包资质企业对于劳务分包的通行做法，一是施工总承包资质企业设立劳务公司，二是把劳务作业交给有施工劳务作业资质的劳务企业完成，国家鼓励施工总承包资质企业设立独资或控股的劳务企业。

（二）发包给个人的劳务分包合同无效

《房建市政分包办法》明确规定，劳务作业承包人必须具有相应的资质，并在其资质等级许可的范围内承揽业务。工程施工分包分为专业工程分包和劳务作业分包。严禁个人承揽分包工程业务。显然，若劳务分包合同由个人签订，不论总承包人、分包人是否具有合法的劳务作业分包资质，都因劳务作业承包人为个人而无效，各地法院对此政策的把握和既往判决，并无明显不当，且国家此项政策并未发生变化，在此不再赘述。关于劳务分包合同无效，总承包人、分包人或将承担额外的法律责任。

1. 民事责任

首先，分包合同无效并不能免除发包人的付款责任。根据2020年《建设工程司法解释一》第43条第2款"实际施工人以发包人为被告主张权利的，人民法院应当追加转包人或者违法分包人为本案第三人，在查明发包人欠付转包人或者违法分包人建设工程价款的数额后，判决发包人在欠付建设工程价款范围内对实际施工人承担责任"的规定，实际施工人可以突破合同相对性原则，向发包人、转（分）包人要求承担支付工程款的义务。

其次，发包人或转（分）包人或将承担人身损害责任或用工主体的责任。根据

《建设领域农民工工资支付管理暂行办法》第12条的规定，工程总承包企业不得将工程违反规定发包、分包给不具备用工主体资格的组织或个人，否则应承担清偿拖欠工资连带责任。也就意味着，劳务发包人在工资发放方面也要承担连带责任。按照《关于确立劳动关系有关事项的通知》的规定，建筑施工、矿山企业等用人单位将工程（业务）或经营权发包给不具备用工主体资格的组织或自然人，对该组织或自然人招用的劳动者，由具备用工主体资格的发包方承担用工主体责任。这意味着建筑工程劳务用工方面将被认定为劳动合同关系，作为用人单位，劳务发包人或将承担包括未签劳动合同的双倍工资，员工离职的经济补偿金（经济赔偿金），缴纳各种社会保险在内的多重责任。

2. 行政责任

《建筑法》第67条规定："承包单位将承包的工程转包的，或者违反本法规定进行分包的，责令改正，没收违法所得，并处罚款，可以责令停业整顿，降低资质等级；情节严重的，吊销资质证书。"

3. 刑事责任

《刑法》中规定的包括重大责任事故罪、重大劳动安全事故罪、工程重大安全事故罪、教育设施重大安全事故罪等罪名均涉及建设工程劳务用工，如发包人或转（分）包人所选用的不具有劳务作业法定资质承包人是造成事故的主要原因，且发包人或转（分）包人对其资质条件系明知的，则可能成为刑事责任的承担主体。

（三）不宜轻易认定劳务作业承包人为企业的劳务分包合同无效

现行有效的《建筑业企业资质管理规定》已经明确规定，当前建筑业的改革正在稳步推进，其中一项重要举措就是取消施工劳务企业资质的审批，实行专业作业企业备案管理制度。已有多个省、自治区、直辖市陆续下发通知，持有营业执照的劳务作业企业不需要提供施工劳务资质，即可承接施工总承包、专业承包企业的劳务分包作业。在审理该类案件时，如果政府主管部门尚未下文取消施工劳务企业资质审批的，也不应轻易因此认定劳务分包合同无效。

四、辅助信息

《民法典》

　　第七百九十一条　发包人可以与总承包人订立建设工程合同，也可以分别与勘察人、设计人、施工人订立勘察、设计、施工承包合同。发包人不得将应当由一个承包人完成的建设工程支解成若干部分发包给数个承包人。

　　总承包人或者勘察、设计、施工承包人经发包人同意，可以将自己承包的部分工作交由第三人完成。第三人就其完成的工作成果与总承包人或者勘察、设计、施工承包人向发包人承担连带责任。承包人不得将其承包的全部建设工程转包给第三人或者将其承包的全部建设工程支解以后以分包的名义分别转包给第三人。

　　禁止承包人将工程分包给不具备相应资质条件的单位。禁止分包单位将其承包的工程再分包。建设工程主体结构的施工必须由承包人自行完成。

《建筑法》

　　第二十九条第一款　建筑工程总承包单位可以将承包工程中的部分工程发包给具有相应资质条件的分包单位；但是，除总承包合同中约定的分包外，必须经建设单位认可。施工总承包的，建筑工程主体结构的施工必须由总承包单位自行完成。

2020年《建设工程司法解释一》

　　第一条　建设工程施工合同具有下列情形之一的，应当依据民法典第一百五十三条第一款的规定，认定无效：

　　（一）承包人未取得建筑业企业资质或者超越资质等级的；

　　（二）没有资质的实际施工人借用有资质的建筑施工企业名义的；

　　（三）建设工程必须进行招标而未招标或者中标无效的。

　　第五条　具有劳务作业法定资质的承包人与总承包人、分包人签订的劳务分包合同，当事人请求确认无效的，人民法院依法不予支持。

《建筑业企业资质管理规定》

第五条 建筑业企业资质分为施工总承包资质、专业承包资质、施工劳务资质三个序列。

施工总承包资质、专业承包资质按照工程性质和技术特点分别划分为若干资质类别,各资质类别按照规定的条件划分为若干资质等级。施工劳务资质不分类别与等级。

《建设工程质量管理条例》

第二十五条 施工单位应当依法取得相应等级的资质证书,并在其资质等级许可的范围内承揽工程。

禁止施工单位超越本单位资质等级许可的业务范围或者以其他施工单位的名义承揽工程。禁止施工单位允许其他单位或者个人以本单位的名义承揽工程。施工单位不得转包或者违法分包工程。

第二十七条 总承包单位依法将建设工程分包给其他单位的,分包单位应当按照分包合同的约定对其分包工程的质量向总承包单位负责,总承包单位与分包单位对分包工程的质量承担连带责任。

建设工程施工合同纠纷案件裁判规则第 59 条：

承包人明确表示或者以自己行为表明不履行合同主要义务的，发包人有权请求解除建设工程施工合同

【规则描述】　　合同解除是合同法中的一项重要制度，合同解除可以分为协商解除、约定解除和法定解除。其中法定解除主要适用于当事人不履行合同的主要义务，致使合同目的无法实现的情形，是一种合同违约的救济方式。《民法典》第 563 条第 2 项规定，"在履行期限届满之前，当事人一方明确表示或者以自己的行为表明不履行主要债务"，当事人可以解除合同。主要债务的履行，关系债权人最重要的权利的实现，关系订立合同的主要目的的实现。对建设工程施工合同中的发包人而言，承包人在合同的主要债务为及时完成建设工程，如果承包人明示或者以自己的行为表示其不履行合同的主要债务的，发包人有权解除合同；但发包人该项解除权的行使，应限于承包人不履行合同主要债务的前提下。该裁判规则确立的目的是通过明确解除合同的条件，在保护守约方的同时，防止合同被随意解除，从而保证建设工程施工合同全面实际履行。

一、类案检索大数据报告

时间：2020 年 8 月 9 日之前；案例来源：Alpha 案例库；案由：建设工程施工合同纠纷；检索条件：（1）全文：解除建设工程施工合同；（2）法院认为包含：同句"明确表示或者以行为表明不履行合同主要义务的"。本次检索获取 2020 年 8 月 7 日之前共计 146 篇裁判文书。其中：

①认为明确表示不履行合同主要义务，发包人请求解除合同的共计 26 件，占比

为 17.81%；

②认为以行为表明不履行合同主要义务，发包人请求解除合同的共计 77 件，占比为 52.74%；

③认为经催告超期未能完工，发包人请求解除合同的共计 15 件，占比为 10.27%；

④认为没有证据表示具备法定解除权的共计 6 件，占比为 4.11%；

⑤认为工程已竣工或已完成合同主要义务的共计 4 件，占比为 2.74%；

⑥认为非法转包违法分包，发包人请求解除合同的共计 11 件，占比为 7.54%；

⑦认为工程质量不合格并拒绝修复，发包人请求解除合同的共计 3 件，占比为 2.05%；

⑧认为承包人撤离工地，发包人请求解除承包人同意的共计 4 件，占比为 2.74%。

整体情况如图 8-1 所示：

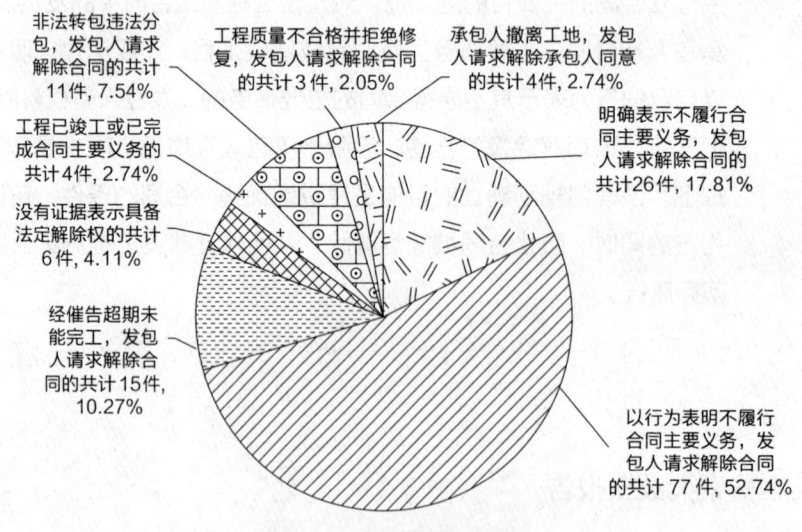

图 8-1 案件裁判结果情况

如图 8-2 所示，从案件年份分布可以看出，在当前条件下，涉及全文：解除建设工程施工合同；法院认为包含：同句"明确表示或者以行为表明不履行合同主要义务的"条件下的相应的民事纠纷案例数量的变化趋势。

图 8-2　案件年份分布情况

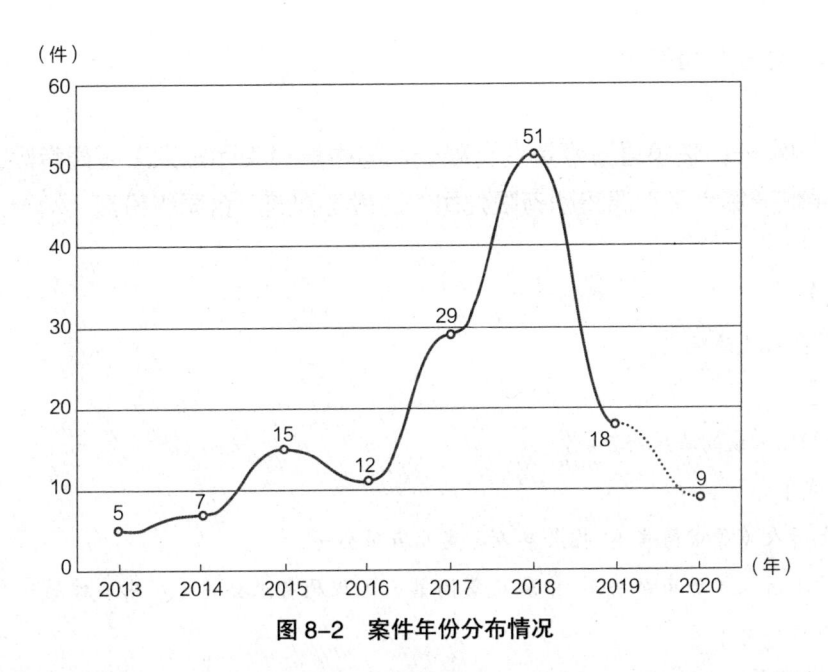

如图 8-3 所示，从上面的程序分类统计可以看到建设工程施工合同纠纷下当前的审理程序分布状况。一审案件有 87 件，二审案件有 55 件，再审案件有 4 件。

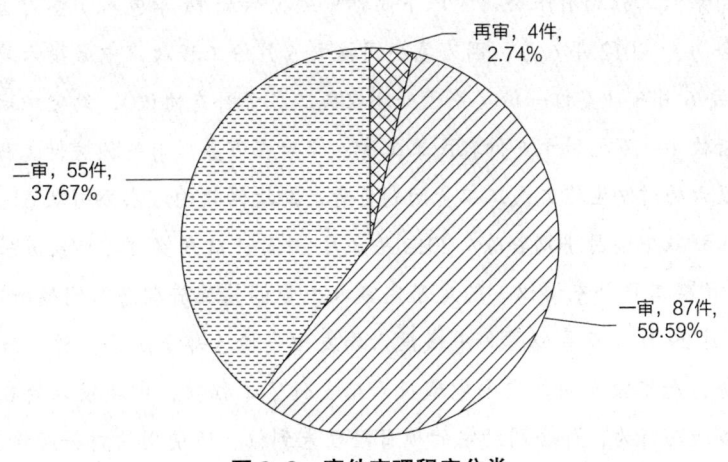

图 8-3　案件审理程序分类

通过对审理期限的可视化分析可以看到，当前条件下的审理时间更多处在 91～180 天的区间内，平均时间为 181 天。

二、可供参考的例案

> **例案一：临泉县万嘉置业有限公司与中城投集团第六工程局有限公司（原中城建第六工程局集团有限公司）建设工程施工合同纠纷案**

【法院】

最高人民法院

【案号】

（2018）最高法民终74号

【当事人】

上诉人（原审原告）：临泉县万嘉置业有限公司

被上诉人（原审被告）：中城投集团第六工程局有限公司（原中城建第六工程局集团有限公司）

【基本案情】

2011年1月6日，临泉县万嘉置业有限公司（以下简称万嘉公司）（发包人）与中城投集团第六工程局有限公司（以下简称中城投六局）（承包人）签订2份《建设工程施工合同》。2012年6月，因万嘉公司拖欠5月份工程款，中城投六局停工，双方于2012年6月5日签订一份《关于处理农民工工资补充协议》，约定中城投六局向万嘉公司借款400万元用于支付农民工工资，今后在万嘉公司足额拨付工程款的情况下，中城投六局对发生拖欠民工工资问题负责，此次借款由万嘉公司从6～8月完成工程量的工程款中逐月平均扣除。2012年8月29日，双方签订《临泉苏果财富广场1#、2#、3#楼工程补充协议》约定了定额人工费调整及前期遗留问题解决等内容。2012年10月29日，万嘉公司向中城投六局发出一份《郑重函告》称，万嘉公司依约履行义务，严格按合同约定向中城投六局支付了工程款，中城投六局在履行合同中存在诸多违约行为，如合同约定的项目经理未到位、所使用的材料经检验不合格、工程进度缓慢严重逾期等，自2012年6月1日未经万嘉公司许可擅自无故停工至今，中城投六局在接函后3日内立即全面复工并赔偿因此造成万嘉公司的全部损失。否则万嘉公司将启动法律程序保护自己合法权益，追究中城投六局法律责任。2012年10月30日，中城投六局复函称其不存在违约，万嘉公司按照复工补充协议约定支付相关费用后，中城投六局才予以复工。2012年11月7日，万嘉公司向中城投六局发出《关于解除建设工程施工合同的函》，告知中城投六局在合同履行过程中存在诸多违约行为，一直不予改正，并自2012年6月1日无故停工至今，因此，解除与中城投六局签订的《建设工程施工合同》，并要求中城投六局接函后3日内来人办理合同解除后的交接等相关手续，逾期公司将自行处理，由此产生的法律后果将全部由中城投六局承担。2012年11月9日，中城投六局给万嘉公司的复函中称：你公司于2012年11月7日函中提出解除合同一事，请你方依照双方签订并已生效的《建设工程施工合同》及《补充协议》的条款及有关法律规定程序进行，你公司单方提出解除合同并限3日内交接，不符合有关法律规定，若你公司执意为之，其法律后果应由你方承担。

【案件争点】

关于案涉合同和补充协议解除的认定是否正确。

【裁判要旨】

万嘉公司、中城投六局于2011年1月6日签订的《建设工程施工合同》、2012年6月5日签订的《关于处理农民工工资补充协议》及2012年8月29日签订的《临泉苏果财富广场1#、2#、3#楼工程补充协议》等，均系双方当事人的真实意思表示，且不违反法律、行政法规的强制性规定，为有效协议。《合同法》第94条[①]规定："有下列情形之一的，当事人可以解除合同：（一）因不可抗力致使不能实现合同目的；（二）在履行期限届满之前，当事人一方明确表示或者以自己的行为表明不履行主要债务；（三）当事人一方迟延履行主要债务，经催告后在合理期限内仍未履行……" 2004年《建设工程司法解释一》第8条[②]规定："承包人具有下列情形之一，发包人请求解除建设工程施工合同的，应予支持：（一）明确表示或者以行为表明不履行合同主要义务的……" 具体到本案中，在中城投六局未按2012年8月29日签订的《临泉苏果财富广场1#、2#、3#楼工程补充协议》履行7日内复工义务的情况下，万嘉公司于2012年10月29日向中城投六局发出一份《郑重函告》，要求中城投六局在接函后三日内立即全面复工，但中城投六局在其2012年10月30日的《复函》中仍提出万嘉公司按照复工补充协议约定支付相关费用后才予以复工。如前所

---

① 参见《民法典》第563条第1款第1项、第2项、第3项："有下列情形之一的，当事人可以解除合同：（一）因不可抗力致使不能实现合同目的；（二）在履行期限届满前，当事人一方明确表示或者以自己的行为表明不履行主要债务；（三）当事人一方迟延履行主要债务，经催告后在合理期限内仍未履行。"

② 参见《民法典》第563条第1款第2项："有下列情形之一的，当事人可以解除合同：……（二）在履行期限届满前，当事人一方明确表示或者以自己的行为表明不履行主要债务。"

述，因在中城投六局停工时万嘉公司并不拖欠其工程进度款，且双方在《临泉苏果财富广场1#、2#、3#楼工程补充协议》明确约定中城投六局复工在先，万嘉公司支付补偿款在后，故中城投六局在《复函》中关于万嘉公司支付相关费用后其才复工的主张明显与《临泉苏果财富广场1#、2#、3#楼工程补充协议》的约定不一致，不能成立。因中城投六局在万嘉公司并不拖欠其工程进度款的情况下停工，且经万嘉公司催告仍拒不履行约定的复工义务，而上述义务属于中城投六局在案涉合同中的主要义务，根据《合同法》第94条第3款规定，万嘉公司有权解除合同，故案涉合同自万嘉公司2012年11月7日向中城投六局发出的《关于解除建设工程施工合同的函》送达之日起解除。

例案二：会东县宝利创投有限公司与四川三和恒生建筑工程有限责任公司建设工程施工合同纠纷案

【法院】

四川省高级人民法院

【案号】

（2018）川民再62号

【当事人】

再审申请人（一审原告、反诉被告、二审被上诉人）：会东县宝利创投有限公司

被申请人（一审被告、反诉原告、二审上诉人）：四川三和恒生建筑工程有限责任公司

【基本案情】

2012年12月1日，会东县宝利创投有限公司（以下简称宝利公司）（发包人）和四川三和恒生建筑工程有限责任公司（以下简称三和公司）（承包人）签订《建设工程施工合同》，宝利公司将会东县旧城改造—体育馆片区TYC-A安置房及商业工程的土建、装饰、水电安装等工程（不含电梯、消防、配电箱、配电柜、门窗）发包给三和公司施工。2013年4月1日，三和公司组织技术人员及施工机械进入施工现场。2014年11月14日，三和公司向宝利公司发出停工通知后停工，2014年11月24日，宝利公司向三和公司发出解除施工合同函，双方从而产生纠纷。2015年3月8日，宝利公司和三和公司签订《补充协议》，确定目前项目已主体封顶，双方约定：宝利公司退还本应于2014年6月支付三和公司的履约保证金320万元，支付该款利

息损失及第二次停工补偿共计150万元，三和公司主体工程完工后应退回的履约保证金240万元，第八次和第九次剩余计量款189万元，上述合计899万元，定于三和公司进场复工后3日内支付500万元，2015年5月31日前支付399万元；三和公司应于2015年3月15日前组织进场复工；本协议签订后，宝利公司保证在会东建设局和房管局专用账户中一直有不低于1000万元的资金用于保障三和公司前期款项及后续工程款；双方重新确定，三和公司应在2015年8月15日前完成承包范围内的所有施工工序并达到竣工验收条件；针对各自在本协议签订前的违约行为，双方均互不追究对方违约责任，本协议签订后各方产生的违约行为，按原施工合同和补充协议的约定执行；宝利公司逾期支付原施工合同及本协议约定的各种款项，每逾期一日，应按拖欠金额的千分之一按日承担违约金，逾期超过15日的，三和公司有权再次暂停施工，由此产生的一切损失和责任，均由宝利公司承担。协议签订后，2015年3月13日，三和公司向宝利公司发出《关于停工后复工的报告》，通知宝利公司：三和公司已于2015年3月10日组织项目管理人员、劳务人员、材料及相关机械进场，施工现场已清理完毕，现已复工。2015年4月29日，三和公司向宝利公司发出《关于3#楼塑钢窗安装已影响施工工期的报告》，称：3#楼未进行塑钢窗制作安装影响工期，要求宝利公司及时协调施工。2015年4月30日，宝利公司向三和公司发出《关于TYC-A安置房施工进度通知》，要求三和公司在5月30日内完成2#、3#内外墙抹灰、门安装、塑钢窗安装。其后，三和公司以多种理由多次停工，2015年5月至2015年12月间，双方多次相互致函。2015年12月23日，宝利公司向三和公司发出《关于解除〈建设工程施工合同〉和〈补充协议〉的通知书》，2015年12月28日，三和公司签收了该通知书。

【案件争点】

宝利公司与三和公司于2012年12月1日签订的《建筑工程施工合同》和2015年3月8日签订的《补充协议》应否予以解除。

【裁判要旨】

1. 宝利公司已足额支付工程款。2015年3月8日，宝利公司和三和公司签订《补充协议》。根据该协议约定，宝利公司应支付给三和公司的款项为：履约保证金、工程款共计899万元以及双方确认的第10次至第14次应付工程进度款共计9958639.6元，两项合计为18948639.6元。2015年3月至2015年8月31日，宝利公司虽逾期支付、分期支付双方约定的款项，但宝利公司实际向三和公司支付18971000元，宝利公司已足额支付了工程款。

2. 三和公司于2015年8月31日停工构成根本违约。根据双方签订的《补充协议》约定，宝利公司逾期支付超过15日，三和公司有权再次暂停施工。宝利公司对7月经审定双方确认的工程款218万元已于2015年8月28日前分批支付完毕，根据《补充协议》的约定，宝利公司支付工程款逾期未超过15日，三和公司在2015年9月1日前无权暂停施工，宝利公司只应承担逾期支付的违约金。宝利公司与三和公司签订《建设工程施工合同》及《补充协议》约定三和公司应于2015年8月31日将工程竣工验收合格交付给宝利公司，以便宝利公司安置返迁老百姓，宝利公司签订合同的目的是获得合格的安置房。三和公司停工后，宝利公司多次函告三和公司，要求尽快复工，直到2015年12月28日，三和公司均未复工，致使三和公司的合同目的不能实现，三和公司构成根本性违约。三和公司辩称双方在《补充协议》中约定"宝利公司保证在会东县建设局和房管局专用账户中一直有不低于1000万元的资金用于保障三和公司前期款项及后续工程款"，宝利公司未保证上述资金的存在，其停工是行使不安抗辩权，法院认为，双方的上述约定的目的是约束宝利公司按时支付工程款，保障三和公司收取工程款的权利得以实现，虽然宝利公司未在会东县建设局和房管局专用账户存入该笔资金，但截至三和公司停工之时，宝利公司并未欠付工程款，三和公司的该辩解理由不能成立。

综上，根据《合同法》第94条第1款第3项[①]"有下列情形之一的，当事人可以解除合同：（三）当事人一方迟延履行主要债务，经催告后在合理期限内仍未履行"及2004年《建设工程司法解释一》第8条第1款第1项、第2项[②][③]"承包人具有下列情形之一，发包人请求解除建设施工合同的，应予支持：（一）明确表示或者以行为表示不履行合同主要义务；（二）合同约定的期限内没有完工，且在发包人催告的合理期限内仍未完工的"的规定，宝利公司可以解除合同。宝利公司于2015年12月23日向三和公司发出《关于解除〈建设工程施工合同〉和〈补充协议〉的通知书》，

---

① 参见《民法典》第563条第1款第3项："有下列情形之一的，当事人可以解除合同：……（三）当事人一方迟延履行主要债务，经催告后在合理期限内仍未履行。"

② 参见《民法典》第563条第1款第2项、第3项："有下列情形之一的，当事人可以解除合同：（（二）在履行期限届满前，当事人一方明确表示或者以自己的行为表明不履行主要债务；（三）当事人一方迟延履行主要债务，经催告后在合理期限内仍未履行。"

③ 参见《民法典》第563条第1款："有下列情形之一的，当事人可以解除合同：（一）因不可抗力致使不能实现合同目的；（二）在履行期限届满前，当事人一方明确表示或者以自己的行为表明不履行主要债务；（三）当事人一方迟延履行主要债务，经催告后在合理期限内仍未履行；（四）当事人一方迟延履行债务或者有其他违约行为致使不能实现合同目的；（五）法律规定的其他情形。"

三和公司于 2015 年 12 月 28 日签收了该通知书。根据《合同法》第 96 条第 1 款 "当事人一方依照本法第九十三条第二款、第九十四条的规定主张解除合同的，应当通知对方。合同自通知到达对方时解除" 之规定，宝利公司与三和公司签订的《建设工程施工合同》及《补充协议》于 2015 年 12 月 28 解除。

例案三：山东省地质博物馆与深圳海外装饰工程有限公司建设工程合同纠纷案

【法院】

山东省高级人民法院

【案号】

（2015）鲁民一终字第 27 号

【当事人】

上诉人（原审被告、反诉原告）：深圳海外装饰工程有限公司

被上诉人（原审原告、反诉被告）：山东省地质博物馆

【基本案情】

2010 年 12 月 24 日，山东省地质博物馆（发包方）、深圳海外公司（承包方）经招投标程序签订《布展工程合同》一份，约定山东省地质博物馆将山东省地质博物馆布展工程发包给深圳海外公司施工。合同签订后，深圳海外公司于 2011 年 9 月 13 日申请进场施工，施工过程中，山东省地质博物馆共向其支付工程款 11228499.50 元，2012 年 5 月，因双方发生争议，工地停工。

【案件争点】

停工原因及涉案《布展工程合同》是否符合解除条件。

【裁判要旨】

关于原审对停工原因的认定是否正确的问题。历下区执法局下达的执法调查（询问）通知书并没有责令深圳海外公司停止施工的内容，深圳海外没有提供证据证明被上诉人通知其停止施工，深圳海外公司也没有提供证据证明被上诉人欠付工程款，因此，原审认定深圳海外公司停止施工没有正当事由、停止施工的责任由上诉人承担是正确的。深圳海外公司主张停止施工是因山东省地质博物馆未取得合法的施工手续、执法局不允许施工等原因所致，但未提交直接有效的证据予以证实，对该上诉主张，法院不予支持。

关于原审认定涉案合同符合法定解除条件是否正确的问题。如上所述，深圳海外公司停止施工没有正当事由，深圳海外公司于2012年5月停止施工后至今未复工，深圳海外公司停止施工的行为使被上诉人签订合同的目的不能实现，且该合同现已无继续履行的可能。因此，原审根据2004年《建设工程司法解释一》第8条的规定，认定深圳海外公司停止施工的行为属于以行为表明不履行合同主要义务的根本性违约行为、涉案合同符合法律规定的解除条件是正确的。

三、裁判规则提要

（一）合同解除的条件

合同是民事主体之间设立、变更、终止民事法律关系的协议。合同依法订立后，订立合同的各方当事人应当严守合同，守约方利益应当得到法律的保护。合同的解除，指合同有效成立后，当具备合同约定或法律规定的合同解除条件时，因当事人一方或双方的意思表示而使合同关系归于消灭的行为。"通过合同解除，能够使当事人在其合同目的不能实现的情形中摆脱现在合同权利义务关系的约束，重新获得交易的自由"[1]，合同法的目的旨在保护交易安全、维护经济秩序，而合同解除会产生合同终止、合同关系归于消灭的法律效果，允许随意解除势必给交易造成混乱，故合同应当以履行为常态，合同解除应当受到严格限制。

1. 合同的约定解除和法定解除

关于合同的约定解除。根据《民法典》，合同解除分为协商解除、约定解除和法定解除。根据《民法典》第562条之规定，有两种情形：第一种是协商解除，即合同当事人协商一致，均具有解除的明确意思表示，双方订立一个解除原有合同的协议，解除原有合同；第二种是约定解除权，即合同当事人在订立合同或合同履行过程中可预先约定某方当事人单方解除合同的特定条件，享有该单方解除权的合同当事人即为解除权人，当约定的该特定条件成就时，解除权人可以解除合同。合同的约定解除充分体现了契约自由和民法的意思自治原则，是法律赋予合同当事人在法律规定范围内自愿解除合同的权利。

关于合同的法定解除，指合同生效后，没有履行或者未履行完毕前，当事人在

---

[1] 黄薇主编：《中华人民共和国合同编释义》，法律出版社2020年版，第220页。

法律规定的解除条件出现时，行使解除权而使合同关系终止。《民法典》第563条规定："有下列情形之一的，当事人可以解除合同：（一）因不可抗力致使不能实现合同目的；（二）在履行期限届满之前，当事人一方明确表示或者以自己的行为表明不履行主要债务；（三）当事人一方迟延履行主要债务，经催告后在合理期限内仍未履行；（四）当事人一方迟延履行债务或者有其他违约行为致使不能实现合同目的；（五）法律规定的其他情形。"该条文规定了合同法定解除的具体条件，其中除第1项规定是不可抗力导致合同目的不能实现的情形，第5项规定是其他法定解除合同情形之外，第2项规定的预期违约、第3项约定的迟延履行主要债务、第4项违约行为致使不能实现合同目的的情形，都属于一方当事人"根本违约"致使不能实现合同目的的情形。这样的规定一方面为已陷入僵局实际无法履行的合同设定了一个满足特定条件可直接解除的方式，从合同有效和应予遵守的角度来说，当事人一方不能因为对方在合同履行过程中的瑕疵或微小的非根本性违约，随意行使合同解除权，滥用解除权，使许多本来可以遵守并履行的合同被宣告解除，或使一些在合同履行过程中本可以协商解决的微小纠纷进一步扩大。

在建设工程施工合同中，一般而言，发承包双方当事人不愿意解除合同。对承包人而言，如解除建设工程施工合同，承包人在材料供应商处定作的专供讼争工程的建筑材料会面临退货、承担违约金的后果，中途退场对承包人的经营损失很大。对发包人而言，解除合同后，续建工程的施工单位对解除前的工程如何衔接是一个难题，此外，工期延误、支出增大等问题也是不可避免的。故解除合同对发承包双方当事人而言，都是一个很难的选择，但在一方根本违约的情况下，守约方当事人只能选择解除合同，对于符合法定合同解除条件，当事人提出请求时，人民法院应当判决解除合同。

2. 关于解除合同通知的实体性和程序性条件

根据《民法典》第465条第1款规定："依法成立的合同，受法律保护。"即依法成立的合同对当事人产生法律约束力。当事人除尊重合同外，"这时的法律约束力对当事人来说，既包括全面积极地履行合同所设定的义务，也包括不擅自解除或者变更合同的不作为义务"[①]，即除非当事人另有约定或者法律另有规定，不允许任何一方当事人擅自解除或者变更合同。解除合同是有条件的，不能任意解除合同。解除合同的通知必须具备相应的实体性条件和程序性条件方可具有法律效力，

---

① 黄薇主编：《中华人民共和国民法典合同编释义》，法律出版社2020年版，第12页。

即"看合同解除的要件是否具备,既要符合《民法典》第五百六十二条第二款、第五百六十三条规定的实质性要件,又要符合通知合同相对人这一形式要件"①。实体性条件,如《民法典》第562条和第563条中规定的解除合同的"事由"和"情形";程序性条件,如《民法典》第565条中规定的"应当通知"等条件。否则,不具备实体性条件或程序性条件的,则不产生相应的法律效力。不能认为只要解除合同的通知到达对方后,对方在约定的异议期间内没有提起异议之诉,就会产生解除合同的效力。

3. 根本违约

根本违约是指一方违反合同而致另一方损害,导致非违约方缔约目的无法实现。根本违约强调了违约结果的严重性可以成为认定根本违约的标准,减少因主观标准的介入造成的在确定根本违约方面的随意性,以及对债权人保护不力的因素。在违约的严重性判定上,我国《民法典》采用了"致使不能实现合同目的"的概念。在根本违约的情形下,非违约的一方当事人有权解除合同。我国《民法典》将根本违约作为解除合同的法定事由。根本违约制度严格限制了合同解除的条件,"法律规定解除的事由,也是对任意解除合同的限制,以鼓励交易,避免资源浪费,合理保护双方当事人的合法权益"②,为合同严守确立了重要的法律保障。

(二)预期违约构成

预期违约,又称作先期违约③,是英美法系上针对合同预期不履行具有代表性的制度,是指合同一方在合同约定的履行时间到来之前毁弃合同,即指在合同履行期限届满之前,一方当事人在没有正当理由的情况下,明确向对方当事人表明其将不履行合同义务,或者通过自己的行为向对方当事人表明其将不履行合同义务。"在预期违约制度下,当事人无须向对方催告即可行使这种'法定解除权',但是对方仍可行使不安履行抗辩权同解除权进行相应的对抗"。④

我国《民法典》第563条第1款第2项约定"在履行期限届满之前,当事人一

---

① 最高人民法院民事审判第一庭编著:《民事审判实务问答》,法律出版社2022年版,第32~33页。
② 黄薇主编:《中华人民共和国民法典合同编释义》,法律出版社2020年版,第224页。
③ 韩世远:《合同法总论》(第三版),法律出版社2011年版,第515页。
④ 李少平主编:《最高人民法院第五巡回法庭法官会议纪要》,人民法院出版社2021年版,第36页。

方明确表示或者以自己的行为表明不履行主要债务",预期违约可分为明示的预期违约和默示的预期违约两种类型。

1.明示的预期违约,即一方当事人在合同履行期限届满之前,在没有正当理由的情况下,明确向对方当事人表明其将不履行合同主要义务。司法上认定明示的预期违约一般应当具备如下构成要件:

(1)预期违约方向对方提出不履行合同的明确意思表示。认定预期违约的要件之一是一方的毁约意图是明确无误且不附有任何条件的,比如不支付价款或者不继续施工等。拒绝履行是预期违约方能为履行而不为,若不能为履行则属于履行不能的问题。故一方如果仅表示因为客观原因如缺乏支付能力、暂时经济困难或者不情愿履行,则不构成明示的预期违约。

(2)预期违约方不履行合同义务的意思表示是在合同生效后、履行期限届满前提出。预期违约方必须在合同履行期限到来之前向对方提出不履行合同义务的表示,如果合同履行期限已届满,即属于实际违约而非预期违约。

(3)预期违约方明确表示不履行的义务应当是合同的主要义务。即预期违约方不履行义务即可导致合同实际不能履行,合同目的不能实现,只有不履行主要义务,才构成预期违约。如果被拒绝履行的仅是合同的部分内容,并且不妨碍债权人所追求的根本目的,这种拒绝履行并没有使债权期待成为不能,就不构成预期违约。

(4)拒绝履行义务一方不履行合同主要义务无正当理由。如果一方提出的不履行债务的理由是正当的,在法律上能够得到支持则不构成预期违约。所谓正当理由,一般是指债务人享有法定的合同解除权、债务人享有撤销权、合同具有无效或者不成立的因素、因不可抗力等因素而导致债务人义务的免除等。

2.默示的预期违约,即合同一方当事人在合同履行期限届满之前,在没有正当理由的情况下,通过自己的行为向对方当事人表明其将不履行合同主要义务。司法上认定默示的预期违约一般应当具备如下构成要件:

(1)预期违约方以自己的行为或者客观事实预示其将不履行或不能履行合同主要义务。默示预期违约方并没有明确表示其将违约,只是对方根据违约方的行为和客观事实等情况来推断其将不能履行合同主要义务。如果一方明确表示其将在履行期届满时不履行合同义务,则构成明示的预期违约。默示预期违约的表现形式有:资金困难、支付能力欠缺、信誉下降、经营危机、合同标的物已经灭失或处理、履行合同的其他条件丧失等。

(2)非违约方必须有确凿的证据来证明上述情况。在一方没有明确表示其将不履行合同的情况下，要认定其预期违约的举证责任由非违约方承担，非违约方必须提出确凿的证据予以证明。法院认定一方存在默示预期违约的标准应当客观，否则就可能出现主观标准认定预期违约、滥用合同解除权的现象。这种客观标准可与《民法典》第527条规定的不安抗辩权情形相互衔接，包括：经营状况严重恶化、转移财产、抽逃资金以逃避债务、丧失商业信誉、有丧失或者可能丧失履行债务能力的其他情形。衔接点在于主张不安抗辩权的当事人"可能会出现判断得不准确，如果他认为对方可能丧失履行债务能力或者存在其他预期违约行为，而直接解除合同，但实际上对方仍然具有履行能力或者无其他预期违约行为，则他会因此承担违约责任"。①

（3）预期违约方不愿意提供适当的履约担保。在债权人依据自己的判断对债务人的履约能力质疑时，如果债务人能够提供相应的履约担保，则可以消除债权人的担心。只有在非违约方有确凿的证据证明违约方不能履行到期债务而又无法提供相应的担保时，方可认定为默示的预期违约。

预期违约可以导致合同的解除，但这并不意味着一旦发生明示毁约或者默示毁约，非违约方就可以直接解除合同。预期违约作为合同解除的法定事由，应当受到根本违约制度的限制，即只有当预期违约构成根本违约时，一方当事人才能解除合同。违约方拒绝履行其义务是否构成根本违约时，要考虑到其违反合同义务的内容。只有在一方明确表示或以自己的行为表明不履行主要债务时，才能使另一方解除合同。如果仅仅表明不履行次要债务，一般不会导致合同目的丧失，因此不应产生解除合同的权利。

（三）关于预期违约与不安抗辩权的重合

关于不安抗辩权。《民法典》第527条规定："应当先履行债务的当事人，有确切证据证明对方有下列情形之一的，可以中止履行：（一）经营状况严重恶化；（二）转移财产、抽逃资金，以逃避债务；（三）丧失商业信誉；（四）有丧失或者可能丧失履行债务能力的其他情形。当事人没有确切证据中止履行的，应当承担违约责任。"预期违约的规定为《民法典》第563条："有下列情形之一的，当事人可以解除合同：（一）因不可抗力致使不能实现合同目的；（二）在履行期限届满前，当事人一方明确表示或者以自己的行为表明不履行主要债务；（三）当事人一方迟延履行

---

① 黄薇主编：《中华人民共和国民法典合同编释义》，法律出版社2020年版，第226页。

主要债务，经催告后在合理期限内仍未履行；（四）当事人一方迟延履行债务或者有其他违约行为致使不能实现合同目的；（五）法律规定的其他情形。以持续履行的债务为内容的不定期合同，当事人可以随时解除合同，但是应当在合理期限之前通知对方。"显然，第527条的不安抗辩权与第563条第2项中的"当事人一方明确表示或者以自己的行为表明不履行主要债务"的情形，"会存在重合现象"[1]。尽管学界对于两种制度并存及运行存在不同的看法，但两者的功能显然并不完全相同，无法相互取代。一般来看，"不安履行抗辩权主要针对合同履行阶段出现的违约情况，抗辩权人可以暂时中止自身给付行为，并不直接带来合同解除的效果；预期违约则是赋予权利人直接解除合同的权利，不需要向对方进行催告等手续，即可以解除合同"[2]。

（四）承包人预期违约的具体情形

1. 关于主要合同义务。认定承包人预期违约，须判断承包人是否明示或默示不履行主要合同义务。所谓主要合同义务即《民法典》第563条第1款第2项规定的主要债务，应当依照合同的个案进行判断，一般来说，影响合同目的实现的债务，应为主要债务。《民法典》第788条规定，建设工程合同是承包人进行工程建设，发包人支付价款的合同；第795条规定，施工合同的内容包括工程范围、建设工期、中间交工工程的开工和竣工时间、工程质量、工程造价、技术资料交付时间、材料和设备供应责任、拨款和结算、竣工验收、质量保修范围和质量保证期、双方相互协作等条款。"建设工程合同，是指承包人进行工程建设，发包人支付价款的合同。""建设工程合同的定义，体现了合同双方当事人即发包人和承包人的基本义务。承包人的基本义务就是按质按期地进行工程建设，包括勘察、设计和施工。发包人的基本义务就是按照约定支付价款。"[3]由此可见，建设工程施工合同中，承包人的主要义务，可以理解为"按质按期地进行工程建设"，承包人不履行主要合同义务，即指承包人不能按质按期地进行工程建设，故承包人预期不能按期进行工程建设，例如全面停工且无复工迹象，应当认定为预期违约，以司法实践来看，承包人被认定默示不履行主要义务一般也表现为承包人擅自停工。如果停工是承包人单方原因造成的，在符合合同解除的法定条件下，发包人没有违约并主张解除合同的，应当得

---

[1] 韩世远：《合同法总论》（第三版），法律出版社2011年版，第519页。

[2] 李少平主编：《最高人民法院第五巡回法庭法官会议纪要》，人民法院出版社2021年版，第37页。

[3] 黄薇主编：《中华人民共和国民法典合同编释义》，法律出版社2020年版，第655页。

到保护。

2. 关于工程质量。承包人违反工程质量方面的约定,即不能按质进行工程建设,是否可能构成预期违约的问题。"工程质量是指工程的等级要求,是施工合同中的核心内容。工程质量往往通过设计图纸和施工说明书、施工技术标准加以确定。工程质量条款是明确施工人施工要求,确定施工人责任的依据,是施工合同的必备条款。"[①] 由此可见,保证施工质量确实是承包人的主要合同义务。《民法典》第801条规定,因施工人的原因致使建设工程质量不符合约定的,发包人有权请求施工人在合理期限内无偿修理或者返工、改建。经过修理或者返工、改建后,造成逾期交付的,施工人应当承担违约责任。2020年《建设工程司法解释一》第12条规定,因承包人的过错造成建设工程质量不符合约定,承包人拒绝修理、返工或者改建,发包人请求减少支付工程价款的,应予支持。可见,如果承包人有质量方面违约行为,其承担违约责任的方式应当为修理、返工、改建,如果因修理、返工、改建造成逾期交付,承包人应当承担违约责任,但此时的违约责任已属实际违约而非预期违约。因此,虽然按质进行工程建设为承包人的主要合同义务,但违反该义务不会发生预期违约。至于承包人过错导致质量不符合约定且拒绝修理、返工或者改建是否能构成默示的预期违约,一般来说,根据预期违约的构成要件,如果在发包人合同生效后、履行期限届满前发现质量不符合约定,且承包人拒绝修理、返工或者改建的,应当属于默示的预期违约。

(五)合同解除权的行使主体

1. 关于守约方的合同解除权。《九民会议纪要》第46条规定:"审判实践中,部分人民法院对合同法司法解释(二)第24条的理解存在偏差,认为不论发出解除通知的一方有无解除权,只要另一方未在异议期限内以起诉方式提出异议,就判令解除合同,这不符合合同法关于合同解除权行使的有关规定。对该条的准确理解是,只有享有法定或者约定解除权的当事人才能以通知方式解除合同。不享有解除权的一方向另一方发出解除通知,另一方即便未在异议期限内提起诉讼,也不发生合同解除的效力。人民法院在审理案件时,应当审查发出解除通知的一方是否享有约定或者法定的解除权来决定合同应否解除,不能仅以受通知一方在约定或者法定的异议期限届满内未起诉这一事实就认定合同已经解除。"由此可见,司法实践中是否判

---

① 黄薇主编:《中华人民共和国民法典合同编释义》,法律出版社2020年版,第672页。

令解除合同，应审查提出解除合同的当事人是否享有法定或约定的合同解除权。《民法典》第563条规定，一方预期违约时，当事人可以解除合同，虽然该条文并未限定可以解除合同的当事人必须是守约方，但根据一般理解，合同法定解除的原因是一方根本违约，享有合同解除权的一方理应是守约方，理由是只有守约方才有享有基于催告对方仍不履行而产生的合同解除权。且《九民会议纪要》第48条也规定"违约方不享有单方解除合同的权利"。

2. 关于违约方的合同解除权。《九民会议纪要》第48条规定："违约方不享有单方解除合同的权利。但是，在一些长期性合同如房屋租赁合同履行过程中，双方形成合同僵局，一概不允许违约方通过起诉的方式解除合同，有时对双方都不利。在此前提下，符合下列条件，违约方起诉请求解除合同的，人民法院依法予以支持：（1）违约方不存在恶意违约的情形；（2）违约方继续履行合同，对其显失公平；（3）守约方拒绝解除合同，违反诚实信用原则。人民法院判决解除合同的，违约方本应当承担的违约责任不能因解除合同而减少或者免除。"即在双方当事人陷入"合同僵局"的情况下，赋予违约方在特定情形下的合同解除权。但需要同时具备三个条件：第一个条件是违约方起诉请求解除合同主观上必须是非恶意的，第二个条件是违约方继续履行合同对其显失公平，第三个条件是守约方拒绝解除合同违反诚实信用原则。[1] 在某类合同履行过程中，由于种种主客观原因导致无法履行，而守约方不行使合同解除权而产生"合同僵局"时，"最终导致违约方不必要的损失，也导致整个社会资源的浪费。因此，当违约方继续履约所需的财力、物力超过合同双方基于合同履行所能获得的利益，合同已不具备继续履行的条件时，为衡平双方当事人利益，可以允许违约方解除合同。根据公平原则，在合同僵局的情况下，首先应由违约方催告守约方，守约方于宽限期满仍不行使解除权，也不与违约方协议变更或者解除合同的，应当允许违约方解除合同。"[2] 具体到建设工程施工合同中，如果发生承包方停工，需要视停工的原因及其他履行合同的状况来区分是否解除合同。如果是因为发包人没有依约支付工程进度款，合同对不支付工程款可以行使停工权利的内容有明确约定的，如承包人不愿解除合同，应认定是发包人违约而不宜判令合同解除，从而尽量维护合同的稳定性、交易的安全性。

---

[1] 最高人民法院民事审判第二庭编著：《〈全国法院民商事审判工作会议纪要〉理解与适用》，人民法院出版社2019年版，第317页。

[2] 李少平主编：《最高人民法院第五巡回法庭法官会议纪要》，人民法院出版社2021年版，第39页。

（六）建设工程施工合同解除的法律效果

《民法典》第566条规定，合同解除后，尚未履行的，终止履行；已经履行的，根据履行情况和合同性质，当事人可以请求恢复原状或者采取其他补救措施，并有权请求赔偿损失。合同因违约解除的，解除权人可以请求违约方承担违约责任，但是当事人另有约定的除外。《九民会议纪要》第48条对此进一步明确，合同解除时，一方依据合同中有关违约金、约定损害赔偿的计算方法、定金责任等违约责任条款的约定，请求另一方承担违约责任的，人民法院依法予以支持。《民法典》第806条第3款规定，合同解除后，已经完成的建设工程质量合格的，发包人应当按照约定支付相应的工程价款，已经完成的建设工程质量不合格的，参照《民法典》第793条的规定处理。这里因为"建设工程由于其特殊性，在有使用价值的情况下一概要求恢复原状，一方面将导致已经完成的建设工程推倒重建，造成巨大的人力、物力、财力等社会资源的浪费；另一方面还会带来各种复杂的责任认定和赔偿计算问题"[①]，因此，法律基于建设工程施工合同的特殊性，就建设工程施工合同解除时建设工程的处理作出了规定的规定。

四、辅助信息

《民法典》

第五百六十三条第一款　有下列情形之一的，当事人可以解除合同：

（一）因不可抗力致使不能实现合同目的；

（二）在履行期限届满之前，当事人一方明确表示或者以自己的行为表明不履行主要债务；

（三）当事人一方迟延履行主要债务，经催告后在合理期限内仍未履行；

（四）当事人一方迟延履行债务或者有其他违约行为致使不能实现合同目的；

（五）法律规定的其他情形。

《九民会议纪要》

第四十六条　审判实践中，部分人民法院对合同法司法解释（二）第24条

[①] 黄薇主编：《中华人民共和国民法典合同编释义》，法律出版社2020年版，第692页。

的理解存在偏差，认为不论发出解除通知的一方有无解除权，只要另一方未在异议期限内以起诉方式提出异议，就判令解除合同，这不符合合同法关于合同解除权行使的有关规定。对该条的准确理解是，只有享有法定或者约定解除权的当事人才能以通知方式解除合同。不享有解除权的一方向另一方发出解除通知，另一方即便未在异议期限内提起诉讼，也不发生合同解除的效果。人民法院在审理案件时，应当审查发出解除通知的一方是否享有约定或者法定的解除权来决定合同应否解除，不能仅以受通知一方在约定或者法定的异议期限届满内未起诉这一事实就认定合同已经解除。

第四十七条 合同约定的解除条件成就时，守约方以此为由请求解除合同的，人民法院应当审查违约方的违约程度是否显著轻微，是否影响守约方合同目的实现，根据诚实信用原则，确定合同应否解除。违约方的违约程度显著轻微，不影响守约方合同目的实现，守约方请求解除合同的，人民法院不予支持；反之，则依法予以支持。

第四十八条 违约方不享有单方解除合同的权利。但是，在一些长期性合同如房屋租赁合同履行过程中，双方形成合同僵局，一概不允许违约方通过起诉的方式解除合同，有时对双方都不利。在此前提下，符合下列条件，违约方起诉请求解除合同的，人民法院依法予以支持：

（1）违约方不存在恶意违约的情形；

（2）违约方继续履行合同，对其显失公平；

（3）守约方拒绝解除合同，违反诚实信用原则。

人民法院判决解除合同的，违约方本应当承担的违约责任不能因解除合同而减少或者免除。

建设工程施工合同纠纷案件裁判规则第 60 条：
合同约定的期限内没有完工，且在发包人催告的合理期限内仍未完工的，发包人可以请求解除建设工程施工合同

【规则描述】　　合同解除，是指在合同有效成立后，因一方或双方当事人的意思表示，使合同关系终止，未履行的部分不必履行，既已履行的部分依具体情形进行清算的制度，它是合同特有的终止原因。为了鼓励合同交易、防止当事人滥用合同解除权、侵犯对方当事人的合法权益，合同解除的情形有协商解除、约定解除、法定解除三种情形。在建设工程施工合同履行过程中，承包人主要义务之一即按期完成施工任务。故根据《民法典》第 563 条第 1 款第 3 项的规定，如承包人在合同约定期限内没有完工，且在发包人催告的合理期限内仍未完工的，发包人应可以请求解除施工合同。发包人行使该合同解除权的实质条件有：施工合同应为有效，合同有效是施工合同解除的前提条件；合同对完工期限应具有明确约定；未在合同期限内完工系由承包人原因导致，并非由于发包人原因、第三方原因或情势变更等原因导致；承包人在发包人催告后的"合理期限"内仍未完工。程序条件则为：承包人在合同约定期限内未完工后，发包人必须履行催告义务，该项催告义务的时间节点，必须是在承包人已经逾期完工之后，对于催告的方式则一般采用书面形式。

一、类案检索大数据报告

时间：2020 年 8 月 9 日之前；案例来源：Alpha 案例库；案由：建设工程施工合同纠纷；检索条件：（1）全文：解除建设工程施工合同；法院认为包含：同句"合

同约定的期限内没有完工，且在发包人催告的合理期限内仍未完工的"；法院认为包含：同句"发包人请求解除建设工程施工合同"。本次检索获取2020年8月9日之前共计138篇裁判文书。其中：

①认为无证据证明具备法定合同解除权的共计7件，占比为5.07%；

②认为承包人行使不安抗辩权非不履行合同主要义务的共计16件，占比为11.59%；

③认为建设工程非法转包违法分包，发包人请求解除合同的共计14件，占比为10.14%；

④认为明确表示或以行为表明不履行合同主要义务，发包人请求解除合同的共计57件，占比为41.31%；

⑤认为经催告的合理期限内仍未完工，发包人请求解除合同的共计34件，占比为24.64%；

⑥认为合同目的已经实现，不存在法定解除情形的共计4件，占比为2.9%；

⑦认为工程质量不合格并拒绝修复，发包人请求解除合同的共计6件，占比为4.35%。

整体情况如图9-1所示：

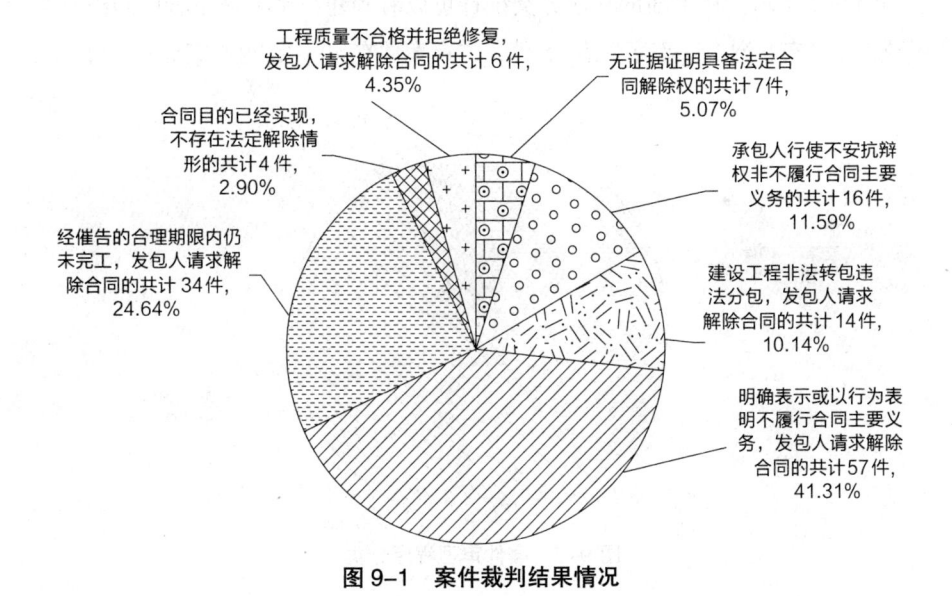

图9-1 案件裁判结果情况

如图9-2所示，从案件年份分布可以看出，在当前条件下，涉及全文：解除建设工程施工合同；法院认为包含：同句"合同约定的期限内没有完工，且在发包人催告的合理期限内仍未完工的"；法院认为包含：同句"发包人请求解除建设工程施工合同"条件下的相应的民事纠纷案例数量的变化趋势。

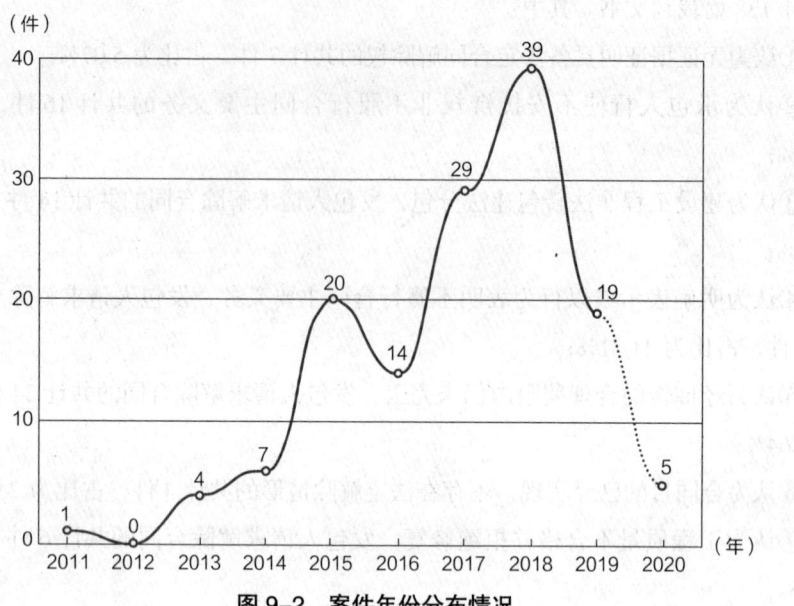

图 9-2 案件年份分布情况

如图 9-3 所示，从上面的程序分类统计可以看到建设工程施工合同纠纷下当前的审理程序分布状况。一审案件有 85 件，二审案件有 49 件，再审案件有 4 件。

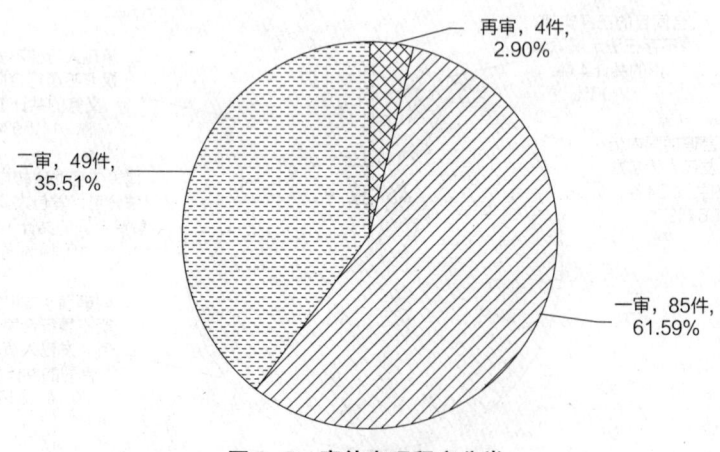

图 9-3 案件审理程序分类

通过对审理期限的可视化分析可以看到，当前条件下的审理时间更多处在 91～180 天的区间内，平均时间为 182 天。

二、可供参考的例案

> **例案一：山西天辰鼎立建筑装饰工程有限公司与太原市天鼎恒砼外加剂科技发展有限公司建设工程施工合同纠纷上诉案**

【法院】

山西省太原市中级人民法院

【案号】

（2017）晋01民终1906号

【当事人】

上诉人（原审被告）：山西天辰鼎立建筑装饰工程有限公司

被上诉人（原审原告）：太原市天鼎恒砼外加剂科技发展有限公司

【基本案情】

2015年5月12日，太原市天鼎恒砼外加剂科技发展有限公司（以下简称天鼎科技）与山西天辰鼎立建筑装饰工程有限公司（以下简称鼎立建筑）签订《二次工程施工合同书》，约定天鼎科技将涉案工程发包于鼎立建筑施工，并约定工期为90天，天鼎科技下达开工令后的10日内鼎立建筑进场施工，进场施工后的90天为交工时间。2015年5月22日，天鼎科技下达书面开工令，要求鼎立建筑于2015年6月3日前进场施工。后鼎立建筑未按约定期限完工，天鼎科技则2次向鼎立建筑发出《施工催促函》，鼎立建筑3次向天鼎科技作出承诺，承诺最终于2016年6月10日完工，但鼎立建筑至今没有完工，具体如下：

2015年12月22日，天鼎科技向鼎立建筑发出《施工催促函》，鼎立建筑收到该函件后出具《工程进度保证书》，承诺在2016年1月8日全部完工；

2016年1月8日，鼎立建筑仍没有完工，2016年1月21日天鼎科技向鼎立建筑发出了第二份《施工催促函》，鼎立建筑收到后即再次出具《工程计划（竣工）说明单》，承认按照合同的约定应该在2015年9月7日竣工验收，因为鼎立建筑原因导致工程不能如期交付，并承诺在2016年3月30日完工；

2016年3月30日，鼎立建筑仍没有完工，2016年4月16日双方重新达成了《新建厂房计划（竣工）补充协议》，鼎立建筑承诺在2016年5月10日完成协议第2条约定的工程，承诺在2016年6月10日全部完工，但后鼎立建筑迟迟未完成。

后天鼎科技向法院提起诉讼，要求解除施工合同等，其未曾向鼎立建筑发送合同解除函。

【案件争点】

合同约定的期限内没有完工，且在发包人催告的合理期限内仍未完工的，发包人是否有权解除施工合同。

【裁判要旨】

鼎立建筑与天鼎科技双方于 2015 年 5 月 12 日签订《二次工程施工合同书》，因鼎立建筑未能如期完工，双方在 2016 年 4 月 16 日重新达成了《新建厂房计划（竣工）补充协议》，合同（协议）均基于双方当事人的真实意思表示，不违反法律规定，为有效合同。根据双方约定鼎立建筑在 2016 年 5 月 10 日完成补充协议第 2 条约定的工程后，天鼎科技才支付鼎立建筑货物（包括商品砼、添加剂等），现鼎立建筑没有提供证据证明已经完成了协议第 2 条约定的工程，无权要求天鼎科技支付工程款，鼎立建筑称其没有完工是因为天鼎科技没有按照约定支付工程进度款的抗辩理由不能成立。鼎立建筑未能如约履行双方签订的合同，如期完成工程，且在天鼎科技催告的合理期限内仍未完工。依照 2004 年《建设工程司法解释一》第 8 条第 2 项[①]"承包人具有下列情形之一，发包人请求解除建设工程施工合同的，应予支持：（二）合同约定的期限内没有完工，且在发包人催告的合理期限内仍未完工的"的规定，天鼎科技有权诉请解除合同。

例案二：海南昌江鑫龙房地产开发有限公司与海南献林建筑安装工程有限公司建设工程施工合同纠纷再审案

【法院】

（2017）最高法民申 51 号

【案号】

最高人民法院

【当事人】

再审申请人（一审原告、反诉被告、二审被上诉人）：海南昌江鑫龙房地产开发

---

① 参见《民法典》第 563 条第 1 款第 3 项："有下列情形之一的，当事人可以解除合同：……（三）当事人一方迟延履行主要债务，经催告后在合理期限内仍未履行。"

有限公司

被申请人（一审被告、反诉原告、二审上诉人）：海南献林建筑安装工程有限公司

【基本案情】

2014年1月27日，海南献林建筑安装工程有限公司（以下简称献林公司）中标承建海南昌江鑫龙房地产开发有限公司（以下简称鑫龙公司）开发建设的涉案工程，其中《招标文件》《投标函附录》约定鑫龙公司应在合同签订后支付合同价款的25%，工程量完成50%后支付至合同价款65%等。2014年2月26日，献林公司与鑫龙公司就涉案工程签订《建设工程施工合同》（以下简称《施工合同》），约定合同价为98682324.26元，工期为360天，并约定《招标文件》《投标函附录》为合同的组成部分。2014年1月30日，涉案工程正式开工。

2014年10月13日，因献林公司使用的椰树牌水泥存在问题，专题会议决定对1号、7号楼暂时停工，检测砼强度。2014年11月20日，监理单位针对1号、7号楼的全部施工发出工程暂停令。2014年12月7日、2014年12月25日，献林公司针对1号楼主体结构、7号楼正负零以上主体部分提出复工，监理单位及鑫龙公司均予以同意。

2015年6月10日，1号楼加固处理工程竣工验收并交工；1号、2号、7号楼地基、基础与主体完工且质量合格；2014年11月，S某7—S某15完工并通过鑫龙公司的初步验收。

另，本案中，施工合同约定工期为360天。涉案工程于2014年1月30开工，根据约定，涉案工程应于2015年1月25日前竣工，本工程工期存在延误。2014年8月15日、2014年9月27日、2015年3月27日、2015年4月19日鑫龙公司以《监理会议纪要》《专题会议纪要》等形式催告献林公司在合理期限内完工，后工程未全部完工，2016年2月27日之后，献林公司也没有再进行施工。期间，鑫龙公司曾向献林公司发送解除合同函，要求解除施工合同。

对于工期延误事宜，献林公司称系由于鑫龙公司未按期支付工程进度款等原因所导致。截至2014年4月，鑫龙公司累计向献林公司支付工程款330万元；截至2014年10月，鑫龙公司累计支付工程款910万元；截至2014年11月，鑫龙公司累计支付工程款1080万元。上述款项均未达到合同价款的25%。

【案件争点】

由于发包人逾期支付工程款导致工期延误，发包人是否有权以承包人在合同约定期限内没有完工，且在发包人催告后的合理期限内仍未完工为由解除施工合同。

【裁判要旨】

首先,《合同法》第 94 条第 3 项[①] 关于"当事人一方迟延履行主要债务,经催告后在合理期限内仍未履行",当事人可以解除合同的规定,以及 2004 年《建设工程司法解释一》第 8 条第 2 项[②] 关于"合同约定的期限内没有完工,且在发包人催告的合理期限内仍未完工的",发包人请求解除建设工程施工合同的,应予支持的规定,均为规定法定解除合同的条款,即合同生效后,没有履行或者未履行完毕前,当事人在法律规定的解除条件出现时,行使解除权而使合同关系消灭。法定解除权,就其性质而言是一种形成权,是指权利人依自己单方意思表示即可使民事法律关系消灭的权利,正由于法定解除权赋予了权利主体以单方意思表示干预法律关系的权利,从保护相对人免受不公平结果损害,以及维护交易安全和稳定,鼓励交易的角度出发,法定解除权通常应赋予守约方而非违约方。就本案而言,即便承包人出现了迟延履行,如其有正当理由,发包人解除合同的主张亦不能得到支持。

其次,鑫龙公司未按合同约定支付工程价款,构成违约。献林公司虽因补救质量问题拖延了工期,但经过整改补救,1 号、7 号楼主体分部工程质量验收合格,故献林公司属一般违约。相比而言,鑫龙公司未按合同约定足额支付工程款,构成严重违约。

本案因鑫龙公司违约在先,献林公司的迟延履行存在正当理由,鑫龙公司依据《合同法》第 94 条第 3 项[③] 以及 2004 年《建设工程司法解释一》第 8 条第 2 项[④] 的规定请求解除施工合同,不符合上述条款有关法定解除合同的条件。

例案三：盘县大为煤业有限公司与贵州鑫瑞环境工程科技有限公司建设工程合同纠纷上诉案

【法院】

贵州省高级人民法院

[①] 参见《民法典》第 563 条第 1 款第 3 项:"有下列情形之一的,当事人可以解除合同:……(三)当事人一方迟延履行主要债务,经催告后在合理期限内仍未履行。"

[②] 参见《民法典》第 563 条第 1 款第 3 项:"有下列情形之一的,当事人可以解除合同:……(三)当事人一方迟延履行主要债务,经催告后在合理期限内仍未履行。"

[③] 参见《民法典》第 563 条第 1 款第 3 项:"有下列情形之一的,当事人可以解除合同:……(三)当事人一方迟延履行主要债务,经催告后在合理期限内仍未履行。"

[④] 参见《民法典》第 563 条第 1 款第 3 项:"有下列情形之一的,当事人可以解除合同:……(三)当事人一方迟延履行主要债务,经催告后在合理期限内仍未履行。"

【案号】

（2017）黔民终 1045 号

【当事人】

上诉人（原审原告）：盘县大为煤业有限公司

被上诉人（原审被告）：贵州鑫瑞环境工程科技有限公司

【基本案情】

2010 年 4 月 7 日、2010 年 5 月 7 日，发包人盘县大为煤业有限公司（以下简称大为煤业）与承包人贵州鑫瑞环境工程科技有限公司（以下简称鑫瑞公司）签订《盘县大为煤业有限公司 120 万吨/年选煤项目煤泥烘干装置建设工程设计合同》《盘县大为煤业有限公司 60 万吨/年煤泥烘干装置 EPC 总承包合同书》（以下简称《工程总承包合同》），约定由鑫瑞公司完成大为煤业涉案工程的设计、供货范围内规定的设备和材料的采购、施工安装及试车，且该合同就工期、质量等明确进行了约定。

《工程总承包合同》第一部分第五条第二项约定，合同所涉年产 60 万吨/年煤泥烘干装置生产出合格产品的日期为 2010 年 11 月 30 日；第二部分第三十条第一款约定，合同项目自调试之日起至完成调试，当装置正常、满负荷、稳定运行 30 天或机械竣工 60 天后，应进行装置性能考核。2011 年 3 月 15 日，涉案工程完工。工程完工后，双方即对工程组织试车，试车未能完成，之后，直到 2013 年 10 月，双方一直未对试车及工程验收进行协商，试车工作一直未完成，大为煤业也未通知鑫瑞公司试车。后大为煤业向法院提起诉讼，要求解除双方签订的设计合同及工程总承包合同等。

【案件争点】

在合同约定的期限内没有完工后，发包人未催告承包人在合理期限内完工的，发包人是否有权行使合同解除权。

【裁判要旨】

虽然鑫瑞公司未在合同约定期限内完工，但因大为煤业并未提交证据证明其对鑫瑞公司进行催告，更未证明鑫瑞公司在催告期限内仍未完工，故大为煤业无权依据 2004 年《建设工程司法解释一》第 8 条第 2 项[①]规定："承包人具有下列情形之一，发包人请求解除建设工程施工合同的，应予支持：（二）合同约定的期限内没有

---

① 参见《民法典》第 563 条第 1 款第 3 项："有下列情形之一的，当事人可以解除合同：……（三）当事人一方迟延履行主要债务，经催告后在合理期限内仍未履行。"

完工，且在发包人催告的合理期限内仍未完工的……"解除施工合同。

三、裁判规则提要

（一）合同解除的概念及其特征

合同解除，是指在合同有效成立后，因一方或双方当事人的意思表示，使合同关系终止，未履行的部分不必履行，既已履行的部分依具体情形进行清算的制度，它是合同特有的终止原因。[①] 合同解除具有如下法律特征：

1. 合同的解除必须以有效成立并且继续存在的合同为标的。（1）合同解除应发生在合同成立之后，尚未履行完毕前。如果合同未成立，则不存在解除的问题，应适用要约的撤销、撤回或者承诺的撤回。如果合同成立之后，债务已经清偿完毕、履行完成等，则也不需要解除。（2）合同解除应以合同有效为前提。对于无效、可撤销的合同，则应适用合同无效、可撤销相关制度，不会发生合同解除的问题。

2. 合同的解除必须具备解除条件。根据《民法典》第465条第1款的规定，"依法成立的合同，受法律保护"，"对当事人而言，合同依法成立后，不管是否实际生效，均对当事人产生法律约束力"[②]，当事人应按约定履行自身义务，不得擅自变更或解除合同，只有在具备解除条件、解除权利的情况下，当事人才能解除合同，否则便是违约，不仅不发生解除的效果，反而会产生违约责任。我国《民法典》第119条规定："依法成立的合同，对当事人具有法律约束力。"《民法典》第136条第2款规定："行为人非依法律规定或者未经对方同意，不得擅自变更或者解除民事法律行为。"

3. 合同的解除必须具有解除行为。我国法律不采用当然解除主义，当合同解除条件已经具备时，当事人要想解除合同，必须要有解除行为。在各国立法中，对于合同解除的方法大致分为以下三种：第一种，通过法院判决或仲裁裁决解除合同，该种方式是法国合同法的一大特点；第二种，依当事人一方的意思表示即可解除，不必经过法院判决或仲裁裁决，德国法即采纳该种方法；第三种，一定条件下合同当然自动解除，日本法采纳了该种观点。在我国，《民法典》第562条第1款则规定经协商一致可解除合同，《民法典》第565条则规定当事人主张解除合同的应通知对方，但同时也可

[①] 韩世远：《合同法总论》（第三版），法律出版社2011年版，第503页。

[②] 黄薇主编：《中华人民共和国民法典合同编释义》，法律出版社2020年版，第12页。

直接以提起诉讼或者申请仲裁的方式主张解除合同。

4. 合同解除的效果是使合同关系消灭。合同解除的效果是使合同关系消灭，《民法典》第557条第2款规定："合同解除的，该合同的权利义务终止。"《民法典》第566条规定："合同解除后，尚未履行的，终止履行；已经履行的，根据履行情况和合同性质，当事人可以请求恢复原状或者采取其他补救措施，并有权要求赔偿损失。"

（二）合同解除的情形

为了鼓励合同交易、防止当事人滥用合同解除权、侵犯对方当事人的合法权益，我国《民法典》就合同解除的情形明确进行了规定，主要有以下三种：（1）协商解除。协商解除指当事人经协商一致将合同解除的行为，实际上是当事人签订了一个新的合同，不以解除权的存在为前提。《民法典》第562条第1款规定："当事人协商一致，可以解除合同。"（2）约定解除。约定解除是指当事人在合同中约定一方或双方保留解除权的解除。《民法典》第562条第2款规定："当事人可以约定一方解除合同的事由。解除合同的事由发生时，解除权人可以解除合同。"（3）法定解除。法定解除"是指合同具有法律约束力后，当事人在法律规定的解除事由出现时，行使解除权而使合同权利义务关系终止"。[1]

法定解除，一般分为一般法定解除和特别法定解除两种。一般法定解除，是指法律规定的普遍适用于各种合同的解除。《民法典》第563条规定："有下列情形之一的，当事人可以解除合同：（一）因不可抗力致使不能实现合同目的；（二）在履行期限届满前，当事人一方明确表示或者以自己的行为表明不履行主要债务；（三）当事人一方迟延履行主要债务，经催告后在合理期限内仍未履行；（四）当事人一方迟延履行债务或者有其他违约行为致使不能实现合同目的；（五）法律规定的其他情形。"特别法定解除，是指法律规定的适用于特别合同的解除，除该特别合同外，无法适用于其他合同，如《民法典》第673条规定："借款人未按照约定的借款用途使用借款的，贷款人可以停止发放借款、提前收回借款或者解除合同。"

（三）施工合同解除的情形

1. 发包人解除施工合同的情形。建设工程施工合同履行过程中，承包人的主要义务则为按约定的质量、工期完成施工任务。原2004年《建设工程司法解释一》第

---

[1] 黄薇主编：《中华人民共和国民法典合同编释义》，法律出版社2020年版，第223页。

8条①曾在原《合同法》第94条②及第253条③的基础上就发包人解除施工合同的情形，进行过具体化的规定：（1）明确表示或者以行为表明不履行合同主要义务；（2）合同约定的期限内没有完工，且在发包人催告的合理期限内仍未完工的；（3）已经完成的建设工程质量不合格，并拒绝修复的；（4）将承包的建设工程非法转包、违法分包的。由于原有相关的规定"被《民法典》吸收"④，发包人可以依据《民法典》第563条、第772条及第806条享有上述法定解除权（与原《合同法》第94条及第253条一致）。

2. 施工合同解除不同于承揽合同规定的定作人随时解除制度。司法实践中，有观点认为，发包人享有随时解除权，理由如下：原《合同法》第268条⑤规定："定作人可以随时解除承揽合同，造成承揽人损失的，应当赔偿损失。"原《合同法》第287条⑥规定："本章没有规定的，适用承揽合同的有关规定。"鉴于原《合同法》第16章建设工程合同章节对发包人解除合同权无相关规定，故根据上述规定，发包人作为定作人，应享有随时解除施工合同的权利。现虽然原《合同法》已经废止，但是上述相应条款在《民法典》中仍然保留。事实上，建设工程施工合同不同于一般的承揽合同，其存在投资大、周期长、不可移动等特点，不宜认定发包人享有任意解除权。主要理由如下：

第一，从体系解释看，《民法典》第808条规定："本章没有规定的，适用承揽

---

① 参见《民法典》第563条第1款："有下列情形之一的，当事人可以解除合同：（一）因不可抗力致使不能实现合同目的；（二）在履行期限届满前，当事人一方明确表示或者以自己的行为表明不履行主要债务；（三）当事人一方迟延履行主要债务，经催告后在合理期限内仍未履行；（四）当事人一方迟延履行债务或者有其他违约行为致使不能实现合同目的；（五）法律规定的其他情形。"

② 参见《民法典》第563条第1款："有下列情形之一的，当事人可以解除合同：（一）因不可抗力致使不能实现合同目的；（二）在履行期限届满前，当事人一方明确表示或者以自己的行为表明不履行主要债务；（三）当事人一方迟延履行主要债务，经催告后在合理期限内仍未履行；（四）当事人一方迟延履行债务或者有其他违约行为致使不能实现合同目的；（五）法律规定的其他情形。"

③ 参见《民法典》第772条："承揽人应当以自己的设备、技术和劳力，完成主要工作，但是当事人另有约定的除外。承揽人将其承揽的主要工作交由第三人完成的，应当就该第三人完成的工作成果向定作人负责；未经定作人同意的，定作人也可以解除合同。"

④ 最高人民法院民事审判第一庭编著：《最高人民法院新建设工程施工合同司法解释（一）理解与适用》，人民法院出版社2021年版，第4页。

⑤ 参见《民法典》第787条："定作人在承揽人完成工作前可以随时解除合同，造成承揽人损失的，应当赔偿损失。"

⑥ 参见《民法典》第808条："本章没有规定的，适用承揽合同的有关规定。"

合同的有关规定。"《民法典》合同编第十八章已经就发包人在何种情况下享有解除权作了规定，故有关发包人的解除权应当适用《民法典》合同编第十八章的规定，不应适用第十七章的规定。

第二，从立法目的看，《民法典》第788条规定定作人在承揽人完成工作前可以随时解除合同，主要目的是减少损失、防止浪费。承揽合同约定的定作物是为满足定作人的特殊需求，如果由于情况变化定作人不再需要定作物，就没有必要继续制作定作物，及时解除合同有利于减少当事人损失，避免造成更大的浪费。但建设工程施工合同并不存在这一情况。如果由于规划变化等原因导致建设工程没有继续施工必要的，发包人可通过情势变更原则行使合同解除权。相反，承包人准备施工、进场和退场都会带来高昂的成本。如果允许发包人随时解除合同，反而会造成更大的损失，与定作人任意解除合同制度的立法目的相悖。[1]

第三，从违约责任承担看，根据《民法典》合同编关于违约责任的基本原理，违约方应当承担违约责任。而"如果发包人有权行使任意解除权，则发包人本质上不属于违约方，其赔偿损失的范围不包括预期利益，这对于承包人显然是不利的。如果发包人坚持不履行合同的，建设工程合同也不适合强制继续履行，就是合同僵局，应当按照《九民会议纪要》有关合同僵局的规定、《民法典》第五百八十条'有前款规定的除外情形之一，致使不能实现合同目的的，人民法院或者仲裁机构可以根据当事人的请求终止合同权利义务关系，但是不影响违约责任的承担'的规定，认定发包人系违约方，赔偿承包人的全部损失，包括预期利益"。[2]

（四）承包人在合同约定的期限内未完工，且在发包人催告的合理期限内仍未完工之合同解除

依据《民法典》第563条第1款第3项规定："有下列情形之一的，当事人可以解除合同：……（三）当事人一方迟延履行主要债务，经催告后在合理期限内仍未履行。"发包人有权以承包人在合同约定的期限内没有完工，且在发包人催告的合理期限内仍未完工为由解除施工合同。该解除权适用应当满足相应的实质条件和程序条件，否则发包人不能以该原因为由解除施工合同。法定解除权的性质是一种形成权，

---

[1] 参见最高人民法院民事审判第一庭编：《民事审判指导与参考》(总第87辑)，人民法院出版社2021年版，第254页。

[2] 参见贺小荣主编：《最高人民法院第二巡回法庭法官会议纪要（第三辑）》，人民法院出版社2022年版，第239页。

是指权利人依自己单方意思表示即可使民事法律关系消灭的权利，其赋予了权利主体以单方意思表示干预法律关系的权利。从保护相对人免受不公平结果损害，以及维护交易安全和稳定，鼓励交易的角度出发，法定解除权在适用过程中应予以限制。发包人依据《民法典》第563条第1款第3项的规定行使合同解除权时应当满足相应的条件：

1. 实质条件

第一，施工合同应为有效。合同的解除必须以合同有效为前提，施工合同解除也是如此。法院在审查发包人是否享有合同解除权时，应先行审查施工合同的效力，不得存在任何导致施工合同无效的情形。如施工合同中不得存在承包人未取得建筑施工企业资质或者超越资质等级的情形、不得存在没有资质的实际施工人借用有资质的建筑施工企业名义的情形、不得存在建设工程必须进行招标而未招标或者中标无效的情形，等等。

第二，施工合同对完工期限应具有明确约定。工期是指承包人完成施工合同约定的内容所需的期限，是施工合同的实质性内容，施工合同应对工期具有明确约定，如果双方当事人就完工期限未予约定，则发包人不享有该项法定合同解除权。2011年《全国民事审判工作会议纪要》第23条规定："招标人和中标人另行签订的改变工期、工程价款、工程项目性质等中标结果的约定，应当认定为变更中标合同实质性内容。"我国各版建设工程施工合同示范文本就工期也具有相关约定，如（1999）《施工合同示范文本》协议书第3条中明确要求须填写如下内容：合同工期、开工日期、竣工日期、合同工期总日历天数。在司法实践中，可能会存在发包人、承包人就工期认定存在争议的情况，此时应结合我国相关法律法规及相关事实予以判定，不应以双方存在争议为由认为双方就工期未进行约定。如当事人另行签订的施工合同约定的工期与中标合同不一致，此时如果工程已经过正式招投标，且中标合同有效，则应以中标合同为准认定工期天数。对此2020年《建设工程司法解释一》第2条第1款已经明确规定："招标人和中标人另行签订的建设工程施工合同约定的工程范围、建设工期、工程质量、工程价款等实质性内容，与中标合同不一致，一方当事人请求按照中标合同确定权利义务的，人民法院应予支持。"当然，如果当事人另行签订施工合同是基于客观情况变化所导致，则应该根据实际情况予以判定，如基于设计变更、情势变更等合理原因导致双方重新约定工期、另行签订施工合同，"发包方与承包方因客观情况发生了在招标投标时难以预见的变化而对中标合同进行补充、变更是正常和普遍的。不过，值得注意的是，这种补充或者变更协议不应与中标合同同时签订，或者在未发生招标投标时难以预见的变化之时签订；同时这种补充或者变更协议不构成对合同实质性内容的违反或者背离。"①

第三，未在合同约定期限内完工系由于承包人原因所导致。如上，法定解除权对合同履行具有重要影响，可使得双方权利义务消灭，为了保护相对人免受不公平结果损害，以及维护交易安全和稳定等，法定解除权通常赋予守约方而非违约方。施工合同履行过程中，如非由承包人原因导致工程未按期完工，则发包人无权以工程未完工为由解除合同，应秉承违约者不得利的原则进行处理。对此，《九民会议纪要》第48条也明确规定："违约方不享有单方解除合同的权利。但是，在一些长期性合同如房屋租赁合同履行过程中，双方形成合同僵局，一概不允许违约方通过起诉的方式解除合同，有时对双方都不利。"

在施工过程中，工程未按期完工的原因多种多样，除了承包人自身原因外，也不乏因发包人原因、第三方或情势变更等原因导致工程无法按期完工的情况，如开工条件不具备、发包人设计变更、发包人逾期支付工程款等，我国相关施工合同示范文本的通用条款也对此进行了相关约定，如：（1999）《施工合同示范文本》通用条款第13.1条约定："因以下原因造成工期延误，经工程师确认，工期相应顺延：（1）发包人未能按专用条款的约定提供图纸及开工条件；（2）发包人未能按约定日期支付工程预付款、进度款，致使施工不能正常进行；（3）工程师未按合同约定提供所需指令、批准等，致使施工不能正常进行；（4）设计变更和工程量增加；（5）一周内非承包人原因停水、停电、停气造成停工累计超过8小时；（6）不可抗力；（7）专用条款中约定或工程师同意工期顺延的其他情况。"（2013/2017）《施工合同示范文本》通用条款第7.5.1条约定："在合同履行过程中，因下列情况导致工期延误和（或）费用增加的，由发包人承担由此延误的工期和（或）增加的费用，且发包人应支付承包人合理的利润：（1）发包人未能按合同约定提供图纸或所提供图纸不符合合同约定的；（2）发包人未能按合同约定提供施工现场、施工条件、基础资料、许可、批准等开工条件的；（3）发包人提供的测量基准点、基准线和水准点及其书面资料存在错误或疏漏的；（4）发包人未能在计划开工日期之日起7天内同意下达开工通知的；（5）发包人未能按合同约定日期支付工程预付款、进度款或竣工结算款的；（6）监理人未按合同约定发出指示、批准等文件的；（7）专用合同条款中约定的其他情形。因发包人原因未按计划开工日期开工的，发包人应按实际开工日期顺延竣

---

① 最高人民法院民事审判第一庭编著：《最高人民法院新建设工程施工合同司法解释（一）理解与适用》，人民法院出版社2021年版，第37页。

工日期，确保实际工期不低于合同约定的工期总日历天数。因发包人原因导致工期延误需要修订施工进度计划的，按照第 7.2.2 项〔施工进度计划的修订〕执行。"

第四，承包人在发包人催告后的"合理期限"内仍未完工。鉴于合同解除对双方权利义务影响较大，故在承包人于合同期限内未完工、承包人存在违约行为后，发包人仍应给予承包人机会，由承包人在发包人催告后的"合理期限"内予以完工。关于是否给予承包人"合理期限"，在诉讼过程中，发包人应就此承担举证责任，如果发包人无法提供充分有效的证据予以证明，则发包人应承担举证不力的后果。

对于发包人给予承包人的"合理期限"应如何认定，目前我国法律尚未有明确规定，一般认为，"该合理期间根据债务履行的难易程度和所需要时间的长短确定，超过该合理期间债务人仍不履行的，表明债务人没有履行合同的诚意，或者根本不可能再履行合同"[1]，关于"合理期限"的"宽限期可通过当事人就宽限期达成合意，或债务人主动提出债务履行延展期来确定"[2]，如果不存在上述两种情形，法官可以考虑个案不同情况，结合合同类型、合同目的、交易习惯、社会普遍认可的事理等予以综合判定，不能一概而论。当然，由于建设工程存在投资大、周期长等特点，且施工合同一旦解除将涉及二次进出场、撤场费用等，对发承包双方而言都将面临较大损失，故施工合同的解除应较为慎重。

2. 程序条件

合同约定期限内未完工后，发包人必须履行催告义务。普通的履行迟延场合，解除权的发生以经过催告为必要，该方式也属一些典型立法的通例，[3]如德国、瑞士、日本等；发包人如欲行使《民法典》第 563 条第 1 款第 3 项规定的法定解除权也是如此，承包人在合同约定期限内未完工，发包人必须履行催告义务，该项催告义务的时间节点，必须是在承包人已经逾期完工之后。"催告的主要目的在于，尽快确定宽限期，明确解除权行使的条件。债务在宽限期届满时仍未履行的，债权人便有权解除合同。"[4]另外，鉴于催告是法定解除权的行使前提，故一般应采用书面方式予以催告，包括信件、电报、电传、传真、电子邮件及微信等。

---

[1] 黄薇主编：《中华人民共和国民法典合同编释义》，法律出版社 2021 年版，第 227 页。
[2] 最高人民法院民法典贯彻实施工作领导小组主编：《中华人民共和国民法典合同编理解与适用（一）》，人民法院出版社 2020 年版，第 642 页。
[3] 韩世远：《合同法总论》（第三版），法律出版社 2011 年版，第 516 页。
[4] 最高人民法院民法典贯彻实施工作领导小组主编：《中华人民共和国民法典合同编理解与适用（一）》，人民法院出版社 2020 年版，第 642 页。

施工合同解除权行使方式及解除时间。如上所述，根据《民法典》第565条规定，"当事人一方依法主张解除合同的，应当通知对方。合同自通知到达对方时解除；通知载明债务人在一定期限内不履行债务则自动解除，债务人在该期限内未履行债务的，合同自通知载明的期限届满时解除。对方对解除合同有异议的，任何一方当事人均可以请求人民法院或者仲裁机构确认解除行为的效力。当事人一方未通知对方，直接以提起诉讼或者申请仲裁的方式依法主张解除合同，人民法院或者仲裁机构确认该主张的，合同自起诉状副本或者仲裁申请书副本送达对方时解除"，即行使解除权应当通知对方当事人，"解除权是一种形成权，其仅需要通知对方即可，而无须取得对方的同意。行使解除权也是一种民事法律行为，适用本法总则编关于民事法律行为和意思表示的一般规定。解除通知不限于书面形式，只要享有解除权的一方将解除合同的意思表示通知对方即可，并且解除通知中必须能够表明解除权人有解除合同的意思表示。为了避免争议，解除通知中最好写明解除原因并附有初步证据"。[①]

关于施工合同解除时间的认定。施工合同解除时间的确定对双方权利义务具有重要影响，涉及承包人退场时间、发包人付款时间的确定等。合同解除权属于形成权，如果发包人享有解除施工合同的权利，则自解除合同通知到达承包人时施工合同即予以解除，如果通知载明债务人在一定期限内不履行债务则合同自动解除，债务人在该期限内未履行债务的，合同则自通知载明的期限届满时解除。如果发包人向承包人发出解除通知后又起诉至法院要求解除合同的，则施工合同解除时间应为承包人收到解除合同通知之日，而不是发包人起诉或承包人收到诉状副本之日。如果发包人直接通过诉讼方式行使合同解除权的，在此之前未向承包人发送解除合同通知的，则施工合同解除时间则应以承包人收到诉状副本之日为准，因为承包人收到诉状副本时，发包人合同解除的意思表示已经送达承包人。但需要说明一点，承包人应根据《民法典》第564条的规定确定解除权行使期限并在该期限内行使解除权。

（五）施工合同解除的法律后果

如上所述，如合同解除的，则尚未履行的，终止履行；已经履行的，根据履行情况和合同性质，当事人可以要求恢复原状、采取其他补救措施、并有权要求赔偿

[①] 黄薇主编：《中华人民共和国民法典合同编释义》，法律出版社2021年版，第236页。

损失。现就施工合同解除的法律后果来说：

1. 承包人应停止施工，并做好现场移交工作。施工合同中，承包人最主要的义务则为完成施工项目。施工合同解除后，则双方权利义务终止，承包人应停止施工，同时承包人应妥善做好已完工程和已购材料、设备的保护和移交工作，将自有机械设备和人员撤出施工场地等。

2. 工程质量合格的，发包人应向承包人支付工程款。因建设工程存在特殊性，承包人的人力、物力等均已经物化至建设工程中，施工合同解除后，一般不发生恢复原状问题，故如工程质量合格的，发包人仍应按约定支付工程款。《民法典》第806条第3款规定："合同解除后，已经完成的建设工程质量合格的，发包人应当按照约定支付相应的工程价款；已经完成的建设工程质量不合格的，参照本法第七百九十三条的规定处理。"（1999）《施工合同示范文本》通用条款第44.7条也约定："合同解除后，不影响双方在合同中约定的结算和清理条款的效力。"

3. 工程质量不合格，如修复合格则参照验收合格处理，但由承包人承担修复费用；如修复不合格，则承包人无权请求工程款。对于施工合同解除后，工程质量不合格的情况，应如何支付工程款的问题，根据《民法典》第806条第3款的规定，应参照《民法典》第793条的规定处理，即工程验收不合格时，如修复合格则参照验收合格处理，但由承包人承担修复费用，如修复不合格，则承包人无权请求工程款。

4. 支付违约金或赔偿损失。施工合同解除后，违约方应承担相应的违约责任，或者向守约方支付违约金或者赔偿守约方因此遭受的所有损失。如由于承包人未在合同期限内完工，且经发包人催告后在合理期限内仍未完工，从而导致发包人解除合同的，则承包人可能需要承担如下责任：如施工合同就承包人违约责任明确约定且约定有效的，则根据约定予以执行；如施工合同未明确约定相关违约责任，则发包人有权向承包人主张相关损失，如要求承包人赔偿其向承租人、小业主支付的逾期交房的违约金、赔偿金，向其他承包人支付的违约金、赔偿金，发包人因此增加的财务成本等。当然，如果施工合同约定的承包人应该支付的违约金过高或过低，则承包人或发包人也有权依据《民法典》第585条的规定请求法院或仲裁机构予以适当减少或增加。

四、辅助信息

《民法典》

第五百六十二条　当事人协商一致,可以解除合同。

当事人可以约定一方解除合同的事由。解除合同的事由发生时,解除权人可以解除合同。

第五百六十三条　有下列情形之一的,当事人可以解除合同:

(一)因不可抗力致使不能实现合同目的;

(二)在履行期限届满前,当事人一方明确表示或者以自己的行为表明不履行主要债务;

(三)当事人一方迟延履行主要债务,经催告后在合理期限内仍未履行;

(四)当事人一方迟延履行债务或者有其他违约行为致使不能实现合同目的;

(五)法律规定的其他情形。

以持续履行的债务为内容的不定期合同,当事人可以随时解除合同,但是应当在合理期限之前通知对方。

第五百六十五条　当事人一方依法主张解除合同的,应当通知对方。合同自通知到达对方时解除;通知载明债务人在一定期限内不履行债务则合同自动解除,债务人在该期限内未履行债务的,合同自通知载明的期限届满时解除。对方对解除合同有异议的,任何一方当事人均可以请求人民法院或者仲裁机构确认解除行为的效力。

当事人一方未通知对方,直接以提起诉讼或者申请仲裁的方式依法主张解除合同,人民法院或者仲裁机构确认该主张的,合同自起诉状副本或者仲裁申请书副本送达对方时解除。

第五百八十五条　当事人可以约定一方违约时应当根据违约情况向对方支付一定数额的违约金,也可以约定因违约产生的损失赔偿额的计算方法。

约定的违约金低于造成的损失的,人民法院或者仲裁机构可以根据当事人的请求予以增加;约定的违约金过分高于造成的损失的,人民法院或者仲裁机构可以根据当事人的请求予以适当减少。

当事人就迟延履行约定违约金的,违约方支付违约金后,还应当履行债务。

建设工程施工合同纠纷案件裁判规则第 61 条：

已经完成的建设工程质量不合格，承包人拒绝修复的，发包人有权解除建设工程施工合同

【规则描述】　　合同解除权，即解除权人享有的依其单方意思表示即可使民事法律关系消灭的权利。从解除权产生来源可分为约定解除权和法定解除权两种。约定解除权是当事人在合同中明确约定行使解除权的条件，条件成就时一方享有的解除权；法定解除权则必须有明确的法律条文作为行使解除权的依据。建设工程施工合同的合同目的是建设质量合格且符合约定标准的工程，以满足发包人的使用功能。建设工程的质量是建设工程的灵魂，质量不合格的工程不能竣工验收并投入使用，发包人不能实现签订及履行合同的根本目的。如承包人已经完成的建设工程质量不合格，还拒绝修复的，显然已不是简单的违约，而是根本违约，导致发包人不能实现合同目的。

一、类案检索大数据报告

时间：2020 年 8 月 9 日之前；案例来源：Alpha 案例库；案由：建设工程施工合同纠纷；检索条件：（1）全文：解除建设工程施工合同；（2）法院认为包含：同句"已经完成的建设工程质量不合格"；（3）法院认为包含：同句"拒绝修复"；（4）法院认为包含：同句"发包人请求解除建设工程施工合同"。本次检索获取 2020 年 8 月 9 日之前共计 113 篇裁判文书。其中：

①认为在催告的合理期限内仍未完工的，发包人请求解除合同的共计 27 件，占比为 23.89%；

②认为不具备法定合同解除条件的共计 8 件，占比为 7.08%；

③认为合同目的已经实现，不符合合同解除条件的共计3件，占比为2.65%；

④认为工程非法转包违法分包，发包人请求解除合同的共计13件，占比为11.51%；

⑤认为明确表示或以行为表明不履行合同主要义务，发包人请求解除合同的共计47件，占比为41.59%；

⑥认为已经完成的建设工程质量不合格，并拒绝修复，发包人请求解除合同的共计9件，占比为7.97%；

⑦认为工程质量合格，不符合合同解除条件的共计6件，占比为5.31%。

整体情况如图10-1所示：

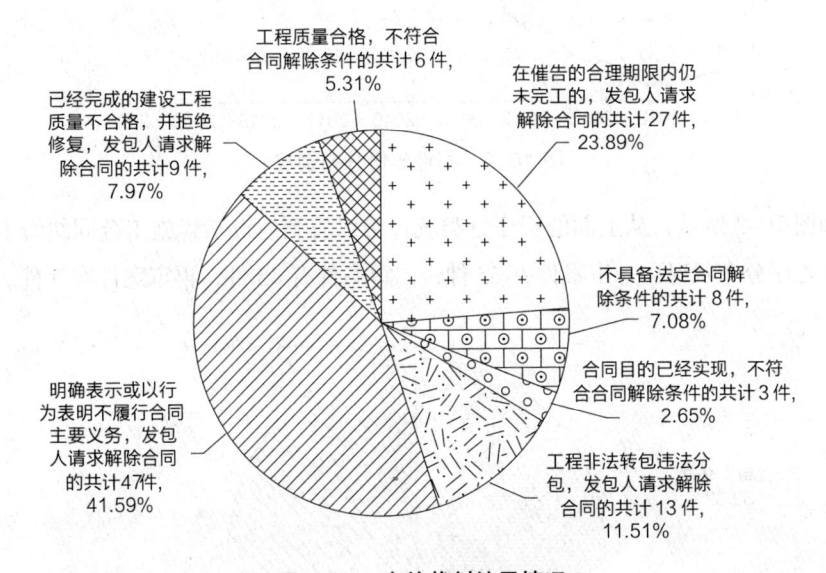

图10-1 案件裁判结果情况

如图10-2所示，从案件年份分布可以看出，在当前条件下，涉及全文：解除建设工程施工合同；法院认为包含：同句"已经完成的建设工程质量不合格"；法院认为包含：同句"拒绝修复"；法院认为包含：同句"发包人请求解除建设工程施工合同"条件下的相应的民事纠纷案例数量的变化趋势。

图 10-2　案件年份分布情况

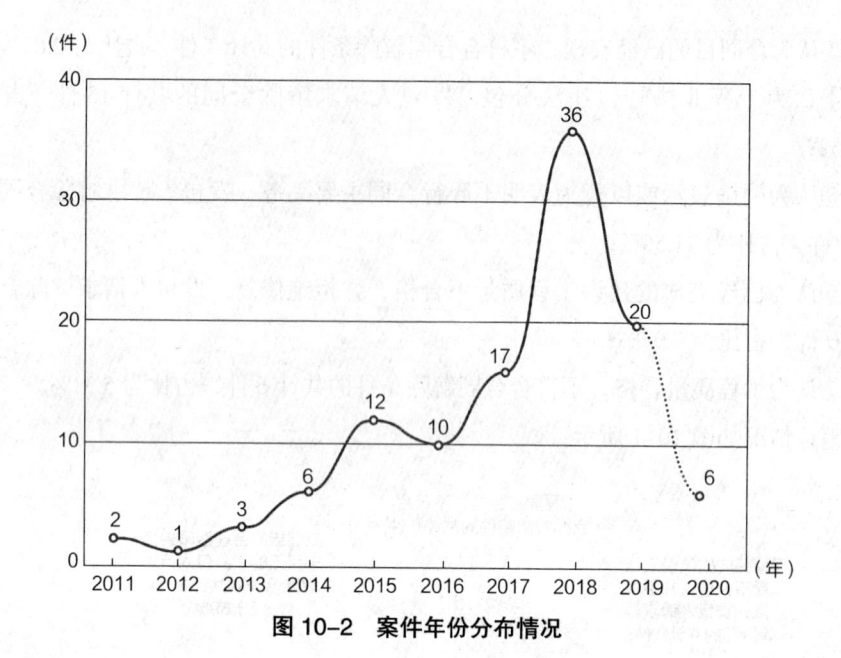

如图 10-3 所示，从上面的程序分类统计可以看到建设工程施工合同纠纷下当前的审理程序分布状况。一审案件有 65 件，二审案件有 45 件，再审案件有 3 件。

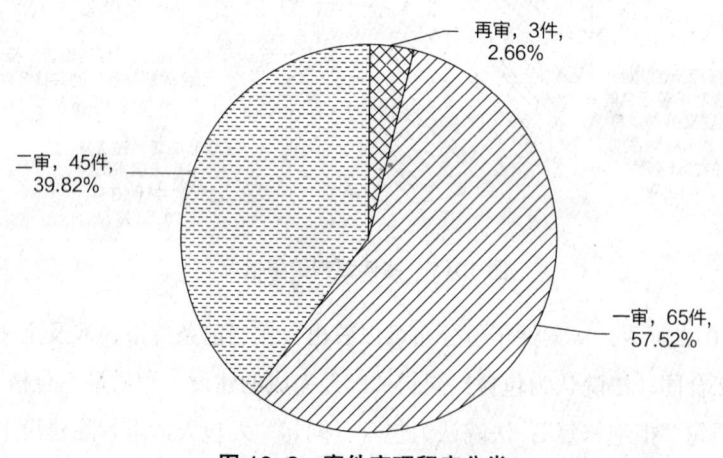

图 10-3　案件审理程序分类

通过对审理期限的可视化分析可以看到，当前条件下的审理时间更多处在 91～180 天的区间内，平均时间为 158 天。

二、可供参考的例案

例案一：沈阳清华同方信息港有限公司与辽宁泰丰铝业装饰工程有限公司建设工程施工合同纠纷申请再审案

【法院】

最高人民法院

【案号】

（2015）民提字第193号

【当事人】

再审申请人（一审原告、反诉被告、二审上诉人）：沈阳清华同方信息港有限公司

被申请人（一审被告、反诉原告、二审上诉人）：辽宁泰丰铝业装饰工程有限公司

【基本案情】

2010年9月10日，沈阳清华同方信息港有限公司（以下简称清华同方）与辽宁泰丰铝业装饰工程有限公司（以下简称泰丰铝业）签订《建设工程施工合同》，约定泰丰铝业承包清华同方发包的同方大厦外装饰施工工程，并对施工期间、工程价款等作了详细约定。

2012年3月20日，市质监站向泰丰铝业发出《工程质量整改通知单》，以施工存在质量问题为由要求泰丰铝业整改，并注明：工程目前处于停工，复工后20日内整改完毕。后，泰丰铝业针对市质监站提出的问题制定了整改方案，承诺对存在问题进行整改，做到100%自检合格后，再书面逐项报验清华同方、监理共同验收，直至验收合格为止，并将最终整改情况报送给市质监站审核。2012年4月13日，泰丰铝业制定了《沈阳清华同方信息港写字楼A、B座幕墙维修专项施工方案》，报送给清华同方。2012年5月至6月，泰丰铝业制作了多份维修自检表，自认整改的15660项自检项目中仍有148项未验收合格，清华同方未签字确认。

2012年7月18日，清华同方发给泰丰铝业工作联系函，要求泰丰铝业2012年7月25日前将质量问题全部整改合格并完成合同约定的全部工程内容，否则终止双方的合作。2012年8月28日，清华同方向泰丰铝业发出解除合同通知。

清华同方向一审法院提交《工程质量鉴定申请》（落款时间为2012年12月22

日），但鉴定单位辽宁公正司法鉴定中心以"有些项目我们不具备鉴定能力"为由退回委托。后另一鉴定单位大连理工大学司法鉴定所以"鉴于该案件鉴定项目多、鉴定过程复杂、工作量大、鉴定难度高，故收取鉴定费80万元，现委托人拒绝支付费用"为由，终止鉴定。2013年10月23日在一审开庭过程中，清华同方再次提出鉴定申请，要求对涉案工程质量、修复方案及修复费用进行鉴定。一审法院以清华同方增加的鉴定申请超出举证期限及诉讼请求范围为由予以驳回。

在前述案件审理期间，2014年3月清华同方以有质量问题为由将泰丰铝业另案起诉，该案审理期间，法院依据清华同方的申请，委托辽宁省建设科学研究院司法鉴定所对"涉案已完工工程进行质量补充鉴定，对质量不合格部分提出修复方案"。2014年12月15日，辽宁省建设科学研究院司法鉴定所作出《司法鉴定检验报告书》，该报告的鉴定意见认为"B座屋顶女儿墙铝塑复合板安装质量""幕墙翻窗安装质量""幕墙竖框打孔""幕墙漏水""翻窗下框底侧内扣盖板缺失"五个方面存在质量问题。

清华同方向最高人民法院申请再审，称清华同方有新的证据即辽宁省建设科学研究院司法鉴定所于2014年12月25日作出的《司法鉴定检验报告书》，证明涉案工程存在严重质量问题。该鉴定报告书足以推翻一、二审法院判决。

【争议要点】

涉案工程是否存在质量问题，清华同方单方解除合同是否符合约定及法律规定。

【裁判要旨】

关于涉案工程施工是否存在质量问题，清华同方所提交的2014年12月15日辽宁省建设科学研究院司法鉴定作出的《司法鉴定检验报告书》，内容直接针对涉案工程质量，故与本案具有关联性。泰丰铝业在原沈阳市东陵区人民法院审理过程中没有就该《司法鉴定检验报告书》提出异议，认可该报告。该报告显示除市质监站提出的质量问题外，至合同解除时该工程还存在五大方面质量问题，对此，在泰丰铝业对该鉴定予以认可的前提下应予以确认。另外从市质检站发出的《工程质量整改通知单》及《整改方案》的内容看，泰丰铝业也未按照市质检站的要求向市质检站书面报送整改结果。法院认为依据上述证据可以证实涉案工程存在一定的质量问题，尽管其已自行进行了整改，但依然存在未整改完毕的项目以及质量存在问题的情形。

泰丰铝业对市质监站以及此前清华同方多次提出的质量问题存在拒绝修复的行为。不仅如此，除市质监站提出的质量问题外，至合同解除时该工程还存在五大方面质量问题，而这些工程均是在市质监站提出整改之前就已施工的工程。因此，泰丰铝业施工存在质量问题，并长期未予修复的事实是存在的。依据2004年《建设工程司法解释一》第8条第3项[①]有关"承包人具有下列情形之一，发包人请求解除建设工程施工合同的，应予支持：（三）已经完成的建设工程质量不合格，并拒绝修复的"的规定，泰丰铝业存在未按期完工以及工程质量不合格的违约行为，清华同方基于泰丰铝业存在的违约行为，亦有权解除双方合同。

关于解除合同是否符合合同约定条件问题，合同通用条款44.4条约定一方违约致使合同无法履行，可以解除合同。从泰丰铝业的违约行为看，其在市质监站提出整改通知后，直至合同解除，均未能整改完毕，且施工存在诸多项目不合格的情形，再加之其未能在最终的工期内完工，可以认定泰丰铝业的违约行为致使合同无法履行，双方合同目的不能实现，据此，清华同方解除合同符合合同通用条款44.4条的约定解除条件。

关于解除合同是否符合法定条件问题，事实上，直至2012年8月28日清华同方解除合同，泰丰铝业仍未最终完工。依据2004年《建设工程司法解释一》第8条第2项[②]有关"承包人具有下列情形之一，发包人请求解除建设工程施工合同的，应予支持：（二）合同约定的期限内没有完工，且在发包人催告的合理期限内仍未完工的"的规定，清华同方有权解除合同。

最高人民法院还指出需要特别考虑的是，与一般土建工程不同，涉案工程系外装饰工程，而此类工程主要之目的在于"装饰"，因此，工程的工期延误、质量出现多种问题，可严重影响发包方的使用及建筑物的美观。所以泰丰铝业存在未按期完工以及工程质量不合格的违约行为，清华同方据此单方解除双方之间的合同符合合同约定和法律规定。

例案二：景洪市晟华房地产开发有限责任公司与四川长城建筑（集团）有限公司云南分公司建设工程施工合同纠纷案

【法院】

最高人民法院

[①] 参见《民法典》第563条第1款第4项："有下列情形之一的，当事人可以解除合同：……（四）当事人一方迟延履行债务或者有其他违约行为致使不能实现合同目的。"

[②] 参见《民法典》第563条第1款第3项："有下列情形之一的，当事人可以解除合同：……（三）当事人一方迟延履行主要债务，经催告后在合理期限内仍未履行。"

【案号】

（2018）最高法民终1164号

【当事人】

上诉人（一审被告）：景洪市晟华房地产开发有限责任公司

被上诉人（一审原告）：四川长城建筑（集团）有限公司云南分公司

【基本案情】

2010年3月1日，景洪市晟华房地产开发有限责任公司（以下简称晟华公司）与四川长城建筑（集团）有限公司云南分公司（以下简称长城云南分公司）签订《建设工程施工协议书》，约定由长城云南分公司承接晟华公司开发的滨港国际建设工程。2010年12月17日、2010年12月26日、2010年12月29日监理方分别向长城云南分公司发出《监理工程师通知单》及《监理工作联系单》，针对长城云南分公司施工工程板面、梁上部出现水平裂纹的问题及梁、板脱模施工不符合规范的问题，要求长城云南分公司进行整改。

2011年9月13日，受晟华公司委托，云南省建筑工程质量监督检验站就案涉工程地下室基础顶~-5.800m层主体结构进行综合检测并出具了《检测报告》，该报告认为存在裂缝影响房屋正常使用，建议对所有裂缝先采用灌注型结构胶进行压力灌胶封闭，再进行粘碳纤维布或粘钢加固处理，对超厚楼板进行补强处理。

2011年10月18日，双方当事人及监理、设计单位、云南省建筑工程质量监督检验站、景洪市工程质量监督站召开工程质量检测通报及补强方案会议。2011年10月31日、11月5日，监理方向长城云南分公司发出《监理工程师通知单》，要求长城云南分公司对案涉工程基础顶~-5.800m层出现裂缝问题进行整改。2012年1月13日，晟华公司以邮政特快专递的方式向长城云南分公司发出《解除合同通知书》并进行了公证，长城云南分公司于2012年1月14日签收《解除合同通知书》，并于2012年1月26日退场。

诉讼中，根据晟华公司申请，一审法院委托云南特斯泰建设工程司法鉴定所对工程质量及修复造价进行鉴定，该鉴定所鉴定意见认为：委托鉴定范围内框架部分存在保护层不足、露筋锈蚀、蜂窝麻面等工程质量问题。所抽检构件的混凝土强度满足规范要求。委托范围内的梁、板结构存在开裂、夹渣、露筋等工程质量问题，所抽检构件的混凝土、楼板配筋及保护层厚度等满足设计和施工验收规范要求。委托鉴定范围内存在工程质量问题的结构构件修复造价为636716.86元。

根据长城云南分公司申请，一审法院三次向云南省建筑工程质量监督检验站发函质询该站所作《检测报告》相关问题，该站三次向一审法院复函，主要回复内容是宽度≤0.3mm的裂缝会影响构件的耐久性，应进行封闭，＞0.3mm的应进行结构补强，宽度≤0.3mm的裂缝不影响结构安全，但其影响结构耐久性，应进行封闭处理。

【争议要点】

晟华公司发出的《解除合同通知书》解除合同的效力问题。

【裁判要旨】

长城云南分公司对其施工范围内梁、板、剪力墙出现的裂纹虽然进行了处理，但根据云南省建筑工程质量监督检验站所作《检测报告》，仍未能达到封闭裂缝和补强的作用，监理单位于2011年10月31日、11月5日向长城云南分公司发出《监理工程师通知单》，要求长城云南分公司按照云南省建筑工程质量监督检验站提出的方案对裂缝进行整改，但长城云南分公司未提交证据证实其已进行整改的事实。根据2004年《建设工程司法解释一》第8条第3项[①]关于"承包人具有下列情形之一，发包人请求解除建设工程施工合同的，应予支持：（三）已经完成的建设工程质量不合格，并拒绝修复的"的规定，法院认为晟华公司解除合同于法有据，应予支持。

例案三：华胤钢结构工程（中国）有限公司与青岛百家塑胶有限公司建设工程施工合同纠纷案

【法院】

山东省青岛市中级人民法院

【案号】

（2011）青民一终字第827号

【当事人】

上诉人（原审原告、反诉被告）华胤钢结构工程（中国）有限公司

被上诉人（原审被告、反诉原告）青岛百家塑胶有限公司

【基本案情】

2007年9月18日，华胤钢结构工程（中国）有限公司（以下简称华胤公司）、青岛百家塑胶有限公司（以下简称百家公司）签订《建设工程施工合同》，约定华胤

---

① 参见《民法典》第563条第1款第4项："有下列情形之一的，当事人可以解除合同：……（四）当事人一方迟延履行债务或者有其他违约行为致使不能实现合同目的。"

公司承包百家公司新建6号仓库的钢结构工程。2007年10月20日，华胤公司开始施工，2008年4月中旬完工。后百家公司认为华胤公司在施工过程中存在严重偷工减料及人员配备不齐等现象，致使工程出现严重的质量问题，后因工程款及工程质量问题双方诉至法院，百家公司请求解除双方的建设工程施工合同，本案在审理过程中，华胤公司明确表示拒绝修复。

经百家公司申请，一审法院委托青岛理工大学建筑设计研究院对涉案工程否存在质量问题、维修方案、维修费的造价进行了鉴定。鉴定结论为：涉案工程金属屋面存在渗漏现象，不符合《屋面工程质量验收规范》之规定，影响建筑使用要求，应修缮处理。根据鉴定机构的维修方案，鉴定钢结构工程修缮造价为1263390.13元、消防安装工程修缮造价为330068.07元、货架安拆造价为25万元，共计1843458.2元。

华胤公司不服原审判决上诉，称鉴定机构青岛理工大学建筑设计研究院不具有法律规定的进行司法鉴定的主体资格和与设计鉴定能力相符的资质，其出具的鉴定报告没有法律效力。国家标准中没有所谓工程鉴定加固设计专项资质，更没有所谓的工程鉴定加固设计专项资质能够做什么的标准，无证据证明青岛理工大学建筑设计研究院能够做钢结构工程的安全性鉴定。

案件审理中，山东省住房和城乡建设厅于2010年7月12日出具《关于青岛理工大学建筑设计研究院工程鉴定加固资质有关情况的说明》，内容为：青岛理工大学建筑设计研究院拥有住建部颁发的建筑工程专业设计甲级资质，根据《建设工程质量管理条例》《建设工程勘察设计管理条例》和《工程设计资质标准》的有关规定，该院可以从事与其建筑工程设计资质业务范围相应的工程鉴定加固业务，其出具的鉴定加固设计文件（报告）可加盖建筑工程设计资质专业章。

上诉人二审提交上海金属结构行业协会及五位专家的评审意见书，评审意见主要认为：（1）涉案工程鉴定报告中测量得到的偏差应包括安装偏差和主体结构验收2年后的柱子位移，建议查询原始施工和监理记录明确结构的安装偏差值；（2）涉案钢结构厂房满足结构安全性要求；（3）涉案钢结构无须拆除可予以验收；（4）如果重新拆除和安装反而会引起结构安全隐患。另外，该评审意见书第三项中记载施工业主另加喷淋系统，由货架承受，不作用在主结构上。

【案件争点】

关于工程质量问题导致合同解除的责任；法院委托作出的鉴定结论是否可作为判决的依据。

【裁判要旨】

关于鉴定单位资质问题，山东省住房和城乡建设厅于 2010 年 7 月 12 日出具《关于青岛理工大学建筑设计研究院工程鉴定加固资质有关情况的说明》，认为青岛理工大学建筑设计研究院拥有住建部颁发的建筑工程专业设计甲级资质，该院可以从事与其建筑工程设计资质业务范围相应的工程鉴定加固业务，故上诉人上诉主张青岛理工大学建筑设计研究院不具备鉴定资质与事实不符，法院不予采信。一审法院委托作出的鉴定结论系按照司法程序依法委托具有鉴定资质的鉴定机构作出的专业性报告，其效力要高于上诉人单方认识及自行委托的评审意见书，故一审法院依照鉴定结论作出判决符合法律规定。另外，上诉人上诉提出涉案项目中被上诉人自行安装喷淋系统增加负荷导致立柱偏移，但其提交的评审意见书中却记载喷淋系统由货架承受，不作用在主结构上，与其主张矛盾，进一步可说明上诉人的单方认识及评审意见书不具有权威性。故法院认定鉴定结论有效，本案华胤公司已完成的建设工程，经鉴定存在很多质量问题，且华胤公司明确表示不予修复，致使百家公司的合同目的不能实现，故百家公司要求解除双方签订的《建设工程施工合同》及《建设工程施工合同补充条款》，证据充分，理由正当，法院予以支持，同时因华胤公司明确表示拒绝修复，法院判决华胤公司承担维修费 1843458.2 元。

三、裁判规则提要

（一）关于法定解除权在建设工程施工合同中的具体应用

法定解除权细化在建设工程施工合同中，主要是《民法典》第 806 条所规定的内容。而针对建设工程质量不合格情形特别设立的发包人解除权，尽管 2020 年《建设工程司法解释一》中未再进行明文规定，但"向发包人移交工程质量合格的建设工程是承包人的主要义务。如果承包人施工的建设工程质量不合格，承包人应当承担修复义务。如果承包人拒绝修复，将导致发包人在建设工程施工合同项下的目的不能实现，故发包人享有解除建设工程施工合同的权利"[①]，则该种情形应当属于《民法典》第 563 条规定的第 4 种情形，发包人应当依然享有法定解除权。

[①] 最高人民法院贯彻实施工作领导小组主编：《中华人民共和国民法典合同编理解与适用（三）》，人民法院出版社 2021 年版，第 2032 页。

首先，发包人与承包人订立《建设工程施工合同》的目的必然是对建成后的建筑物享有所有权、使用权或收益权。若承包人对已完工但质量不合格的工程拒绝修复，则必然直接导致建筑物不具备原定的使用功能甚至无法使用，对发包人而言，就会出现合同目的无法实现的情形。其次，承包人的主合同义务即是进行施工，并向发包人交付符合双方合同约定的建筑工程，承包人完成工程质量不合格，在合同法上属于违约行为。最后，按照法律规定，质量不合格的建筑工程不得使用。《建筑法》第61条规定："建筑工程竣工经验收合格后，方可交付使用；未经验收或验收不合格的，不得交付使用。"

本条规则的意义在于便于发包人在合同目的落空时及时解除合同并采取措施弥补损失。建设工程质量不合格，承包人拒绝修复的情形属于承包人根本性违约，既损害了发包人的利益，也损害到社会公共利益，使得社会公众的人身及财产置于危险之中。

（二）适用本规则的构成条件

1. 已经完成的建设工程质量不合格

此处"已经完成"是指达到什么状态？是否指达到分部分项验收状态或是指合同内施工义务全部完成？从严格质量管理的角度来说，不必对"已经完成"的程度进行限制，可以把"已经完成"理解为发包人已经施工的工程量，只要发包人已经施工的工程量被证实质量不合格，即符合本规则的构成条件之一。从司法裁判实践来看，质量不合格的评定机构可以是监理机构、有资质的第三方专业机构。如果合同内施工义务全部完成，在工程已完工的状态下，工程质量不合格，且承包人拒绝修复的，发包人已不需要用解除合同来保护自身利益，而是可以通过索赔违约金或索赔损失来进行权利救济。只有在施工过程中，当发现存在本规则描述的情形时，发包人才有解除合同的实际需求。

2. 质量不合格是指不符合国家强制性规定

本条规则规定已完工程质量不合格，但未明确该质量不合格具体指不符合国家强制性规定还是指未达合同约定标准。因建设工程质量存在国家规定的强制性标准，若违反国家规定的强制性标准，则当然属于已完工程质量不合格的情形，此时发包人享有合同解除权不容置疑。但实践中发包人为追求更优的工程效果往往在合同中约定高于国家强制性标准的工程质量要求，而在承包人已完工程达到国家规定的强制性标准但未达到合同约定标准时，是否应属于"已完工程质量不合格"发包人享有解除权的情形，司法实践中存在不同的认识：其一认为只有工程质量未达国家规定的强制性标准时，发包人才享有合同解除权；其二认为只要工程质量未达合同约定标准，则应视为工程质量不符合合同双方约定的合格标准，发包人享有合同解除权。

关于当某项规范没有国家强制性规定时如何评定，2020年《建设工程司法解释一》第12条规定："因承包人的原因造成建设工程质量不符合约定，承包人拒绝修理、返工或者改建，发包人请求减少支付工程价款的，人民法院应予支持。"该条对工程质量不符合合同约定的情形进行了单独规定，该种情形对应的后果是发包人可以请求减少价款。可见司法解释已对工程质量不符合约定的法律后果作了明确规定，因此本规则针对的应是工程质量不符合国家强制性标准的情形。工程质量符合国家强制性标准但未达到合同约定标准时，发包人的合同目的并非完全不能实现，发包人应不享有法定解除权。

在建设工程项目中，质量不合格的表现形式多种多样，在现实中则会因为施工项目的不同而以不同的情形表现出来。工程质量违反了国家规定的强制性标准，即构成工程质量不合格。司法实践中，由于工程质量评定需要具备一定的专业性基础才能进行，经当事人申请这个建设工程质量评定的过程往往由第三方鉴定机构来进行。

3. 承包人对于建设工程质量不合格负有责任

建设工程质量出现问题，其原因是多方面的，其中既可能是勘察、设计、监理方面的原因，也可能是承包人施工造成的。因此，建筑工程质量问题涉及的有关责任分担问题是一个非常复杂的问题。如果由于勘察、设计的原因导致建设工程出现质量问题，该问题也常以施工质量不合格的形式表现出来，如建筑工程倾斜、断裂等。承包人的责任应如何确定需要有一个标准。因承包人原因造成的工程质量问题主要应包括下列情形：

（1）承包人不按照工程设计图纸和施工技术规范施工造成的工程质量问题。按照设计图纸和施工技术标准施工是建筑工程质量得以保证的重要前提，也是划分责任的重要依据。在建筑施工中有些承包人为了谋取非法利益偷工减料，不按照建筑工程施工标准要求的工序施工，在施工过程中用次料或少用料，这些都严重影响了建筑工程的质量和安全，造成事故隐患。再者，现实中还存在承包人擅自修改工程设计的行为，该种情形如造成工程质量问题，也应属于因承包人原因导致。

（2）承包人未按照工程设计要求、施工技术标准和合同的约定，对建筑材料、建筑构配件和设备进行检验，使用不合格的建筑材料、建筑构配件和设备等，造成的质量问题。如果承包人使用不合格的建筑材料、建筑构配件和设备而产生质量问题，承包人要负责任。但是如果是发包人自己降低设计标准，降低用材要求，承包人又提出过异议或者拒绝使用的，出现的质量问题就不能完全归责于承包人。

4. 承包人拒绝修复

"已完成的工程质量不合格"，在性质上已属于承包人瑕疵履行，并对发包人合同目的的实现构成了一定障碍，但只要承包人通过补正履行，对工程进行修复，并最终使之达到工程质量合格的标准，则发包人实现合同目的的障碍可得以消除。但如承包人拒绝修复，即说明承包人的瑕疵履行已经无法通过补正行为进行修正，进而导致发包人欲获得工程质量合格的建筑的合同目的彻底落空，此时发包人享有合同解除权。因此，此条件的规定也是为了保证民事合同关系的稳定，当有违约情形出现时，应允许违约方对此进行补正，如果因为补正行为造成工期或其他损失，发包人可以依据合同另外进行索赔。

而承包人是否构成拒绝修复，一般可通过其口头或书面的明示拒绝或默示拒绝的行为来进行判断。如发包人已向承包人主张工程质量问题责任，要求其进行修复，而承包人直接拒绝、刻意回避、在合理期限内未履行或以行为表明不履行或不完全履行维修义务的，均构成拒绝修复。

（三）适用本规则的举证要求

1. 质量不合格的评定机构

关于对于质量不合格的认定。从司法实践的应用情况来看，有的引用监理单位的检查意见，更多的是由发包人申请司法鉴定，法院依据司法鉴定单位作出的鉴定报告对质量问题作出了认定。

根据《建筑法》第 32 条规定："建筑工程监理应当依照法律、行政法规及有关的技术标准、设计文件和建筑工程承包合同，对承包单位在施工质量、建设工期和建设资金使用等方面，代表建设单位实施监督。工程监理人员认为工程施工不符合工程设计要求、施工技术标准和合同约定的，有权要求建筑施工企业改正。工程监理人员发现工程设计不符合建筑工程质量标准或者合同约定的质量要求的，应当报告建设单位要求设计单位改正。"监理单位和监理人员是确认工程质量是否合格、是否需要返工及返工范围的监督者，监理单位出具的整改通知和验收单具有相应的合同效力和法律效力。解除合同是对违约方的一项最严苛的违约责任，在应用解除权时，仍应慎重。对于评定质量不合格的机构，由于建筑质量的专业性和技术性，除了考虑监理单位的意见外，可以相关第三方专业鉴定机构的专业意见作为依据。

2. 第三方专业鉴定机构的合法性

（1）关于鉴定机构是否必须具备司法鉴定资格。关于鉴定机构没有司法鉴定资格的问题，《司法鉴定人登记管理办法》第2条规定："司法鉴定人从事《全国人民代表大会常务委员会关于司法鉴定管理问题的决定》第二条规定的司法鉴定业务，适用本办法。"而其指向的司法鉴定业务是指：法医类鉴定，物证类鉴定，声像资料鉴定，根据诉讼需要由国务院司法行政部门商最高人民法院、最高人民检察院确定的其他应当对鉴定人和鉴定机构实行登记管理的鉴定事项。只有这四项司法鉴定业务，对鉴定人要求必须按《司法鉴定人登记管理办法》取得《司法鉴定人执业证》，按照登记的司法鉴定执业类别，从事司法鉴定业务。《司法鉴定机构登记管理办法》对司法鉴定机构取得《司法鉴定许可证》也是类似要求。综上法律规定，并未明确要求质量鉴定单位必须取得《司法鉴定许可证》或《司法鉴定人执业证》。参照《建设部办公厅关于对工程造价司法鉴定有关问题的复函》，其中对于造价司法鉴定的机构和人员，并未要求必须具备《司法鉴定许可证》或《司法鉴定人执业证》，而是强调需有工程造价咨询资质，有注册造价工程师执业资格。故而由此类推，质量鉴定机构是否有司法鉴定资格，并不影响其可在专业资质范围内进行司法鉴定。

（2）专业资质应以行政主管部门颁发的为准，有歧义时可函告相关行政主管部门给予说明解释。司法实践中，一般认为拥有住建部颁发的建筑工程专业设计甲级资质，就可以从事与该资质范围相应的工程鉴定加固业务。现在有的地方对于鉴定机构名册建立有详细的规定，总体而言，还是需要考察其专业资质证书、专业人员名单及执业资格证书。如《建设工程质量检测管理办法》，其中对检测机构资质有详细的规定及分类。由于建设工程的鉴定资质尚未强求司法鉴定资格，所以只要能证明拥有行政主管机关认可的专业资质，鉴定单位的主体合法性就能得到认可。

3. 承包人拒绝修复的表现

承包人拒绝修复的意思表示，可以直接明示或间接表示，应注意承包人拒绝修复的表现方式：

（1）明确表示拒绝修复或以行为表明拒绝修复。拒绝履行在实践中一般可分为明示拒绝与默示拒绝两种。其中对承包人明确拒绝行为的认定较为简易，通常可通过承包人向发包人回复的函件、双方会议纪要、沟通记录等认定。对于承包人以行为表示拒不履行的认定，则应审慎审查承包人是否真实具备拒绝修复的意思，通常认为当发包人或监理方已多次向承包人发送限期整改通知书，而承包人仍未有回复或整改行为的，视为其以行为拒绝进行整改；或承包人拒收发包人或监理发出的整改通知书，亦可视为承包人拒绝履行整改义务。需要注意的是，若承包人对发包人发出的整改通知进行回复并以发包人未履行合同义务作为抗辩时，则应审慎审查发包人未履行的义务与承包人修复义务是否相对应，承包人抗辩是否正当合理。

（2）多次修复，但一直未能修复合格的。司法实践中，还有另一典型的情形是经发包人通知后承包人已进行整改，但数次整改后仍不能达到质量合格的效果，造成长期未能修复的事实，客观上仍是拒绝修复的间接表现。所以在该种情况下，对于承包人数次整改后自行放弃继续整改的或承包人多次整改仍不能达到质量合格的，应视为承包人的履约行为已构成根本违约，视同承包人拒绝整改，发包人享有合同解除权。

4.举证责任的分配

本规则解除权属于发包人行使的权利，关于对工程质量不合格这一要件事实的举证责任分配问题。"建筑工程质量问题涉及的有关责任分担是一个非常复杂的问题……建设工程质量合格与否的结论，只能由建设单位组织建设工程各质量责任主体，通过规定的程序进行竣工验收后才能得出"。[①] 在承包人诉请工程款，发包人以工程质量问题提出抗辩或反诉的情形中，发包人应当对工程质量是否存在不合格情形承担举证责任。[②] 因此，发包人在行使本规则中的解除权时，应承担对工程质量存在不合格情形的举证责任。

2020年《建设工程司法解释一》第30条规定："当事人对工程造价、质量、修复费用等专门性问题有争议，人民法院认为需要鉴定的，应当向负有举证责任的当事人释明。当事人经释明未申请鉴定，虽申请鉴定但未支付鉴定费用或者拒不提供相关材料的，应当承担举证不能的法律后果。"若发包人主张建设工程存在质量问题，裁判者认为质量问题产生的原因这一待证事实不能达到"高度盖然性"或处于"真伪不明"的状态，且需要进行质量鉴定的，其应向当事人释明。如果当事人不申请鉴定，由于"需要鉴定的事项是待证事实的一种，由于涉及的专门性问题走出了法官专业知识范围，必须进行专业性的鉴定以查明事实真相。这些专业性的事实与其他普通案件事实一样，同属于当事人举证责任范畴。负有举证责任的当事人，必须证明该事实。如果当事人不及时申请鉴定，经法院释明仍不主动申请鉴定，在待

---

① 最高人民法院民事审判第一庭编著：《最高人民法院新建设工程施工合同司法解释（一）理解与适用》，人民法院出版社2019年版，第326页。

② 最高人民法院民事审判第一庭编著：《最高人民法院新建设工程施工合同司法解释（一）理解与适用》，人民法院出版社2019年版，第328页。

证事实无法查清时，将承担举证不能的不利后果"。①

（四）解除权的行使

1. 行使方式

根据《民法典》第565条规定："当事人一方依法主张解除合同的，应当通知对方。合同自通知到达对方时解除；通知载明债务人在一定期限内不履行债务则合同自动解除，债务人在该期限内未履行债务的，合同自通知载明的期限届满时解除。对方对解除合同有异议的，任何一方当事人均可以请求人民法院或者仲裁机构确认解除行为的效力。当事人一方未通知对方，直接以提起诉讼或者申请仲裁的方式依法主张解除合同，人民法院或者仲裁机构确认该主张的，合同自起诉状副本或者仲裁申请书副本送达对方时解除。"解除权人行使合同约定解除权或法定解除权的，只需通知对方。"可以通过两种方式让对方知悉解除合同的意思：一是通知对方当事人，二是直接向法院提起诉讼或向仲裁机构申请仲裁，由法院或仲裁机构将起诉状副本或者仲裁书申请书副本送达对方。"②且《民法典》并未对通知的媒介进行限定，当事人既可以通过书面函件、传真、律师函等书面形式，也可以通过电话、语音留言等口头方式通知，"并不以书面形式的通知为限"③；《民法典》也未对于通知内容进行限定，只需包含解除的意思表示即可，即"当事人无论行使约定解除权还是法定解除权，都必须使对方知悉其解除合同的意思"。④

2. 解除权的除斥期间

根据《民法典》第564条规定："法律规定或者当事人约定解除权行使期限，期限届满当事人不行使的，该权利消灭。法律没有规定或者当事人没有约定解除权行使期限，自解除权人知道或者应当知道解除事由之日起一年内不行使，或者经对方催告后在合理期限内不行使的，该权利消灭。"我国约定解除权和法定解除权均受到除斥期间的限制，享有解除权的一方在法律规定或者当事人约定期限内未行使的，

---

① 最高人民法院民事审判第一庭编：《民事审判实务问答》，人民法院出版社2022年版，第298页。

② 最高人民法院民法典贯彻实施工作领导小组主编：《中华人民共和国民法典合同编理解与适用（一）》，人民法院出版社2021年版，第654页。

③ 最高人民法院民法典贯彻实施工作领导小组主编：《中华人民共和国民法典合同编理解与适用（一）》，人民法院出版社2021年版，第654页。

④ 最高人民法院民法典贯彻实施工作领导小组主编：《中华人民共和国民法典合同编理解与适用（一）》，人民法院出版社2021年版，第655页。

解除权归于消灭。解除权除斥期间的设立，是为了避免当事人之间权利义务关系长期处于不稳定状态。目前我国《民法典》已对解除权的除斥期间进行了统一规定，法律没有特别规定或者当事人没有约定解除权行使期限的，解除权人自知道或者应当知道解除事由之日起一年内不行使，或者经对方催告后在合理期限内不行使的，该权利消灭。

（五）未经竣工验收，发包人提前使用后发现质量不合格的，能否依据本规则行使解除权

根据2020年《建设工程司法解释一》第9条规定："当事人对建设工程实际竣工日期有争议的，人民法院应当分别按照以下情形予以认定：（一）建设工程经竣工验收合格的，以竣工验收合格之日为竣工日期；（二）承包人已经提交竣工验收报告，发包人拖延验收的，以承包人提交验收报告之日为竣工日期；（三）建设工程未经竣工验收，发包人擅自使用的，以转移占有建设工程之日为竣工日期。"第14条规定："建设工程未经竣工验收，发包人擅自使用后，又以使用部分质量不符合约定为由主张权利的，人民法院不予支持；但是承包人应当在建设工程的合理使用寿命内对地基基础工程和主体结构质量承担民事责任。"对未经竣工验收发包人即接收使用的工程，视为发包人已认可工程质量，擅自使用之日视为竣工日期。除存在地基基础和主体结构的质量不合格情况外，发包人不得再以工程质量不合格为由主张权利。因此，如未经竣工验收，发包人提前使用后发现质量不合格的，除工程地基基础和主体结构质量不合格且承包人拒绝修复的之外，发包人不享有解除权。此外，因工程已视为竣工验收合格，此时工程质量不合格的举证责任应由发包人承担。

四、辅助信息

《民法典》

第五百六十二条　当事人协商一致，可以解除合同。

当事人可以约定一方解除合同的事由。解除合同的事由发生时，解除权人可以解除合同。

第五百六十三条　有下列情形之一的，当事人可以解除合同：

（一）因不可抗力致使不能实现合同目的；

（二）在履行期限届满前，当事人一方明确表示或者以自己的行为表明不履行主要债务；

（三）当事人一方迟延履行主要债务，经催告后在合理期限内仍未履行；

（四）当事人一方迟延履行债务或者有其他违约行为致使不能实现合同目的；

（五）法律规定的其他情形。

以持续履行的债务为内容的不定期合同，当事人可以随时解除合同，但是应当在合理期限之前通知对方。

第五百六十四条 法律规定或者当事人约定解除权行使期限，期限届满当事人不行使的，该权利消灭。

法律没有规定或者当事人没有约定解除权行使期限，自解除权人知道或者应当知道解除事由之日起一年内不行使，或者经对方催告后在合理期限内不行使的，该权利消灭。

第五百六十五条 当事人一方依法主张解除合同的，应当通知对方。合同自通知到达对方时解除；通知载明债务人在一定期限内不履行债务则合同自动解除，债务人在该期限内未履行债务的，合同自通知载明的期限届满时解除。对方对解除合同有异议的，任何一方当事人均可以请求人民法院或者仲裁机构确认解除行为的效力。

当事人一方未通知对方，直接以提起诉讼或者申请仲裁的方式依法主张解除合同，人民法院或者仲裁机构确认该主张的，合同自起诉状副本或者仲裁申请书副本送达对方时解除。

《建筑法》

第五十五条 建筑工程实行总承包的，工程质量由工程总承包单位负责，总承包单位将建筑工程分包给其他单位的，应当对分包工程的质量与分包单位承担连带责任。分包单位应当接受总承包单位的质量管理。

第五十八条 建筑施工企业对工程的施工质量负责。

建筑施工企业必须按照工程设计图纸和施工技术标准施工，不得偷工减料。工程设计的修改由原设计单位负责，建筑施工企业不得擅自修改工程设计。

第五十九条 建筑施工企业必须按照工程设计要求、施工技术标准和合同的约定，对建筑材料、建筑构配件和设备进行检验，不合格的不得使用。

第六十条 建筑物在合理使用寿命内，必须确保地基基础工程和主体结构的质量。

建筑工程竣工时，屋顶、墙面不得留有渗漏、开裂等质量缺陷；对已发现的质量缺陷，建筑施工企业应当修复。

第六十一条 交付竣工验收的建筑工程，必须符合规定的建筑工程质量标准，有完整的工程技术经济资料和经签署的工程保修书，并具备国家规定的其他竣工条件。

建筑工程竣工经验收合格后，方可交付使用；未经验收或者验收不合格的，不得交付使用。

第六十二条 建筑工程实行质量保修制度。

建筑工程的保修范围应当包括地基基础工程、主体结构工程、屋面防水工程和其他土建工程，以及电气管线、上下水管线的安装工程，供热、供冷系统工程等项目；保修的期限应当按照保证建筑物合理寿命年限内正常使用，维护使用者合法权益的原则确定。具体的保修范围和最低保修期限由国务院规定。

《建设工程质量管理条例》

第二十六条 施工单位对建设工程的施工质量负责。

施工单位应当建立质量责任制，确定工程项目的项目经理、技术负责人和施工管理负责人。

建设工程实行总承包的，总承包单位应当对全部建设工程质量负责；建设工程勘察、设计、施工、设备采购的一项或者多项实行总承包的，总承包单位应当对其承包的建设工程或者采购的设备的质量负责。

第二十七条 总承包单位依法将建设工程分包给其他单位的，分包单位应当按照分包合同的约定对其分包工程的质量向总承包单位负责，总承包单位与分包单位对分包工程的质量承担连带责任。

第二十八条 施工单位必须按照工程设计图纸和施工技术标准施工，不得擅自修改工程设计，不得偷工减料。

施工单位在施工过程中发现设计文件和图纸有差错的，应当及时提出意见和建议。

第二十九条 施工单位必须按照工程设计要求、施工技术标准和合同约定，对建筑材料、建筑构配件、设备和商品混凝土进行检验，检验应当有书面记录和专人签字；未经检验或者检验不合格的，不得使用。

第三十条　施工单位必须建立、健全施工质量的检验制度，严格工序管理，作好隐蔽工程的质量检查和记录。隐蔽工程在隐蔽前，施工单位应当通知建设单位和建设工程质量监督机构。

第三十一条　施工人员对涉及结构安全的试块、试件以及有关材料，应当在建设单位或者工程监理单位监督下现场取样，并送具有相应资质等级的质量检测单位进行检测。

第三十二条　施工单位对施工中出现质量问题的建设工程或者竣工验收不合格的建设工程，应当负责返修。

第四十一条　建设工程在保修范围和保修期限内发生质量问题的，施工单位应当履行保修义务，并对造成的损失承担赔偿责任。

2020年《建设工程司法解释一》

第九条　当事人对建设工程实际竣工日期有争议的，人民法院应当分别按照以下情形予以认定：

（一）建设工程经竣工验收合格的，以竣工验收合格之日为竣工日期；

（二）承包人已经提交竣工验收报告，发包人拖延验收的，以承包人提交验收报告之日为竣工日期；

（三）建设工程未经竣工验收，发包人擅自使用的，以转移占有建设工程之日为竣工日期。

第十二条　因承包人的原因造成建设工程质量不符合约定，承包人拒绝修理、返工或者改建，发包人请求减少支付工程价款的，人民法院应予支持。

第十四条　建设工程未经竣工验收，发包人擅自使用后，又以使用部分质量不符合约定为由主张权利的，人民法院不予支持；但是承包人应当在建设工程的合理使用寿命内对地基基础工程和主体结构质量承担民事责任。

建设工程施工合同纠纷案件裁判规则第 62 条：

承包人将建设工程转包、违法分包的，发包人有权解除建设工程施工合同

【规则描述】　建设工程施工合同中的转包和违法分包为法律禁止行为，国务院在 2000 年施行的《建设工程质量管理条例》对转包行为与违法分包行为进行了界定。违法分包是指：（1）总承包单位将建设工程分包给不具备相应资质条件的单位的；（2）建设工程总承包合同中未有约定，又未经建设单位认可，承包单位将其承包的部分建设工程交由其他单位完成的；（3）施工总承包单位将建设工程主体结构的施工分包给其他单位的；（4）分包单位将其承包的建设工程再分包的。转包，是指承包单位承包建设工程后，不履行合同约定的责任和义务，将其承包的全部建设工程转给他人或者将其承包的全部建设工程肢解以后以分包的名义分别转给其他单位承包的行为。

一、类案检索大数据报告

时间：2020 年 8 月 9 日之前；案例来源：Alpha 案例库；案由：建设工程施工合同纠纷；检索条件：（1）全文：解除建设工程施工合同；（2）法院认为包含：同句"将承包的建设工程非法转包、违法分包"；（3）法院认为包含：同句"发包人请求解除建设工程施工合同"。本次检索获取 2020 年 8 月 9 日之前共计 108 篇裁判文书。其中：

①认为在催告的合理期限内仍未完工的，发包人请求解除合同的共计 19 件，占比为 17.59%；

②认为已经完成的建设工程质量不合格，并拒绝修复，发包人请求解除合同的

共计4件，占比为3.71%；

③认为工程非法转包违法分包，发包人请求解除合同的共计28件，占比为25.93%；

④认为明确表示或以行为表明不履行合同主要义务，发包人请求解除合同的共计37件，占比为34.26%；

⑤认为合同目的已经实现，不符合合同解除条件的共计8件，占比为7.41%；

⑥认为未举证证明符合合同解除条件的共计5件，占比为4.62%；

⑦认为工程已竣工（或已使用），不符合合同解除的共计7件，占比为6.48%。

整体情况如图11-1所示：

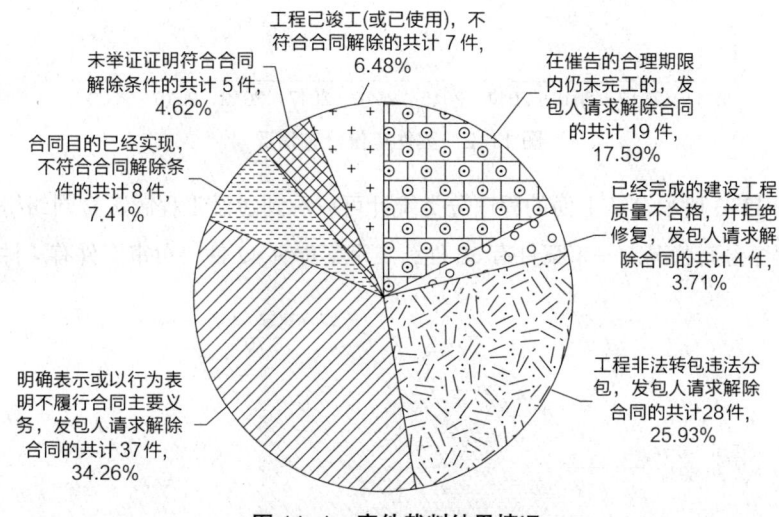

图 11-1 案件裁判结果情况

如图11-2所示，从案件年份分布可以看出，在当前条件下，涉及全文：解除建设工程施工合同；法院认为包含：同句"将承包的建设工程非法转包、违法分包"；法院认为包含：同句"发包人请求解除建设工程施工合同"条件下的相应的民事纠纷案例数量的变化趋势。

图 11-2　案件年份分布情况

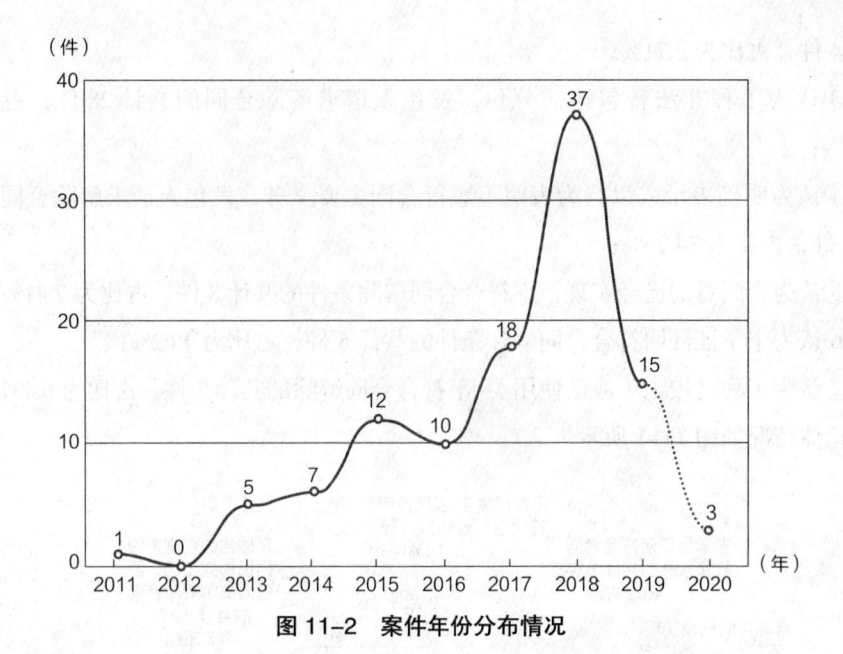

如图 11-3 所示，从上面的程序分类统计可以看到建设工程施工合同纠纷下当前的审理程序分布状况。一审案件有 62 件，二审案件有 42 件，再审案件有 4 件。

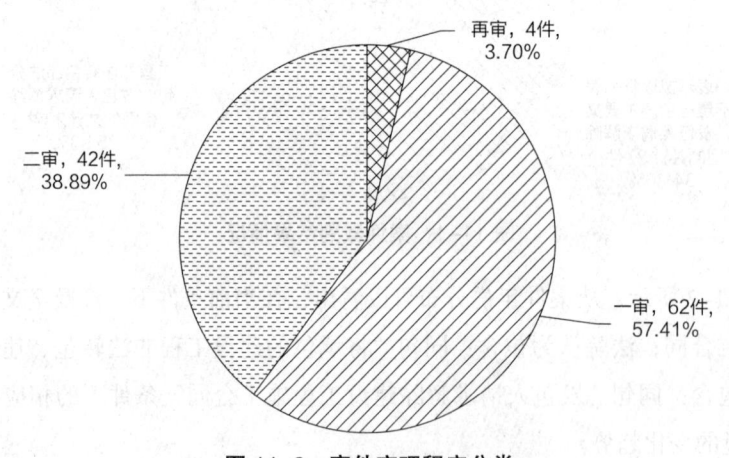

图 11-3　案件审理程序分类

通过对审理期限的可视化分析可以看到，当前条件下的审理时间更多处在 91~180 天的区间内，平均时间为 186 天。

二、可供参考的例案

例案一：钦州市建设工程有限公司等与广西全盛投资有限公司建设工程施工合同纠纷案

【法院】

广西壮族自治区南宁市中级人民法院

【案号】

（2013）南市民一终字第968号

【当事人】

上诉人（原审被告、反诉原告）：钦州市建设工程有限公司

上诉人（原审被告、反诉原告）：钦州市建设工程有限公司南宁分公司

被上诉人（原审原告、反诉被告）：广西全盛投资有限公司

被上诉人（原审第三人、反诉被告）南宁市江南区福建园街道淡村村民委员会

【基本案情】

2011年4月12日，广西全盛投资有限公司（以下简称全盛公司）与钦州市建设工程有限公司（以下简称钦州建司）签订了一份《建设工程施工合同》，钦州建司以包工包料的形式承建涉案工程，通用条款中约定：非经发包人全盛公司同意，承包人钦州建司不得将承包工程分包，如钦州建司将其承包工程转包给他人或者支解以后分包发包名义分别转包给他人，全盛公司有权解除合同。

2011年5月6日张某娟与钦州市建设工程有限公司南宁分公司（以下简称钦州建司南宁分公司）签订了一份《项目管理责任和经济承包协议书》，协议书约定张某娟承包江南水街商业综合楼工程；协议约定承包内容为：综合楼土建施工（含地下室）、桩基础、室内毛坯房、外墙装饰装修等；承包方式为：管理责任包干、经济自负盈亏；承包范围按甲方钦州建司南宁分公司与业主签订的《建设工程施工合同》约定的工程承包范围及设计变更所包含的工程内容；钦州建司南宁分公司向张某娟收取工程造价的3%作为管理费。协议书签订后，张某娟组织施工人员和机械设备进场施工。施工过程中，监理公司提出存在质量和安全问题，并于2011年12月1日致函钦州建司要求进行彻底整改。

2012年8月7日，全盛公司诉至法院，请求解除2011年4月12日签订的《建

设工程施工合同》。钦州建司不服一审判决，上诉称：一、一审认定上诉人与张某娟的关系为工程转包关系，没有事实和法律依据，属认定事实错误。上诉人与张某娟的法律关系为工程内部承包关系，而不是工程转包关系。上诉人与张某娟系管理和被管理的隶属关系，双方的工程承包合同为内部承包法律关系。张某娟系与上诉人依法建立劳动合同关系的职工，上诉人与张某娟存在隶属关系，工程承包合同为内部承包法律关系，而不是非法分包或转包关系。

【案件争点】

张某娟与钦州建司之间是转包关系还是内部承包关系。

【裁判要旨】

钦州建司承包涉案工程后，其分公司钦州建司南宁分公司即与张某娟签订《项目管理责任和经济承包协议书》，将钦州建司承包的涉案工程全部转包给张某娟，并约定由张某娟按钦州建司与全盛公司签订的建设工程合同履行，自负盈亏。张某娟于 2012 年 4 月 5 日致函全盛公司确认了该事实。

在一审诉讼期间，钦州建司没有主张其与张某娟签订劳动合同和缴纳社保的事实，也未提交证据证实，二审时钦州建司、钦州建司南宁分公司主张其与张某娟系内部承包关系，虽在二审期间提交了劳动合同和相关社保缴费材料，因全盛公司、淡村村委均不认可上述证据与本案的关联性，二审庭审中，张某娟则自认工程是其挂靠在钦州建司名下进行实际施工，并非该公司职员，钦州建司、钦州建司南宁分公司也未发过工资，钦州建司、钦州建司南宁分公司二审时提供的《劳动合同》系一审庭后钦州建司要求其补签订的。显然二审时钦州建司、钦州建司南宁分公司提交的所谓劳动合同和相关的社保缴费单均系为本案诉讼而制作，并非纠纷发生前钦州建司或者钦州建司南宁分公司与张某娟就存在劳动关系的事实真相。对钦州建司、钦州建司南宁分公司二审期间提交的劳动合同和相关社保缴费材料，法院不予采信。全盛公司主张钦州建司与张某娟系转包关系，事实清楚，证据确凿，法院予以支持。一审支持全盛公司解除协议的诉请依法有据，法院予以维持。

例案二：舟山市新泰房地产开发有限公司与舟山市明帝智能网络工程有限公司建设工程施工合同纠纷案

【法院】

浙江省舟山市中级人民法院

【案号】

（2013）浙舟民终字第 246 号

【当事人】

上诉人（原审被告）：舟山市明帝智能网络工程有限公司

被上诉人（原审原告）：舟山市新泰房地产开发有限公司

【基本案情】

2011年8月31日，舟山市新泰房地产开发有限公司（以下简称新泰公司）作为甲方与舟山市明帝智能网络工程有限公司（以下简称明帝公司）作为乙方签订《和平花苑小区（二期）智能化弱电系统工程承包协议书》。2011年11月26日，明帝公司与陈某峰签订《施工协议书》，以包工方式将和平花苑二期可视对讲系统的管线安装预埋交由陈某峰施工。2011年12月1日，新泰公司向明帝公司支付工程款204270元。

2011年11月26日，新泰公司发函给明帝公司，提出明帝公司虽曾进场施工，但却系委托他人施工，明显违背法律规定，且至今未按合同全面施工。并要求明帝公司在2012年11月30日安排公司资质人员进场施工，不得再行聘请外来人员施工，逾期将依法解除合同。2012年12月3日，新泰公司又发函给明帝公司，提出明帝公司未能在2012年11月30日前安排资质施工人员进场施工，已违反合同约定，构成根本性违约，现通知你公司在收到函件后，合同依法解除。后新泰公司向法院起诉要求确认《和平花苑小区（二期）智能化弱电系统工程承包协议书》于2012年12月4日解除。一审法院认为：明帝公司在履行合同过程中，将管线安装预埋工程分包给不具备施工资质的他人完成，应认定为违法分包，新泰公司有权解除合同。

明帝公司不服，提起上诉称上诉人是在征得被上诉人同意情况下，将工程中辅助性劳务工作以劳务分包的方式分包给被上诉人水电班组施工人员陈某峰，而非被上诉人所称的工程违法分包。二审理期间，上诉人明帝公司提供了其公司2012年10月至12月的工资发放清单以及公司工程车车辆使用记录，证明其公司人员一直在现场施工；提供了设备出库单证明其已购买设备并出库。提供了银行汇款凭证证明其已经购买了设备。

【案件争点】

明帝公司将管线预埋工程发包给个人是否构成违法分包。

【裁判要旨】

上诉人提供的工资单、车辆使用记录出库单，均为其单方制作，所记载的内容真实性无法确认，即使上述证据是真实的也不能证明明帝公司人员到达现场施工，不能证明设备系用在本案工程。

关于承包人将管线预埋工程发包给个人是否系非法分包，因弱电管线预埋需要专业技术，且属于隐蔽工程，其施工质量直接影响到整个弱电工程运行的可靠性，故不属于单纯的劳务分包范围。上诉人将其分包给不具备安装资质的个人，违反了法律规定，原审定性为违法分包，法律适用正确。上诉人主张分包给陈某峰系征得上诉人同意缺乏事实根据。被上诉人在原审提供的陈某峰证言、工地例会记录、监理单位的证明，恒尊公司项目部的函件均证实，上诉人承接的弱电工程实际仅由陈某峰施工，上诉人单位并未派员到场施工。依照法律规定上诉人违法分包以及不履行合同主要义务，被上诉人有权解除合同，故对被上诉人解除合同效力予以确认。二审判决维持原判。

三、裁判规则提要

（一）转包、违法分包行为的概念

关于转包。转包是指"建筑工程的承包方将其承包的建筑工程倒手转让给他人，使他人实际上成为该建筑工程新的承包方的行为"。[①]《建筑法》第28条："禁止承包单位将其承包的全部建筑工程转包给他人，禁止承包单位将其承包的全部建筑工程肢解以后以分包的名义分别转包给他人。"根据《建设工程质量管理条例》第78条，转包是指承包单位承包建设工程后，不履行合同约定的责任和义务，将其承包的全部建设工程转给其他单位承包的行为。原城乡建设环境保护部《建筑安装工程总分包实施办法》第17条："本办法中的转包工程，是指建筑施工单位以营利为目的，将承包的工程转包给其他的施工单位，不对工程承担任何技术、质量、经济法律责任的行为。"住建部《房屋建筑和市政基础设施工程施工分包管理办法》第13条："禁止将承包的工程进行转包。不履行合同约定，将其承包的全部工程发包给他人，或者将其承包的全部工程肢解后以分包的名义分别发包给他人的，属于转包行为。

[①] 卞耀武主编：《中华人民共和国建筑法释义》，法律出版社1998年版，第94页。

违反本办法第十一条规定[①]，分包工程发包人将工程分包后，未在施工现场设立项目管理机构和派驻相应人员，并未对该工程的施工活动进行组织管理的，视同转包行为。"由于《建筑法》第28条属于效力性强制性规定。《民法典》第153条："违反法律、行政法规的强制性规定的民事法律行为无效。但是，该强制性规定不导致该民事法律行为无效的除外。违背公序良俗的民事法律行为无效。"转包行为因为违反上述效力性强制性规定的，应当认定为无效。

关于违法分包。分包是指承包人将所承包的建设工程的一部分工作发包给第三方进行施工的行为。与转包不同，转包行为中承包人实际已退出施工合同的履行，但分包行为中，承包人与分包人共同向发包人履行施工义务。《建筑法》第28条："禁止承包单位将其承包的全部建筑工程转包给他人，禁止承包单位将其承包的全部建筑工程肢解以后以分包的名义分别转包给他人。"《建筑法》第29条："建筑工程总承包单位可以将承包工程中的部分工程发包给具有相应资质条件的分包单位；但是，除总承包合同中约定的分包外，必须经建设单位认可。施工总承包的，建筑工程主体结构的施工必须由总承包单位自行完成。建筑工程总承包单位按照总承包合同的约定对建设单位负责；分包单位按照分包合同的约定对总承包单位负责。总承包单位和分包单位就分包工程对建设单位承担连带责任。禁止总承包单位将工程分包给不具备相应资质条件的单位。禁止分包单位将其承包的工程再分包。"及《民法典》第791条："发包人可以与总承包人订立建设工程合同，也可以分别与勘察人、设计人、施工人订立勘察、设计、施工承包合同。发包人不得将应当由一个承包人完成的建设工程支解成若干部分发包给数个承包人。总承包人或者勘察、设计、施工承包人经发包人同意，可以将自己承包的部分工作交由第三人完成。第三人就其完成的工作成果与总承包人或者勘察、设计、施工承包人向发包人承担连带责任。承包人不得将其承包的全部建设工程转包给第三人或者将其承包的全部建设工程支解以后以分包的名义分别转包给第三人。禁止承包人将工程分包给不具备相应资质条件的单位。禁止分包单位将其承包的工程再分包。建设工程主体结构的施工必须由承包人自行完成。"根据上述规定，在建设工程施工合同中，我国法律允许合法的分包

---

① 《房屋建筑和市政基础设施工程施工分包管理办法》第11条："分包工程发包人应当设立项目管理机构，组织管理所承包工程的施工活动。项目管理机构应当具有与承包工程的规模、技术复杂程度相适应的技术、经济管理人员。其中，项目负责人、技术负责人、项目核算负责人、质量管理人员、安全管理人员必须是本单位的人员。具体要求由省、自治区、直辖市人民政府住房城乡建设主管部门规定。前款所指本单位人员，是指与本单位有合法的人事或者劳动合同、工资以及社会保险关系的人员。"

行为，但合法的分包行为必须同时满足以下几个条件：（1）总包合同约定允许分包或发包人同意进行分包；（2）只允许一次分包不允许二次分包；（3）分包单位必须具备法律规定开展分包工程的相应资质；（4）所分包的工程必须是非主体结构工程。而违法分包，根据《建设工程质量管理条例》第78条，是指下列行为："（一）总承包单位将建设工程分包给不具备相应资质条件的单位的；（二）建设工程总承包合同中未有约定，又未经建设单位认可，承包单位将其承包的部分建设工程交由其他单位完成的；（三）施工总承包单位将建设工程主体结构的施工分包给其他单位的；（四）分包单位将其承包的建设工程再分包的。"住建部《房屋建筑和市政基础设施工程施工分包管理办法》第14条："禁止将承包的工程进行违法分包。下列行为，属于违法分包：（一）分包工程发包人将专业工程或者劳务作业分包给不具备相应资质条件的分包工程承包人的；（二）施工总承包合同中未有约定，又未经建设单位认可，分包工程发包人将承包工程中的部分专业工程分包给他人的。"

转包与分包的根本区别在于："转包行为中，原承包人将其工程全部倒手转给他人，自己并不实际履行合同约定的义务；而在分包行为中，承包人只是将其承包工程的某一部分或几部分再分包给其他承包人，承包人仍然要就承包合同约定的全部义务的履行向发包人负责。"[①]

（二）转包、违法分包行为的危害性

建筑施工合同中的转包及违法分包，是国家法律明文所禁止的行为。

1.严重威胁建筑工程的质量与安全。国家建筑立法的宗旨和重点就在于保证建筑工程的质量和安全，部分施工企业利用自己具备的相应资质承包工程后从中收取管理费、介绍费再转包出去，从中谋取不正当利益，导致实践中不乏"层层转包、层层克扣"的现象，最后实际进行施工的主体投入的施工成本被极度压缩，进而引发大量偷工减料行为，造成工程质量下降，甚至出现工程质量事故及所谓"豆腐渣工程"等严重后果，无法保证建筑产品的质量，对社会公众人身、财产安全造成威胁扰乱社会安定，影响广大群众切身利益的实现。

2.损害国家、社会公共利益。基于维护国家利益、社会公共利益等目的，我国《招标投标法》规定以下项目必须进行招标：（1）大型基础设施、公用事业等关系社会公共利益、公众安全的项目；（2）全部或者部分使用国有资金投资或者国家融资

---

① 黄薇主编：《中华人民共和国民法典合同编释义》，法律出版社2020年版，第662页。

的项目;(3)使用国际组织或者外国政府贷款、援助资金的项目。《必须招标的工程项目规定》则对其中全部或者部分使用国有资金投资或者国家融资的项目及使用国际组织或者外国政府贷款、援助资金的项目进行了细化。而实践中,转包、违法分包的行为也直接违反了招投标法制度,实质上架空了国家招标投标制度,导致竞争无序,严重干扰了建筑市场的行业规范和正常运转,破坏建筑行业健康发展的正常秩序。

3. 损害发包人合法利益。发包人订立施工合同的目的在于获得符合其要求的建筑工程,而建设工程作为一项系统复杂、技术性极强的工作,对承包人的技术、资金等要求也较高,且不同难度规模的工程对承包人的要求也不尽相同,因此,发包人在选择承包人时往往对承包人多方考察后才慎重决定,选择其认为可信任的承包人。而承包人的转包、违法分包行为则直接破坏了双方合同关系,既违反诚信原则也违背发包人意志,损害发包人利益。与此同时,容易造成拖欠农民工工程款等现象。转包行为中"不规范的市场秩序和供大于求的市场供需关系,造成拖欠工程款的问题相当突出,特别是大量拖欠农民工工资现象十分严重,不仅严重影响了建筑市场的正常的交易秩序,而且也影响了社会的稳定"。

4. 扰乱建筑市场发展秩序。基于建设工程施工质量监督以及维护建筑市场经济秩序角度,我国《建筑法》等相关法律法规根据施工单位拥有的注册资本、专业技术人员、技术装备和已完成的建筑工程业绩等资质条件,将施工单位划分为不同的资质等级并规定施工单位仅能在其资质许可范围内承接工程;而实践中存在的转包、违法分包行为将工程交由不具备资质的个人或单位完成,直接破坏了法律关于施工单位的资质等级制度,导致建筑市场脱离监管,扰乱建筑市场发展秩序。

(三)转包、违法分包行为的认定

实践中转包、违法分包行为的体现形式多种多样,包括但不限于以"劳务分包"为名义、以"内部承包"为名义或"联合体承包"等各种形式,因此,在认定转包、违法分包行为时不应局限于合同名称或当事人陈述,须结合当事人实际行为、享有的权利与承担的义务进行认定。

1. 关于转包的具体表现

根据转包行为的性质,承包人在将工程转包后,一般来说,即实质上退出工程施工与管理。而根据《民法典》第791条第2款的规定:"承包人不得将其承包的全部建设工程转包给第三人或者将其承包的全部建设工程支解以后以分包的名义分别转包给第三人。"因此，在审查认定转包行为时，对于是否属于转包合同应侧重审查合同约定的工程施工范围、工程款结算方式、保证金收取方式以及双方对于损失、工程施工中债权债务的承担以及管理费的约定等；在审查承包人行为时应侧重审查其在承接工程后是否配置项目管理人员、机械设备，以及是否对工程质量、安全、进度进行管理，项目现场人员是否为承包人员工等方面。

原 2004 年《建设工程司法解释一》中的"非法转包"的文字表述在《民法典》和 2020 年《建设工程司法解释一》中被调整为"转包"。由于《建筑法》《建设工程质量管理条例》和《建筑工程施工发包与承包违法行为认定查处管理办法》等禁止转包的立法文件中均直接对转包行为予以了否定性评价，因此，转包不存在"合法"与"非法"之分，即所有的转包行为均是非法的，"转包"的表述体现了立法措辞的严谨性与准确性。

关于转包具体包括哪些具体的表现形式，可参考住建部《建筑工程施工发包与承包违法行为认定查处管理办法》第 8 条规定，以下情形来认定是否属于转包行为（但有证据证明属于挂靠或者其他违法行为的除外）：（1）承包单位将其承包的全部工程转给其他单位（包括母公司承接建筑工程后将所承接工程交由具有独立法人资格的子公司施工的情形）或个人施工的；（2）承包单位将其承包的全部工程支解以后，以分包的名义分别转给其他单位或个人施工的；（3）施工总承包单位或专业承包单位未派驻项目负责人、技术负责人、质量管理负责人、安全管理负责人等主要管理人员，或派驻的项目负责人、技术负责人、质量管理负责人、安全管理负责人中一人及以上与施工单位没有订立劳动合同且没有建立劳动工资和社会养老保险关系，或派驻的项目负责人未对该工程的施工活动进行组织管理，又不能进行合理解释并提供相应证明的；（4）合同约定由承包单位负责采购的主要建筑材料、构配件及工程设备或租赁的施工机械设备，由其他单位或个人采购、租赁，或施工单位不能提供有关采购、租赁合同及发票等证明，又不能进行合理解释并提供相应证明的；（5）专业作业承包人承包的范围是承包单位承包的全部工程，专业作业承包人计取的是除上缴给承包单位"管理费"之外的全部工程价款的；（6）承包单位通过采取合作、联营、个人承包等形式或名义，直接或变相将其承包的全部工程转给其他单位或个人施工的；（7）专业工程的发包单位不是该工程的施工总承包或专业承包单位的，但建设单位依约作为发包单位的除外；（8）专业作业的发包单位不是该工程承包单位的；（9）施工合同主体之间没有工程款收付关系，或者承包单位收到款项后又将款项转拨给其他单位和个人，又不能进行合理解释并提供材料证明的；（10）两个以上的单位组成联合体承包工程,在联合体分工协议中约定或者在项目实际实施过程中,联合体一方不进行施工也未对施工活动进行组织管理的,并且向联合体其他方收取管理费或者其他类似费用的,视为联合体一方将承包的工程转包给联合体其他方。

2. 关于违法分包的具体表现

分包行为可划分为合法分包与违法分包。合法分包受国家法律保护。分包是指"对建筑工程实行总承包的单位,将其总承包的工程项目的某一部分或某几部分,再发包给其他的承包单位,与其签订总承包合同项下的分包合同,此时,总承包合同的承包即成为分包合同的发包人"。[①] 根据合同相对性,分包人与承包人具有分包合同关系,分包人与发包人不具有合同关系。但为了保证建设工程质量,总承包单位和分包单位就分包工程对建设单位承担连带责任。《建筑法》第29条第1款规定:"建筑工程总承包单位可以将承包工程中的部分工程发包给具有相应资质条件的分包单位;但是,除总承包合同中约定的分包外,必须经建设单位认可。施工总承包的,建筑工程主体结构的施工必须由总承包单位自行完成。"住建部《房屋建筑和市政基础设施工程施工分包管理办法》第6条规定:"房屋建筑和市政基础设施工程施工分包活动必须依法进行。鼓励发展专业承包企业和劳务分包企业,提倡分包活动进入有形建筑市场公开交易,完善有形建筑市场的分包工程交易功能。"第9条规定:"专业工程分包除在施工总承包合同中有约定外,必须经建设单位认可。专业分包工程承包人必须自行完成所承包的工程。劳务作业分包由劳务作业发包人与劳务作业承包人通过劳务合同约定。劳务作业承包人必须自行完成所承包的任务。"

界定是否属于违法分包,主要可依据《建筑法》第29条、《民法典》第791条、《建设工程质量管理条例》第78条等,结合前述法律规定可知违法分包的主要表现形式有以下几种:(1)总承包单位将建设工程分包给不具备相应资质条件的单位的;(2)建设工程总承包合同中未有约定,又未经建设单位认可,承包单位将其承包的部分建设工程交由其他单位完成的;(3)施工总承包单位将建设工程主体结构的施工分包给其他单位的;(4)分包单位将其承包的建设工程再分包的。

住建部《建筑工程施工发包与承包违法行为认定查处管理办法》第12条对违法分包行为与前述规定也基本一致。即"存在下列情形之一的,属于违法分包:(一)承包单位将其承包的工程分包给个人的;(二)施工总承包单位或专业承包单位将工程

---

① 卞耀武主编:《中华人民共和国建筑法释义》,法律出版社1998年版,第96页。

分包给不具备相应资质单位的；（三）施工总承包单位将施工总承包合同范围内工程主体结构的施工分包给其他单位的，钢结构工程除外；（四）专业分包单位将其承包的专业工程中非劳务作业部分再分包的；（五）专业作业承包人将其承包的劳务再分包的；（六）专业作业承包人除计取劳务作业费用外，还计取主要建筑材料款和大中型施工机械设备、主要周转材料费用的"。

3. 关于"内部承包"

尽管我国法律实际并未对"内部承包"行为进行明确的规定，但因内部承包的历史渊源及实践需求，且真实的"内部承包"并不违反法律规定，因此，对内部承包行为的界定及其与转包、违法分包行为的界限划分对审判实践也具有重要意义。

一般认为，以下几点可作为内部承包与转包、违法分包的区别要点：（1）内部承包人是承包人的员工，在公司中存在劳动关系、社保关系，而转包与违法分包人与承包人不具备劳动关系、社保关系；（2）在内部承包关系下承包人仍然要对工程施工技术、机械设备提供支持，对项目安全进行监督；（3）内部承包人不具备单独的财务管理体系，而适用承包人内部统一财务制度；而转包、违法分包行为中两者的财务系统往往相互独立。关于"内部承包"是真实的还是构成转包或违法分包，需要根据《建筑法》《建设工程质量管理条例》，并可参考《建筑工程施工发包与承包违法行为认定查处管理办法》的相关规定。在司法实践中，当主要管理人员的劳动合同与承包人签订，对外采购主要建筑材料、构配件及工程设备或租赁的施工机械均以承包人名义进行时，判断是否属于转包或违法分包，就需要深入审查组织管理、资金流向，从项目的人员管理、施工组织管理、资金调配及支付，查明实际管理控制项目及最终实际施工人的身份。

4. 转包和违法分包的举证责任分配

根据我国民事诉讼举证责任中的"谁主张谁举证"规则，发包人应对主张承包人的转包或违法分包行为承担举证责任。在审查认定是否存在转包、违法分包行为时，若发包人已提供初步证据证明存在转包、违法分包的行为，就承包人否认转包、违法分包并主张法律关系属于内部承包时，承包人可对其关于根据企业内部制度、社保关系等认为双方属于内部承包关系的主张承担举证责任。

（四）勘察、设计合同是否也能参照适用该规则

《民法典》第806条新增规定："承包人将建设工程转包、违法分包的，发包人可以解除合同。"同时《民法典》第788条又规定，建设工程合同包括工程勘察、设

计、施工合同。因此,可以理解《民法典》明确了承包人具有转包、违法分包行为的,发包人享有法定解除权的情形不再仅限于建设工程施工合同关系,而是扩展到了整个建设工程合同关系。

《建设工程勘察设计管理条例》第19条"除建设工程主体部分的勘察、设计外,经发包方书面同意,承包方可以将建设工程其他部分的勘察、设计再分包给其他具有资质等级的建设工程勘察、设计单位"及第20条规定"建设工程勘察、设计单位不得将所揽的建设工程勘察、设计转包",即是具体的勘察、设计合同禁止转包、违法分包的法律规定。由于《建设工程勘察设计管理条例》并未直接规定违反第19条和第20条规定后的民事法律后果,在《民法典》生效前,需要处理该类民事案件时需要援引原《合同法》关于承揽的规定,但如今在《民法典》生效后,如建设工程勘察、设计合同关系中的承包人将承包的工程转包、违法分包的,发包人请求解除建设工程勘察、设计合同,则可以援引《民法典》第806条作为法律依据。

四、辅助信息

《民法典》

第五百六十二条 当事人协商一致,可以解除合同。

当事人可以约定一方解除合同的事由。解除合同的事由发生时,解除权人可以解除合同。

第五百六十三条 有下列情形之一的,当事人可以解除合同:

(一)因不可抗力致使不能实现合同目的;

(二)在履行期限届满前,当事人一方明确表示或者以自己的行为表明不履行主要债务;

(三)当事人一方迟延履行主要债务,经催告后在合理期限内仍未履行;

(四)当事人一方迟延履行债务或者有其他违约行为致使不能实现合同目的;

(五)法律规定的其他情形。

以持续履行的债务为内容的不定期合同,当事人可以随时解除合同,但是应当在合理期限之前通知对方。

第五百六十五条 当事人一方依法主张解除合同的,应当通知对方。合同自通知到达对方时解除；通知载明债务人在一定期限内不履行债务则合同自动解除，债务人在该期限内未履行债务的，合同自通知载明的期限届满时解除。对方对解除合同有异议的，任何一方当事人均可以请求人民法院或者仲裁机构确认解除行为的效力。

当事人一方未通知对方，直接以提起诉讼或者申请仲裁的方式依法主张解除合同，人民法院或者仲裁机构确认该主张的，合同自起诉状副本或者仲裁申请书副本送达对方时解除。

第七百八十八条 建设工程合同是承包人进行工程建设，发包人支付价款的合同。

建设工程合同包括工程勘察、设计、施工合同。

第七百九十一条 发包人可以与总承包人订立建设工程合同，也可以分别与勘察人、设计人、施工人订立勘察、设计、施工承包合同。发包人不得将应当由一个承包人完成的建设工程支解成若干部分发包给数个承包人。

总承包人或者勘察、设计、施工承包人经发包人同意，可以将自己承包的部分工作交由第三人完成。第三人就其完成的工作成果与总承包人或者勘察、设计、施工承包人向发包人承担连带责任。承包人不得将其承包的全部建设工程转包给第三人或者将其承包的全部建设工程支解以后以分包的名义分别转包给第三人。

禁止承包人将工程分包给不具备相应资质条件的单位。禁止分包单位将其承包的工程再分包。建设工程主体结构的施工必须由承包人自行完成。

第八百零六条 承包人将建设工程转包、违法分包的，发包人可以解除合同。

发包人提供的主要建筑材料、建筑构配件和设备不符合强制性标准或者不履行协助义务，致使承包人无法施工，经催告后在合理期限内仍未履行相应义务的，承包人可以解除合同。

合同解除后，已经完成的建设工程质量合格的，发包人应当按照约定支付相应的工程价款；已经完成的建设工程质量不合格的，参照本法第七百九十三条的规定处理。

《建筑法》

第二十八条 禁止承包单位将其承包的全部建筑工程转包给他人，禁止承包单位将其承包的全部建筑工程肢解以后以分包的名义分别转包给他人。

第二十九条 建筑工程总承包单位可以将承包工程中的部分工程发包给具有相应资质条件的分包单位；但是，除总承包合同中约定的分包外，必须经建设单位认可。施工总承包的，建筑工程主体结构的施工必须由总承包单位自行完成。

建筑工程总承包单位按照总承包合同的约定对建设单位负责；分包单位按照分包合同的约定对总承包单位负责。总承包单位和分包单位就分包工程对建设单位承担连带责任。

禁止总承包单位将工程分包给不具备相应资质条件的单位。禁止分包单位将其承包的工程再分包。

《建设工程质量管理条例》

第七十八条 本条例所称肢解发包，是指建设单位将应当由一个承包单位完成的建设工程分解成若干部分发包给不同的承包单位的行为。

本条例所称违法分包，是指下列行为：

（一）总承包单位将建设工程分包给不具备相应资质条件的单位的；

（二）建设工程总承包合同中未有约定，又未经建设单位认可，承包单位将其承包的部分建设工程交由其他单位完成的；

（三）施工总承包单位将建设工程主体结构的施工分包给其他单位的；

（四）分包单位将其承包的建设工程再分包的。

本条例所称转包，是指承包单位承包建设工程后，不履行合同约定的责任和义务，将其承包的全部建设工程转给他人或者将其承包的全部建设工程肢解以后以分包的名义分别转给其他单位承包的行为。

《建筑工程施工发包与承包违法行为认定查处管理办法》

第七条 本办法所称转包，是指承包单位承包工程后，不履行合同约定的责任和义务，将其承包的全部工程或者将其承包的全部工程肢解后以分包的名义分别转给其他单位或个人施工的行为。

第八条 存在下列情形之一的，应当认定为转包，但有证据证明属于挂靠或者其他违法行为的除外：

（一）承包单位将其承包的全部工程转给其他单位（包括母公司承接建筑工

程后将所承接工程交由具有独立法人资格的子公司施工的情形）或个人施工的；

（二）承包单位将其承包的全部工程肢解以后，以分包的名义分别转给其他单位或个人施工的；

（三）施工总承包单位或专业承包单位未派驻项目负责人、技术负责人、质量管理负责人、安全管理负责人等主要管理人员，或派驻的项目负责人、技术负责人、质量管理负责人、安全管理负责人中一人及以上与施工单位没有订立劳动合同且没有建立劳动工资和社会养老保险关系，或派驻的项目负责人未对该工程的施工活动进行组织管理，又不能进行合理解释并提供相应证明的；

（四）合同约定由承包单位负责采购的主要建筑材料、构配件及工程设备或租赁的施工机械设备，由其他单位或个人采购、租赁，或施工单位不能提供有关采购、租赁合同及发票等证明，又不能进行合理解释并提供相应证明的；

（五）专业作业承包人承包的范围是承包单位承包的全部工程，专业作业承包人计取的是除上缴给承包单位"管理费"之外的全部工程价款的；

（六）承包单位通过采取合作、联营、个人承包等形式或名义，直接或变相将其承包的全部工程转给其他单位或个人施工的；

（七）专业工程的发包单位不是该工程的施工总承包或专业承包单位的，但建设单位依约作为发包单位的除外；

（八）专业作业的发包单位不是该工程承包单位的；

（九）施工合同主体之间没有工程款收付关系，或者承包单位收到款项后又将款项转拨给其他单位和个人，又不能进行合理解释并提供材料证明的。

两个以上的单位组成联合体承包工程，在联合体分工协议中约定或者在项目实际实施过程中，联合体一方不进行施工也未对施工活动进行组织管理的，并且向联合体其他方收取管理费或者其他类似费用的，视为联合体一方将承包的工程转包给联合体其他方。

第十一条　本办法所称违法分包，是指承包单位承包工程后违反法律法规规定，把单位工程或分部分项工程分包给其他单位或个人施工的行为。

第十二条　存在下列情形之一的，属于违法分包：

（一）承包单位将其承包的工程分包给个人的；

（二）施工总承包单位或专业承包单位将工程分包给不具备相应资质单位的；

（三）施工总承包单位将施工总承包合同范围内工程主体结构的施工分包给

其他单位的，钢结构工程除外；

（四）专业分包单位将其承包的专业工程中非劳务作业部分再分包的；

（五）专业作业承包人将其承包的劳务再分包的；

（六）专业作业承包人除计取劳务作业费用外，还计取主要建筑材料款和大中型施工机械设备、主要周转材料费用的。

建设工程施工合同纠纷案件裁判规则第 63 条：

发包人提供的主要建筑材料、建筑构配件和设备不符合强制性标准，致使承包人无法施工，经催告后在合理期限内仍未履行相应义务的，承包人可以解除合同

【规则描述】　　建设工程的主要建筑材料、建筑构配件和设备是工程的重要组成部分，直接影响建设工程质量、安全，直接关系到建设工程使用人及其他不特定第三人的人身财产安全及社会公共利益，因此必须符合强制性国家标准。《建筑法》第59条及《建设工程质量管理条例》第14条、第29条均规定，发包人应当保证其提供的建筑材料、建筑构配件和设备符合设计文件和合同要求；承包人须对建筑材料、建筑构配件和设备等进行检验，未经检验或检验不合格的，不得使用。为避免出现因发包人提供的主要建筑材料、建筑构配件和设备不符合强制性国家标准且经承包人催告后又未在合理期限内予以更换，导致工程长期处于停工状态的情形，《民法典》第806条第2款明确规定，承包人在该等情形下享有合同解除权。同时，为平衡合同各方利益，维护合同的稳定性，适用本规则时，应严格遵照《民法典》规定、限定适用条件，不得任意扩大承包人合同解除权的行使范围。

一、类案检索大数据报告

时间：2020年8月9日之前；案例来源：Alpha案例库；案由：建设工程施工合同纠纷；检索条件：（1）全文：解除建设工程施工合同；（2）法院认为包含：（3）同句"提供的主要建筑材料、建筑构配件和设备不符合强制性标准"；（4）法院认为包含：同句"致使承包人无法施工"；（5）法院认为包含：同句"承包人请求

解除建设工程施工合同"。本次检索获取 2020 年 8 月 9 日之前共计 69 篇裁判文书。其中：

①认为请求解除合同无事实依据的共计 2 件，占比为 2.9%；

②认为提供的建筑材料、建筑构配件和设备不符合强制性标准，承包人请求解除合同的共计 5 件，占比为 7.24%；

③认为未按约定支付工程款，承包人请求解除合同的共计 55 件，占比为 79.71%；

④认为不履行合同约定的协作义务，承包人请求解除合同的共计 4 件，占比为 5.8%；

⑤认为合同解除条件未成就的共计 3 件，占比为 4.35%。

整体情况如图 12-1 所示：

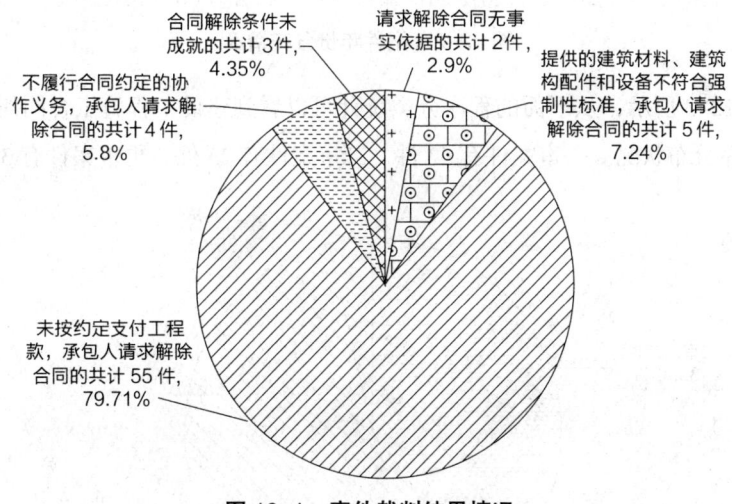

图 12-1 案件裁判结果情况

如图 12-2 所示，从案件年份分布可以看出，在当前条件下，涉及全文：解除建设工程施工合同；法院认为包含：同句"提供的主要建筑材料、建筑构配件和设备不符合强制性标准"；法院认为包含：同句"致使承包人无法施工"；法院认为包含：同句"承包人请求解除建设工程施工合同"条件下的相应的民事纠纷案例数量的变化趋势。

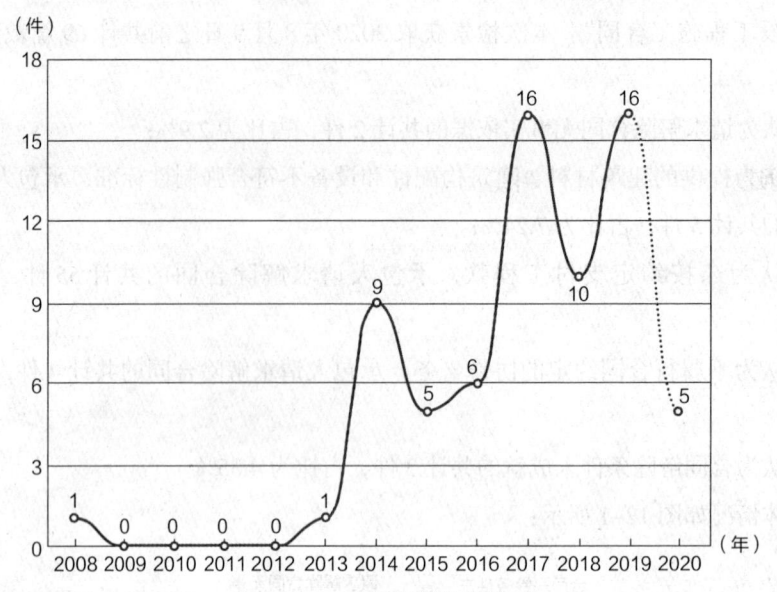

图 12-2 案件年份分布情况

如图 12-3 所示，从下面的程序分类统计可以看到建设工程施工合同纠纷下当前的审理程序分布状况。一审案件有 43 件，二审案件有 23 件，再审案件有 3 件。

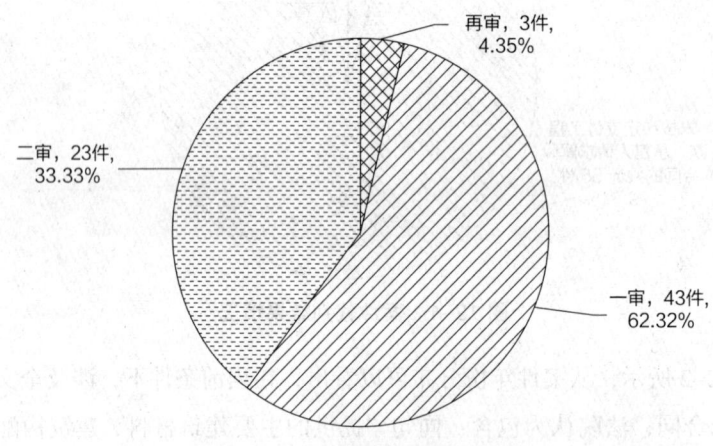

图 12-3 案件审理程序分类

通过对审理期限的可视化分析可以看到，当前条件下的审理时间更多处在 91～180 天的区间内，平均时间为 269 天。

二、可供参考的例案

例案一：长春市艾易孚高新技术有限责任公司与长春圣祥建筑工程有限公司建设工程施工合同纠纷案

【法院】

吉林省长春市中级人民法院

【案号】

（2016）吉01民终2023号

【当事人】

上诉人（原审被告、反诉原告）：长春市艾易孚高新技术有限责任公司

被上诉人（原审原告、反诉被告）：长春圣祥建筑工程有限公司（原长春东亚建筑工程有限公司）

【基本案情】

2006年5月18日，长春圣祥建筑工程有限公司（以下简称圣祥公司）与长春市艾易孚高新技术有限责任公司（以下简称艾易孚公司）签订《建设工程施工合同》，约定由圣祥公司包工包料为艾易孚公司建设办公楼。2006年10月20日，双方重新签订施工合同，就工程款支付方式重新约定，其他条款不变。合同签订后因艾易孚公司未按进度支付工程价款，圣祥公司于2007年6月停止施工。

2011年，因艾易孚公司一再违约拒不支付工程款，圣祥公司向原审法院提起诉讼，请求解除双方签订的建设工程合同并要求艾易孚公司立即支付已完工程的工程款及利息。艾易孚公司则以圣祥公司施工质量存在问题为由提起反诉，同样请求判令解除双方之间签订的建设工程施工合同。

原审中，吉林建筑工程学院建筑工程检测中心（以下简称检测中心）针对涉案工程出具司法鉴定意见书，共提出11项鉴定意见，并建议应及时对屋面做防水和外墙面保温等维护工作，防止该建筑继续受环境侵害。2012年9月26日，检测中心于《对异议书回复》中明确：（1）地沟墙体的阳角处发现有墙体倾斜、开裂，裂缝呈上宽下窄不能认定是施工质量问题；（2）修复方案中关于梁、楼板开裂，钢筋锈蚀导致混凝土强度下降，是由于艾易孚公司未足额支付工程款，导致工程停工、主体无法封闭，已完工程长期裸露在自然环境中，因雨、雪、风、霜、冷热不均的情况而造成的。另，一审法院查明，修复方案中涉及的苯板、大块砖（混凝土空心砌块）

是由艾易孚公司指定圣祥公司进行购买的。

【案件争点】

承、发包双方均诉请法院解除建设工程施工合同,发包人是否应对其指定承包人购买的建筑材料所引起的工程质量问题承担支付维修费用的责任。

【裁判要旨】

二审法院经审理认为,因圣祥公司、艾易孚公司均于一审审理过程中提出解除双方签订的工程施工合同的请求,即视为双方当事人之间达成了合意解除合同的意思表示,故判决解除双方于 2006 年 10 月 20 日签订的建设工程施工合同。

关于因甲供材导致的工程质量问题而产生的维修费用,一审法院经审理认为,根据 2004 年《建设工程司法解释一》第 12 条第 1 款第 1 项[①]规定:"发包人具有下列情形之一,造成建设工程质量缺陷,应当承担过错责任:……(二)提供或者指定购买的建筑材料、建筑构配件、设备不符合强制性标准……"涉案工程修复方案中涉及的苯板、大块砖(混凝土空心砌块)均是由艾易孚公司指定圣祥公司购买的,因此就该部分建筑材料引起的工程质量缺陷,艾易孚公司应当承担过错责任,支付相应的维修费用。二审法院认为,一审法院就艾易孚公司应对其提供的建筑材料造成的质量问题自行承担维修费用的认定结果并无不当,但对具体的维修费用重新进行了调整。

例案二:珠海泽园房地产开发有限公司与四川省第十三建筑有限公司等建设工程施工合同纠纷案

【法院】

广东省高级人民法院

【案号】

(2018)粤民再 96 号

【当事人】

再审申请人(一审被告、二审上诉人):珠海泽园房地产开发有限公司

[①] 参见 2020 年《建设工程司法解释一》第 13 条第 1 款:"发包人具有下列情形之一,造成建设工程质量缺陷,应当承担过错责任:(一)提供的设计有缺陷;(二)提供或指定购买的建筑材料、建筑构配件、设备不符合强制性标准;(三)直接指定分包人分包专业工程。"

被申请人（一审原告、二审上诉人）：四川省第十三建筑有限公司

被申请人（一审被告、二审被上诉人）：珠海市洪基实业有限公司

【基本案情】

2009年5月21日，珠海泽园房地产开发有限公司（以下简称泽园公司）与珠海市洪基实业有限公司（以下简称洪基公司）签订合作开发协议，约定以泽园公司提供项目用地，洪基公司负责地价款以外的全部建设和开发资金的方式共同合作开发经营红石大厦的商品房项目。2010年7月13日，泽园公司、洪基公司与十三建公司签订合作协议书，约定由十三建公司作为总承包人承建涉案项目。其中涉案项目的桩基工程由泽园公司自行委托设计公司设计，并由洪基公司自行分包给珠海市静力压桩基础工程有限公司施工。该工程所需的PHC管桩由泽园公司负责购买，工程施工图纸要求所使用的管桩按国标集《预应力混凝土管桩》（03SG409）制作。

新管桩标准《先张法预应力混凝土管桩》（GB13476-2009）于2010年3月1日起实施，新管桩图集10G409于2010年9月1日起实施，替代了原国标集03SG409。但泽园公司、洪基公司并没有调整设计桩型，2010年9月15日，涉案管桩工程仍按照旧管桩图集03SG409进行施工。

2010年9月28日桩基础全部施工完成。2011年1月16日，涉案静压桩桩基础经建设、施工、监理、设计、勘察五方责任主体单位验收合格。后泽园公司就桩基础工程质量问题与洪基公司发生争议。2011年11月9日，泽园公司以"管桩不符合现行标准，存在重大安全隐患"为由通知十三建公司暂停施工，于11月17日登报要求暂停施工。

2010年10月29日，工程主体结构开始施工。2011年11月22日，工程主体结构竣工验收合格。2012年8月，经承、发包各方协商一致并签订相关补充协议后，十三建公司恢复施工。但泽园公司与洪基公司就涉案工程再次出现矛盾，并就合作合同解除事宜进入诉讼程序。后洪基公司向十三建公司发函明确表示不再支付涉案工程款，致使十三建公司于2013年4月23日再次被迫停工，直至本案诉讼十三建公司仍未复工。

2013年9月5日，十三建公司向一审法院提起诉讼，要求解除三方之间的所有协议，并要求洪基公司、泽园公司共同向十三建公司支付停工损失等费用。一审法院经审理认为，泽园公司和洪基公司以自己的行为表明不履行支付工程款的义务，亦不提供开工条件，致使十三建公司无法实现合同目的，判决解除涉案相关协议并要求泽园公司和洪基公司承担相关损失。二审法院对一审判决予以维持。

泽园公司不服二审判决，向广东省高级人民法院申请再审，其对一、二审解除合同的判决予以认可，但对有关支持十三建公司解除合同的理由不予确认；且认为十三建公司的停工损失应由第二次主动停工的十三建公司与不履行付款义务的洪基公司承担。

【案件争点】

承包人可否以发包人未履行支付工程款、提供开工条件等施工合同义务致使承包人无法实现合同目的为由要求解除合同。

【裁判要旨】

针对合同解除争议，一、二审法院经审理认为，根据《合同法》第94条[1]规定："有下列情形之一的，当事人可以解除合同：……（二）在履行期限届满之前，当事人一方明确表示或者以自己的行为表明不履行主要债务；（三）当事人一方迟延履行主要债务，经催告后在合理期限内仍未履行；（四）当事人一方迟延履行债务或者有其他违约行为致使不能实现合同目的……"洪基公司拖欠工程款、明确表示针对涉案工程不予结算、不予付款以及拒绝向十三建公司提供开工条件的行为已表明其不履行合同义务；泽园公司亦未明确表示其将承担后续工程的工程款支付义务。上述两公司的行为导致十三建公司无法实现合同目的，因此十三建公司有权依据《合同法》第94条[2]规定要求解除同泽园公司、洪基公司之间的合同。再审法院认为十三建公司解除合同的要求具备事实和法律依据，对一、二审就该合同解除争议的判决予以支持。

针对停工损失赔偿争议，一、二审法院经审理认为，十三建公司的第一次停工起因于泽园公司与洪基公司之间的桩基础工程质量争议，同时泽园公司要求十三建公司与洪基公司停工，由此产生的停工损失经三方协商一致后约定由洪基公司承担。但十三建公司复工后，涉案施工合同尚未履行完毕，又因泽园公司与洪基公司发生争议，导致十三建公司再次停工并解除合同，因此泽园公司应对洪基公司承担的上

---

[1] 参见《民法典》第563条第1款："下列情形之一的，当事人可以解除合同：（一）因不可抗力致使不能实现合同目的；（二）在履行期限届满前，当事人一方明确表示或者以自己的行为表明不履行主要债务；（三）当事人一方迟延履行主要债务，经催告后在合理期限内仍未履行；（四）当事人一方迟延履行债务或者有其他违约行为致使不能实现合同目的；（五）法律规定的其他情形。"

[2] 参见《民法典》第563条第1款："下列情形之一的，当事人可以解除合同：（一）因不可抗力致使不能实现合同目的；（二）在履行期限届满前，当事人一方明确表示或者以自己的行为表明不履行主要债务；（三）当事人一方迟延履行主要债务，经催告后在合理期限内仍未履行；（四）当事人一方迟延履行债务或者有其他违约行为致使不能实现合同目的；（五）法律规定的其他情形。"

述停工损失承担连带责任。至于第二次停工，洪基公司与泽园公司因合作合同关系产生的诉讼纠纷、洪基公司多次表示不予结算、不予付款的行为，以及洪基公司与泽园公司均未明确确定后续工程付款义务的态度均导致了十三建公司的第二次停工，由此产生的停工损失应由泽园公司和洪基公司承担。

再审法院根据2004年《建设工程司法解释一》的相关规定，对泽园公司在十三建公司两次停工中的过错予以了进一步的确认和强调。2004年《建设工程司法解释一》第12条[1]规定："发包人具有下列情形之一，造成建设工程质量缺陷，应当承担过错责任：（一）提供的设计有缺陷；（二）提供或者指定购买的建筑材料、建筑构配件、设备不符合强制性标准；（三）直接指定分包人分包专业工程。承包人有过错的，也应当承担相应的过错责任。"涉案桩基础工程由泽园公司委托设计，工程所需管桩亦由泽园公司负责购买，其作为发包人，在桩基础工程因其提供的管桩不符合新施工标准而无法达到强制性标准要求的情况下，应当承担相应的过错责任。

十三建公司的第一次停工起因于泽园公司与洪基公司之间的桩基础工程质量争议，泽园公司作为管桩材料的提供方应对该次停工承担相应的过错责任。至于第二次停工，洪基公司不履行支付工程款的义务虽为该次停工的主要原因，但泽园公司与洪基公司之间自第一次停工以来依旧未予解决的桩基础工程质量争议以及双方之间的合作合同关系纠纷使得涉案工程迟迟无法具备开工条件。因此泽园公司对十三建公司两次停工均存在过错。再审法院认同一、二审判决中泽园公司在十三建公司两次停工中均存在过错的认定。但是因三方已一致约定第一次停工损失由洪基公司承担，且一审法院将该项损失计入洪基公司应当承担的工程总额中，因此再审法院改判泽园公司无须为洪基公司在该一审判决项下的债务承担共同偿还责任。

> **例案三**：天津市靖凯建筑有限公司与天津龙鼎熙石化新能源科技有限公司建设工程合同纠纷案

【法院】

天津市第二中级人民法院

---

[1] 参见2020年《建设工程司法解释一》第13条："发包人具有下列情形之一，造成建设工程质量缺陷，应当承担过错责任：（一）提供的设计有缺陷；（二）提供或者指定购买的建筑材料、建筑构配件、设备不符合强制性标准；（三）直接指定分包人分包专业工程。承包人有过错的，也应当承担相应的过错责任。"

【案号】

（2017）津02民终4208号

【当事人】

上诉人（原审原告）：天津市靖凯建筑有限公司

上诉人（原审被告）：天津龙鼎熙石化新能源科技有限公司

【基本案情】

2015年7月13日，天津市靖凯建筑有限公司（以下简称靖凯公司）与天津龙鼎熙石化新能源科技有限公司（以下简称龙鼎熙公司）签订《建设工程施工合同》，约定由靖凯公司承包龙鼎熙公司的综合办公楼、组装车间1、组装车间2及门卫基建施工，相关材料由发包人龙鼎熙公司提供，相关工程设备等用具由承包人靖凯公司全部自备。

2015年10月21日、2015年11月10日、2015年11月27日，靖凯公司分三次以工程联系单方式要求龙鼎熙公司解决土方工程未落实、车间钢结构未安装、保温材料、防水材料、门窗材料、给排水管等未及时送样等问题；并要求龙鼎熙公司补充商品碎砼厂家材质单及原材料报告、干混砂浆厂家材质单、蒸压加气块的厂家资质及检验报告等。龙鼎熙公司相关人员也签收了上述工程联系单。

2015年12月9日，靖凯公司向龙鼎熙公司出具承诺书，内容为"主体结构工程已完工，但存在部分质量问题，尚未整改完成。为了结构验收，监理公司及龙鼎熙公司批准，先结构验收再进行修理。部分分项工程修补完成后，由监理验收合格后再进行抹灰。"

2015年12月24日，龙鼎熙公司向靖凯公司发送"关于对靖凯施工方违反合同造成严重延误工期的函"，并于函中指明靖凯公司已经严重延误工期，要求其于2015年12月底之前解决误工期应承担的责任，否则龙鼎熙公司将按合同执行。

2016年1月12日，龙鼎熙公司、靖凯公司及设计单位、监理单位在天津经济技术开发区建设工程管理中心监督管理下进行综合楼、组装车间1、组装车间2、车间、门卫主体分部验收，并召开验收会议：各方认为主体分部施工质量合格，部分存在问题之处建议进行整改并复检。

2016年2月26日，龙鼎熙公司在《关于靖凯施工方的回复》中明确表示，因靖凯公司工期延误造成损失，决定终止双方合作。2016年3月1日，天津经济技术开发区建管中心下发责令整改通知书，认为车间主体结构存在质量缺陷。2016年3月25日，靖凯公司收到整改通知书，并出具"天津市建设工程安全监督抽查整改结果报告",声称建设单位拒绝其单位施工人员入场,因此无法进行整改。

之后,靖凯公司向天津市滨海区人民法院提起诉讼,请求判令龙鼎熙公司向其支付工程款、工程利息及未施工利润。

【案件争点】

未依约履行合同义务的发包人,以工程质量存在问题为由单方解除合同并拒绝承包人进场整改的,承包人能否据此要求发包人赔偿未完工部分的逾期利益损失。

【裁判要旨】

就龙鼎熙公司单方解除合同的行为,一审法院认为,涉案工程于2016年1月12日竣工验收,验收会议纪要显示涉案工程虽符合要求,但需要整改。龙鼎熙公司拒绝靖凯公司进行整改并解除合同的行为并无法律依据,亦不符合合同约定。但因龙鼎熙公司并未提出诉请确认合同解除,一审法院对于涉案合同是否解除的问题并未作出判决。

二审法院经审理认为,从靖凯公司与龙鼎熙公司在工程施工过程中的会议内容及联络过程看,作为发包人的龙鼎熙公司存在施工材料到位不及时、工程量发生变更等情形,而作为承包人的靖凯公司存在人员到位不足、施工程序不规范、工程质量存在问题、工程逾期等情形。从涉案合同的履行情况上看,龙鼎熙公司未按照合同约定向靖凯公司支付相关费用,而靖凯公司所施工的涉案工程在验收检查中被要求整改,且经过司法鉴定,工程存在部分质量问题。

综合考虑上述因素,双方当事人在合同履行中均存在违约情形,因违约造成的损失应各自承担,龙鼎熙公司无须赔偿靖凯公司所主张的未完成工程部分的预期利益损失。同时双方在二审审理过程中均表示合同已无法继续履行,认可合同解除,故涉案合同已解除。

三、裁判规则提要

为确保在建筑材料、建筑构配件及设备质量合格且施工合同能够顺利履行的基础上,保障建设工程质量安全与人民生命财产安全,《民法典》第806条第2款吸纳原2004年《建设工程司法解释一》第9条第2款的内容,规定承包人在"发包人提供的主要建筑材料、建筑构配件和设备不符合强制性标准""致使承包人无法施工,经催告后在合理期限内仍未履行相应义务的"情形下,享有对建设工程施工合同的法定解除权。

（一）关于建设工程质量标准

《民法典》第511条将质量标准细化区分为"强制性国家标准""推荐性国家标准""通常标准""符合合同目的的特定标准"。"强制性国家标准"是指对保障人身健康和生命财产安全、国家安全、生态环境安全以及满足经济社会管理基本需要的技术要求，其表示方式为"GB"，例如《建筑工程施工质量验收统一标准》（GB50300—2013）。建设工程当中应遵循的强制性国家标准主要包括《标准化法》及其实施条例，以及《工程建设标准强制性条文》等。2017年《标准化法》第10条规定："对保障人身健康和生命财产安全、国家安全、生态环境安全以及满足经济社会管理基本需要的技术要求，应当制定强制性国家标准……强制性国家标准由国务院批准发布或者授权批准发布。"该条明确了强制性国家标准的制定范围和发布机关等；且强制性国家标准一经发布，必须予以执行。《标准化法实施条例》第2条则进一步明确，"建设工程的勘察、设计、施工、验收的技术要求和方法"应当制定统一的标准，第18条明确，"工程建设的质量、安全、卫生标准及国家需要控制的其他工程建设标准"属于强制性国家标准。

2000年以来，住房和城乡建设部（原建设部）根据上述《标准化法》及实施条例的规定，颁布了《工程建设标准强制性条文》，包括城乡规划、城市建设、房屋建筑、工业建筑、水利工程、电力工程、信息工程、水运工程、公路工程等十五部分的内容，涵盖工程的规划、勘察、设计、施工的方方面面，是参与建设活动各方执行工程建设强制性国家标准、政府监督各项建设工程的依据。之后，随着建设工程设计施工技术发展和工程技术要求的提高，住房和城乡建设部对相应的各部分强制性国家标准的条文进行了修订和完善。因建设工程规划、勘察、设计、施工具体工作内容要求各有不同，相关政府部门根据《工程建设标准强制性条文》的规定，结合具体行业要求，又先后制定了各类建设工程对应的细化的强制性国家标准，主要包括：

1. 规划、勘察强制性国家标准

涉及用地规划、综合交通规划、市政公用工程规划等城乡规划方面的建设工程，住房和城乡建设部于《工程建设标准强制性条文》中编录了如《城市用地分类与规划建设用地标准》（GB50137—2011）、《城市给水工程规划规范》（GB50282—2016）、《城市道路交叉口规划规范》（GB50647—2011）等强制性国家规范以供参建各方适用；工程勘察与测量方面的强制性国家标准则包括《供水水文地质勘察规范》

（GB50027—2001）、《工程勘察通用规范》（GB55017—2021）等。

2. 设计强制性国家标准

设计包括建筑设计与结构设计。同建筑设计相关的强制性国家标准包括《民用建筑设计统一标准》（GB50352—2019）、《民用建筑隔声设计规范》（GB50118—2010）等；同结构设计相关的强制性国家标准包括《建筑结构荷载规范》（GB50009—2012）、《木结构设计标准》（GB50005—2017）、《混凝土结构加固设计规范》（GB50367—2013）、《建筑结构可靠度设计统一标准》（GB50068—2018）等。

3. 施工强制性国家标准

建设工程中同施工质量相关的强制性国家标准包括《建筑工程施工质量验收统一标准》（GB50300—2013）、《建筑装饰装修工程质量验收规范》（GB50210—2018）、《混凝土结构工程施工规范》（GB50666—2011）等；同施工安全相关的强制性国家标准包括《建筑施工安全技术统一规范》（GB50870—2013）、《土方与爆破工程施工及验收规范》（GB50201—2012）等。

除强制性国家标准外，建设工程还应遵循其他相关质量标准。《民法典》第511条第1款第1项规定："……质量要求不明确的，按照强制性国家标准履行；没有强制性国家标准的，按照推荐性国家标准履行；没有推荐性国家标准的，按照行业标准履行；没有国家标准、行业标准的，按照通常标准或者符合合同目的的特定标准履行。"根据上述规定，若无可供遵循的强制性国家标准，发承包双方可按照《民法典》中对各标准的优先级排序在合同履行过程中选择适用推荐性国家标准［如《建筑幕墙耐撞击性能分级及检测方法》（GB/T 38264—2019）、《建筑抗震韧性评价标准》（GB/T 38591—2020）］、行业标准［如《交通建筑电气设计规范》（JGJ 243—2011）、《住宅室内装饰装修设计规范》（JGJ367—2015）］、通常标准或符合合同目的的特定标准。

发承包双方还可在《建设工程施工合同》中对建设工程应达到的质量标准予以自行约定。双方可选择国家标准、行业标准或通常标准、符合合同目的的特定标准；亦可具体约定建设工程应达到的优质结构等级、应获得某一奖项等；也可要求承包人按照发包人提供的施工图设计标准予以施工等。但无论合同双方进行何种约定或双方未在合同中进行明确约定的，建设工程质量均不得低于强制性国家标准，否则不得作为合格工程交付使用。

为保证建设工程质量的安全、防止发包人利用签订施工合同时所处的相对优势地位，对工程质量标准作出低于强制性国家标准的约定，《建筑法》第54条明确规定:"建设单位不得以任何理由,要求建筑设计单位或者建筑施工企业在工程设计或者施工作业中,违反法律、行政法规和建筑工程质量、安全标准,降低工程质量。"其中,不得违反法律、行政法规和建筑工程质量、安全标准,降低工程质量,是指"不得违反法律和行政法规有关保证建筑工程安全和基本使用性能的规定,以及依照《标准化法》的规定制定的有关保证建筑工程质量、安全的强制性的国家标准和行业标准的规定,降低建筑工程的基本质量要求"。[1] 根据前述规定,发包人负有保证项目设计文件和合同采用的质量标准不低于强制性国家标准的义务。

(二)发包人提供的主要建筑材料、建筑构配件及设备必须符合强制性国家标准

发承包双方可在施工合同中明确约定工程建设的主要建筑材料、建筑构配件及设备的供货义务主体,既可约定由发包人提供(一般称为"甲供材料"),也可约定由承包人直接采购(一般称为"乙供材料"),或约定由发包人确定供应商或品牌并由承包人采购(一般称为"甲指乙供材料")。发包人为供货义务人的,通常需要在签订施工合同的同时明确"甲供材料"的具体清单,包括品名、数量、规格型号、供货时间及质量标准等。例如,住房和城乡建设部与国家工商行政管理总局共同制定的(2017)《施工合同示范文本》通用条款第8.1条中约定:"发包人自行供应材料、工程设备的,应在签订合同时在专用合同条款的附件《发包人供应材料设备一览表》中明确材料、工程设备的品种、规格、型号、数量、单价、质量等级和送达地点。"同时,发包人提供的建筑材料、建筑构配件和设备应符合设计文件和合同要求且不得低于强制性国家标准。《建设工程质量管理条例》第14条明确规定:"按照合同约定,由建设单位采购建筑材料、建筑构配件和设备的,建设单位应当保证建筑材料、建筑构配件和设备符合设计文件和合同要求。建设单位不得明示或者暗示施工单位使用不合格的建筑材料、建筑构配件和设备。"如双方合同中约定由承包人自行采购的,承包人应按照工程设计要求、施工技术标准和合同约定进行采购,并承担因采购不当引起的责任,即承包人不再享有该规则下所赋予的合同解除权。

发承包双方在施工过程中,变更原合同约定的供货义务主体的,双方应另行签署补充协议,明确变更后的供货义务主体及责任承担主体。人民法院在案件审理过程中,应依据招投标文件、施工合同及过程工程资料查明存在质量问题的建筑材料、建筑构配件及设备的供应责任主体,明确发承包双方的权利义务。例如,发包人接

---

[1] 卞耀武主编:《中华人民共和国建筑法释义》,法律出版社1998年版,第153页。

到承包人发出的要求更换不合格建筑材料、设备的催告函后，提出将原"甲供"的建筑材料、建筑构配件及设备改为"乙供"，且经承包人同意的，若后续因"乙供"材料未及时到货或者不符合强制性国家标准导致无法施工的，则承包人无权再次根据本规则要求解除施工合同。

在确定发包人为供货义务人的前提下，要求发包人提供的主要建筑材料、建筑构配件及设备必须符合强制性国家标准是本规则的关键内容。但因主要建筑材料、建筑构配件及设备在各具体建设工程中构成比例、发挥功能等均不相同，各自所应适用的强制性国家标准需根据工程具体情况作进一步的判断。其中：

1. 主要建筑材料

主要建筑材料区别于辅助材料，原则上是指按工程设计要求，在特定工程中使用量大、构成工程实体、发挥主要功能及用途的建筑材料，该等材料质量的合格与否将直接影响工程质量是否合格。而建设工程中使用的各类辅助耗材，其相对于"主材"来说在工程造价中的占比较小，且不构成主要工程实体，一般统称为"辅材"。

因各建设工程项目用途、性质、要求等不同，主要建筑材料所应适用的强制性国家标准也存在差异，具体应对照《工程建设标准强制性条文》、相应的设计、施工等规范中的强制性国家标准等规定予以确定。若某项工程主要建筑材料不符合强制性国家标准的，则该建设工程质量就可能被认定为不合格。例如《工程建设标准强制性条文》中的房屋建筑部分明确："对有抗震设防要求的结构，其纵向受力钢筋的性能应满足设计要求；当设计无具体要求时，对按一、二、三级抗震等级设计的框架和斜撑构件（含梯段）中的纵向受力钢筋……其强度和最大力下总伸长率的实测应符合下列规定：1. 钢筋的抗拉强度实测值与屈服强度实测值的比值不应大于1.25；2. 钢筋的屈服强度实测值与屈服强度标准值的比例不应大于1.30；3. 钢筋的最大力下总伸长率不应小于9%。"如特定项目的钢筋强度、拉伸度等达不到该强制性国家标准，该工程就难以达到质量合格条件。

2. 建筑构配件

"建筑构配件"指用于建筑中的结构构件、建筑制品、配件的统称。其中"结构构件"指建筑中用以受力的部分；"建筑制品"指建筑中经加工、制造具有一定功能的部分；"配件"指用以实现结构构件、建筑制品功能的辅助部分。[①]

[①] 国家市场监督管理总局、中国国家标准化管理委员会于2020年12月14日发布的《建筑构配件术语（GB/T39531—2020）》。

建筑构配件作为工程结构的重要组成部分，涉及建筑质量安全，其工程结构安全等级、使用年限、结构荷载等必须达到建筑物的结构设计要求与《工程建设标准强制性条文》及其他建设工程规范中有关建筑构配件的强制性国家标准要求，主要包括《工程结构可靠性设计统一标准》（GB50153—2008）、《建筑结构可靠度设计统一标准》（GB50068—2018）、《建筑结构荷载规范》（GB50009—2012）、《混凝土结构设计规范》（GB50010—2010）（2015年版）等。

"装配式建筑"是现代工业化生产方式下一种对建筑构配件的新应用模式。它是指由预制部品部件在工地装配而成的建筑，是把传统建造方式中的大量现场作业工作转移到工厂进行，在工厂加工制作好建筑用构件和配件（如楼板、墙板、楼梯、阳台），运输到建筑施工现场，通过可靠的连接方式在施工现场装配安装而成的建筑。其主要包括预制装配式混凝土结构、钢结构、现代木结构建筑等，采用标准化设计、工厂化生产、装配化施工、信息化管理、智能化应用。针对装配式建筑，除上述结构设计要求与强制性国家标准外，还应当符合住房和城乡建设部于2017年12月12日发布的《装配式建筑评价标准》（GB/T51129—2017）。

3. 设备

《民法典》第806条第2款条文中的"设备"是指物化于建设工程实体、构成工程一部分，并于工程交付后保证建筑物具备整体运行功能的各项装置、器材的总称，如电梯、空调、消防设备、给排水设备、通风设备、建筑智能化设备等。

鉴于设备是建设工程的重要组成部分，其生产销售应当符合相关产品的强制性国家标准，在施工过程中则应严格执行建设工程质量相关的强制性国家标准。如果涉及具备特定用途的建设工程，如医院、有特殊要求的工业厂房等，工程使用的"设备"还应满足特定用途设备的强制性国家标准；如果建设项目使用国外进口"设备"的，应按规定提交相应的进口许可证、产品合格证、海关检验合格证等文件资料，并满足《标准化法》规定要求及相应的强制性国家标准。

施工机械设备原则上不属于本条的"设备"范围。通常情况下，建设项目所需要的施工机械设备（如挖掘机械、工程起重机械、垂直运输机械等）由承包人自行提供；且该等设备本身并不构成工程实体，与工程质量是否合格关联度不高。故本规则中的"设备"一般不包括施工机械设备。

（三）承包人的检验义务与要求发包人更换的权利

对主要建筑材料、建筑构配件及设备进行检验是承包人的法定义务。《建筑法》

第 59 条规定："建筑施工企业必须按照工程设计要求、施工技术标准和合同的约定，对建筑材料、建筑构配件和设备进行检验，不合格的不得使用。"《建设工程质量管理条例》第 29 条规定："施工单位必须按照工程设计要求、施工技术标准和合同约定，对建筑材料、建筑构配件、设备和商品混凝土进行检验，检验应当有书面记录和专人签字；未经检验或者检验不合格的，不得使用。"根据前述规定，承包人有权利亦有义务对包括发包人提供的所有用于施工的主要建筑材料、建筑构配件和设备进行检验。此规定是为保障建设工程质量安全，避免出现发包人利用"甲供材料"的优势地位变相降低施工质量的情形。"因建筑施工企业不履行本条规定的义务，在施工中使用不合格的建筑材料、建筑构配件和设备的，施工企业应依法承担法律责任。"[1] 承包人对主要建筑材料、建筑构配件及设备的检验通常包括：

1. 按照强制性国家标准等施工技术标准进行检验。承包人应按照各施工技术规范和施工技术标准的规定，尤其是根据强制性国家标准要求进行针对性地检验。

2. 按照工程设计要求进行检验。承包人按照发包人提供的工程设计文件、施工图纸等对建筑材料、建筑构配件、设备的规格、型号、性能等技术要求进行检验。

3. 按照合同约定进行检验。如果发承包双方合同对甲供材料的检验有具体、明确的且不低于强制性国家标准的约定，承包人还应按照该约定的检验标准进行检验。

4. 承包人对建筑材料、建筑构配件及设备的检验，应当有书面的记录和专人签字确认。

5.《建设工程质量检测管理办法》明确："工程质量检测机构接受委托，依据国家有关法律、法规和工程建设强制性标准，对涉及结构安全项目的抽样检测和对进入施工现场的建筑材料、构配件的见证取样检测。"根据上述规定，涉及结构安全的试块、试件以及其他需进行测试的材料，应当在发包人或者监理单位监督下现场取样，并送具有资质等级的质量检测单位进行检测。承包人履行完毕上述检验义务后，如发现发包人提供的主要建筑材料、建筑构配件及设备等不符合强制性国家标准的，有权催告发包人进行更换。根据《建筑法》及《建设工程质量管理条例》的规定，发包人应当保证其提供的建筑材料、建筑构配件及设备等质量符合设计要求和合同要求，不得明示或暗示承包人使用不合格的建筑材料、建筑构配件及设备；且承包人有义务在施工前对建筑材料、建筑构配件及设备进行检验，其目的为保证建设工程质量安全，进而保护国家安全和人民生命财产安全。

---

[1] 卞耀武主编：《中华人民共和国建筑法释义》，法律出版社 1998 年版，第 162 页。

由此，当承包人发现发包人提供的主要建筑材料、建筑构配件及设备等存在质量问题，不符合强制性国家标准的，承包人当然享有要求发包人及时更换为合格的建筑材料、建筑构配件及设备的权利，以保证建设工程质量安全。承包人行使上述权利时应向发包人提交合法有效的第三方质量检测报告、及时告知监理单位检测结果，并履行相应的催告义务。催告一般应采用书面形式。而作为供货义务人的发包人应在收到承包人的催告函后，及时核对相关情况。如情况属实的，发包人应及时采取措施进行更换，尽可能避免对工程施工进度的影响。

发包人经催告后应当于合理期限内更换建筑材料、建筑构配件及设备。关于该合理期限的确定，一般可以从以下几方面予以考量：

1.有约定的从约定。如双方在施工合同或书面催告函中对建筑材料、建筑构配件及设备等更换期限有明确约定的，一般应按照该约定要求发包人履行限期更换义务。

2.无约定的，按实际情况合理确定。如合同没有约定或约定不明确的，应根据双方商定的时间、不同施工项目的工期、须更换的建筑材料、建筑构配件及设备的具体采购难易程度、另行定制需要的时间等确定更换期限。如果需要更换的建筑材料、建筑构配件及设备为发包人可在公开市场进行实时采购的"种类物"的，则可以根据承包人的原施工进度计划要求发包人立即进行采购、更换；如果需要更换的建筑材料、建筑构配件及设备为"特定物"或需要定制的，可参照定制周期确定更换的合理期限。

（四）承包人解除权的行使

合同解除，是指在合同有效成立后，因一方或双方当事人的意思表示，使合同关系终止，未履行的部分不必继续履行，既已履行的部分依具体情形进行清算的制度，它是合同特有的终止原因。[①] 依解除权发生根据的差异，合同解除可以分为：双方合意解除（《民法典》第 562 条第 1 款），依据约定行使解除权（《民法典》第 562 条第 2 款），法定解除（《民法典》第 563 条第 1 款）。根据《民法典》第 563 条第 1 款，该法定解除又可以分为：因不可抗力发生的解除权（《民法典》第 563 条第 1 款第 1 项），因拒绝履行而发生的解除权（《民法典》第 563 条第 1 款第 2 项），因迟延履行而发生的解除权（《民法典》第 563 条第 1 款第 3 项），因合同目的不能实现而

---

① 韩世远：《合同法总论》（第三版），法律出版社 2011 年版。

发生的解除权(《民法典》第563条第1款第4项),法律规定的其他情形下的解除权(《民法典》第563条第1款第5项)。

《民法典》第806条第2款在《民法典》第563条关于"合同法定解除"规定的基础上,对承包人的法定解除权进行了再明确,发包人不履行规定的应提供符合强制性标准的主要建筑材料、建筑构配件和设备的义务已达到承包人无法继续进行施工建设的严重程度,承包人方得以行使在该等情形下的合同解除权,"以期在给予建设工程合同守约方当事人必要救济、赋予当事人必要的合同解除权的同时,尽力维护建设工程合同法律关系的稳定性"。[1]

1. 承包人行使解除权的要件

承包人依据《民法典》第806条第2款规定行使合同解除权的,须同时满足如下要件:

(1)发包人未履行向承包人提供符合强制性标准的主要建筑材料、建筑构配件和设备的义务。首先,发包人提供的建筑材料、建筑构配件及设备等,未能达到的应是强制性国家标准,而非推荐性国家标准、设计标准或合同标准等。如发包人提供的建筑材料、建筑构配件及设备等不符合设计文件和合同要求,但已达到强制性国家标准的,则承包人不得按本规则行使合同解除权;但承包人要求发包人进行更换,并要求发包人承担由此增加的费用和(或)延误的工期,以及建设工程质量未能达到合同和设计要求的责任的,一般可予支持。

其次,该等不合格建筑材料、建筑构配件及设备,系该建设工程的"主要"建筑材料、建筑构配件及设备。建设工程合同以形成建筑材料、建筑构配件及设备与永久基础的"添附"为目的。如果主要的建筑材料、建筑构配件及设备,如钢材、商品砼、石材等,不符合强制性国家标准的,势必影响工程质量安全;而非主要建筑材料、建筑构配件或设备,如可拆卸的灯饰、木质扶手、墙纸等,即便其不符合强制性国家标准,亦不会对施工质量安全造成影响,此时便不应支持承包人解除合同。

(2)发包人未履行相应义务的行为须"致使承包人无法施工"。通常而言,该等不合格的主要建筑材料、建筑构配件及设备应处在该工程的施工关键线路上,如发包人未能提供合格产品,将导致该建设工程的后续施工客观上无法继续。也就是说,发包人未能履行向承包人提供符合强制性标准的主要建筑材料、建筑构配件及设备的义务的行为必须与承包人无法施工具有直接的因果联系。

---

[1] 黄薇主编:《中华人民共和国民法典释义》,法律出版社2020年版,第1480页。

（3）承包人已履行了催告发包人更换主要建筑材料、建筑构配件及设备的义务。催告，是债权人催促债务人履行债务的意思表示。催告应当提示对方应当履行的债务，并且给予对方合理的期间催促其履行。"经承包人催告，在合理期限内发包人仍未履行协助义务，无法施工的状态将一直持续。虽然此时承包人可以要求顺延工期，主张因此造成的停工、窝工损失，但是，在已经给予发包人合理宽限期后，继续强制要求承包人维持履行无望的合同关系，使其不能从已无履行可能的合同中解脱出来，对承包人也过于苛刻。因此，本条规定赋予了承包人在此情形下的合同解除权。"[1] 关于合理期限，是债务人作出履行准备与履行行为所需的必要期间，应当根据合同目的以及客观状况确定。因此，该期限应结合项目实际及须更换的建筑材料、建筑构配件及设备的具体情况予以合理确定。

（4）发包人经催告后仍拒绝履行或瑕疵履行相应义务。"一方当事人迟延履行并不必然导致相对人享有法定解除权，只有当迟延履行经催告后在合理期限内仍未履行或者致使不能实现合同目的的情况下，合同相对人才享有解除权。"[2] 即非违约方解除合同前应给对方当事人一定的宽限期。在合理的宽限期到来后，如果债务人仍不履行，则债权人有权解除合同。[3] 发包人对其提供的建筑材料、建筑构配件及设备负有审慎检查义务，其在收到承包人要求更换不合格建筑材料、建筑构配件及设备的催告后，自行更换或要求供应商更换时理应更加谨慎。若发包人拒绝更换或更换后的产品仍不符合强制性国家标准，应视为其未在合理期限内履行提供合格建筑材料、建筑构配件及设备的义务，承包人有权行使合同解除权。

2. 承包人行使解除权的方式

在单方享有解除权的情况下，当事人的解除权在性质上属于形成权，[4] 即无须要对方当事人的同意，只需向对方作出意思表示，即解除权人一方的意思表示就可以导致法律关系发生变动，意思表示到达对方当事人时合同解除。《民法典》第564条对解除权的行使时间进行了具体的规定："法律规定或者当事人约定解除权行使期限，期限届满当事人不行使的，该权利消灭。法律没有规定或者当事人没有约定解除权行使期限，自解除权人知道或者应当知道解除事由之日起一年内不行使，或者

---

[1] 黄薇主编：《中华人民共和国民法典释义》，法律出版社2020年版，第1481页。
[2] 最高人民法院民法典贯彻实施工作领导小组主编：《中华人民共和国民法典合同编理解与适用（三）》，人民法院出版社2020年版，第2029页。
[3] 参见王利明：《合同法研究（第二卷）》（第三版），中国人民大学出版社2015年版，第345页。
[4] 参见王利明：《合同法研究（第二卷）》（第三版），中国人民大学出版社2015年版，第355页。

经对方催告后在合理期限内不行使的,该权利消灭。"至于解除的意思通知的具体方式,"不限于书面形式,只要享有解除权的一方将解除合同的意思表示通知对方即可,并且解除通知中必须能够表明解除权人有解除合同的意思表示"。[1]

四、辅助信息

《民法典》

第五百六十二条　当事人协商一致,可以解除合同。

当事人可以约定一方解除合同的事由。解除合同的事由发生时,解除权人可以解除合同。

第五百六十三条　有下列情形之一的,当事人可以解除合同:

(一)因不可抗力致使不能实现合同目的;

(二)在履行期限届满前,当事人一方明确表示或者以自己的行为表明不履行主要债务;

(三)当事人一方迟延履行主要债务,经催告后在合理期限内仍未履行;

(四)当事人一方迟延履行债务或者有其他违约行为致使不能实现合同目的;

(五)法律规定的其他情形。

以持续履行的债务为内容的不定期合同,当事人可以随时解除合同,但是应当在合理期限之前通知对方。

第五百六十五条　当事人一方依法主张解除合同的,应当通知对方。合同自通知到达对方时解除;通知载明债务人在一定期限内不履行债务则合同自动解除,债务人在该期限内未履行债务的,合同自通知载明的期限届满时解除。对方对解除合同有异议的,任何一方当事人均可以请求人民法院或者仲裁机构确认解除行为的效力。

当事人一方未通知对方,直接以提起诉讼或者申请仲裁的方式依法主张解除合同,人民法院或者仲裁机构确认该主张的,合同自起诉状副本或者仲裁申请书副本送达对方时解除。

---

[1] 黄薇主编:《中华人民共和国民法典释义》,法律出版社2020年版,第1086页。

第八百零六条 承包人将建设工程转包、违法分包的，发包人可以解除合同。

发包人提供的主要建筑材料、建筑构配件和设备不符合强制性标准或者不履行协助义务，致使承包人无法施工，经催告后在合理期限内仍未履行相应义务的，承包人可以解除合同。

合同解除后，已经完成的建设工程质量合格的，发包人应当按照约定支付相应的工程价款；已经完成的建设工程质量不合格的，参照本法第七百九十三条的规定处理。

《建筑法》

第五十四条 建设单位不得以任何理由，要求建筑设计单位或者建筑施工企业在工程设计或者施工作业中，违反法律、行政法规和建筑工程质量、安全标准，降低工程质量。

建筑设计单位和建筑施工企业对建设单位违反前款规定提出的降低工程质量的要求，应当予以拒绝。

第五十九条 建筑施工企业必须按照工程设计要求、施工技术标准和合同的约定，对建筑材料、建筑构配件和设备进行检验，不合格的不得使用

《建设工程质量管理条例》

第十四条 按照合同约定，由建设单位采购建筑材料、建筑构配件和设备的，建设单位应当保证建筑材料、建筑构配件和设备符合设计文件和合同要求。

建设单位不得明示或者暗示施工单位使用不合格的建筑材料、建筑构配件和设备。

第二十九条 施工单位必须按照工程设计要求、施工技术标准和合同约定，对建筑材料、建筑构配件、设备和商品混凝土进行检验，检验应当有书面记录和专人签字；未经检验或者检验不合格的，不得使用。

《标准化法》

第十条 对保障人身健康和生命财产安全、国家安全、生态环境安全以及满足经济社会管理基本需要的技术要求，应当制定强制性国家标准。

国务院有关行政主管部门依据职责负责强制性国家标准的项目提出、组织起草、征求意见和技术审查。国务院标准化行政主管部门负责强制性国家标准

的立项、编号和对外通报。国务院标准化行政主管部门应当对拟制定的强制性国家标准是否符合前款规定进行立项审查，对符合前款规定的予以立项。

省、自治区、直辖市人民政府标准化行政主管部门可以向国务院标准化行政主管部门提出强制性国家标准的立项建议，由国务院标准化行政主管部门会同国务院有关行政主管部门决定。社会团体、企业事业组织以及公民可以向国务院标准化行政主管部门提出强制性国家标准的立项建议，国务院标准化行政主管部门认为需要立项的，会同国务院有关行政主管部门决定。

强制性国家标准由国务院批准发布或者授权批准发布。

法律、行政法规和国务院决定对强制性标准的制定另有规定的，从其规定。

《标准化法实施条例》

第十八条 国家标准、行业标准分为强制性标准和推荐性标准。下列标准属于强制性标准：（一）药品标准，食品卫生标准，兽药标准；（二）产品及产品生产、储运和使用中的安全、卫生标准，劳动安全、卫生标准，运输安全标准；（三）工程建设的质量、安全、卫生标准及国家需要控制的其他工程建设标准；（四）环境保护的污染物排放标准和环境质量标准；（五）重要的通用技术术语、符号、代号和制图方法；（六）通用的试验、检验方法标准；（七）互换配合标准；（八）国家需要控制的重要产品质量标准。

国家需要控制的重要产品目录由国务院标准化行政主管部门会同国务院有关行政主管部门确定。

强制性标准以外的标准是推荐性标准。

省、自治区、直辖市人民政府标准化行政主管部门制定的工业产品的安全、卫生要求的地方标准，在本行政区域内是强制性标准。

建设工程施工合同纠纷案件裁判规则第 64 条：

发包人不履行合同约定的协助义务，致使承包人无法施工，且催告后在合理期限内仍未履行相应义务，承包人可以解除合同

【规则描述】 建设工程施工合同的履行过程中，因法律法规规定、合同约定或工程施工客观需要，存在诸多必须由发包人履行的协助义务，其中一部分协助义务如发包人不履行，则可能导致承包人无法施工。为督促发包人正确、及时履行该等协助义务，避免出现因发包人不履行必要的协助义务而导致的承包人无法施工、工程长期停滞的情况，《民法典》第三编第十八章第 806 条第 2 款明确规定，发包人不履行协助义务，致使承包人无法施工，经催告后在合理期限内仍未履行相应义务的，承包人可以解除合同。需注意的是，解除并非合同履行的常态，为维护合同的稳定性，采用本裁判规则时，应严格遵照《民法典》规定限定承包人解除权的适用范围，不得任意扩大。

一、类案检索大数据报告

时间：2020 年 8 月 10 日之前；案例来源：Alpha 案例库；案由：建设工程施工合同纠纷；检索条件：（1）全文：解除建设工程施工合同；（2）法院认为包含：同句"不履行合同约定的协助义务的"；（3）法院认为包含：同句"承包人请求解除建设工程施工合同"。本次检索获取 2020 年 8 月 10 日之前共计 107 篇裁判文书。其中：

①认为发包人未按约定支付工程款，承包人请求解除合同的共计 43 件，占比为 40.19%；

②认为发包人提供的主要建筑材料、建筑构配件和设备不符合强制性标准，承

包人请求解除合同的共计 4 件，占比为 3.74%；

③认为发包人不履行合同约定的协助义务，承包人请求解除合同的共计 48 件，占比为 44.86%；

④认为合同目的已达到，不符合合同约定的解除条件的共计 5 件，占比为 4.67%；

⑤认为工程已经竣工（或结算），不符合合同解除条件的共计 4 件，占比为 3.74%；

⑥认为当事人未举证证明存在合同解除条件的共计 3 件，占比为 2.8%。

整体情况如图 13-1 所示：

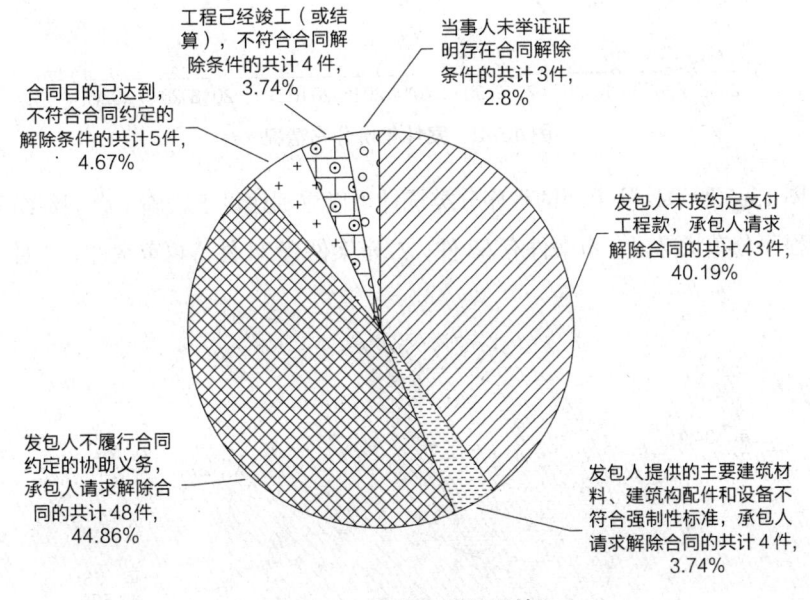

图 13-1 案件裁判结果情况

如图 13-2 所示，从案件年份分布可以看出，在当前条件下，涉及全文：解除建设工程施工合同；法院认为包含：同句"不履行合同约定的协助义务的"；法院认为包含：同句"承包人请求解除建设工程施工合同"，相应的民事纠纷案例数量的变化趋势。

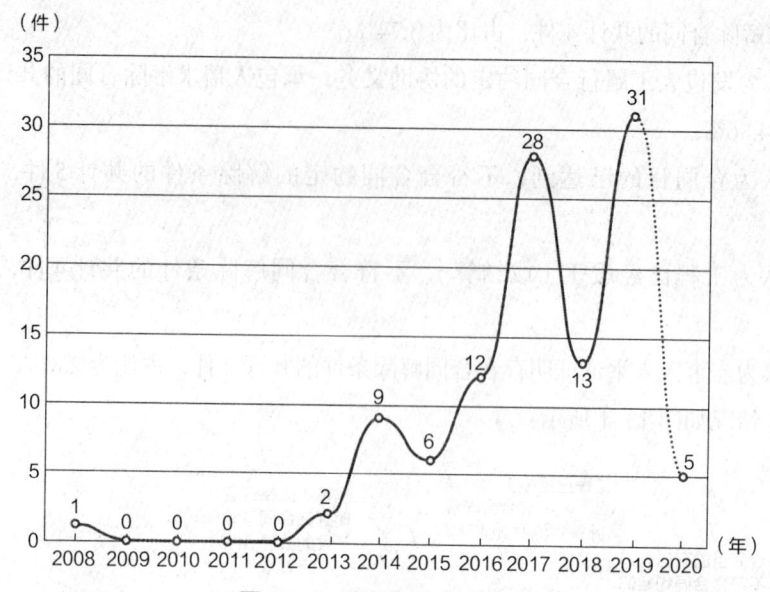

图 13-2　案件年份分布情况

如图 13-3 所示，从上面的程序分类统计可以看到建设工程施工合同纠纷下当前的审理程序分布状况。一审案件有 68 件，二审案件有 34 件，再审案件有 5 件。

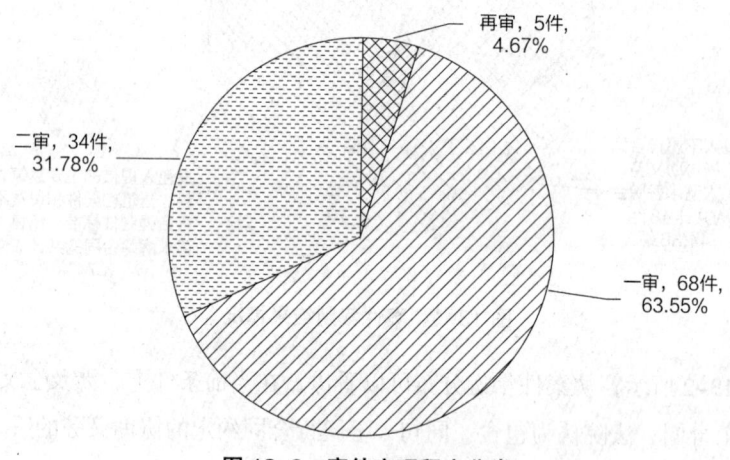

图 13-3　案件审理程序分类

通过对审理期限的可视化分析可以看到，当前条件下的审理时间更多处在 31～90 天的区间内，平均时间为 246 天。

二、可供参考的例案

例案一：江苏鑫洋装饰工程有限公司与江苏飞达控股集团有限公司、江苏飞达工具股份有限公司建设工程施工合同纠纷案

【法院】

江苏省高级人民法院

【案号】

（2014）苏民终字第0183号

【当事人】

上诉人（原审被告）：江苏飞达控股集团有限公司

被上诉人（原审原告）：江苏鑫洋装饰工程有限公司

原审被告：江苏飞达工具股份有限公司

【基本案情】

2010年11月15日，江苏鑫洋装饰工程有限公司（以下简称鑫洋装饰公司）与江苏飞达控股集团有限公司（以下简称飞达集团公司）、江苏飞达工具股份有限公司（以下简称飞达工具公司）就丹阳金陵阅江国际大酒店装饰工程签订《建筑装饰工程施工合同》，约定：飞达集团公司将该工程发包给鑫洋装饰公司施工；施工工期为360天，自2011年1月1日开工；发包人应于合同签字盖章生效后一周内向承包人提供全套施工图纸8套；发包人应于开工前一周内完成施工所需证件、批件的办理；同时约定发包人向承包人提供房产抵押，并由飞达工具公司提供保证担保；承包人向发包人提供履约保证金500万元。

2011年3月17日，因无法按合同约定期限开工，鑫洋装饰公司向飞达集团公司发送两份工作联系函，明确要求："尽快办理图纸审定、消防审定、施工许可证及相关手续""尽早提供5套以上经审定合格的齐全有效图纸和相关手续""尽快解决本工程土建项目的遗留问题的施工事宜""贵方应提供完整的经过审核的有效装饰图纸"。

之后，因装修图纸一直未能最终定稿，鑫洋装饰公司多次发送工作联系函，要求飞达集团公司联系设计单位抓紧落实设计任务，加快完成图审。2011年12月3日，鑫洋装饰公司向飞达集团公司董事长寄送信函："因贵方原土建图纸未有消防审图意见报告书，影响现装修图纸审图申报和招投标的开展，至今也不能办理施工许可证

等相关手续,致我方无法正常工作。"次年,飞达集团公司回函:"全套装修图纸和电子版都已经提交给贵方,贵方有义务按图施工。"此后,鑫洋装饰公司向江苏省镇江市中级人民法院提起诉讼,请求解除《建筑装饰工程施工合同》,请求判令飞达集团公司、飞达工具公司立即返还履行保证金、立即支付工程款。

一审法院经审理认为:因飞达集团公司未提供经审核图纸及施工许可证等手续,且经鑫洋装饰公司多次催告仍未履行,鑫洋装饰公司请求解除建筑装饰工程施工合同,应予支持;飞达集团公司应返还鑫洋装饰公司支付的保证金并支付已完工程的工程款等。飞达集团公司不服,向江苏省高级人民法院提起上诉。该案经江苏省高级人民法院审理,判决驳回上诉,维持原判。

【案件争点】

发包方未履行提供有效图纸、施工许可证等义务致工程无法施工,承包人是否有权要求解除施工合同。

【裁判要旨】

《建筑法》第7条、第8条,《建设工程质量管理条例》第11条规定:建筑工程开工前,将施工图设计文件进行报审以及办理施工许可证是建设单位的法定义务,施工图设计文件未经审核批准、未办理施工许可证的,承包单位依法不得施工。

按2004年《建设工程司法解释一》第9条第1款第3项[1]规定:"发包人不履行合同约定的协助义务,致使承包人无法施工,且在催告的合理期限内仍未履行相应义务的,承包人请求解除建设工程施工合同的,应予支持。"本案中,《建筑装饰工程施工合同》约定:飞达集团公司应于合同签字盖章生效后一周内提供全套施工图纸8套,并于开工前一周办理完成施工所需证件。自2011年3月起,鑫洋装饰公司多次向飞达集团公司提出尽快办理施工图审核和施工许可证等手续,但在长达一年多的时间内,飞达集团公司仍未能办理上述手续,致鑫洋装饰公司无法施工,且超出合理期限。因此,飞达集团公司未将涉案装饰施工图设计文件提交相应部门审核批准、未办理装饰工程施工许可证,既违反了法定义务也违反了合同义务。鑫洋装饰公司请求解除《建筑装饰工程施工合同》应予支持。

---

[1] 参见《民法典》第806条第2款:"发包人提供的主要建筑材料、建筑构配件和设备不符合强制性标准或者不履行协助义务,致使承包人无法施工,经催告后在合理期限内仍未履行相应义务的,承包人可以解除合同。"

例案二：沈阳永来房地产有限公司与中建六局土木工程有限公司建设工程施工合同纠纷案

【法院】

辽宁省高级人民法院

【案号】

（2017）辽民终字第335号

【当事人】

二审上诉人（一审被告、反诉原告）：沈阳永来房地产有限公司

二审上诉人（一审原告、反诉被告）：中建六局土木工程有限公司

【基本案情】

2010年10月20日，沈阳永来房地产有限公司（以下简称永来公司）将沈阳市于洪区汪河路紫都饭店工程发包给中建六局土木工程有限公司（以下简称中建六局），并签订《建设工程施工合同》。2010年11月12日，双方签订《补充协议》，对施工范围、质量要求、价款结算、支付方式及双方的权利义务等予以约定，其中第九条明确："由永来公司负责办理土地征用、拆迁补偿、施工许可证、施工临时占用道路等合法手续，中建六局协助办理。"

中建六局于2011年3月开始施工。由于永来公司未能取得诉争工程的《建设工程规划许可证》《建筑工程施工许可证》，该工程存在边建设、边补办规划建设等审批手续的情况。期间，中建六局多次以函件形式向永来公司反映上述问题。2011年9月5日，沈阳市于洪区城乡建设局给中建六局出具《责令改正通知书》（改字2011第303号），以施工单位存在模板、脚手架、临电、机械、文明施工等多方面违法违规行为，责令其限期整改。中建六局于2012年4月停工撤场。此后，中建六局向沈阳市中级人民法院提起诉讼，请求解除双方所签订的施工合同并要求永来公司支付已完工程价款等。永来公司反诉要求继续履行合同并要求中建六局赔偿损失。

沈阳市中级人民法院经审理认为，永来公司与中建六局签订的《建设工程施工合同》及《补充协议》合法有效，但永来公司未履行合同约定的办理建设工程施工许可证义务导致工程无法施工，中建六局有权解除上述合同，并有权要求永来公司支付相应的工程价款及利息。永来公司不服一审判决提起上诉。该案经辽宁省高级人民法院审理，维持了一审法院有关合同应予解除的判决，调整了利息起算时间。

后永来公司仍不服，向最高人民法院申请再审，最高人民法院经审查，驳回了永来公司的再审申请。

【案件争点】

发包方未领取《建筑工程施工许可证》，承包人是否有权要求解除施工合同。

【裁判要旨】

《建筑法》第7条规定："建筑工程开工前，建设单位应当按国家有关规定向工程所在地县级以上人民政府建设行政主管部门申请领取施工许可证。"根据上述法律规定，施工许可证是建设单位、施工单位符合施工条件并经行政管理机关允许开工建设的批准文件。且案涉工程既不属于投资额在30万元以下或者建筑面积在300平方米以下的建筑工程，亦不属于按照国务院规定的权限和程序批准开工报告的建筑工程，故办理施工许可证是案涉工程合法施工的前提。

案涉《补充协议》第9条第3项约定："永来公司负责办理土地征用、拆迁补偿、施工许可证、施工临时占用道路等合法手续，中建六局协助办理。"故永来公司系办理案涉工程施工许可证的责任主体，而案涉工程迄今为止仍未取得施工许可证，且中建六局在进场施工后曾多次发送函件催告永来公司办理施工手续。故本案系因永来公司未能履行办理施工许可证的合同义务，导致案涉工程的施工行为不具有合法性，中建六局因此而停止施工的行为符合法律规定。法院审理认为，永来公司的违约行为致使案涉施工合同目的已经无法实现，依据《合同法》第94条第4项[①]的规定，判决解除案涉《建设工程施工合同》及《补充协议》，并同时判令永来公司向中建六局支付已完工程相应的工程价款及利息。

例案三：肇东市水务局与黑龙江省建筑安装集团有限公司建设工程施工合同纠纷案

【法院】

黑龙江省高级人民法院

【案号】

（2017）黑民终字第592号

---

① 参见《民法典》第563条第1款第4项："有下列情形之一的，当事人可以解除合同：（四）当事人一方迟延履行债务或者有其他违约行为致使不能实现合同目的。"

【当事人】

上诉人（一审被告）：肇东市水务局

上诉人（一审原告）：黑龙江省建筑安装集团有限公司

【基本案情】

2010年10月28日，黑龙江省建筑安装集团有限公司（以下简称建安集团）与肇东市水务局（以下简称水务局）签订《建设工程施工合同》，双方约定：水务局将肇东市应急给水工程发包给建安集团；工程地点为肇东市水厂至托公提水泵站；工程内容为球墨铸铁输水管线DN800及泵站工程；双方还就施工范围、工期、质量、价款、结算、支付等内容进行了约定。后双方签订了《补充协议》，就合同材料价款及工期补充约定。

建安公司于2011年6月28日正式开工。给水管线及配套阀门、阀门井全部施工完毕后，因托公提水泵站正在进行改造未完工，致使已经建成的管线与托公提水泵站连接工程无法施工，故案涉工程于同年10月15日停工。2012年7月23日，建安公司向水务局及肇东市政府递交《关于肇东市应急给水工程没能按时交验情况说明》，载明："由于托公泵站大型改造没有交验，至本项目工程的托公泵站部分至今无法施工，直接导致该工程迟迟无法整体竣工交验，我公司要求按实际完成工程量结算。"

2013年12月12日，双方签订《应急给水工程补充合同》，明确应急给水工程因原有泵房不具安装条件，需重新设计建设该泵房，所以本工程不能正常交验，施工工期顺延至2015年12月31日。此后，建安公司多次通过信函通知水务局，要求进场继续进行未完工程施工。但由于泵房未重新设计，该工程一直停工。此后，建安公司向绥化市中级人民法院提起诉讼，请求解除双方签订的《建设工程施工合同》及其补充协议，并要求水务局立即给付工程款及延期付款利息。审理过程中，经法院释明和要求，水务局仍不能明确继续施工时间，仍不具备施工条件。法院经审理认为，合同签订后由于发包人无法完成水泵站的设计原因，导致施工合同无法继续履行，现建安公司提出解除合同，应予支持，判令解除双方的施工合同。水务局不服，向黑龙江省高级人民法院提起上诉，认为建安公司未通知解除，并要求继续履行该合同。黑龙江省高级人民法院经审理驳回上诉，维持原判。后水务公司不服，向最高人民法院提起再审，最高人民法院经审查驳回水务局的再审申请。

【案件争点】

发包方未按约定完成案涉工程的设计工作，导致工程长期停工，承包人在未发送解除通知的情况下，是否可以直接要求法院判决解除施工合同。

【裁判要旨】

关于案涉《建设工程施工合同》是否应当解除的问题。法院认为，案涉工程因水务局设计原因已停工多年，经建安公司多次催告仍不能明确继续施工的时间，具备法定解除的条件。在本案的审理过程中，水务局也仍无法确定合同的履行时间。此种情况下，案涉施工合同事实上已不具备继续履行条件，建安公司依法享有解除案涉施工合同的权利。法院依据《合同法》第94条第4项[1]、2004年《建设工程司法解释一》第9条[2]的规定，判令解除双方签订的《建设工程施工合同》及补充协议并无不当。

至于解除通知意思表示发送问题，建安公司已在一审庭审中明确提出解除合同的请求，水务局亦发表了反驳意见，应视为建安公司已经将解除合同的意思表示送达水务局，合同自通知到达时解除，故建安公司主张解除合同及其补充协议符合法律规定。

三、裁判规则提要

因法律法规规定、合同约定或工程施工客观需要，存在很多必须由发包人履行的协助义务，其中部分协助义务的不履行可能导致承包人无法施工。为促使发包人正确、及时履行该等协助义务，防止因发包人不履行协助义务导致承包人无法施工、工程长期停滞的情况，《民法典》第806条第2款规定承包人在发包人不履行协助义务，致使承包人无法施工，经催告后在合理期限内仍未履行相应义务的情形下，享有对建设工程施工合同的法定解除权。

（一）"发包人协助义务"的法律性质

法学理论上，合同义务是指合同当事人依据法律和合同的约定而产生的义务。现代合同法中的合同义务是由约定义务、法定义务和附随义务构成的义务群。[3] 给付，即债的标的，是指债之关系上特定人之间可以请求的特定行为，不作为也可以成为

---

[1] 参见《民法典》第563条第1款第4项："有下列情形之一的，当事人可以解除合同：（四）当事人一方迟延履行债务或者有其他违约行为致使不能实现合同目的。"

[2] 参见《民法典》第806条第2款："发包人提供的主要建筑材料、建筑构配件和设备不符合强制性标准或者不履行协助义务，致使承包人无法施工，经催告后在合理期限内仍未履行相应义务的，承包人可以解除合同。"

[3] 参见王利明：《合同法研究（第一卷）》（第三版），中国人民大学出版社2019年版，第387~390页。

给付,且不局限于有财产价格。[①] 给付义务是指双务合同中立于对价关系的债务,即主要义务,[②] 可区分为主给付义务与从给付义务。主给付义务指合同关系所固有、必备,并且用以决定合同关系类型的基本义务;主给付义务的不履行,可以导致合同的解除。从给付义务,本身不具有独立的意义,仅具有辅助主给付义务的功能,其存在的目的在于确保债权人的利益能够得到最大限度的满足;[③] 从给付义务的履行对合同目的的达成是必要的时,其未履行也可以导致合同的解除。

附随义务是指"合同当事人依据诚实信用原则所产生的,根据合同的性质、目的和交易习惯所应承担的通知、协助、保密等义务,由于此种义务是伴随于主给付义务的,因而称为附随义务"。附随义务不同于主给付义务,主要表现在:(1)主给付义务自始确定,并决定债之关系的类型;(2)附随义务原则上非属对待给付,不发生同时履行抗辩;(3)附随义务不履行,债权人原则上不得解除契约,但就其所受损害,得依债务不履行规定,请求损害赔偿。[④]

《民法典》第806条第2款虽采用"协助义务"表述,但不应简单等同于学说理论上的附随义务。一般认为,如因该等"协助义务"的不履行将导致承包人无法施工,其实际构成发包人的主要义务。[⑤] 是故,法律法规、建设工程施工合同或施工工艺要求等确定的发包人诸多"协助义务"中,发包人不履行哪些"协助义务"时承包人才可以解除施工合同,应根据该等义务在施工合同履行中的作用、地位及是否可能导致承包人无法施工等情况区分,既不能任意扩大承包人合同解除权的范围,也不能使双方的合同履行长期处于不确定的状态。

(二)发包人不履行"协助义务",并导致承包人无法施工的,承包人可以依法行使解除权

关于发包人的协助义务,可以是来源于民法上的诚信原则,可以是来源于双方

[①] 韩世远:《合同法总论》(第四版),法律出版社2018年版,第339页。
[②] 韩世远:《合同法总论》(第三版),法律出版社2011年版,第516页;史尚宽:《债法总论》,中国政法大学出版社2000年版,第543页。
[③] 韩世远:《合同法总论》(第三版),法律出版社2011年版,第243~244页。
[④] 王泽鉴:《债法原理(第二版)》,北京大学出版社2022年版,第31~32页。
[⑤] 参考最高人民法院民事审判第一庭编著:《最高人民法院建设工程施工合同司法解释的理解与适用》,人民法院出版社2015年版,第84页。本书认为:"虽然该项是对发包人协助义务的规定,但并不是相对于主要义务和次要义务而言的,如果不履行协助义务致使承包人无法施工的,就可以认为发包人没有履行合同的主要义务。"

当事人的合同约定,还可以是来源于法律明确规定。如基于诚信原则权源的,《民法典》第509条:"当事人应当按照约定全面履行自己的义务。当事人应当遵循诚信原则,根据合同的性质、目的和交易习惯履行通知、协助、保密等义务。当事人在履行合同过程中,应当避免浪费资源、污染环境和破坏生态。"如基于法定权源的,《民法典》第778条:"承揽工作需要定作人协助的,定作人有协助的义务。定作人不履行协助义务致使承揽工作不能完成的,承揽人可以催告定作人在合理期限内履行义务,并可以顺延履行期限;定作人逾期不履行的,承揽人可以解除合同。"《民法典》第808条:"本章没有规定的,适用承揽合同的有关规定。"针对《民法典》第778条的规定,一般认为,如果定作人的协助义务是完成承揽合同的前提条件,定作人不履行的,承揽人应当催告定作人在合理期限内履行,并可以顺延完成工作的期限。如果在合理期限内定作人仍未履行协助义务,将构成本条所称的逾期不履行,定作人的逾期不履行将导致合同不能继续履行,承揽人无法按约完成,合同目的无法实现,此时,承揽人可以解除合同。[①]

建设工程施工合同履行具有一定的特殊性,首先,合同履行应该遵循与建设工程相关的法律法规、部门规章和政府文件要求,应履行相应的报批、报建、验收等规范要求;其次,承包人必须在发包人指定的特定施工场地、按发包人提供的图纸要求进行施工。因此,建设工程施工合同中,必须由发包人履行协助义务后承包人才能正常施工的情形较多,具体应视施工工程的内容不同而区分看待,难以穷尽表述。现根据建设工程相关的法律法规、行业惯例等,常见的可以导致承包人行使解除权的"发包人协助义务",主要包括以下几种情形:

1. 提供施工设计文件、图纸的义务

(1)施工设计文件的内涵与外延。根据《建筑工程设计文件编制深度规定》(建质函〔2016〕247号附件),建筑工程的设计文件一般应分为方案设计、初步设计和施工图设计三个阶段。三个阶段设计文件的编制深度要求渐次加深,其中:

①方案设计文件,设计深度应达到满足编制初步设计文件的需要,且应满足方案审批或报批的需要。方案设计文件通常包括:设计说明书、总平面图以及相关建筑设计图纸、设计委托或设计合同中规定的透视图、鸟瞰图、模型等。

②初步设计文件,设计深度应满足编制施工图设计文件的需要,且应满足初步设计审批的需要。初步设计文件通常包括:设计说明书、有关专业的设计图纸、主

[①] 黄薇主编:《中华人民共和国民法典释义》,法律出版社2020年版,第1433页。

要设备或材料表、工程概算书、有关专业的计算书（为必须编制但非必须交付的文件）。

③ 施工图设计文件，应满足设备材料采购、非标准设备制作和施工的需要。施工图设计文件通常包括：工程所涉及的所有专业的设计图纸、工程预算书以及各专业计算书（为必须编制并归档保存但非必须交付的文件）。

除以上三阶段设计文件外，还有"专项设计文件"，如建筑幕墙设计、基坑与边坡工程设计、建筑智能化设计、预制混凝土构件加工图设计等。

（2）施工图纸的定义。施工图纸是用于表示建筑物的内部布置情况、外部形状，以及装修、构造、施工要求等内容的有关图纸，可以分为建筑施工图、结构施工图、设备施工图等。建筑施工图通常包括建筑总平面图、建筑平面图、建筑立面图、建筑剖面图和建筑详图等。结构施工图包括基础平面图、基础剖面图、屋盖结构布置图、楼层结构布置图、柱梁板配筋图、楼梯图、结构构件图，以及必要的施工详图等。设备施工图一般包括采暖施工图、电气施工图、通风施工图和给排水施工图等。

施工图纸还可按出图形式的不同分为蓝图和白图，蓝图是用硫酸纸晒图形成，白图是用墨粉打印而成。蓝图具有不易涂改、能够长期保存等特点，设计单位应在蓝图上加盖设计单位出图专用印鉴，审图机构审图后存档亦采用蓝图存档，所以应以蓝图作为施工的依据。

（3）施工图设计文件审查制度。施工图审查是指行政主管部门认定的施工图审查机构按照有关法律、法规和规章等，对施工图涉及公共利益、公众安全和工程建设强制性标准的内容进行的审查。2000年，国务院先后颁布《建设工程质量管理条例》和《建设工程勘察设计管理条例》，条例规定，施工图设计文件应报县级以上人民政府建设行政主管部门或者其他有关部门审查，施工图设计文件未经审查批准的，不得使用。其后，原建设部印发了《建筑工程施工图设计文件审查暂行办法》，规定了施工图审查的具体实施办法。以上文件，开启了我国施工图审查制度"行政审批阶段"。

之后，随着建筑市场的逐步规范化，2017年10月7日，国务院出台《国务院关于修改部分行政法规的决定》对《建设工程质量管理条例》和《建设工程勘察设计管理条例》两部行政法规的部分条款予以修改，删除了其中关于施工图设计文件应报县级以上人民政府建设行政主管部门或者其他有关部门审查的规定。2018年5月14日，国务院办公厅发布《关于开展工程建设项目审批制度改革试点的通知》，决定在北京、天津、上海、南京、厦门、浙江省等地开展工程建设项目审批制度改革试点工作，提出"合并审批事项，将消防设计审核、人防设计审查等技术审查并入施工图设计文件审查，相关部门不再进行技术审查"，并"推行以政府购买服务方式开展施工图设计文件审查"。

2018年12月29日住建部相应地再次修订《房屋建筑和市政基础设施工程施工图设计文件审查管理办法》，2019年3月26日国务院办公厅《关于全面开展工程建设项目审批制度改革的实施意见》提出要进一步精简审批环节，要求"试点地区在加快探索取消施工图审查（或缩小审查范围）、实行告知承诺制和设计人员终身负责制等方面，尽快形成可复制可推广的经验"。其后，各地陆续开始探索取消房屋建筑和市政基础设施工程施工图设计文件审查，实行告知承诺制。如2019年7月山西省住建厅发布《关于进一步深化施工图审查制度改革 加强勘察设计质量管理的意见（试行）的通知》，"取消现行的房屋建筑和市政基础设施工程社会中介机构施工图审查环节，全省图审机构停止承接新业务"；2020年3月山东省委省政府印发《关于深化制度创新加快流程再造的指导意见》，提出"在中国（山东）自由贸易试验区、中国—上合组织地方经贸合作示范区、青岛西海岸新区探索取消施工图审查或缩小审查范围，2020年12月底前全省依法取消"；2020年11月浙江省住建厅等联合发布《关于深化房屋建筑和市政基础设施工程施工图管理改革的实施意见》，规定在坚持施工图联审的基础上，将房屋建筑和市政基础设施工程分为三类，建立施工图分类审查制度：特殊建设工程施工许可前审查、低风险工程免予审查、一般工程施工许可后审查。

目前全国各地对施工图设计文件审查制度的执行情况存在差异，在具体案件处理中应综合考量项目施工时间、项目所在地的具体规定，以正确判断发包人是否必须提供经审图机构审查通过的图纸，发包人提供的图纸未经审图通过是否可能致使承包人无法施工等问题。

（4）发包人提供设计文件或施工图纸义务。（2017）《施工合同示范文本》通用条款第1.6.1条约定："发包人应按照专用合同条款约定的期限、数量和内容向承包人免费提供图纸，并组织承包人、监理人和设计人进行图纸会审和设计交底。发包人至迟不得晚于第7.3.2项〔开工通知〕载明的开工日期前14天向承包人提供图纸。因发包人未按合同约定提供图纸导致承包人费用增加和（或）工期延误的，按照第7.5.1项〔因发包人原因导致工期延误〕约定办理。"

本条是关于发包人应提供施工设计文件、施工图纸义务，以及发包人未按约定提供图纸时，承包人享有工期顺延请求权以及损害赔偿请求权的约定。施工设计文件以及施工图纸是完整展现发包人要求、集中反映国家质量安全管控目标的重要文件，也是整个建筑工程的核心与骨架。发包人提供图纸存在错误或者逾期提供施工关键线路上的图纸的，可能导致承包人施工不能，故发包人提供施工设计文件、施工图纸义务是可能引发承包人解除权的"协助义务"。[①]需要注意的是：

① 发包人在开工前14天向承包人提供的图纸，应当是项目工程的全套施工图，如规定应当通过审图的，发包人提供的施工图不仅要有设计人员签名、加盖设计单位印章，还应加盖审图单位的审图通过的印章。如发包人仅向承包人提供图纸电子稿或未经设计院盖章、未经审图的白图，应视为发包人未履行合同约定的提供施工图纸义务。

② 按照基本建设程序的规定，发包人应在开工前向承包人提供全套的施工图，不应边设计边施工，如发包人未在开工前提交全套施工图导致承包人无法继续施工的，一般也可视为发包人未完全履行提供施工图纸义务。

③ 施工过程中，发包人要求变更设计的，应及时向承包人提供经原设计院设计的变更设计图，如因发包人未能及时提供符合要求的设计变更图纸，一般也应视为发包人未按约完全履行提供施工图纸的义务。

2. 提供许可证、执照或批准的义务

（1）与建设工程投资建设相关的审批文件和许可证。建筑工程是一个集项目管理、土地、规划、交通、消防、环境等多部门协力的系统性工程，因建筑工程关涉公众安全以及公共利益，法律法规对此规范较为严格，常见以许可证、执照、批准、备案等行政许可方式实施事前、事中或事后管理。实践中，施工过程涉及的主要许可证、执照或批准主要包括：

① 项目投资审批、核准或备案文件。我国投资项目审查制度按投资主体、资金来源、项目性质之不同，分别实行投资审批、核准或备案制度；《国务院关于投资体制改革的决定》第2条以及《企业投资项目核准和备案管理办法》中有具体的规定。其中政府投资项目，包括政府直接投资或政府资本金注入项目，以及企业使用政府补助、转贷、贴息投资建设的项目采审批制；《政府核准的投资项目目录》内的企业投资项目采用核准制；除实行核准制的项目外的其他企业投资建设项目，均采用备案制。

[①] 参考最高人民法院民事审判第一庭编著：《最高人民法院建设工程管施工合同司法解释的理解与适用》，人民法院出版社2015年版，第84页。

② 建设用地规划许可证。《城乡规划法》第37条、第38条规定，建设用地规划许可证的目的在于通过对建设用地的事先控制，对项目的选址、性质、开发强度是否符合城市规划，从方向上作出评估，即建设用地须符合控制性详细规划。[①] 另外，《自然资源部关于以"多规合一"为基础推进规划用地"多审合一、多证合一"改革的通知》第2条规定不同土地使用权取得方式的建设用地规划许可证的申领途径，简化了办证程序。

③ 合法取得土地使用权。发包人只有取得合法的土地使用权，才能在该地块上开发建设，故土地使用权的合法取得是发包人应履行的义务。我国国有土地施行有偿使用制度，建设单位使用国有建设用地，土应当通过合法途径取得土地使用权，包括划拨、出让等方式取得。其中土地有偿使用可以通过土地使用权出让、租赁、授权经营、作价入股（出资）等有偿使用方式实现，其中出让方式包括招标、拍卖、挂牌和协议。[②] 建设单位在项目建设过程中应遵循土地出让文件所附的项目地块的控制性详细规划的规定。划拨取得，是国有土地有偿使用制度的例外和补充，是指有关人民政府依照《土地管理法》有关规定批准，在土地使用者缴纳有关补偿、安置费用后将一定数量的国有土地交付其使用，或者直接将一定数量的国有土地无偿交付给土地使用者使用的情形。[③] 划拨取得的适用范围和条件受到严格限制。[④] 针对集体土地，《土地管理法》第63条规定，土地利用总体规划、城乡规划确定为工业、商业等经营性用途，并经依法登记的集体经营性建设用地，土地所有权人可以通过出让、出租等方式交由单位或者个人使用；通过出让等方式取得的集体经营性建设用地使用权可以转让、互换、出资、赠与或者抵押，但法律、行政法规另有规定或者土地所有权人、土地使用权人签订的书面合同另有约定的除外。

---

① 参考最高人民法院民事审判第一庭编著：《最高人民法院建设工程施工合同司法解释（二）理解与适用》，人民法院出版社2019年版，第60页。另外，《城乡规划法》第39条规定："规划条件未纳入国有土地使用权出让合同的，该国有土地使用权出让合同无效；对未取得建设用地规划许可证的建设单位批准用地的，由县级以上人民政府撤销有关批准文件；占用土地的，应当及时退回；给当事人造成损失的，应当依法给予赔偿。"

② 杨合庆主编：《中华人民共和国土地管理法释义》，法律出版社2020年版，第11页。

③ 杨合庆主编：《中华人民共和国土地管理法释义》，法律出版社2020年版，第12页。

④ 参见《土地管理法》第54条："建设单位使用国有土地，应当以出让等有偿使用方式取得；但是，下列建设用地，经县级以上人民政府依法批准，可以以划拨方式取得：（一）国家机关用地和军事用地；（二）城市基础设施用地和公益事业用地；（三）国家重点扶持的能源、交通、水利等基础设施用地；（四）法律、行政法规规定的其他用地。"

④ 建设工程规划许可证。《城乡规划法》第40条规定："在城市、镇规划区内进行建筑物、构筑物、道路、管线和其他工程建设的,建设单位或者个人应当向城市、县人民政府城乡规划主管部门或者省、自治区、直辖市人民政府确定的镇人民政府申请办理建设工程规划许可证。"建设工程规划许可证是规划部门对建设项目的具体规划方案进行审查后,认为建设项目符合规划要求而核发的许可证,是建设工程项目是否可以建设的前置条件。如项目未取得建设工程规划许可证,按2020年《建设工程司法解释一》第3条第1款规定,发承包双方签订施工合同无效,但发包人在起诉前取得建设工程规划许可证等规划审批手续的除外。

⑤ 建筑工程施工许可证。建筑工程施工许可证是确认建设单位符合施工条件、允许开工的批准文件,是建设单位进行工程开工建设的法律依据。《建筑法》第7条规定："建筑工程开工前,建设单位应当按照国家有关规定向工程所在地县级以上人民政府建设行政主管部门申请领取施工许可证;但是,国务院建设行政主管部门确定的限额以下的小型工程除外。按照国务院规定的权限和程序批准开工报告的建筑工程,不再领取施工许可证。"因此,申领建筑工程施工许可证的责任主体是建设单位,即发包人而非承包人。

《建筑法》第64条规定："违反本法规定,未取得施工许可证或者开工报告未经批准擅自施工的,责令改正,对不符合开工条件的责令停止施工,可以处以罚款。"《建筑工程施工许可管理办法》第12条进一步规定："对于未取得施工许可证或者为规避办理施工许可证将工程项目分解后擅自施工的,由有管辖权的发证机关责令停止施工,限期改正,对建设单位处工程合同价款1%以上2%以下罚款;对施工单位处3万元以下罚款。"因此,未领取施工许可擅自施工的法律后果包括责令改正、责令停止施工以及罚款等行政处罚,故未取得建筑工程施工许可证的项目,承包人是无法继续施工的。

《建筑工程施工许可管理办法》第4条对申领建筑工程施工许可证应提交的资料作出了详细的规定,包括:已经办理该建筑工程用地批准手续;已经取得建设工程规划许可证;施工场地已经基本具备施工条件,需要征收房屋的,其进度符合施工要求;已经依法确定施工企业;有满足施工需要的技术资料,施工图设计文件已按规定审查合格;有保证工程质量和安全的具体措施;按照规定应当委托监理的工程已委托监理;建设资金已经落实;法律、行政法规规定的其他条件。

这里需要注意,发包人通常应当在开工前取得前述的批文和许可证。承包人以发包人未取得建设工程规划许可证等规划审批手续为由,请求确认建设工程施工合同无效的，人民法院应予支持，但是发包人在起诉前取得建设工程规划许可证等规划审批手续的除外；如发包人未能取得建筑工程施工许可证的，将导致建设工程施工无法正常进行，已经开工的项目可能因违反法律规定而被责令停工。总之，一般认为，如因发包人原因造成项目工程未能取得相关批文和许可证，并导致承包人无法正常施工的，即属于"可以导致承包人行使解除权的发包人协助义务"。[①]

（2）发包人提供其他各项许可及批准的义务。为保证施工的正常进行，发包人还须根据法律法规、政策文件规定和合同约定向有关单位申请办理以下事项的许可和批准手续，包括但不限于：

第一，施工临时用水许可手续。通常应由发包人向水务部门提出申请，并提交符合施工临时用水条件的立项批复、建设工程规划许可证、核定用地图、施工总平图及用水接驳点位置图等；具体以项目所在地水务管理部门的规定为准。

第二，施工临时用电许可手续。通常应由发包人持建设工程规划许可证、施工许可证、临时用电方案等资料向电力部门申请施工临时用电，安装临时变压器等；具体以项目所在地电力部门的规定为准。

第三，施工临时占用土地许可手续。项目施工需要临时使用项目红线规划外的土地时，通常应由项目建设单位向国土管理部门或集体土地所有人提出申请。

第四，施工临时中断道路交通许可手续。通常应由发包人持工程规划许可证、施工许可证等向城管、交警等部门提出申请；但如合同约定由承包人办理且不违反项目所在地相关规定的除外。

前述的临时用水、用电、用地、占道等许可或批准手续，如按项目所在地相关职能部门规定只能由发包人提出申请的，发包人不予协助办理的，施工用水、用电、物资运输、堆放等问题就难以解决，如因此导致施工无法正常进行，且经承包人催告发包人在合理期限内仍未办理的，承包人可根据《民法典》第806条第2款行使合同解除权。

3. 提供施工现场、施工条件以及基础施工资料的义务

（1）发包人提供施工现场的义务。建筑施工是工程建设实施阶段的生产活动，是各类建筑物的建造过程，也是转化发包人要求为实物的过程，这个过程全部需要在指定的地点即施工现场完成。换言之，施工现场是全部建筑施工的基石。如发包

[①] 参考最高人民法院民事审判第一庭编著：《最高人民法院建设工程施工合同司法解释的理解与适用》，人民法院出版社2015年版，第84页。

人因征地拆迁、管线迁改、苗木移植或其他前道工序未完成等原因无法移交施工场地，承包人也就无法进场施工。

（2017）《施工合同示范文本》通用条款第2.4.1条约定，发包人应最迟于开工日期7天前向承包人移交施工现场。如因发包人未依约及时提供施工现场，致使承包人无法施工的，承包人应有权解除施工合同。

此外，需要注意因前道工序未完成致使无法移交施工场地的情形，例如发包人将土建工程和装修工程分别发包给不同的承包人，装修工程施工合同的开工应以土建工程验收合格为前提，如土建工程未完工或者工程质量明显存在瑕疵或者缺陷，装修工程无法进场施工，如因此导致装修工程施工合同无法履行的，承包人应有权要求解除双方已签订的装修工程施工合同。

（2）发包人提供施工条件的义务。施工条件，即施工所必需、持续具备的客观条件。广义上说，施工条件包括法律条件以及物质条件。法律条件指施工工程持续符合国家关于规划、产业、土地政策、环境保护、节能、工程招投标、工程质量、安全生产等的规定；物质条件指施工工程具备施工技术文件、进入施工场地的道路、水、电、通信等联接条件、施工人员、施工机械设备设施、工程材料等条件。上述法律条件与施工工程所需许可证、施工临时用水、用电、临时占用土地等许可手续存在重合，前文已述及，在此不复赘述。此处所涉"施工条件"，仅指物质条件。

（2017）《施工合同示范文本》通用条款第2.4.2条约定，发包人应负责提供施工所需要的条件，包括：①将施工用水、电力、通信线路等施工所必需的条件接至施工现场内；②保证向承包人提供正常施工所需要的进入施工现场的交通条件；③协调处理施工现场周围地下管线和邻近建筑物、构筑物、古树名木的保护工作，并承担相关费用等。因发包人原因致使施工条件未得满足，致使承包人无法施工的，承包人应有权解除施工合同。

（3）发包人提供施工资料的义务。施工资料，是指记载施工现场的地质、气象水文、地下管线分布等信息的资料。建筑施工过程中，地基基础工程深受施工场地的地质状况、气象水文情况以及地下管线分布情况等影响。鉴于地质勘探通常是由发包人委托勘察单位完成，发包人持有地质、气象水文、地下管线资料，故通常应由发包人向承包人提供该施工资料，并对资料的真实性、准确性负责。如《建筑法》第40条规定："建设单位应当向建筑施工企业提供与施工现场相关的地下管线资料，建筑施工企业应当采取措施加以保护。"

（2017）《施工合同示范文本》通用条款第2.4.3条约定，发包人应当在移交施工现场前向承包人提供施工现场及工程施工所必需的毗邻区域内供水、排水、供电、供气、供热、通信、广播电视等地下管线资料，气象和水文观测资料，地质勘察资料，相邻建筑物、构筑物和地下工程等有关基础资料，并对所提供资料的真实性、准确性和完整性负责。发包人未及时提供施工资料，或提供施工资料不真实、不准确或不完整，以至于承包人无法施工的，承包人可以据此解除施工合同。

4. 按建设工程进度要求，及时履行相应分部分项验收义务

建设工程施工过程中，建设单位应委托监理单位按照《建筑工程施工质量验收统一标准》，对施工单位施工完成的分部分项工程、主体结构工程按规定组织验收；同时，建设单位应按《建设工程质量检测管理办法》的规定委托工程质量检测机构，依据国家有关法律、法规和工程建设强制性标准，对涉及结构安全项目进行抽样检测和对进入施工现场的建筑材料、构配件进行见证取样检测。

（1）需要进行分部分项验收的工程。①桩基础、天然地基、地基处理等工程；②地基与基础工程（含地下防水）；③主体结构工程（包括混凝土、钢、砖、木等受力结构）；④幕墙工程；⑤电梯分部工程；⑥建筑节能分部工程；⑦低压配电（含发电机组）安装工程；⑧建设、监理单位或质监机构根据工程特点及有关规定确认的有关分部（子分部）工程。

（2）建设单位应委托有资质的工程质量检测单位对工程结构实体进行质量检测。为保证建设工程质量，建设单位应按照《建设工程质量检测管理办法》要求，在分部工程验收前委托工程质量检测机构，依据国家有关法律、法规和工程建设强制性标准，对涉及结构安全项目进行抽样检测并对进入施工现场的建筑材料、构配件进行见证取样检测；由工程质量检测机构按规范要求进行检测，并依法出具工程结构实体质量检测报告。工程结构实体质量检测结果作为地基与基础和主体结构工程的验收和评优依据。未进行工程结构实体质量检测或工程结构实体质量检测不合格且未经处理的建设工程，不得进行地基与基础分部、主体结构分部工程质量的验收，工程质量监督机构不得出具工程质量监督报告、不得向工程竣工验收备案管理部门推荐备案。工程结构实体检测的主要内容包括但不限于：

①地基基础工程检测：地基及复合地基承载力静载检测，桩的承载力检测；桩身完整性检测，锚杆锁定力检测；

②主体结构工程现场检测：混凝土、砂浆、砌体强度现场检测，钢筋保护层厚度检测，混凝土预制构件结构性能检测，后置埋件的力学性能检测；

③建筑幕墙工程检测：建筑幕墙的气密性、水密性、风压变形性能、层间变位

性能检测，硅酮结构胶相容性检测；

④钢结构工程检测：钢结构焊接质量无损检测，钢结构防腐及防火涂装检测，钢结构节点、机械连接用紧固标准件及高强度螺栓力学性能检测，钢网架结构的变形检测。

（3）关于发包人在约定期限内进行分部分项验收义务的规定。根据上述验收规范要求，如发包人未及时委托工程质量检测机构对工程结构实体进行检测，未及时开展分部分项验收，则承包人已施工完成的分部工程因得不到相应的检测，无法取得工程结构实体验收合格的报告，如承包人因此无法进行下道工序的施工的，该义务也应属于本规则项下能够引发承包人解除权的"协助义务"。

（三）通常不能导致承包人行使解除权的"发包人协助义务"

除前述第 2 点所述"发包人协助义务"外，建设工程施工过程中，发包人还须承担其他部分"协助义务"，如该等协助义务发包人未履行，并不会导致建设项目无法继续施工的，则不属于本规则所称"发包人协助义务"。具体的建设工程项目中，因法律法规、项目要求或合同约定不同，发包人的协助义务不尽相同，"附随义务的内容不是通过当事人在合同中事先确定的，也不是在合同成立时便已经确定的，而是随着合同关系的发展而不断变化的"[1]，仅简单举例说明：

1. 发包人对一般性隐蔽工程的检查义务

隐蔽工程验收，是指在施工单位自行检查合格的基础上，由工程质量验收责任方组织，工程建设相关单位参加，对建筑物或构筑物施工过程中将被下一道工序遮盖或者封闭而无法或者很难再进行检查的隐蔽工程质量进行抽样检查，对技术文件进行审核，并根据设计文件和相关标准以书面形式对工程质量是否达到合格作出确认的过程。

《民法典》第 798 条规定："隐蔽工程在隐蔽以前，承包人应当通知发包人检查。发包人没有及时检查的，承包人可以顺延工程日期，并有权要求赔偿停工、窝工等损失。"（2017）《施工合同示范文本》通用条款第 5.3.2 条约定："除专用合同条款另有约定外，工程隐蔽部位经承包人自检确认具备覆盖条件的，承包人应在共同检查前 48 小时书面通知监理人检查，通知中应载明隐蔽检查的内容、时间和地点，并应附有自检记录和必要的检查资料。监理人应按时到场并对隐蔽工程及其施工工艺、

---

[1] 王利明：《合同法研究（第一卷）》（第三版），中国人民大学出版社 2019 年版，第 395 页。

材料和工程设备进行检查。经监理人检查确认质量符合隐蔽要求，并在验收记录上签字后，承包人才能进行覆盖。经监理人检查质量不合格的，承包人应在监理人指示的时间内完成修复，并由监理人重新检查，由此增加的费用和（或）延误的工期由承包人承担。除专用合同条款另有约定外，监理人不能按时进行检查的，应在检查前24小时向承包人提交书面延期要求，但延期不能超过48小时，由此导致工期延误的，工期应予以顺延。监理人未按时进行检查，也未提出延期要求的，视为隐蔽工程检查合格，承包人可自行完成覆盖工作，并作相应记录报送监理人，监理人应签字确认。监理人事后对检查记录有疑问的，可按第5.3.3项〔重新检查〕的约定重新检查。"据此，通常情况下，隐蔽工程是由发包人或其指派的监理人进行检查。其中，一般性隐蔽工程，如因监理人怠于检查，承包人也可以自行完成覆盖工作。因此，发包人或其指派的监理人未及时履行隐蔽工程检查义务，并不会导致承包人无法施工。当然，如因合同约定或施工工艺要求，部分隐蔽工程覆盖前必须经发包人查验同意，否则不得覆盖的，则发包人怠于履行隐蔽工程验收义务有可能导致承包人无法继续施工，在该等情形下，承包人有权行使合同解除权。

2. 发包人进行竣工验收的义务

《民法典》第799条第1款规定："建设工程竣工后，发包人应当根据施工图纸及说明书、国家颁发的施工验收规范和质量检验标准及时进行验收。验收合格的，发包人应当按照约定支付价款，并接收该建设工程。"本款是关于发包人竣工验收的规定，竣工验收既是发包人的权利也是其义务。

2020年《建设工程司法解释一》第9条第2项、第3项的规定，承包人已经提交竣工验收报告，发包人拖延验收的，以承包人提交验收报告之日为竣工日期；建设工程未经竣工验收，发包人擅自使用的，以转移占有建设工程之日为竣工日期。通常情况下，工程如已达到竣工验收条件，承包人在施工合同项下的义务已履行完毕，即使发包人拖延竣工验收，也不会导致承包人无法继续施工；且司法解释也已对发包人拖延验收情况下如何认定竣工日期作了明确的规定，不至于导致承包人的合同利益受到损害。

3. 发包人确认工程量和工程签证的义务

建设工程施工合同履行过程中，为确定承包人实际施工的工程量，通常约定承包人每月向发包人报审已完工程量，经监理人签字、发包人或其委托的过程审价单位核查，初步确定每月已完成工程量，发包人以此作为工程进度款的支付依据。发包人对承包人上报工程量的审核是发包人的权利与义务，但通常情况下不构成本规则所称的"发包人的协助义务"。但如因发包人不确认工程量导致其不履行工程款付款义务的,则构成发包人不履行主要义务的情形,承包人可以以发包人不履行合同主要义务而要求解除合同。

另外,若发包人已经对设计方案和材料进行了明确,仅是怠于确认变更工程量和工程价款或怠于履行签证义务的,通常情况下并不会导致承包人无法继续施工,故一般不应构成承包人行使合同解除权的理由。但如发包人要求设计变更或材料变更,却未及时提供设计变更联系单或设计变更图纸,或具体的用材要求,如品牌、型号等,且该变更又系发生在施工的关键线路上的,则很可能导致承包人无法确定变更工程的施工方案或用材,并导致承包人无法施工的,此时承包人可以以发包人不履行提供图纸等协助义务而要求解除合同。

4. 发包人排除第三方干扰或阻碍工程进度的义务

在建筑工程施工合同履行过程中,经常会遇到周边居民因环境、噪声等影响要求补偿费用或要求调整施工措施,并可能出现干扰施工的情况。因发包人具有提供施工条件的义务,所以施工合同通常约定该项义务为发包人的协助义务。如发包人未能及时排除干扰的,承包人有权要求顺延工期,一般不会导致施工合同无法履行,但特殊情况下,因前期土地使用权取得、设计方案问题等导致周边干扰长时间无法排除并阻碍施工活动的正常进行的,承包人也有权要求解除施工合同,该种情况下,承包人解除权的实质还是发包人提供的施工条件不符合合同约定。

5. 发包人通知、协助、保密等义务

《民法典》第509条第2款规定:"当事人应当遵循诚信原则,根据合同的性质、目的和交易习惯履行通知、协助、保密等义务。"本款是关于诚信原则的规定,本款所称的通知、协助以及保密等义务均是基于诚信原则而产生的,法律性质上属于附随义务,[1]与《民法典》第563条第1款第3项以及《民法典》第806条第2款中的协助义务(作为发包人的主要义务)在法律性质以及法律后果上有着明显的区别。因此违反该等附随义务不会导致合同解除权。[2]

(四)承包人行使解除权的相关要件

承包人在行使《民法典》第806条第2款规定的法定合同解除权时,须满足相

---

[1] 韩世远:《合同法总论》(第三版),法律出版社2011年版,第246页。
[2] 王泽鉴:《债法原理》,中国政法大学出版社2001年版,第40页。

关要件：

1. 发包人有不履行合同约定或法律规定的协助义务的事实存在。承包人实际行使《民法典》第806条第2款规定的法定合同解除权时，首先应证明该等义务是合同约定或法律规定应由发包人履行的协助义务，且发包人客观上未履行该协助义务。

2. 发包人不履行协助义务已经致使承包人无法施工。前文已经举例分析了发包人在建设工程施工活动中需履行的部分协助义务，及该等协助义务的不履行能否导致施工合同无法继续履行等问题。只有发包人不履行协助义务导致承包人无法继续施工时，承包人才有权行使合同解除权，即发包人不履行协助的行为必须与承包人无法施工具有直接的因果联系。

3. 承包人已尽到催告义务。《民法典》第806条第2款就承包人行使法定解除权设置了催告的程序要件。发包人虽未履行协助义务，但承包人不得径自解除合同，承包人仍须催告发包人，惟发包人在合理期限内未履行相应义务的，承包人才可以解除合同。

4. 发包人未在被催告后的合理期限内予以纠正。合理期限，是债务人作出履行准备与实际履行的必要期间，应当根据合同目的以及双方当事人的客观情势确定。该合理期限应结合实际以及履行协助义务客观上需要的时间予以合理确定。

除上述要件外，关于承包人行使解除权的要件与方式，本书裁判规则的第63条中已作出较为详尽的解析，重复部分不再赘述。

四、辅助信息

《民法典》

第五百零九条　当事人应当按照约定全面履行自己的义务。

当事人应当遵循诚信原则，根据合同的性质、目的和交易习惯履行通知、协助、保密等义务。

当事人在履行合同过程中，应当避免浪费资源、污染环境和破坏生态。

第五百六十三条　有下列情形之一的，当事人可以解除合同：

（一）因不可抗力致使不能实现合同目的；

（二）在履行期限届满前，当事人一方明确表示或者以自己的行为表明不履行主要债务；

（三）当事人一方迟延履行主要债务，经催告后在合理期限内仍未履行；

（四）当事人一方迟延履行债务或者有其他违约行为致使不能实现合同目的；

（五）法律规定的其他情形。

以持续履行的债务为内容的不定期合同，当事人可以随时解除合同，但是应当在合理期限之前通知对方。

第七百七十八条 承揽工作需要定作人协助的，定作人有协助的义务。定作人不履行协助义务致使承揽工作不能完成的，承揽人可以催告定作人在合理期限内履行义务，并可以顺延履行期限；定作人逾期不履行的，承揽人可以解除合同。

第七百九十七条 发包人在不妨碍承包人正常作业的情况下，可以随时对作业进度、质量进行检查。

第七百九十八条 隐蔽工程在隐蔽以前，承包人应当通知发包人检查。发包人没有及时检查的，承包人可以顺延工程日期，并有权请求赔偿停工、窝工等损失。

第七百九十九条 建设工程竣工后，发包人应当根据施工图纸及说明书、国家颁发的施工验收规范和质量检验标准及时进行验收。验收合格的，发包人应当按照约定支付价款，并接收该建设工程。

建设工程竣工经验收合格后，方可交付使用；未经验收或者验收不合格的，不得交付使用。

第八百零三条 发包人未按照约定的时间和要求提供原材料、设备、场地、资金、技术资料的，承包人可以顺延工程日期，并有权请求赔偿停工、窝工等损失。

第八百零八条 本章没有规定的，适用承揽合同的有关规定。

2020年《建设工程司法解释一》

第九条 当事人对建设工程实际竣工日期有争议的，按照以下情形分别处理：

（一）建设工程经竣工验收合格的，以竣工验收合格之日为竣工日期；

（二）承包人已经提交竣工验收报告，发包人拖延验收的，以承包人提交验收报告之日为竣工日期；

（三）建设工程未经竣工验收，发包人擅自使用的，以转移占有建设工程之日为竣工日期。

第十四条 建设工程未经竣工验收，发包人擅自使用后，又以使用部分质量不符合约定为由主张权利的，不予支持；但是承包人应当在建设工程的合理使用寿命内对地基基础工程和主体结构质量承担民事责任。

《建筑法》

第七条 建筑工程开工前，建设单位应当按照国家有关规定向工程所在地县级以上人民政府建设行政主管部门申请领取施工许可证；但是，国务院建设行政主管部门确定的限额以下的小型工程除外。

按照国务院规定的权限和程序批准开工报告的建筑工程，不再领取施工许可证。

第四十条 建设单位应当向建筑施工企业提供与施工现场相关的地下管线资料，建筑施工企业应当采取措施加以保护。

第六十四条 违反本法规定，未取得施工许可证或者开工报告未经批准擅自施工的，责令改正，对不符合开工条件的责令停止施工，可以处以罚款。

《建设工程质量管理条例》

第十一条 施工图设计文件审查的具体办法，由国务院建设行政主管部门、国务院其他有关部门制定。

施工图设计文件未经审查批准的，不得使用。

《城乡规划法》

第三十七条 在城市、镇规划区内以划拨方式提供国有土地使用权的建设项目，经有关部门批准、核准、备案后，建设单位应当向城市、县人民政府城乡规划主管部门提出建设用地规划许可申请，由城市、县人民政府城乡规划主管部门依据控制性详细规划核定建设用地的位置、面积、允许建设的范围，核发建设用地规划许可证。

建设单位在取得建设用地规划许可证后，方可向县级以上地方人民政府土地主管部门申请用地，经县级以上人民政府审批后，由土地主管部门划拨土地。

第三十八条 在城市、镇规划区内以出让方式提供国有土地使用权的，在国有土地使用权出让前，城市、县人民政府城乡规划主管部门应当依据控制性详细规划,提出出让地块的位置、使用性质、开发强度等规划条件,作为国有土地使用权出让合同的组成部分。未确定规划条件的地块,不得出让国有土地使用权。

以出让方式取得国有土地使用权的建设项目,建设单位在取得建设项目的批准、核准、备案文件和签订国有土地使用权出让合同后,向城市、县人民政府城乡规划主管部门领取建设用地规划许可证。

城市、县人民政府城乡规划主管部门不得在建设用地规划许可证中,擅自改变作为国有土地使用权出让合同组成部分的规划条件。

第三十九条 规划条件未纳入国有土地使用权出让合同的,该国有土地使用权出让合同无效;对未取得建设用地规划许可证的建设单位批准用地的,由县级以上人民政府撤销有关批准文件;占用土地的,应当及时退回;给当事人造成损失的,应当依法给予赔偿。

《建筑工程施工许可管理办法》

第四条 建设单位申请领取施工许可证,应当具备下列条件,并提交相应的证明文件:

(一)依法应当办理用地批准手续的,已经办理该建筑工程用地批准手续。

(二)在城市、镇规划区的建筑工程,已经取得建设工程规划许可证。

(三)施工场地已经基本具备施工条件,需要征收房屋的,其进度符合施工要求。

(四)已经确定施工企业。按照规定应当招标的工程没有招标,应当公开招标的工程没有公开招标,或者肢解发包工程,以及将工程发包给不具备相应资质条件的企业的,所确定的施工企业无效。

(五)有满足施工需要的技术资料,施工图设计文件已按规定审查合格。

(六)有保证工程质量和安全的具体措施。施工企业编制的施工组织设计中有根据建筑工程特点制定的相应质量、安全技术措施。建立工程质量安全责任制并落实到人。专业性较强的工程项目编制了专项质量、安全施工组织设计,并按照规定办理了工程质量、安全监督手续。

(七)建设资金已经落实。建设单位应当提供建设资金已经落实承诺书。

(八)法律、行政法规规定的其他条件。

县级以上地方人民政府住房城乡建设主管部门不得违反法律法规规定,增设办理施工许可证的其他条件。

建设工程施工合同纠纷案件裁判规则第 65 条：

建设工程施工合同解除后，已经完成的建设工程质量不合格，修复后的建设工程经验收合格，发包人有权请求承包人承担修复费用

【规则描述】 在建设工程施工合同解除后，根据建设工程的特性，不发生相互返还的结果。其通常结果是，发包人取得已完成的具有利用价值的合格工程，发包人支付相应工程款。但如果承包人已经完成的建设工程质量不合格，但该质量问题属于能够修复的，则承包人仍可以取得相应工程款，但承包人应当承担修复费用。当然，如果发包人对于工程质量不合格有过错的，发包人也应当根据责任比例合理分担修复费用。

一、类案检索大数据报告

时间：2020 年 8 月 10 日之前；案例来源：Alpha 案例库；案由：建设工程施工合同纠纷；检索条件：(1) 全文：发包人请求承包人承担修复费用；(2) 法院认为包含：同句"建设工程施工合同解除后"；(3) 法院认为包含：同句"已经完成的建设工程质量不合格"；(4) 法院认为包含：同句"发包人请求承包人承担修复费用"。本次检索获取 2020 年 8 月 10 日之前共计 103 篇裁判文书。其中：

①认为合同解除后，已完成的工程质量合格，发包人应支付相应工程价款的共计 9 件，占比为 8.74%；

②认为合同解除后，已完成的工程质量不合格，经修复后承包应承担修复费用或充抵工程价款的共计 65 件，占比为 63.11%；

③认为合同解除后，工程质量不合格，承包人无权请求工程价款的共计 5 件，占比为 4.85%；

④认为工程质量合格,发包人应付承包人工程款的共计 4 件,占比为 3.88%;

⑤认为不符合合同解除条件的共计 6 件,占比为 5.83%;

⑥认为承包人拒绝修复,发包人自行或委托修复的,承包人应承担修复费用的共计 11 件,占比为 10.68%;

⑦认为未举证证明工程质量合格,请求支付工程款不予支持的共计 3 件,占比为 2.91%。

整体情况如图 14-1 所示:

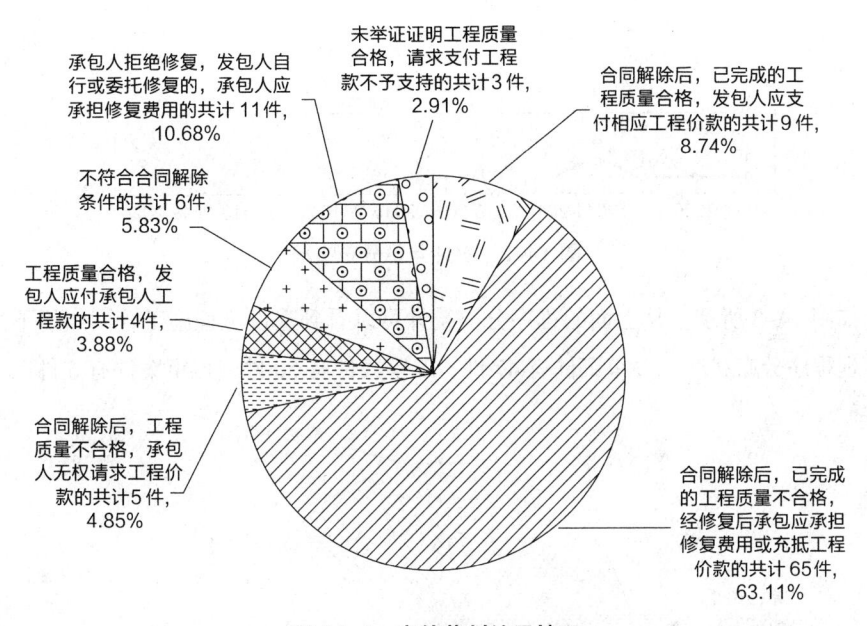

图 14-1 案件裁判结果情况

如图 14-2 所示,从案件年份分布可以看出,在当前条件下,涉及法院认为包含:涉及可能损害国家利益、社会公共利益的条件下,相应的民事纠纷案例数量的变化趋势。

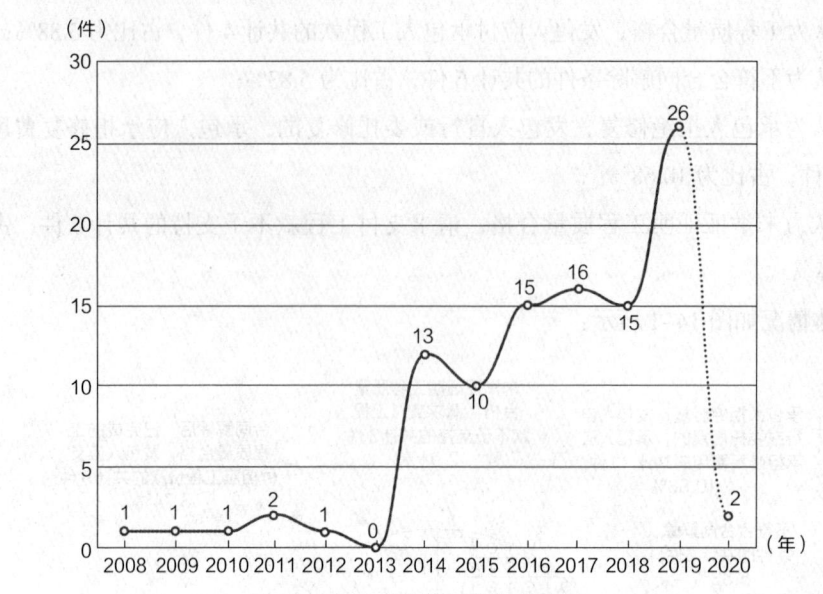

图 14-2 案件年份分布情况

如图 14-3 所示，从上面的程序分类统计可以看到建设工程施工合同纠纷下当前的审理程序分布状况。一审案件有 47 件，二审案件有 50 件，再审案件有 6 件。

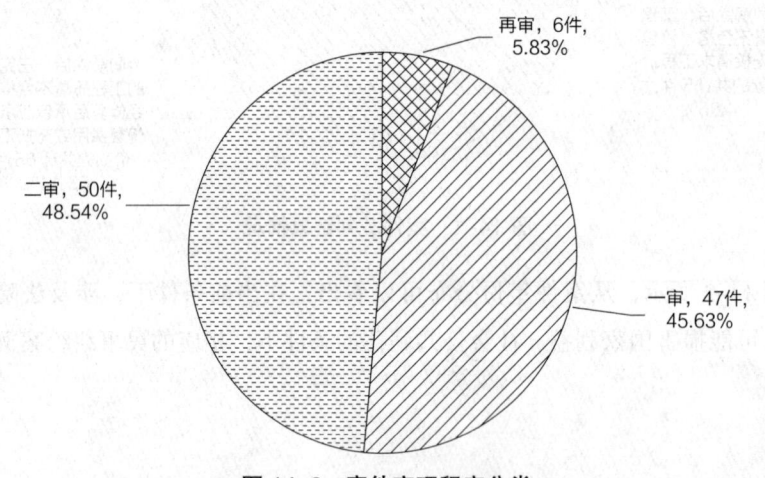

图 14-3 案件审理程序分类

通过对审理期限的可视化分析可以看到，当前条件下的审理时间更多处在 365 天以上的区间内，平均时间为 342 天。

二、可供参考的例案

> **例案一：靖江市华都建设工程有限公司与靖江市科远标准件制造有限公司建设工程施工合同纠纷案**

【法院】

江苏省高级人民法院

【案号】

（2015）苏民终字第00300号

【当事人】

上诉人（原审原告、反诉被告）：靖江市华都建设工程有限公司

上诉人（原审被告、反诉原告）：靖江市科远标准件制造有限公司

【基本案情】

2008年6月15日，靖江市科远标准件制造有限公司（以下简称科远公司）与靖江市华都建设工程有限公司（以下简称华都公司）签订合同书，将科远公司车间工程发包给华都公司承建。约定合同总价1080万元。工期为2008年6月19日至2009年2月28日。后华都公司入场施工。2009年2月18日，科远公司以工期延误、桩基、屋面等存在严重质量问题为由通知华都公司解除合同。2009年2月25日，科远公司向靖江市人民法院提起诉讼，请求判令华都公司支付违约金108万元，赔偿因桩基及屋面等方面的质量问题引起的修复、加固费用50万元。

靖江市人民法院审理过程中，经科远公司申请，委托相关部门进行鉴定。镇江市建科工程质量检测中心有限公司对房屋工程质量进行了鉴定，鉴定结论为涉案工程存在部分质量缺陷。之后，科远公司对华都公司所完工程自行进行了修复加固。2009年11月10日，经靖江市人民法院主持调解，双方当事人达成一致意见，靖江市人民法院制作（2009）靖桥民初字第125号民事调解书（以下简称125号民事调解书）确认科远公司与华都公司订立的科远公司车间工程施工合同书于2009年2月18日解除。同时载明：审理中，经鉴定，华都公司施工存在混凝土标号不符合约定等质量问题。

2009年11月10日，科远公司与华都公司签署协议书，约定："一、双方于2008年6月15日订立的科远公司车间工程施工合同书于2009年2月18日解除；……修复、加固方案及修复、加固费用，由双方共同选择或通过诉讼合法委托有资格的鉴定、评估机构鉴定评估，鉴定评估费用由科远公司承担……"然而协议签订后，双

方未按上述协议至相关部门评估鉴定工程价款及加固、修复费用，科远公司亦未给付工程款。2010年1月4日，华都公司诉至江苏省泰州市中级人民法院，请求判令科远公司退还保证金100万元、支付工程价款802万元并自工程交付之日起按同期银行贷款利率承担逾期付款的利息。

科远公司反诉称华都公司已完工程存在质量问题，请求判令华都公司赔偿科远公司修复加固费用3242400元、质量监测鉴定费17万元、已完工程量鉴定费5万元、水电费和施工辅助用房费115996元。

本案经一审法院作出民事判决后，科远公司上诉，被二审法院发回重审。原审法院宣判后，双方均不服，分别提起上诉。

【案件争点】

涉案工程是否存在质量问题，如存在质量问题，修复加固费用由哪一方承担。

【裁判要旨】

本工程存在质量问题，理由是：第一，质量鉴定报告证明本案工程存在质量问题。该鉴定报告在125号民事案件中已经由双方当事人质证，现华都公司也未能提供足以推翻该鉴定报告的证据。第二，2009年11月10日协议书中对质量纠纷解决方面的约定表明华都公司应承担施工不符合质量要求的修复、加固费用，仅是具体数额待评估鉴定。

关于修复加固费用如何承担。根据2004年《建设工程司法解释一》第10条、第3条[①]的规定，科远公司针对自行修复后经竣工验收合格的涉案工程有权请求华都公司承担修复费用。且在2009年11月10日的协议书中双方当事人已经明确约定评估、鉴定的修复及加固费用应当在工程价款结算中扣除，因此在欠付工程价款中扣除修复费用符合法律规定和双方的约定。

---

① 参见《民法典》第793条："建设工程施工合同无效，但是建设工程经验收合格的，可以参照合同关于工程价款的约定折价补偿承包人。建设工程施工合同无效，且建设工程经验收不合格的，按照以下情形处理：（一）修复后的建设工程经验收合格的，发包人可以请求承包人承担修复费用；（二）修复后的建设工程经验收不合格的，承包人无权请求参照合同关于工程价款的约定折价补偿。发包人对因建设工程不合格造成的损失有过错的，应当承担相应的责任。"第806条第3款："合同解除后，已经完成的建设工程质量合格的，发包人应当按照约定支付相应的工程价款；已经完成的建设工程质量不合格的，参照本法第七百九十三条的规定处理。"

例案二：八冶建设集团有限公司与青海恒健投资集团有限公司建设工程施工合同纠纷案

【法院】

最高人民法院

【案号】

（2019）最高法民终202号

【当事人】

上诉人（原审原告、反诉被告）：八冶建设集团有限公司

上诉人（原审被告、反诉原告）：青海恒健投资集团有限公司

【基本案情】

2013年9月11日，青海恒健投资集团有限公司（以下简称恒健公司）与八冶建设集团有限公司（以下简称八冶公司）签订《建设工程施工合同》，约定八冶公司承建恒健公司开发的位于互助县彩虹大道西侧互助县古城度假村酒店土建工程，总建筑面积约为70890.82平方米。合同工期：开工日期2013年9月10日，竣工日期2014年7月10日，合同工期总日历天数290天，合同价款暂定为9000万元。案涉工程于2013年9月26日开工。2014年4月17日，因恒健公司未办理施工许可证等相关法定建设手续，互助县住房和城乡建设局下发《停工通知书》。2014年9月29日，案涉工程取得《建设工程规划许可证》；2014年10月11日，取得《建筑工程施工许可证》。2014年11月15日，案涉工程主体平屋面全部封顶后，根据合同约定，恒健公司应于2014年11月30日前支付已完成工程价款的70%，但恒健公司未支付相应工程款。

2015年8月5日，恒健公司与八冶公司达成《工程补偿金支付协议》。2015年8月27日，劳务清包单位青海润宇劳务有限公司的《工程量签证单》载明："由我润宇劳务公司承建的互助古城大酒店劳务项目，因2014年停工后至今一直未复工，现甲方要求复工……"对此，恒健公司及八冶公司予以盖章确认。2015年11月29日，涉案工程的斜屋面及观光楼已基本完成，12-26轴A-F轴斜屋面未做。涉案工程至2016年仍未竣工，八冶公司诉至青海省高级人民法院，起诉请求解除八冶公司与恒健公司签订的《建设工程施工合同》，判令恒健公司支付剩余工程款36385319.2元。恒健公司提出反诉请求，要求八冶公司支付工程修复费用21123369.7元。

因案涉工程为未完工程，恒健公司申请对八冶公司施工的已完工程量及造价、

质量是否合格、对不合格部分修复方案及返工修复费用进行鉴定。2017年6月19日，青海省建筑建材科学研究院司法鉴定所就案涉工程质量是否合格作出《司法鉴定意见书》，检验结果为已完工程存在不合格项。2018年10月22日，青海五联工程造价咨询有限公司对案涉工程返工修复费用出具《鉴定意见书》，鉴定返工修复费用工程预算造价为21123369.7元。

一审法院认为，案涉工程为未完工程，停工至今已3年有余，恒健公司欠付工程款始终未予支付，八冶公司亦拒绝进行修复及施工，故恒健公司需委托第三方进行修复及完成后续工程的施工，以期达到工程竣工验收合格的条件，由此产生的修复费用理应由八冶公司承担，经鉴定修复费用为21123369.7元，八冶公司应予承担。对于八冶公司辩解的之所以工程质量存在问题，主要系地基沉降造成的，而地基系恒健公司自行施工，在没有进行成因和责任鉴定之前，对工程质量及修复费用的鉴定意见均不予认可的意见，青海省建筑建材科学研究院司法鉴定所回复：鉴定时未发现案涉工程存在地基不均匀沉降问题，双方责任大小不涉及。故根据鉴定意见及鉴定机构的回复，对八冶公司的辩解，该院不予采信。据此，法院判决八冶公司支付恒健公司工程修复费用21123369.7元。

【案件争点】

本案工程修复费用由哪一方承担。

【裁判要旨】

关于一审判决八冶公司认为涉案工程质量存在问题，主要系地基沉降造成的，而地基系恒健公司自行施工，在没有进行成因和责任鉴定之前，对工程质量及修复费用的鉴定意见均不予认可。经一审法院委托，青海省建筑建材科学研究院司法鉴定所已对此问题作出回复，根据鉴定意见及鉴定机构的回复，八冶公司的主张不能成立。根据2004年《建设工程司法解释一》第10条、第3条[①]规定，经一审法院委托鉴定的涉案工程存在质量瑕疵，修复费用为21123369.7元，故该修复费用应由八

---

① 参见《民法典》第793条："建设工程施工合同无效，但是建设工程经验收合格的，可以参照合同关于工程价款的约定折价补偿承包人。建设工程施工合同无效，且建设工程经验收不合格的，按照以下情形处理：（一）修复后的建设工程经验收合格的，发包人可以请求承包人承担修复费用；（二）修复后的建设工程经验收不合格的，承包人无权请求参照合同关于工程价款的约定折价补偿。发包人对因建设工程不合格造成的损失有过错的，应当承担相应的责任。"第806条第3款"合同解除后，已经完成的建设工程质量合格的，发包人应当按照约定支付相应的工程价款；已经完成的建设工程质量不合格的，参照本法第七百九十三条的规定处理。"

冶公司承担。

例案三：中铁十九局集团有限公司、华润城市交通设施开发（沈阳）有限公司建设工程施工合同纠纷案

【法院】

辽宁省高级人民法院

【案号】

（2018）辽民终499号

【当事人】

上诉人（原审原告、反诉被告）：中铁十九局集团有限公司

上诉人（原审被告、反诉原告）：华润城市交通设施开发（沈阳）有限公司

【基本案情】

2012年9月10日，华润城市交通设施开发（沈阳）有限公司（以下简称华润公司）与中铁十九局集团有限公司（以下简称中铁公司）签订《沈阳站西广场基坑工程施工合同》，合同约定由中铁公司施工位于沈阳火车站西侧振工街与北二马路交汇处的华润沈阳站西广场项目基坑工程，合同性质为固定综合单价合同，合同价款为13229920.00元，工程总工期为90日历天。一期工程2012年9月10日开工，2012年10月30日完工，工程工期50日历天。二期工程工期40日历天。

2012年9月8日，中铁公司出具《开工报告》，并于2012年9月10日进场施工。至2013年8月15日，中铁公司将涉案工程移交给华润公司，且撤场时一期工程基本完工，仅剩收尾工程量；剩余工程和二期工程华润公司另行委托中国建筑一局（集团）有限公司（以下简称中建一局）施工。2013年6月4日，华润公司、中铁公司、中建一局和监理方四方确认《工作会议记录》，主要内容为华润公司提出针对塌方、进度缓慢问题尽快给出具体解决方案，中铁公司表示对华润公司提出的问题会尽快落实、处理。

期间，华润公司在施工过程中多次口头要求中铁公司把南侧大门打开给施工车辆通过，因重载车辆通行及堆放塔吊节造成南侧护坡开裂、东侧护坡土方脱落及排水管道漏水，对基坑造成破坏。2013年6月24日，华润公司、中铁公司、中建一局和监理方四方确认《工程会议记录》，内容为："……基坑东侧、南侧重载车辆通行问题，不用中铁公司负责，由甲方、监理掌控……"2014年3月20日，华润公

司向中铁公司发函《关于沈阳站西广场基坑工程施工合同解除的通知》。随后，中铁公司向沈阳市中级人民法院起诉，请求华润公司支付工程款22914550.71元及利息252012.62元，共计23166563.33元。

华润公司提起反诉请求，请求判决中铁公司向华润公司赔偿因工程质量不合格造成的损失人民币240万元、赔偿因工程质量鉴定产生的施工费用15万元。

一审法院经审理认为，中铁公司的已完工基坑支护工程存在质量问题，但鉴于该工程属于临时性结构，且根据省建科院鉴定所出具的《沈阳站西广场基坑支护工程部分工程质量检测鉴定》，护坡塌方事故已经处理结束，后续主体施工已完成、基坑已回填，支护工程已无大的安全隐患。故依据该鉴定机构出具的第二种修复方案，对涉案工程进行修复处理，涉案工程经修复后，符合使用条件。根据2004年《建设工程司法解释一》第10条及第3条第1款第1项[①]规定，中铁公司应向华润公司支付相应的修复费用，华润公司应向中铁公司给付相应的工程尾款。

【案件争点】

工程护坡发生塌方，是否属于修复范围。所产生的修复费用应由哪一方承担。

【裁判要旨】

第一，要判断护坡是否有修复的必要。根据查明事实，案涉工程东侧护坡发生塌方是发生在中铁公司撤场之前，中铁公司撤场时并未对塌方部位进行修复，且主体工程并未竣工，护坡的使命并未完成，具有修复的必要性。第二，护坡发生塌方的原因与责任。辽宁省建设科学院研究院司法鉴定所出具的《沈阳站西广场基坑支护工程部分工程质量检测鉴定意见》认为，造成本案基坑塌方有以下三个原因：(1)施工期间遭遇大到暴雨，导致土体应力增加；(2)基坑支护工程存在桩间喷射混凝土厚度及桩间喷射混凝土钢筋网的钢筋直径、间距不符合设计要求；(3)基坑南侧、东侧有重型车辆经过及堆放重物情况，基坑边坡荷载过大，降低边坡稳定性。其中，塌方的第一个原因属于自然灾害，无法归责于中铁公司或华润公司，第二个

---

① 参见《民法典》第793条："建设工程施工合同无效，但是建设工程经验收合格的，可以参照合同关于工程价款的约定折价补偿承包人。建设工程施工合同无效，且建设工程经验收不合格的，按照以下情形处理：(一)修复后的建设工程经验收合格的，发包人可以请求承包人承担修复费用；(二)修复后的建设工程经验收不合格的，承包人无权请求参照合同关于工程价款的约定折价补偿。发包人对因建设工程不合格造成的损失有过错的，应当承担相应的责任。"第806条第3款："合同解除后，已经完成的建设工程质量合格的，发包人应当按照约定支付相应的工程价款；已经完成的建设工程质量不合格的，参照本法第七百九十三条的规定处理。"

原因属于中铁公司施工过程中存在的质量问题，第三个原因系华润公司让重载车辆通行施工现场造成。根据 2004 年《建设工程司法解释一》第 3 条第 2 款[①]的规定，华润公司对护坡发生塌方存有过错，也应承担责任。因此，中铁公司和华润公司对护坡发生塌方均应承担相应的责任。第三，责任的分担比例问题。鉴于本案无法区分中铁公司和华润公司关于造成塌方事实的责任比例，中铁公司和华润公司各自承担 50% 的责任。因中铁公司人员、工程设备已撤场其不能进行修复，故应承担工程修复费用的 50%。

三、裁判规则提要

（一）建设工程施工合同解除后，已经完成的建设工程质量合格的，发包人应当支付工程价款

合同解除包括当事人协商解除、行使约定解除权和行使法定解除权。对于法定解除的情形，《民法典》第 563 条规定："有下列情形之一的，当事人可以解除合同：（一）因不可抗力致使不能实现合同目的的；（二）在履行期限届满前，当事人一方明确表示或者以自己的行为表明不履行主要债务；（三）当事人一方迟延履行主要债务，经催告后在合理期限内仍未履行；（四）当事人一方迟延履行债务或者有其他违约行为致使不能实现合同目的；（五）法律规定的其他情形。"《民法典》第 806 条第 1 款、第 2 款规定："承包人将建设工程转包、违法分包的，发包人可以解除合同。发包人提供的主要建筑材料、建筑构配件和设备不符合强制性标准或者不履行协助义务，致使承包人无法施工，经催告后在合理期限内仍未履行相应义务的，承包人可以解除合同。"对于约定解除的情形，可结合参考（1999/2013/2017）《建设工程合同示范文本》中发包人违约解除、承包人违约解除的情形。

1. 合同解除效果的理论

施工承包合同解除的后果是发承包关系消灭，未履行的合同不再履行。但是对于合同解除以前的债权债务关系应当如何处理，即合同解除是否具有溯及力，理论和实务界存在不同看法。如果肯定建设工程施工合同解除的溯及力，则合同解除将

[①] 参见《民法典》第 793 条第 2 款："发包人对因建设工程不合格造成的损失有过错的，应当承担相应的责任。"

产生恢复原状的法律后果，反之，如果否定建设工程施工合同解除的溯及力，则对于已经履行的部分，当事人并不负有恢复原状的义务。

合同解除的法律效果在理论上如何构成，在德国及日本大致有四类解除学说，即"直接效果说""间接效果说""折中说""债务关系转换说"等不同主张[①]。其中，"直接效果说"认为合同因解除而溯及地归于消灭，尚未履行的债务免于履行，已经履行的部分发生返还请求权，即"解除的效果是契约溯及消灭，所以未履行的债务被免除和已经履行的债务发生返还请求权，都是解除的后果"[②]。"间接效果说"认为，合同本身并不因为解除而归于消灭，只不过是"就未履行的债务发生拒绝履行的抗辩权，对于已经履行的债务发生新的返还义务"[③]。"折中说"则借鉴了"直接效果说"和"间接效果说"，认为对于尚未履行的债务自解除时归于消灭，"不认可溯及效力这一点，与直接效果说不同"[④]。《民法典》第566条第1款规定："合同解除后，尚未履行的，终止履行；已经履行的，根据履行情况和合同性质，当事人可以请求恢复原状或者采取其他补救措施，并有权请求赔偿损失。"根据该规定，有观点认为，《民法典》第566条第1款并没有言明合同自始归于消灭，同时基于《民法典》第567条的内容，合同的解除不影响合同中结算和清理条款的效力，因此"折中说"的立场更为贴近。《合同法》最初起草时所采纳的是'直接效果说'"[⑤]但"合同具有溯及力也应视具体情况而定"[⑥]，《民法典》第566条第1款"从实际出发，借鉴国外经验，遵循经济活动高效的原则，对合同解除的效力作了比较灵活的规定"[⑦]。

2. 合同解除后是否具有溯及力

《民法典》第566条第1款规定，合同解除后"可以"请求恢复原状，而不是"必须"，对于是否适用恢复原状，是由法院"根据履行情况和合同性质"自由裁量。所谓"根据履行情况"，即指"根据履行部分对债权的影响。如果债权人的利益不是必须通过恢复原状才能得到保护，不一定采用恢复原状。当然如果债务人已经履行的部分，对债权人根本无意义，可以请求恢复原状"[⑧]所谓"合同性质"，即指"根

[①] 韩世远：《合同法总论》（第四版），法律出版社2018年版，第669页。
[②] ［日］我妻荣：《债权各论（上卷）》，徐慧译，中国法制出版社2008年版，第175页。
[③] ［日］我妻荣：《债权各论（上卷）》，徐慧译，中国法制出版社2008年版，第175页。
[④] ［日］我妻荣：《债权各论（上卷）》，徐慧译，中国法制出版社2008年版，第175页。
[⑤] 韩世远：《合同法总论》（第四版），法律出版社2018年版，第672页。
[⑥] 王利明：《合同法研究（第二卷）》（第三版），中国人民大学出版社2019年版，第363页。
[⑦] 黄薇主编：《中华人民共和国民法典释义》，法律出版社2020年版，第1088~1089页。
[⑧] 黄薇主编：《中华人民共和国民法典释义》，法律出版社2020年版，第1089页。

据合同标的的属性。以金钱给付为标的的，当事人应当返还所取得的给付"。①

判断合同解除是否具有溯及力，应当区分一次性合同和继续性合同。所谓一次性合同，又名非继续性合同，是指一次履行即可使合同内容实现的合同，比如买卖合同、赠与合同等；所谓继续性合同，是指当事人需要在一定时间段内不间断履行的合同，比如旅游合同、租赁合同等。从保护守约方利益的角度出发，原则上一次性合同解除具有溯及力，具有恢复原状的可能，可发生恢复原状的义务，而继续性合同"其合同性质决定了解除的效力只能向将来发生，已经履行的部分应当继续有效，无法恢复原状"②，即已履行的合同期间有其相应的对价内容或合同目的主要体现在工作成果上，不具有恢复原状的可能或恢复原状明显不利于当事人，故继续性合同解除没有溯及力，不产生恢复原状的义务。因此，建设工程合同作为典型的继续性合同，原则上没有溯及力，不发生恢复原状的法律后果。

一般认为，就《民法典》第566条第1款罗列的三种合同解除效果而言，所谓的"恢复原状"，是指"恢复到订约前的状态"。③解除契约后恢复原状请求权属于契约请求权中的次给付请求权，属于债权请求权；④"以恢复原状为目的的请求权，并非物权请求权，故应为债权，只是通过这种债权来实现'恢复原状'的结果，实现权利的逆变动（复归）"。⑤而"其他补救措施"，主要指的是财产因不可归责于债务人的原因而发生毁损、灭失、添附或者其他事由，导致不能恢复原状，或者受领的标的为劳务或者物的使用而无法恢复原状的，或者虽能够恢复原状但因为成本太高等原因而没有必要恢复原状的，应当折价补偿。⑥"损害赔偿"适用于前两种救济方法运用之后，当事人还有损失的情形，"我国立法向来认定，合同解除与债务不履行赔偿责任可以并存，合同解除不影响当事人要求赔偿损失的权利"。⑦因此，发包人

---

① 最高人民法院民法典贯彻实施工作领导小组主编：《中华人民共和国民法典合同编理解与适用（一）》，人民法院出版社2020年版，第660页。

② 最高人民法院民法典贯彻实施工作领导小组主编：《中华人民共和国民法典合同编理解与适用（一）》，人民法院出版社2020年版，第660页。

③ 黄薇主编：《中华人民共和国民法典释义》，法律出版社2020年版，第1089页。

④ 王泽鉴：《民法思维——请求权基础理论体系》（2022年重排版），北京大学出版社2022年版，第66页。

⑤ 韩世远：《合同法总论》（第四版），法律出版社2018年版，第681页。

⑥ 黄薇主编：《中华人民共和国民法典释义》，法律出版社2020年版，第1089页。

⑦ 最高人民法院民法典贯彻实施工作领导小组主编：《中华人民共和国民法典合同编理解与适用（一）》，人民法院出版社2020年版，第661页。

在合同解除时未支付工程价款的，不能简单地认为发包人不需要继续履行支付工程价款的义务，因合同解除后的施工成果归于发包人，而承包人的劳动成果已经附着在工程上，因此虽然不发生恢复原状的义务，但发包人仍需要采取补救措施，返还不当得利。参照《民法典》第157条规定："民事法律行为无效、被撤销或者确定不发生效力后，行为人因该行为取得的财产，应当予以返还；不能返还或者没有必要返还的，应当折价补偿。"即在工程质量合格、发包人能够获得工程利用价值的情形下，发包人仍需要就承包人附着在工程上的劳动成果进行折价补偿，支付对应的工程价款。

在已经完成的建设工程质量不合格的情况下，如果工程可以通过修复弥补质量缺陷，承包人可以采取补救措施，使已经履行的部分不发生恢复原状的法律后果，修复后工程质量合格的，承包人可以请求支付工程价款。承包人不愿意修复或发包人不同意由承包人修复的，同样可以参照《民法典》第157条规定的折价补偿原则，合理确定修复费用，从而减少社会资源的浪费，避免双方损失的扩大。

（二）建设工程质量不合格的举证责任

1. 建设工程质量不合格的判断标准

建设工程质量合格是指对已竣工或者未竣工的工程，经相关部门组织竣工验收、相关机构进行工程质量检测后作出符合国家建筑工程质量标准的结论。《建筑法》第52条规定："建筑工程勘察、设计、施工的质量必须符合国家有关建筑工程安全标准的要求，具体管理办法由国务院规定。"根据《建筑法》及《建筑工程质量管理条例》的相关规定，建设工程质量只有合格和不合格两个等级。一般而言，判断工程质量是否合格可以依据建设单位、施工单位、监理单位、设计单位、勘察单位确认的《工程质量竣工验收报告》及主管部门签发的竣工验收备案证书。对于未完工程，由于在基础工程和主体结构施工过程中通常由监理单位在承包人自检合格的情况下对工程分部分项工程进行检查评定，评定合格后才能进行下道工序施工，因此可以依据单位工程质量竣工验收记录、或分部分项工程质量竣工验收记录进行综合认定，还可以通过委托第三方的专业机构进行鉴定，实现对工程质量的确认。另外，即使已经有验收合格的证明，承包人交付的建设工程仍应符合合同约定的交付条件及相关工程验收标准，如果工程实际存在明显的质量问题，承包人不能仅以工程验收合格证明文件主张免除其质量责任，而仍应承担相应的修复义务或赔偿责任。[①]

把握本规则中的"建设工程质量不合格"还应当注意：

（1）区分双方约定的质量标准和国家法定标准。建设工程不符合双方约定的质量标准并不一定等于工程质量不合格，如果合同约定的质量标准高于国家法定的质量标准，发包人不能以未达约定的质量标准主张建设工程质量不合格；而如果合同约定的质量标准低于国家法定的质量标准，则承包人必须按照国家法定的质量标准进行施工，否则将承担相应的质量责任。

（2）区分鼓励性奖项和国家法定标准。《建筑工程施工质量验收统一标准》《建筑装饰装修工程质量验收标准》是由住房和城乡建设部公布的国家标准，规定了建筑工程质量的验收方法、质量标准和程序。而"国家优质工程奖""鲁班奖"等奖项是由各地方建筑业联合会制定的鼓励性奖项，不能作为工程质量合格的依据。

2. 建设工程质量不合格的举证责任

根据《民诉法司法解释》第90条规定："当事人对自己提出的诉讼请求所依据的事实或者反驳对方诉讼请求所依据的事实，应当提供证据加以证明，但法律另有规定的除外。在作出判决前，当事人未能提供证据或者证据不足以证明其事实主张的，由负有举证证明责任的当事人承担不利的后果。"从司法解释条文看，如果承包人请求支付工程款，需要证明工程质量合格，若未能提供证据或证据不足以证明工程质量合格，承包人要承担举证不能的法律后果；在承包人提供已完工程分部分项验收手续情况下，如果发包人向承包人主张修复费用或者拒付工程款，需要证明工程质量不合格，若未能提供证据证明或证据不足以证明工程质量不合格的，发包人要承担举证不能的法律后果。从施工角度看，发包人负有对建设工程及时履行竣工验收的义务。《民法典》第799条第1款规定："建设工程竣工后，发包人应当根据施工图纸及说明书、国家颁发的施工验收规范和质量检验标准及时进行验收。验收合格的，发包人应当按照约定支付价款，并接收该建设工程。"

2020年《建设工程司法解释一》第14条规定："建设工程未经竣工验收，发包人擅自使用后，又以使用部分质量不符合约定为由主张权利的，人民法院不予支持。"如果发包人在工程未竣工验收的情况下擅自投入使用，则相当于对工程质量予以认可，相应的风险从承包人转嫁到了发包人，不能再以工程质量不合格为由主张

[①] 《江苏南通二建集团有限公司与吴江恒森房地产开发有限公司建设工程施工合同纠纷再审》，载《中华人民共和国最高人民法院公报》2014年第8期。

承包人承担修复费用，但不影响承包人在保修责任的范围内承担保修责任。需要注意的是，在发包人初步举证建设工程质量不合格后，根据举证责任分配的基本原理，举证责任就转给了承包人。承包人认为工程质量不合格不是由于自身施工导致的，应当承担举证责任，否则要承担举证不能的法律后果。

（三）建设工程修复程序

1. 承包人进行修复

对工程施工中出现的工程质量问题，承包人有义务进行返工修复。《建筑法》第60条规定："建筑物在合理使用寿命内，必须确保地基基础工程和主体结构的质量。建筑工程竣工时，屋顶、墙面不得留有渗漏、开裂等质量缺陷；对已发现的质量缺陷，建筑施工企业应当修复。"虽然法律未明确规定工程竣工验收前的修复程序，但是可以参照竣工验收后质量保修的程序性规定，《房屋建筑工程质量保修办法》第9条规定："房屋建筑工程在保修期限内出现质量缺陷，建设单位或者房屋建筑所有人应当向施工单位发出保修通知。施工单位接到保修通知后，应当到现场核查情况，在保修书约定的时间内予以保修。发生涉及结构安全或者严重影响使用功能的紧急抢修事故，施工单位接到保修通知后，应当立即到达现场抢修。"

对此，（2017）《建设工程施工合同示范文本》通用条款第15.4.3条约定："在保修期内，发包人在使用过程中，发现已接收的工程存在缺陷或损坏的，应书面通知承包人予以修复，但情况紧急必须立即修复缺陷或损坏的，发包人可以口头通知承包人并在口头通知后48小时内书面确认，承包人应在专用合同条款约定的合理期限内到达工程现场并修复缺陷或损坏。"因此，发包人在发出修复通知后，承包人应当在合理时间内对工程质量问题进行修复，修复后承包人应当及时向发包人发出验收通知，要求发包人对修复后的工程质量进行确认。

2. 发包人自行修复

根据（2017）《建设工程施工合同示范文本》第15.4.4条约定："因承包人原因造成工程的缺陷或损坏，承包人拒绝维修或未能在合理期限内修复缺陷或损坏，且经发包人书面催告后仍未修复的，发包人有权自行修复或委托第三方修复，所需费用由承包人承担。"由此可见，发包人自行修复有三个前提：第一是发包人已经向承包人发出过修复通知，第二是承包人拒绝修复或在合理期间内未完成修复，第三是发包人向承包人发出过书面催告。

（1）如果发包人未尽到通知义务，擅自进行修复，则会因为发包人的擅自修复行为导致无法证实原先工程存在质量问题,发包人需要承担举证不能的法律后果。因此,发包人应当尽到通知承包人修复的义务,只有在承包人拒绝修复或在合理期限内未完成修复的情况下,才能自行修复或委托第三方进行修复。

(2)承包人拒绝修复的表现,既可以是书面回复发包人不予修复,也可以是以其实际行动表明其拒绝修复,比如收到修复通知后未到现场修复、未经修复完成即退场等。

(3)如承包人拒绝修复或在合理期间内未完成修复,发包人应当履行书面的催告程序,催告期限届满后承包人仍未修复的,发包人可以自行修复或委托第三方修复。

3. 涉案工程尚未经修复,但经鉴定可以修复的,法院可以根据具体案情认定修复费用的承担

在司法实践中,涉案工程往往未经过修复,由于建设工程施工合同已经解除,双方已经没有继续合作的意愿,如果继续让承包人履行修复义务,显然不利于纠纷的解决。因此,如果涉案工程在法院审理时未经过修复,经司法鉴定可以修复后通过验收的,可以根据具体案情认定修复费用的承担。

(四)修复费用的认定

1. 修复费用的承担应当根据造成工程质量不合格的具体原因和责任比例,在发承包人之间合理分配修复费用

《民法典》第801条规定:"因施工人的原因致使建设工程质量不符合约定的,发包人有权请求施工人在合理期限内无偿修理或者返工、改建。"2020年《建设工程司法解释一》第12条规定:"因承包人的原因造成建设工程质量不符合约定,承包人拒绝修理、返工或者改建,发包人请求减少支付工程价款的,人民法院应予支持。"《民法典》第793条第3款规定:"发包人对因建设工程不合格造成的损失有过错,应当承担相应的责任。"根据相关条文,承包人承担的修复费用并非当然指全部的修复费用,仍需要进一步区分工程质量不合格的原因及责任。在案件审理过程中,法院应当根据造成工程质量不合格的具体原因和责任比例,在发承包人之间合理分配修复费用。

建设工程质量不合格的原因,一般情况下,可能存在以下几种情况:

(1)承包人原因导致的工程质量不合格。《建筑法》第58条规定:"建筑施工企业对工程的施工质量负责。建筑施工企业必须按照工程设计图纸和施工技术标准施

工，不得偷工减料。工程设计的修改由原设计单位负责，建筑施工企业不得擅自修改工程设计。"《国务院办公厅转发住房和城乡建设部关于完善质量保障体系提升建筑工程品质指导意见的通知》中明确，要落实施工单位主体责任，施工单位对建筑工程的施工质量负责。承包人作为工程质量的第一责任人，应当保证工程质量符合国家强制性标准，承包人承担质量责任的情形主要有以下几种：①未按工程设计图纸和施工技术标准施工；②使用不合格的建筑材料、配件和设备；③擅自修改工程设计；④对其分包工程承担质量责任；⑤偷工减料。因承包人原因导致工程质量不合格，承包人应当承担修复义务并承担相应的修复费用，修复后工程质量不合格的，承包人无权向发包人主张工程价款。

（2）发包人原因导致的工程质量不合格。2020年《建设工程司法解释一》第13条第1款规定："发包人具有下列情形之一，造成建设工程质量缺陷，应当承担过错责任：（一）提供的设计有缺陷；（二）提供或者指定购买的建筑材料、建筑构配件、设备不符合强制性标准；（三）直接指定分包人分包专业工程。"由此可见，发包人承担质量责任的情况主要包括：

①提供的设计、图纸等资料有缺陷。工程图纸、技术等资料一般由发包人提供，如果因设计出现缺陷或发包人擅自变更设计导致质量缺陷，发包人应当承担质量责任。但是需要注意的是，根据《房屋建筑和市政基础设施项目工程总承包管理办法》对工程总承包的定义，采用工程总承包模式的承包单位对工程设计、采购、施工或者设计、施工等阶段实行总承包，此时设计缺陷的责任应由承包人承担。

②"甲供材"或"甲定乙供材"不符合国家强制性规定。根据《建设工程质量管理条例》第14条规定："按照合同约定，由建设单位采购建筑材料、建筑构配件和设备的，建设单位应当保证建筑材料、建筑构配件和设备符合设计文件和合同要求。"如果发包人为了控制建筑成本，提供或指定不符合国家质量标准的材料、配件或设备，则由此造成的质量缺陷应由发包人承担。

③发包人指定分包的专业工程造成的质量缺陷。虽然政府部门的规章文件中对发包人指定分包持否定态度，并明确了相应的行政处罚措施，但由于指定分包的分包人是由发包人直接指定，因此发包人需要对分包人造成的质量问题承担过错责任。

（3）承包人、发包人共同导致的工程质量不合格。《民法典》第592条规定："当事人都违反合同的，应当各自承担相应的责任。当事人一方违约造成对方损失，对方对损失的发生有过错的，可以减少相应的损失赔偿额。"2020年《建设工程司法解释一》第13条规定："发包人具有下列情形之一，造成建设工程质量缺陷，应当承担过错责任：……承包人有过错的，也应当承担相应的过错责任。"在建筑工程施工合同履行过程中，发承包人的混合过错主要体现在两个方面：第一是在发包人设计缺陷、"甲供材"不合格、违法分包的情况下承包人未尽审慎管理、检验义务；第二是发包人对承包人的施工没有履行必要的监督、检验义务。对此，法院应当综合考虑双方过错的大小及过错与质量不合格之间的关系，在发承包人之间合理分配责任比例。具体而言：①因承包人原因导致工程质量不合格的，修复费用由承包人承担；②因发包人原因导致工程质量不合格的，修复费用由发包人承担；③因发包人、承包人共同导致工程质量不合格，修复费用按照双方的责任比例分担。

2. 修复费用的计价标准

在诉讼中，如果双方已经就修复费用达成共识，则按照双方认定的修复费用处理。如果双方对修复费用存在争议，则应由法院委托具备相应资质的专业鉴定机构对修复方案和修复费用进行鉴定，并通过出具鉴定意见的方式来认定实际承担的修复费用。

《民事诉讼法》第76条规定："当事人可以就查明事实的专门性问题向人民法院申请鉴定。当事人申请鉴定的，由双方当事人协商确定具备资格的鉴定人；协商不成的，由人民法院指定。当事人未申请鉴定，人民法院对专门性问题认为需要鉴定的，应当委托具备资格的鉴定人进行鉴定。"2019年《民事证据规定》第30条规定："人民法院在审理案件过程中认为待证事实需要通过鉴定意见证明的，应当向当事人释明，并指定提出鉴定申请的期间。符合《最高人民法院关于适用〈中华人民共和国民事诉讼法〉的解释》第九十六条第一款规定情形的，人民法院应当依职权委托鉴定。"在修复费用不能确定的情况下，经法院释明后，如果承包人或发包人既不申请鉴定，又不能提供有效的证据证明自己的主张，则应当承担举证不能的法律后果。同时，法院认为需要鉴定的，也可以依职权启动司法鉴定，将质量问题及修复方案的鉴定事项委托给专业的鉴定机构鉴定后，根据鉴定结果再行裁判。

对于修复费用鉴定时应当以何种计价标准，实践中存在不同的观点：

第一种观点认为，修复费用参照建筑行政主管部门颁布的计价标准计算，理由是参照2020年《建设工程司法解释一》第19条第2款："因设计变更导致建设工程的工程量或者质量标准发生变化，当事人对该部分工程价款不能协商一致的，可以参照签订建设工程施工合同时当地建设行政主管部门发布的计价方法或者计价标准结算工程价款。"因此，在双方当事人对计价标准有争议的情况下，应当参照政府部门的计价标准。

第二种观点认为，修复费用应当参照鉴定时的市场信息价计算，理由是政府部门的计价标准通常存在一定的滞后性，市场信息价更贴近实际可能发生的修复费用。

第三种观点认为，应当参照合同中约定工程造价计价标准计算，理由是参照2020年《建设工程司法解释一》第19条第1款规定："当事人对建设工程的计价标准或者计价方法有约定的，按照约定结算工程价款。"对于计价标准的选取应当尊重当事人的意思自治。

一般认为，由于合同中工程造价的计价标准一般是按照合同签订时的情况进行约定，考虑到建设工程周期较长，修复难度情况不一，在平衡双方利益的前提下，以替代履行认定的修复费用都应当尽量贴近实际发生的修复费用，才能更有利于保护守约方的利益。因此，除非合同明确约定修复费用适用合同工程造价的计价标准，否则应根据案件的具体情况，可以参照建筑行政主管部门颁布的计价方法或者鉴定时的市场信息价认定修复费用。

四、辅助信息

《民法典》

第七百九十三条 建设工程施工合同无效，但是建设工程经验收合格的，可以参照合同关于工程价款的约定折价补偿承包人。

建设工程施工合同无效，且建设工程经验收不合格的，按照以下情形处理：

（一）修复后的建设工程经验收合格的，发包人可以请求承包人承担修复费用；

（二）修复后的建设工程经验收不合格的，承包人无权请求参照合同关于工程价款的约定折价补偿。

发包人对因建设工程不合格造成的损失有过错的，应当承担相应的责任。

第七百九十九条 建设工程竣工后，发包人应当根据施工图纸及说明书、国家颁发的施工验收规范和质量检验标准及时进行验收。验收合格的，发包人应当按照约定支付价款，并接收该建设工程。

建设工程竣工经验收合格后，方可交付使用；未经验收或者验收不合格的，不得交付使用。

第八百零一条 因施工人的原因致使建设工程质量不符合约定的，发包人有权请求施工人在合理期限内无偿修理或者返工、改建。经过修理或者返工、改建后，造成逾期交付的，施工人应当承担违约责任。

第八百零六条 承包人将建设工程转包、违法分包的，发包人可以解除合同。

发包人提供的主要建筑材料、建筑构配件和设备不符合强制性标准或者不履行协助义务，致使承包人无法施工，经催告后在合理期限内仍未履行相应义务的，承包人可以解除合同。

合同解除后，已经完成的建设工程质量合格的，发包人应当按照约定支付相应的工程价款；已经完成的建设工程质量不合格的，参照本法第七百九十三条的规定处理。

《建筑法》

第六十条 建筑物在合理使用寿命内，必须确保地基基础工程和主体结构的质量。

建筑工程竣工时，屋顶、墙面不得留有渗漏、开裂等质量缺陷；对已发现的质量缺陷，建筑施工企业应当修复。

2020年《建设工程司法解释一》

第十一条 因承包人的原因造成建设工程质量不符合约定，承包人拒绝修理、返工或者改建，发包人请求减少支付工程价款的，人民法院应予支持。

建设工程施工合同纠纷案件裁判规则第 66 条：

建设工程施工合同解除后，已经完成的建设工程质量不合格，修复后的建设工程经验收不合格，承包人请求支付工程价款，不予支持

【规则描述】 在建设工程施工合同解除后，根据建设工程的特性以及物尽其用、节约社会资源的价值导向，已经完成的建设工程质量不合格的，包括经修复后可以达到质量合格以及修复后仍不能达到质量合格的，相应的参照《民法典》第793条的规定进行处理。承揽合同是以完成一定工作并交付工作成果为目的，建设工程合同的客体是工程，承包人的基本义务就是按质按期地完成建设工程建设，如果建设工程确属无法修复或修复后的建设工程经验收仍然不合格的，则建设工程已没有实际使用价值，则无须承包人支付工程价款。

一、类案检索大数据报告

时间：2020年8月10日之前；案例来源：Alpha案例库；案由：建设工程施工合同纠纷；检索条件：（1）全文：承包人请求支付工程价款；（2）法院认为包含：同句"建设工程施工合同解除后"；（3）法院认为包含：同句"已经完成的建设工程质量不合格"；（4）法院认为包含：同句"承包人请求支付工程价款"。本次检索获取2020年8月10日之前共计97篇裁判文书。其中：

①认为合同解除后，已完成的工程质量合格，发包人应支付相应工程价款的共计4件，占比为4.12%；

②认为合同解除后，工程质量不合格，承包人无权请求工程价款的共计39件，占比为40.21%；

③认为建设工程未达竣工标准,但双方已经结算的共计 7 件,占比为 7.22%;

④认为经鉴定可修复,或承包人拒绝修复,发包人自行或委托第三方修复承包人承担修复费用的共计 31 件,占比为 31.96%;

⑤认为发包人已接收工程(或竣工),发包人应付工程价款的共计 5 件,占比为 5.15%;

⑥认为建设工程未经验收,无证据证明工程质量合格,请求工程价款不予支持共计 11 件,占比为 11.34%。

整体情况如图 15-1 所示:

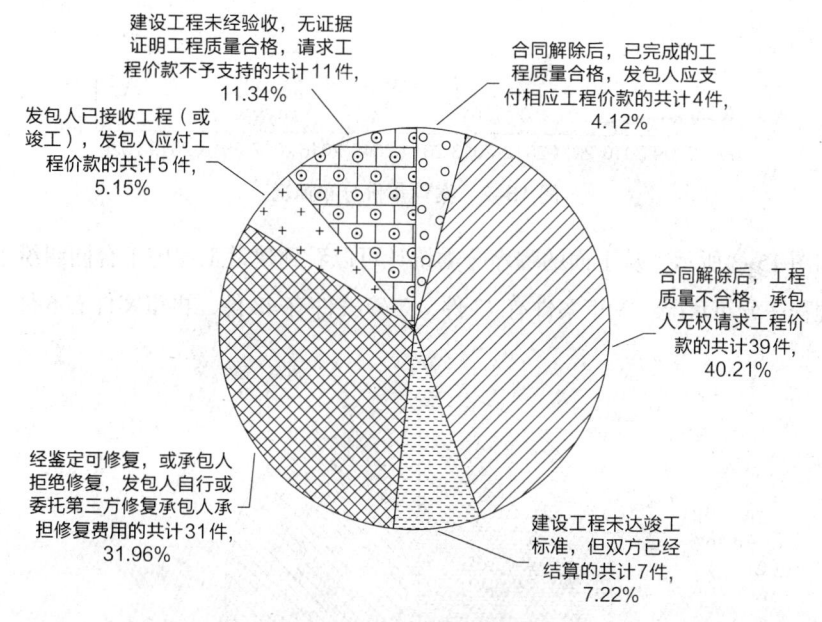

图 15-1 案件裁判结果情况

如图 15-2 所示,从案件年份分布可以看出,在当前条件下,涉及全文:承包人请求支付工程价款;法院认为包含:同句"建设工程施工合同解除后";法院认为包含:同句"已经完成的建设工程质量不合格";法院认为包含:同句"承包人请求支付工程价款"条件下,相应的民事纠纷案例数量的变化趋势。

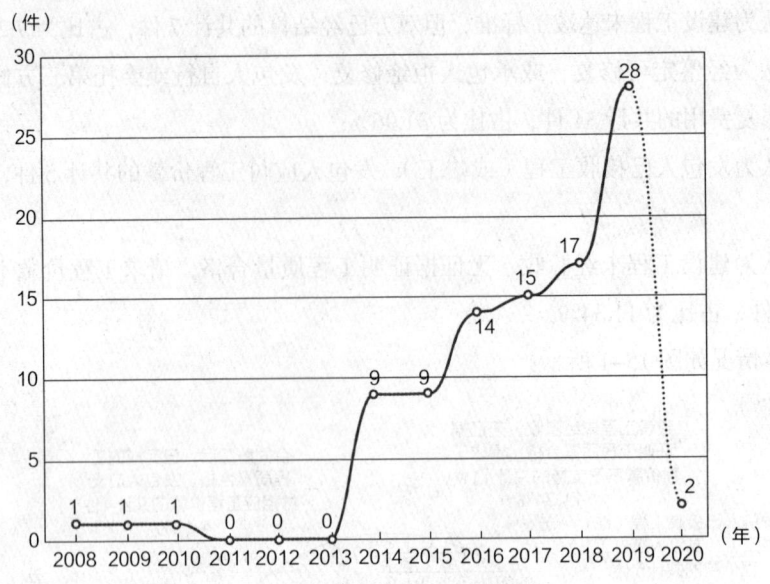

图 15-2 案件年份分布情况

如图 15-3 所示，从上面的程序分类统计可以看到建设工程施工合同纠纷下当前的审理程序分布状况。一审案件有 43 件，二审案件有 48 件，再审案件有 6 件。

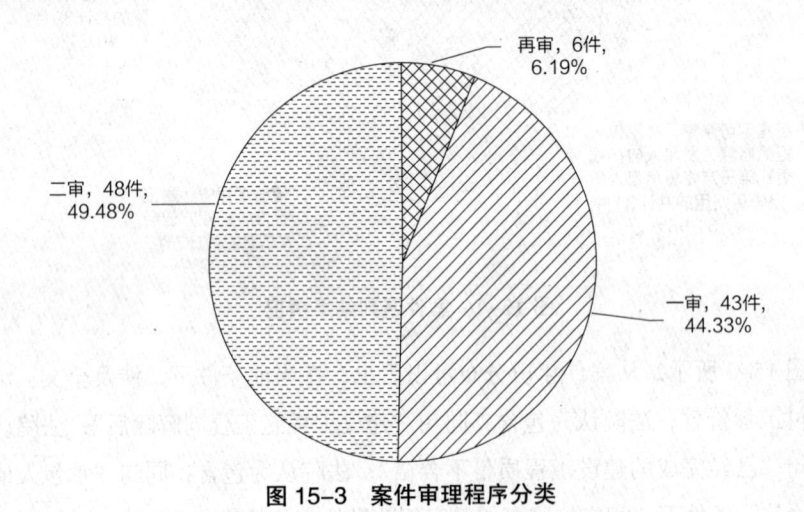

图 15-3 案件审理程序分类

通过对审理期限的可视化分析可以看到，当前条件下的审理时间更多处在 365 天以上的区间内，平均时间为 337 天。

二、可供参考的例案

例案一：中基发展建设工程有限责任公司与吉林市洪城地产置业有限公司建设工程施工合同纠纷案

【法院】

吉林省高级人民法院

【案号】

（2016）吉民终370号

【当事人】

二审上诉人（一审被告、反诉原告）：中基发展建设工程有限责任公司

二审被上诉人（一审原告、反诉被告）：吉林市洪城地产置业有限公司

【基本案情】

2008年4月1日吉林市洪城地产置业有限公司（以下简称洪城公司）与中基发展建设工程有限责任公司（以下简称中基公司）签订了建设工程施工合同。合同约定，中基公司承建洪城公司吉林财富广场基坑支护工程，支护面积约8625平方米，合同总价268万元；分两期完成：一期工程42天，工期从2008年4月10日至2008年5月22日（以实际开工日期起算），合同价款为147万元，并明确约定了工程款支付方式和时间等；二期工程另行商定。另外，合同还约定，如因施工方原因使施工质量达不到国家及合同约定的支护工程质量标准，施工方应及时整改满足基坑整体安全施工需要，由施工方自身原因造成支护工程严重质量事故，由施工方承担责任。

合同签订后，中基公司进场施工。至2008年8月2日，由中基公司施工的吉林财富广场基坑支护工程重庆街侧土钉墙发生坍塌事故，造成地下各种管线、附近电线杆、基坑部分降水井等基础设施严重破坏。经吉林市建设工程质量监督站检测，该工程质量不符合设计方案，存在质量瑕疵。中基公司对坍塌工程制定了抢险施工方案，并实施险情处理，将坍塌工程修复到负8.2米。2008年8月19日，中基公司的施工人员在坍塌工程未完全修复的情况下撤离现场，后期的修复工程全部由洪城公司完成，现已投入使用。洪城公司因重新支护工程坍塌部分，恢复电、水、天然气等共发生工程费用合计5956508.56元。洪城公司已支付中基公司工程款、预付材料款总计853566元，对此中基公司承认收到682500元。

洪城公司向吉林市中级人民法院起诉请求判令中基公司赔偿因其承包的基坑支

护工程发生坍塌重大质量事故给洪城公司造成的各项经济损失27344837元（原标的12971548元）；中基公司反诉要求洪城公司应当支付工程款和变更洽商增量部分共计869193.38元、赔偿因扣押设备造成中基公司损失380555元。

吉林市中级人民法院认为，对于中基公司的反诉请求，依双方签订的合同约定，因施工方自身原因造成支护工程严重质量事故，由施工方承担责任。本案中，因中基公司施工质量不合格，导致工程发生坍塌事故，在修复过程中，未能将该工程完全修复就撤离施工现场，后期修复工程由洪城公司完成。故其请求支付剩余工程款的请求依法不予支持。

中基公司不服，向吉林省高级人民法院提起上诉。

【案件争点】

在质量不合格的情况下，是否应支持中基公司请求支付工程价款的反诉请求。

【裁判要旨】

2004年《建设工程司法解释一》第10条[1]规定："建设工程施工合同解除后，已经完成的建设工程质量不合格的，参照本解释第三条规定处理。"第3条[2]规定："……（二）修复后的建设工程经竣工验收不合格，承包人请求支付工程款的，不予支持。"在本案中，双方签订的建设工程施工合同亦约定，因施工方自身原因造成支护工程严重质量事故，由施工方承担责任。在坍塌事故发生后，中基公司对坍塌工程制定了抢险施工方案，并实施险情处理，将坍塌工程修复到负8.2米。2008年8月19日，中基公司在坍塌工程未完全修复的情况下撤离现场，后期的修复工程全部由洪城公司完成。中基公司所建工程不合格，导致坍塌事故发生，在事故发生后亦未妥善处理。故依据2004年《建设工程司法解释一》第10条规定，中基公司无权向洪城公司主张支付剩余工程价款。

---

[1] 参见《民法典》第806条第3款："合同解除后，已经完成的建设工程质量合格的，发包人应当按照约定支付相应的工程价款；已经完成的建设工程质量不合格的，参照本法第七百九十三条的规定处理。"

[2] 参见《民法典》第793条："建设工程施工合同无效，但是建设工程经验收合格的，可以参照合同关于工程价款的约定折价补偿承包人。建设工程施工合同无效，且建设工程经验收不合格的，按照以下情形处理：（一）修复后的建设工程经验收合格的，发包人可以请求承包人承担修复费用；（二）修复后的建设工程经验收不合格的，承包人无权请求参照合同关于工程价款的约定折价补偿。发包人对因建筑工程不合格造成的损失有过错的，应当承担相应的责任。"

例案二：中铁十九局集团第二工程有限公司与海西冰峰矿泉水开发有限公司建设工程施工合同纠纷案

【法院】

最高人民法院

【案号】

（2019）最高法民终 237 号

【当事人】

上诉人（原审原告）：中铁十九局集团第二工程有限公司

上诉人（原审被告）：海西冰峰矿泉水开发有限公司

【基本案情】

2014 年 9 月 17 日，海西冰峰矿泉水开发有限公司（以下简称海西公司）与中铁十九局集团第二工程有限公司（以下简称中铁十九局）签订《承包合同》，约定：工程承包范围为：海西公司年产 30 万吨海西冰峰矿泉水建设项目的商务接待中心 1 栋、办公楼 1 栋、物流仓储 10 座、职工宿舍 2 栋、综合办公楼 1 栋、生产车间 1 栋、综合办公楼、新建门卫室 2 座、新建锅炉房、车库 1 座；承包方式为施工总承包；合同工期为：2014 年 9 月 18 日开工至 2015 年 6 月 30 日竣工；履约保证金数额为 300 万元。2014 年 9 月 18 日，中铁十九局进场施工。

2015 年 9 月 1 日，海西公司向中铁十九局发出《关于通知十九局第二公司全面停工并撤离施工现场的函》，载明："因你方自 2015 年春季复工以来，一直未能实行 2014 年你我双方签订的承包合同的内容，导致我公司所有项目建设滞后四月有余，部分工程质量达不到设计要求，从而进一步导致我公司未能按时投产而蒙受经济损失。""经公司各级领导商议决定：一、要求你单位于 2015 年 9 月 1 日起全面停工，所有人员撤离施工现场；二、你方尽快安排国家注册造价师来我单位进行结算你方前期已完成的工程量，待工程量结算完成后经审计单位审计，除 5% 工程保修金，剩余工程款一次付清，如不执行，后果自负。"中铁十九局在撤出施工现场后，分别于 2015 年 11 月 6 日、2016 年 10 月 8 日向监理单位提交《分部工程验收申请》，申请对土建及钢结构部分工程进行验收，监理单位均同意验收。

2017 年 6 月 21 日，中铁十九局向海西公司提交《结算报审总价》，海西公司盖章并注明："今收到工程送审稿原件壹份。"《结算报审总价》中《单项工程投标报价汇总表》载明各部分合计29065009.9元。《建设工程结算审核定案表（土建部分）》载明："合计13879816.28元，审定金额12600408.64元，按合同约定税前下浮3%金额12234932.22元。"施工单位负责人处有签名，并盖有"中铁十九局第二公司海西冰峰矿泉水建设工程项目经理部"印章。建设单位负责人处有签名，盖有"海西冰峰公司"印章，并注明"以上所有土建项目验收合格后，方可认定此定案工程款。"

同日，海西公司与中铁十九局召开"关于海西冰峰矿泉水建设工程项目工程款结算事宜"的会议并形成《会议纪要》，载明："1.土建部分已完工程量结算价为12234932元，双方确认无异议……5.甲乙双方同意解除总承包合同，解除总承包合同的条件必须具备以下几项，条件缺一不可：（1）双方已确认完工程结算金额；（2）2017年10月31日前，甲方偿还乙方300万元现金保证金及乙方垫付的18.7万元招标代理费；其中，300万元保证金利息30万元于300万元保证金支付时，甲方支付给乙方；（3）乙方与施工队伍间的债权债务全部由甲方接收承担。6.待双方确认完结算金额后，甲方于2017年12月31日前给乙方全部支付完毕。7.甲乙双方解除合同后，原与乙方签订分包合同的施工队伍继续完成施工任务。"2018年6月20日，海西公司组织施工单位、设计单位、监理单位对案涉工程进行预验收。预验收过程中，中铁十九局顾某某、全某某、李某离场。海西公司、设计单位、监理单位三家单位形成《关于中铁十九局总承包海西公司工程项目所做工程预验等事项的会议纪要》，该会议纪要载明五至八号库房工程、接待中心工程存在严重质量问题，不能组织验收。

后中铁十九局向青海省高级人民法院起诉请求：（1）支付中铁十九局工程款19263009.9元，并按中国人民银行同期同类贷款利率支付相应利息（利息自2015年9月1日起算，至2018年1月5日止）；（2）返还中铁十九局已缴纳的保证金300万元，利息30万元及招标代理费18.7万元；（3）本案诉讼费由海西公司承担。

一审法院认为，关于工程款的支付，无论是双方合同的约定，还是相关司法解释的规定，均需以工程质量合格为前提。案涉工程虽未进行主体验收，工程质量是否合格仍可通过质量鉴定进行认定。在海西公司、青海化工设计研究院、青海省力天建设工程监理有限责任公司三家单位形成的《关于中铁十九局总承包海西公司工程项目所做工程预验等事项的会议纪要》中已载明案涉工程存在质量问题，需进行质量鉴定的情形下，中铁十九局不仅不认可建设单位、设计单位、监理单位形成的会议纪要，更不同意整改，并坚持不同意海西公司提出的质量鉴定申请，故根据《民诉法司法解释》第90条第2款"在作出判决前，当事人未能提供证据或者证据不足以证明其事实主张的，由负有举证证明责任的当事人承担不利的后果"的规定，中铁十九局对其施工的工程质量是否合格应承担举证不能的责任。且在本案审理过程中，中铁十九局未向一审法院提交证据证明钢结构部分的工程款数额系依据三方协议计算得出，又不同意海西公司提出的钢结构部分的造价鉴定申请，在此情形下，因钢结构部分的工程款数额并不确定，海西公司已向其支付了 6615000 元工程款，故土建部分的工程款数额 12234932 元虽已确定，但海西公司实际应向中铁十九局支付的数额并不确定。综上所述，因案涉工程土建部分工程款的应付款数额未确定，且中铁十九局并未向一审法院提交证据证明案涉工程质量合格，土建部分的工程款付款条件并未成就，中铁十九局主张海西公司支付土建部分工程款的诉求应不予支持。中铁十九局主张海西公司支付工程款相应利息的诉求亦不能成立，应不予支持。中铁十九局可在其有证据证明案涉工程质量合格后，再行主张工程款的给付。

【案件争点】

案涉工程已确定的土建部分工程付款条件是否成就。

【裁判要旨】

中铁十九局系在施工未完成的情况下，被要求撤出施工现场，后双方当事人解除了施工合同。2004年《建设工程司法解释一》第 10 条① 规定："建设工程施工合同解除后，已经完成的建设工程质量合格的，发包人应当按照约定支付相应的工程价款；已经完成的建设工程质量不合格的，参照本解释第 3 条规定处理。"第 3 条② 规定："建设工程施工合同无效，且建设工程经竣工验收不合格，修复后的建设工程经竣工验收仍不合格，承包人请求支付工程价款的，不予支持。"本案中，中铁十九局在撤出施工现场后，分别于 2015 年 11 月 6 日、2016 年 10 月 8 日向监理单位提交《分部工程验收申请》，申请对土建及钢结构部分工程进行验收，监理单位均同意验收，但之后并未组织验收工作。一审诉讼中，经法庭征求意见，双方均同意对案涉工程进行验收。在验收过程中，中铁十九局人员无故离场，后经设计单位、监理

---

① 参见《民法典》第 806 条第 3 款："合同解除后，已经完成的建设工程质量合格的，发包人应当按照约定支付相应的工程价款；已经完成的建设工程质量不合格的，参照本法第七百九十三条的规定处理。"

② 参见《民法典》第 793 条："建设工程施工合同无效，但是建设工程经验收合格的，可以参照合同关于工程价款的约定折价补偿承包人。建设工程施工合同无效，且建设工程经验收不合格的，按照以下情形处理：（一）修复后的建设工程经验收合格的，发包人可以请求承包人承担修复费用；（二）修复后的建设工程经验收不合格的，承包人无权请求参照合同关于工程价款的约定折价补偿。发包人对因建设工程不合格造成的损失有过错的，应当承担相应的责任。"

单位及海西公司预验收，形成《关于中铁十九局总承包海西公司工程项目所做工程预验收等事项的会议纪要》，该纪要载明案涉工程存在质量问题，需进行质量鉴定。一审中，海西公司申请对案涉工程的质量问题进行鉴定，但中铁十九局不同意鉴定，亦不同意整改，对预验收所形成的会议纪要也不认可。中铁十九局作为施工方，在初步证据证明其施工部分的工程存在质量问题的情况下，不同意整改，亦不同意鉴定，故在无证据证明案涉工程合格的情况下，中铁十九局请求支付工程价款的主张难以得到支持。

例案三：云南官房地基基础有限公司与云南东方柏丰投资有限责任公司合同纠纷案

【法院】

云南省高级人民法院

【案号】

（2014）云高民一终字第 2 号

【当事人】

上诉人（原审被告）：云南官房地基基础有限公司

被上诉人（原审原告）：云南东方柏丰投资有限责任公司

【基本案情】

云南东方柏丰投资有限责任公司（以下简称柏丰投资公司）与云南官房地基基础有限公司（以下简称官房地基公司）口头约定，由官房地基公司承接柏丰投资公司位于昆明市金碧路东方首座房地产项目 A04 地块基坑支护工程的施工工作。2010 年 12 月 28 日，官房地基公司开始进场进行止水帷幕深水桩的施工，至 2011 年 1 月 17 日完成 A04 地块东、西、北三面止水帷幕深水桩施工。

2011 年 1 月 25 日，柏丰投资公司向官房地基公司支付了 83 万元的工程进度款。2011 年 5 月 19 日，官房地基公司对基坑西侧局部未达到设计深度的止水桩进行补强施工，根据设计补强方案，于 2011 年 5 月 24 日至 5 月 27 日对基坑西侧进行补强后发现 12 至 22M 处的不成桩，判断是地下水流影响所致。2011 年 6 月 7 日、9 日、10 日，官房地基公司向柏丰投资公司提交报告，经官房地基公司取样，在深搅桩中段 12-22M 离析，现有止水桩无法满足设计要求，请求柏丰投资公司组织专家对离析情况及解决措施施工进行论证。2011 年 7 月 15 日，柏丰投资公司委托昆明南方地球物理技术开发有限公司进行止水桩质量的检测，通过抽样对10根止水桩采用3种方法进行检测，得出所抽样的全部止水桩均存在芯样松散不成型，达不到止水效果的设计要求。

柏丰投资公司因基坑止水桩质量问题得不到解决，诉至法院请求判令：（1）由官房地基公司返还柏丰投资公司已支付的工程进度款人民币830000元及2011年1月25日起至2012年10月25日（起诉之日）按同期银行贷款利率计算的利息90695.25元，其后计至实际还款之日的利息继续计收；（2）由官房地基公司承担因工程质量不合格给柏丰投资公司造成的经济损失4342000元；（3）本案诉讼费用由官房地基公司承担。

在庭审中，官房地基公司要求继续履行本案施工合同，并同意修复不合格工程。柏丰投资公司认为官房地基公司施工不符合约定已经违约，致使不能实现合同目的，要求解除合同，并按诉请要求官房地基公司返还柏丰投资公司已支付的工程进度款人民币83万元。

一审法院认为，因官房地基公司的违约行为致使不能实现合同目的，柏丰投资公司可以解除合同，同时，按照2004年《建设工程司法解释一》第10条[①]及第3条第2款[②]，"修复后的建设工程经竣工验收不合格，承包人请求支付工程价款的，不予支持"的规定，官房地基公司在施工过程中，发现工程质量出现异常，并开始对止水桩进行补强修复，在修复后经鉴定仍为不合格，故柏丰投资公司不应支付工程价款，柏丰投资公司先行支付的83万元工程款应全额返还。柏丰投资公司请求官房地基公司返还已支付的工程进度款83万元及相应利息的诉讼请求可以得到支持。

【案件争点】

官房地基公司是否应返还款项及支付相应利息。

【裁判要旨】

经鉴定确认，由于官房地基公司的施工不当，止水桩工程不合格，故而导致合

[①] 参见《民法典》第806条第3款："合同解除后，已经完成的建设工程质量合格的，发包人应当按照约定支付相应的工程价款；已经完成的建设工程质量不合格的，参照本法第七百九十三条的规定处理。"

[②] 参见《民法典》第793条："建设工程施工合同无效，但是建设工程经验收合格的，可以参照合同关于工程价款的约定折价补偿承包人。建设工程施工合同无效，且建设工程经验收不合格的，按照以下情形处理：（一）修复后的建设工程经验收合格的，发包人可以请求承包人承担修复费用；（二）修复后的建设工程经验收不合格的，承包人无权请求参照合同关于工程价款的约定折价补偿。发包人对因建设工程不合格造成的损失有过错的，应当承担相应的责任。"

同目的不能实现。双方合同也因官房地基公司以其撤离施工现场的行动导致合同已不能实际继续履行而解除。依照2004年《建设工程司法解释一》第10条[①]和第3条第2款[②]的规定："建设工程施工合同解除后，……已经完成的建设工程质量不合格的，修复后的建设工程经竣工验收不合格，承包人请求支付工程价款的，不予支持。"现由于涉案工程质量不合格，且官房地基公司对止水桩进行补强修复后经鉴定仍为不合格，故官房地基公司应当退还已收取的83万元工程价款并支付相应利息。

三、裁判规则提要

（一）工程价款支付的前提条件是已完工程质量合格

百年大计，质量为先。建设工程施工合同作为特殊的承揽合同，本质上是以承包人承揽工程并在一定时间内交付施工成果作为发包人支付工程价款的对价。因此，建设工程质量合格是支付工程价款的前提，为此《民法典》第799条第1款规定："……验收合格的，发包人应当按照约定支付价款，并接收该建设工程。"《民法典》第793条、第806条也强调，无论合同无效、有效还是被解除，都应当以工程质量合格作为承包人请求支付工程款的先决条件。

对于发包人能否以质量缺陷为由拒绝支付工程价款，存在两种不同观点：一种观点认为在承包人未履行修复义务的情况下，工程价值仍然属于发包人，因此发包人并不享有拒绝支付工程价款的抗辩权；另一种观点认为，完成的工程质量存在质量缺陷，且质量缺陷责任是由于承包人导致，则承包人应承担不完全给付的债务不履行责任，此责任与发包人的报酬支付义务构成对待给付。[③]根据《民法典》第526

[①] 参见《民法典》第806条第3款："合同解除后，已经完成的建设工程质量合格的，发包人应当按照约定支付相应的工程价款；已经完成的建设工程质量不合格的，参照本法第七百九十三条的规定处理。"

[②] 参见《民法典》第793条："建设工程施工合同无效，但是建设工程经验收合格的，可以参照合同关于工程价款的约定折价补偿承包人。建设工程施工合同无效，且建设工程经验收不合格的，按照以下情形处理：（一）修复后的建设工程经验收合格的，发包人可以请求承包人承担修复费用；（二）修复后的建设工程经验收不合格的，承包人无权请求参照合同关于工程价款的约定折价补偿。发包人对因建设工程不合格造成的损失有过错的，应当承担相应的责任。"

[③] 潘军峰：《建设工程施工合同审判新类型问题研究——〈建设工程司法解释〉施行十周年回顾与展望》，载《法律适用》2015年第4期。

条的规定,"当事人互负债务,有先后履行顺序,先履行一方未履行的,后履行一方有权拒绝其相应的履行请求",在承包人未弥补质量缺陷的情况下,发包人有权行使先履行抗辩权,拒绝支付工程款。一般认为,确定以建设工程修复后是否经验收合格作为承包人请求支付工程款的前提条件,建设工程无法修复或修复后经验收不合格,承包人请求支付工程的,不予支持。

（二）工程质量不合格与修复

工程质量不合格,并不等于工程就不存在修复价值。《建筑工程施工质量验收统一标准》GB50300—2013 第 5.0.6 条:"当建筑工程施工质量不符合要求时,应按下列规定进行处理:1.经返工或返修的检验批,应重新进行验收;2.经有资质的检测机构检测鉴定能够达到设计要求的检验批,应予以验收;3.经有资质的检测机构检测鉴定达不到设计要求、但经原设计单位核算认可能够满足安全和使用功能的检验批可予以验收;4.经返修或加固处理的分项、分部工程,满足安全及使用功能要求时,可按技术处理方案和协商文件的要求予以验收。"可见,工程质量不符合要求的,可以通过返修或加固,从而满足安全和使用功能要求,进而进行验收。因此,为节约社会资源,提高资源利用效率,承包人对质量不合格的工程可以进行修复,并在修复合格后主张工程价款,从而避免建设工程轻易丧失利用价值。这既是出于社会经济的综合考量,也是为了平衡承包人和发包人之间的利益。

（三）举证责任

1.合同解除后,承包人主张工程价款的,承担工程质量合格的举证义务

由于工程质量合格是支付工程价款的前提,因此,承包人在主张工程价款时,负有证明已完工程质量合格的义务。在司法实践中,要注意以下两种情形:

第一,双方解除合同后已经就已完成工程达成结算,承包人据此主张工程价款的,仍应当提供证据证明已完工程质量合格。不能因为发承包双方已经达成结算为由,想当然地认定或推定发包人已经认可工程质量合格。

第二,合同解除后,承包人主张工程价款,发包人未提出质量异议抗辩,承包人也未提交证据证明已完成工程质量合格的证据,此时,法院仍应当向承包人释明其举证义务或要求发包人明确是否对工程质量有异议。

2.发包人以工程质量不合格抗辩,应当承担已完工程质量不合格的举证义务

承包人提供初步证据证明工程质量合格,但发包人以工程质量不合格为由进行

抗辩并以此拒绝支付工程款的，发包人应当承担工程质量不合格的举证责任。同时，为了避免发包人随意要求质量鉴定并以此拖延支付工程价款，发包人应当提供初步证据证明已完工程质量存在不符合设计要求或规范的情形。对于发包人无初步证据而仅仅以工程质量不合格为由口头要求鉴定的，不应予以支持。

3. "修复后的建设工程经验收不合格"的举证责任承担

如修复后的建设工程经验收仍达不到合格标准，应当结合工程质量不合格的具体原因及修复的实际情况具体分析，比如，因承包人原因导致工程质量不合格，且承包人完成修复的情况下，承包人主张修复后工程质量合格的，应由承包人举证，但是如果发包人在未通知承包人的情况下自行修复，则发包人应当举证修复后质量不合格是承包人的原因导致，而不是发包人的修复行为导致，否则承担举证不能的法律后果。

4. 工程未经验收情况下，工程质量（包括修复后工程质量）的合格与否，应当根据具体情形结合举证责任进行判断

建设工程施工合同解除的情形下，涉案工程往往是未完工程，不具备竣工验收的条件，如果承包人仅因工程未竣工验收而丧失主张工程价款的权利，显然有失公平。对于合同解除后的未完工程，应当根据涉案工程的实际情况结合前述举证责任进行判断：

（1）涉案工程未完工，但主体结构完工。根据《建筑工程施工质量验收统一标准》，工程施工质量验收包括施工过程质量验收和竣工质量验收。施工质量验收根据项目结构又可以分解为单位工程验收、分部工程验收、分项工程验收和检验批，其中检验批是施工质量验收最小的单位。因此在有些案件中，虽然涉案工程未完工，但其工程主体结构已经施工完毕，由于主体结构具有相对的独立性，且依据《建筑工程施工质量验收统一标准》，完成这部分工程时应当进行验收，因此如果修复后的主体结构工程质量经司法鉴定认为质量合格的，发包人应当支付相应的工程价款。同时，根据2020年《建设工程司法解释一》第14条规定，承包人应当在建设工程的合理使用寿命内对地基基础工程和主体结构质量承担民事责任。可见，发包人支付工程价款，不影响承包人后续对地基基础工程和主体结构质量承担责任。

（2）"烂尾楼工程"在客观上无法进行整体竣工验收。所谓"烂尾楼工程"，是指建设工程项目开工后，因开发商无力继续投资建设或陷入债务纠纷，导致工程长期停滞的房地产项目。在我国建筑行业快速发展的近些年里，受自身经营状况等内外主客观条件的不利影响，"烂尾楼工程"屡见不鲜。这类工程通常欠付承包人大量

工程价款，且工程长期停滞，施工合同解除后，短期内难以继续施工，因此客观上已经无法进行整体竣工验收。对此，发包人应当综合监理单位的质量认定及相关的资料综合认定工程质量，如果工程经质量及修复方案鉴定认为虽然质量不合格但是能够被修复的，在扣除相应修复费用后，发包人应当支付剩余的工程价款。

（3）发包人原因导致未及时验收。《建设工程质量管理条例》第16条规定："建设单位收到建设工程竣工报告后，应当组织设计、施工、工程监理等有关单位进行竣工验收……建设工程经验收合格的，方可交付使用。"在合同解除的情况下，如果因发包人原因导致对已完工程未及时进行验收，则发包人主观上存在过错，发包人不得仅以工程未经验收为由拒绝支付工程价款。

（4）虽未竣工验收，但发包人已着手后续施工。《建筑法》第61条规定："交付竣工验收的建筑工程，必须符合规定的建筑工程质量标准，有完整的工程技术经济资料和经签署的工程保修书，并具备国家规定的其他竣工条件。建筑工程竣工经验收合格后，方可交付使用；未经验收或者验收不合格的，不得交付使用。"2020年《建设工程司法解释一》第14条规定："建设工程未经竣工验收，发包人擅自使用后，又以使用部分质量不符合约定为由主张权利的，人民法院不予支持；但是承包人应当在建设工程的合理使用寿命内对地基基础工程和主体结构质量承担民事责任。"一般来说，发包人应当预见工程未经验收可能存在的质量问题，其未积极组织验收而擅自使用，不仅在主观上存在过错，在客观上其擅自使用的行为也表明对已完成的工程质量予以认可，因此工程质量责任的风险由承包人转嫁给了发包人。

但在合同解除的情况下，承包人退场后，发包人着手后续施工的行为是否属于"擅自使用"的问题。一般认为，在合同解除且工程未完工的情况下，发包人同样应当预见工程可能存在的质量问题，因此发包人应及时对已完工程质量组织单位或分部分项验收，双方对验收结论有争议的，还可以委托有专业资质的机构进行质量鉴定。如果发包人未对已完工程进行验收或质量鉴定，就开始着手后续施工，应当属于"擅自使用"，此时发包人不得再以质量不合格为由拒绝支付工程价款。

（四）在合同解除且已完成工程质量合格的情况下，承包人有权要求结算并要求支付工程价款

1.在建设工程施工合同解除的情形下，承包人有权要求结算并要求支付工程价款

建设工程施工合同作为继续性合同，合同解除后，发包人取得了合格工程，则

承包人可以请求发包人一次性支付全部剩余工程价款。从建设工程施工合同示范文本的约定也可以看出，承包人有权要求结算并要求支付工程价款。（2017）《建设工程施工合同示范文本》通用条款第16.1.4条约定："因发包人违约解除合同后的付款：承包人按照本款约定解除合同的，发包人应在解除合同后28天内支付下列款项，并解除履约担保：（1）合同解除前所完成工作的价款……"16.2.4约定："因承包人违约解除合同后的处理。因承包人原因导致合同解除的，则合同当事人应在合同解除后28天内完成估价、付款和清算，并按以下约定执行：（1）合同解除后，按第4.4款〔商定或确定〕商定或确定承包人实际完成工作对应的合同价款，以及承包人已提供的材料、工程设备、施工设备和临时工程等的价值；（2）合同解除后，承包人应支付的违约金；（3）合同解除后，因解除合同给发包人造成的损失；（4）合同解除后，承包人应按照发包人要求和监理人的指示完成现场的清理和撤离；（5）发包人和承包人应在合同解除后进行清算，出具最终结清付款证书，结清全部款项。"

承包人虽然有权要求结算并要求支付工程价款，但如果合同对于解除情况下的付款时间并无明确约定，则一般认为，可以参照2020年《建设工程司法解释一》第27条规定处理，该条规定："利息从应付工程价款之日开始计付。当事人对付款时间没有约定或者约定不明的，下列时间视为应付款时间：（一）建设工程已实际交付的，为交付之日；（二）建设工程没有交付的，为提交竣工结算文件之日；（三）建设工程未交付，工程价款也未结算的，为当事人起诉之日。"据此，如果施工合同解除情况下，工程已经交付的，付款时间为交付之日；如工程没有交付的，为提交结算文件之日；如涉案工程未交付也未结算的，则应当按照当事人起诉之日为工程款应付之日。

2. 合同解除后的工程质量保证金

合同解除后，关于工程质量保证金的去留问题，司法实践中存在争议。有观点认为，工程质量保证金属于合同约定的内容，合同解除后，尚未履行的不再履行，不应再按照合同约定扣除质量保证金，涉案工程如有质量问题，发包人可以依法另行主张权利。但也有观点认为，质量保修责任是法律的强制性规定，不论合同是否被解除，承包人都应承担质量保修责任并扣留必要的工程质量保证金。根据住建部《建设工程质量保证金管理办法》第8条："缺陷责任期从工程通过竣工验收之日起计。由于承包人原因导致工程无法按规定期限进行竣工验收的，缺陷责任期从实际通过竣工验收之日起计。由于发包人原因导致工程无法按规定期限进行竣工验收的，在承包人提交竣工验收报告90天后,工程自动进入缺陷责任期。"2020年《建设工程司法解释一》第17条:"有下列情形之一,承包人请求发包人返还工程质量保证金的,人民法院应予支持:(一)当事人约定的工程质量保证金返还期限届满;(二)当事人未约定工程质量保证金返还期限的,自建设工程通过竣工验收之日起满二年;(三)因发包人原因建设工程未按约定期限进行竣工验收的,自承包人提交工程竣工验收报告九十日后当事人约定的工程质量保证金返还期限届满;当事人未约定工程质量保证金返还期限的,自承包人提交工程竣工验收报告九十日后起满二年。发包人返还工程质量保证金后,不影响承包人根据合同约定或者法律规定履行工程保修义务。"司法实践中,工程产生质量缺陷的原因相对复杂,需要分不同情况进行处理。例如,"如因工程质量不合格、工程手续不完备导致工程无法通过竣工验收时,则无论是发包人原因还是承包人原因,都不存在确定缺陷责任期的前提条件";"如果建设工程确实存在因承包人原因造成的缺陷,而承担人不维修又不承担费用,发包人可按照合同约定从工程质量保证中扣除。故发包人拒绝返还或仅返还部分工程质量保证金可以在特定的情形下适用,即建设工程确实存在由承包人原因造成的缺陷"。[1]

3. 工程没有修复的可能或失去实际的利用价值,发包人可以请求承包人返还工程价款

根据《民法典》第157条规定,对承包人附着在工程上的劳动成果进行折价补偿,支付对应的工程价款。而在已完工程质量不合格的情况下,也可以通过修复弥补质量缺陷,如修复后工程质量合格的,承包人可以请求支付工程价款。但是如果建设工程的质量缺陷无法通过修复予以弥补或者修复后的工程也已经失去了实际的功能,那么建设工程对发包人而言就丧失了利用价值,发包人未获得承包人劳动成果所对应的实际利益,也就不存在不当得利的返还,因此发包人可以拒绝支付剩余工程价款;若此时承包人已经收取了部分工程价款,那么因承包人未给付相应的劳动成果,已收取的部分工程款应属于不当得利,发包人可以向承包人主张不当得利的返还,即请求承包人返还已经支付的工程价款。

---

[1] 最高人民法院民事审判第一庭编著:《最高人民法院新建设工程施工合同司法解释(一)理解与适用》,人民法院出版社2021年版,第179~180页。

四、辅助信息

《民法典》

　　第一百五十七条　民事法律行为无效、被撤销或者确定不发生效力后,行为人因该行为取得的财产,应当予以返还;不能返还或者没有必要返还的,应当折价补偿。有过错的一方应当赔偿对方由此所受到的损失;各方都有过错的,应当各自承担相应的责任。法律另有规定的,依照其规定。

　　第七百九十三条　建设工程施工合同无效,但是建设工程经验收合格的,可以参照合同关于工程价款的约定折价补偿承包人。

　　建设工程施工合同无效,且建设工程经验收不合格的,按照以下情形处理:

　　(一)修复后的建设工程经验收合格的,发包人可以请求承包人承担修复费用;

　　(二)修复后的建设工程经验收不合格的,承包人无权请求参照合同关于工程价款的约定折价补偿。

　　发包人对因建设工程不合格造成的损失有过错的,应当承担相应的责任。

　　第八百零一条　因施工人的原因致使建设工程质量不符合约定的,发包人有权请求施工人在合理期限内无偿修理或者返工、改建。经过修理或者返工、改建后,造成逾期交付的,施工人应当承担违约责任。

　　第八百零六条　承包人将建设工程转包、违法分包的,发包人可以解除合同。

　　发包人提供的主要建筑材料、建筑构配件和设备不符合强制性标准或者不履行协助义务,致使承包人无法施工,经催告后在合理期限内仍未履行相应义务的,承包人可以解除合同。

　　合同解除后,已经完成的建设工程质量合格的,发包人应当按照约定支付相应的工程价款;已经完成的建设工程质量不合格的,参照本法第七百九十三条的规定处理。

《建筑法》

　　第六十条　建筑物在合理使用寿命内,必须确保地基基础工程和主体结构的质量。建筑工程竣工时,屋顶、墙面不得留有渗漏、开裂等质量缺陷;对已发现的质量缺陷，建筑施工企业应当修复。

2020年《建设工程司法解释一》

第十二条 因承包人的原因造成建设工程质量不符合约定，承包人拒绝修理、返工或者改建，发包人请求减少支付工程价款的，人民法院应予支持。

建设工程施工合同纠纷案件裁判规则第 67 条：
建设工程施工合同因违约解除的，解除权人可以请求违约方承担违约责任

【规则描述】 建设工程施工合同因违约解除的，解除权人可根据《民法典》第 577 条规定要求违约方承担赔偿损失，但对应当赔偿的损失范围及计算方法，在裁判时应综合考虑到合同履行情况、市场行业利润率、企业管理水平、材料价格、双方过错程度与损失之间的因果关系等因素，根据案件实际情况，综合认定是否支持预期可得利益。

一、类案检索大数据报告

时间：2020 年 8 月 10 日之前；案例来源：Alpha 案例库；案由：建设工程施工合同纠纷；检索条件：（1）全文：违约导致合同解除；（2）法院认为包含：同句"因一方违约导致合同解除的，违约方应当赔偿因此而给对方造成的损失"。本次检索获取 2020 年 8 月 10 日之前共计 213 篇裁判文书。其中：

①认为因一方违约导致合同解除的，违约方应当赔偿因此而给对方造成的损失的共计 116 件，占比为 54.46%；

②认为因发包人原因导致未施工完毕，应支付工程款并赔偿损失的共计 4 件，占比为 1.88%；

③认为已完成的工程质量合格，发包人应当支付工程价款的共计 39 件，占比为 18.31%；

④认为无证据证明已完成的工程不合格，应当按约支付工程款的共计 16 件，占比为 7.51%；

⑤认为双方已就完成的工程达成结算协议的共计 8 件，占比为 3.76%；

⑥认为双方同意解除,并支付相应工程价款的共计 10 件,占比为 4.69%;
⑦认为当事人未提供证据证明其损失的共计 7 件,占比为 3.29%;
⑧认为双方均有过错,各自承担相应的经济损失的共计 13 件,占比为 6.1%。

整体情况如图 16-1 所示:

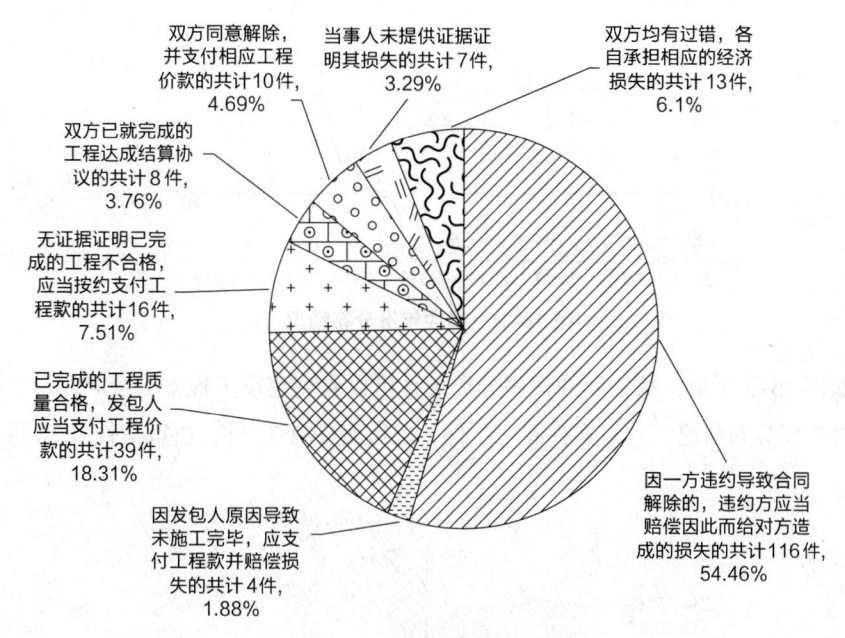

图 16-1 案件裁判结果情况

如图 16-2 所示,从案件年份分布可以看出,在当前条件下,涉及法院认为包含:涉及可能损害国家利益、社会公共利益的条件下,相应的民事纠纷案例数量的变化趋势。

图 16-2 案件年份分布情况

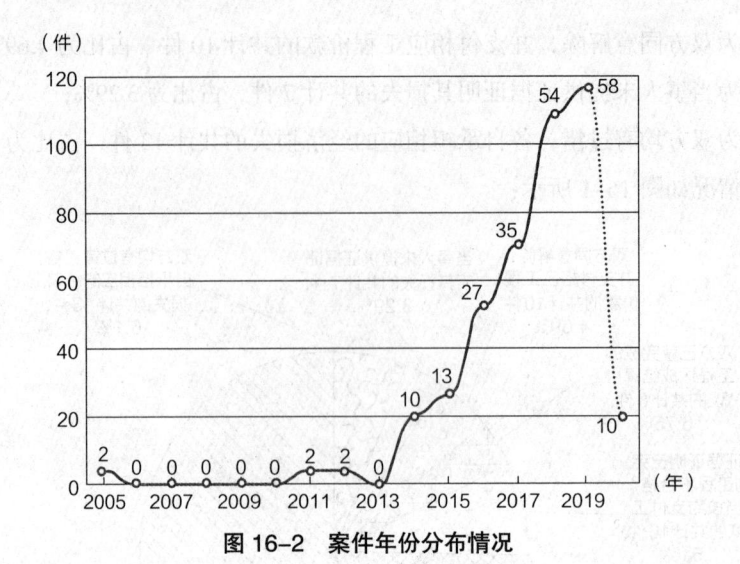

如图 16-3 所示，从上面的程序分类统计可以看到建设工程施工合同纠纷下当前的审理程序分布状况。一审案件有 131 件，二审案件有 71 件，再审案件有 10 件。

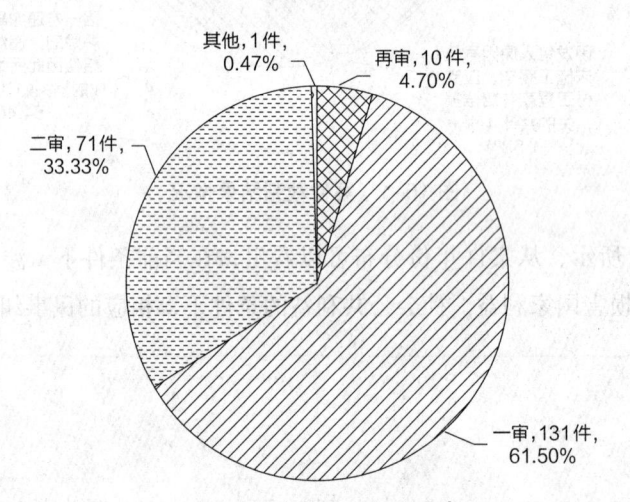

图 16-3 案件审理程序分类

通过对审理期限的可视化分析可以看到，当前条件下的审理时间更多处在 31～90 天的区间内，平均时间为 264 天。

二、可供参考的例案

例案一：海南贵亨置地有限公司与江西临川建筑安装工程总公司建设工程施工合同纠纷案

【法院】

最高人民法院

【案号】

（2019）最高法民申1010号

【当事人】

再审申请人（一审被告、二审上诉人）：海南贵亨置地有限公司

再审申请人（一审原告、二审上诉人）：江西临川建筑安装工程总公司

【基本案情】

2011年11月1日，海南贵亨置地有限公司（以下简称贵亨公司）和江西临川建筑安装工程总公司（以下简称临川公司）签订《建设工程施工合同》约定：贵亨公司将其开发的位于海口市龙昆南路的海南国际联谊大厦（美丽华居）工程发包给临川公司承建，工程内容为土建工程、安装工程；工期为计划开工日期：2011年11月1日（实际日期以施工许可通知书、开工报告签批日期为准），计划日期：2013年3月31日，工期总日历天数16个月；合同价款为4500万元；违约：发包人未按合同约定支付工程款（进度款），施工无法进行，承包人可停止施工，由发包人赔偿承包人的损失，并承担违约责任，按所欠工程款额千分之一每日赔偿承包人，工期顺延；承包人每延一天，按合同总价款的千分之一向发包人支付违约金；合同解除（通用条款）：发包人承包人协商一致，可以解除合同；……有下列情形之一的，发包人承包人可以解除合同：（1）因不可抗力致使合同无法履行；（2）因一方（包括发包人原因造成工程停建或缓建）致使合同无法履行；一方要求解除合同的应以书面形式向对方发出解除合同的通知，并在发出通知前7天告知对方，通知到达对方时合同解除；对解除合同有争议的，请工程所在地建设主管部门调解，调解不成时，直接向工程所在地的人民法院起诉。

同日，双方签订《国际联谊大厦（美丽华居〈建设工程施工合同〉）补充协议》，约定合同工期重新确定为总日历天数16个月，开工日期以贵亨公司签发书面通知为准（开工通知书）；合同价款按以下约定具体执行：（1）工程结算标准参照《海南省建筑工程综合定额》（2005）执行；（2）建筑材料及人工价格以海南省建设

标准定额站发布的同期价格信息为准，无信息价格的双方协商，以贵亨公司确认为准；（3）结算工程量以实际发生的工程量为准；（4）所有误工工时、补贴不计，因贵亨公司的原因造成误工除外。工程款（进度款）的支付方式和时间相应调整约定如下：（1）本工程主体结构施工至十二层钢筋混凝土楼面（顶面）后，贵亨公司15日内按照已完成工程量80%价款付给临川公司首期工程款；以后每月25日前申报工程量，次月5日前按上月实际完成工程量80%价款付给临川公司；（2）主体工程封顶后30天内，贵亨公司将根据已实际发生的工程量，按照本合同约定付至80%；主体工程通过竣工验收合格后，贵亨公司应按照已发生的实际工程量，双方进行结算，并在决算通过30天内拨付工程款至97%，余留3%作为质量保证金；自本协议生效之日起，双方基于《建设工程施工合同》建立的权利义务按照本协议实际履行；特别约定：本合同生效后，临川公司应向贵亨公司交纳工程保证金300万元，贵亨公司收取的工程保证金应当于工程施工至6层楼面（顶面）时返还临川公司100万元，工程施工至12层楼面（顶面）时返还临川公司200万元。同年11月29日，双方签订一份《补充协议》，约定，合同约定以外工程款的支付事宜具体约定如下：合同约定以外工程，其工程款应于完工后一次性支付；其范围如下：污水沟工程和路口改造及相关签证；除以上条款以外，主合同其他条款不变。

2012年8月至2014年3月，临川公司向贵亨公司发出多份工作联系函（单）和误工签证，要求贵亨公司支付工程进度款，返还保证金并支付违约金，监理单位海南柏鑫项目管理咨询有限公司在工作联系函（单）上盖章并注明按合同约定执行或与甲方协商解决，建设单位无盖章或签字；误工签证中监理单位盖章并注明与"甲方处理解决""情况属实，价格按甲方审批意见执行"，建设单位大多也未盖章或签字。

2015年9月16日，临川公司向贵亨公司发出一份《海口市贵亨公司美丽华居工程违约赔偿目录》，提出了20项的赔偿；2015年10月9日，贵亨公司向临川公司发出一份《对"海口市贵亨公司美丽华居工程违约赔偿目录"》，对赔偿事宜一一回复。

2016年4月28日，贵亨公司和临川公司及监理单位海南柏鑫项目管理咨询有限公司三方召开"美丽华居"项目结算问题会议。2016年5月6日，贵亨公司出具《美丽华居土建工程结算报告》，本次工程造价为30075339.43元。次日，临川公司的代表人席先元在结算报告上签署意见称，经双方结算美丽华居土建工程暂认定本工程造价，但拆架费计241066.33元及运输费31480元，此款不应在工程量中扣除，应该放到财务付款计算，误工签证费用276291元，贵亨公司未结算此款；另双方未结算工程及违约金另有合约合同。据双方认可，上述的拆架费241066.33元和运输费用

31480 元已由贵亨公司支付。误工鉴证费用的 276291.73 元在结算数额中没有计入。

2012 年 9 月 18 日至 2014 年 3 月 5 日期间，临川公司多次向贵亨公司或监理单位海南柏鑫项目管理咨询有限公司发出《工作联系函》，要求贵亨公司支付工程进度款、工程款、误工损失和违约赔偿。

【案件争点】

因一方违约导致合同解除时，违约金数额、可得利润损失如何计算。

【裁判要旨】

2004 年《建设工程司法解释一》第 10 条第 2 款[①]规定，因一方违约导致合同解除的，违约方应当赔偿因此而给对方造成的损失。由于已有生效判决认定案涉合同及其补充协议已解除，且工程结算书于 2016 年 5 月 6 日作出，贵亨公司支付工程款的最后期限为 2016 年 6 月 5 日，故二审判决以 2016 年 6 月 5 日为时间界限，认定该日期之前的违约金以欠付工程款为基数，按照临川公司主张的 24% 年利率计算，该日期之后的违约金以欠付工程款为基数，按照中国人民银行发布的同期一年期一般流动资金贷款基准利率计算，并无不当。

贵亨公司是否应当赔偿临川公司可得利润损失。临川公司主张贵亨公司应当赔偿其可得利润损失 216 万元（参照 2005 年海南省建筑工程综合定额标准，以未施工合同金额的 15% 计算）。贵亨公司对此不予认可。根据查明的事实，案涉"美丽华居"工程 25 层主体至 26 层框架工程并未实际施工，临川公司是按照海南省建筑工程相关定额标准的利润计算其可得利润数额，并不能涵盖建设工程施工中客观存在的工程成本、工程进度、建筑行业平均利润水平、市场风险以及工程质量等综合因素及其影响，故其主张的可得利润具有较大的不确定性。二审判决对其该项主张不予支持，亦无不当。

例案二：辽宁九州华伟农产品物流园有限公司、中国建筑第八工程局有限公司建设工程施工合同纠纷案

【法院】

最高人民法院

[①] 参见《民法典》第 806 条第 3 款："合同解除后，已经完成的建设工程质量合格的，发包人应当按照约定支付相应的工程价款；已经完成的建设工程质量不合格的，参照本法第七百九十三条的规定处理。"

【案号】

（2019）最高法民终164号

【当事人】

上诉人（原审被告）：辽宁九州华伟农产品物流园有限公司

被上诉人（原审原告）：中国建筑第八工程局有限公司

【基本案情】

2012年12月20日，辽宁九州华伟农产品物流园有限公司（以下简称九州华伟公司）与中国建筑第八工程局有限公司（以下简称中建八局）签订《建设工程施工合同》，该合同约定：中建八局承建九州华伟公司开发建设的位于铁岭市光荣街以东，北市路以北的东北·寿光果蔬贸易城项目一期工程（A2标段）。该工程为框架结构，建筑面积为220824平方米，承包范围为施工图全部内容，开工日期为2013年5月1日，竣工日期为2015年8月1日，合同工期总日历天数822天；合同暂定总价为6.8亿元。此外，该合同通用条款第26.4约定："发包人不按合同约定支付工程款（进度款），双方又未达成延期付款协议，导致施工无法进行，承包人可停止施工，由发包人承担违约责任。"该合同通用条款第4.2约定："发生本通用条款第26.4款情况，停止施工超过56天，发包人仍不支付工程款（进度款），承包人有权解除合同。"上述合同签订后，中建八局按约定时间进场施工。

2013年7月，九州华伟公司与中建八局签订《合同文件补充协议》，双方关于承包范围，约定为除发包人指定分包指定供应以外的全部施工图纸内容，发包人指定分包、指定供应内容详见附件1"关于施工总承包范围的进一步说明"；关于施工合同工期，双方约定施工合同工期为2013年4月1日开工，2014年7月31日承包人承包范围内的工程全部完工，2014年10月1日总体工程竣工。详见附件2"A2地块工程节点工期"。2014年5月，九州华伟公司与中建八局签订《合同文件补充协议二》，约定：关于施工合同工期，最终合同竣工日期调整为2015年8月30日；关于补偿价款，总补偿费用370万元，包括就延期支付进度款部分，比照同期银行贷款利率计算的延期付款利息，计195万元，大型机械、周转料费用及现场管理费等，计175万元，上述价款包含规费，税金及按照原合同约定的4%总价上浮；本次补偿价款发包人在项目复工后的第一次工程进度款过程中支付给承包人，2013年施工期内发生的涉及商品混凝土外加剂的费用，已审定签证费用，在项目复工后的第一次工程进度款中按合同约定比例支付给承包人，剩余支付的工程进度款433万元，发包人在项目复工后的前四次工程进度款中等额支付给承包人。

2014年1月6日，九州华伟公司作出《〈关于催要工程欠款的函〉的回函》，确认拖欠中建八局进度款5897万元，同时对延期付款表达歉意。2014年3月6日，中建八局向九州华伟公司发出《关于贵司支付工程欠款及复工事宜的函件》，要求支付拖欠的进度款2933万元，以便进入施工季节后复工。2014年3月11日，九州华伟公司向中建八局发出《〈关于支付工程欠款及复工事宜的函件〉的回函》，表示将分期支付进度款，并对延迟付款表达歉意。2014年8月1日，中建八局向九州华伟公司发出《关于催促贵司拨付工程款事宜的函件》，指出九州华伟公司拖欠进度款2760万元，未按合同约定及承诺支付，要求其于8月6日前支付，否则现场会出现停工待料大量人员窝工、工人讨薪、经济索赔等一系列事件发生；将给中建八局造成经济利益损失；中建八局将终止与九州华伟公司的合同关系，向其索赔。2014年8月18日，中建八局向九州华伟公司发出《关于停工索赔等事宜的函件》，因九州华伟公司未按约定支付工程款，多次违约，通知其被迫停工，并向其索赔损失。此后，中建八局向九州华伟公司又发出《关于第五次催促贵司拨付工程款事宜的函件》及《关于贵司拖欠工程款发生的工期及费用索赔事宜的函件》，通知九州华伟公司，拖延支付进度款会产生钢筋违约金，延误工期将产生银行利息、钢筋利息、机械设备租赁费、误工费、现场管理费、周转料具费等。

【案件争点】

损失赔偿的金额应如何确定。

【裁判要旨】

关于损失赔偿金额的确定问题。（1）关于机械停置费和周转、安全网停置索赔费用，案涉工程系九州华伟公司未按约定支付工程款导致停工，停工后九州华伟公司未告知中建八局工程款支付时间以及合同是否继续履行等情况，一审判决认定应给予中建八局合理的机械设备撤场时间并酌定以3个月为宜，具有合理性。九州华伟公司逾期支付工程进度款导致工程停工情形下，由其承担该项费用赔偿责任有合同依据，九州华伟公司主张中建八局没有撤离属于扩大损失，无事实与法律依据，本院不予支持。

（2）关于临时设施费补偿，因九州华伟公司违约导致案涉《建设工程施工合同》解除，中建八局为案涉工程搭建的临时设施不能继续使用，拆除临时设施必然产生部分费用。且经鉴定机构鉴定已经得出确定金额，九州华伟公司应予补偿。九州华伟公司主张属于该项费用的属于措施费，包含在已付工程款中，无合同及事实依据，本院不予支持。

（3）关于工人窝工费及进出场费，根据中建八局提供的经过大连市工程建设监理有限公司确认的《施工组织设计》、停工索赔、施工现场劳务工人考勤表及工资、保险合同可以认定停工时现场施工人数众多，中建八局需要支付合理的窝工费和进出场费。且一审判决采纳鉴定机构对于该项费用计算14天的鉴定意见，未超出合理的可预见的范围，并无不当。

（4）关于现场管理费和看场保安费用，中建八局提供的《劳动合同书》、考勤表、工资明细、汇款凭证、社会保险缴费证明可以证明项目停工后中建八局仍派有人员进行现场管理，该管理行为亦是为了维护九州华伟公司所属工程的利益。故九州华伟公司逾期支付工程进度款导致工程停工情形下，由其承担该项费用赔偿责任有合同依据。一审判决确认的现场管理费给付时间为截至案涉合同及补充协议解除之日，亦不缺乏事实依据，应予维持。同时根据中建八局提供的相关证据可以证明保安费用一直发生至2017年7月。虽然案涉合同及补充协议已经解除，但中建八局一直看护施工现场，该项费用属于合理的实际损失，由九州华伟公司承担，并无不当。

（5）关于剩余工作利润，根据《合同法》第113条的规定，违约方向守约方赔偿损失的范围包括合同履行后可以获得的利益，但不得超过违反合同一方订立合同时预见到或者应当预见到的因违反合同可能造成的损失。由于九州华伟公司未按期支付工程款构成违约，导致合同无法履行，应当赔偿给中建八局造成的损失，该损失赔偿额中应当包括合同履行后可以获得的利益。一审法院依据鉴定意见予以判定，有事实及法律依据。九州华伟公司未能举证证明存在其他导致合同解除的事由，从而减少或者不计算可得利益。故对其该项上诉主张，本院不予支持。

（6）关于税金，建设工程价款中应当包括税金，即使中建八局暂未缴纳税金，税金也是确定发生的。且从《合同文件补充协议二》中关于停工补偿款的约定来看，九州华伟公司认可其支付的工程款中应当包含税金。至于一审法院依照鉴定机构意见参照建筑安装工程税率3.477%计算税金，因九州华伟公司亦未举证提出案涉工程应当适用的税金标准，一审判决予以参照，亦无不当。

例案三：红旗公司与解放军××242部队建设工程施工合同纠纷案

【法院】

新疆维吾尔自治区高级人民法院

【案号】

（2016）新民终4号

【当事人】

上诉人（原审原告）：湖北红旗建设集团有限公司

被上诉人（原审被告）：中国人民解放军××242部队

原审被告：中国人民解放军××240部队

【基本案情】

2013年5月14日，中国人民解放军××242部队（以下简称××242部队）对宿舍楼及食堂新建工程进行邀请招标，建设地点为吐鲁番红星路一号营院内，建筑规模宿舍楼总建筑面积9640.48平方米，食堂总建筑面积为5854平方米，承包方式为包工包料，质量要求为合格，招标范围为新疆军区联勤部建筑勘察设计院设计的施工图所包括的全部内容，工期要求2013年5月30日开工，2013年12月15日竣工，工期198天。红旗公司作为投标单位于2013年5月27日制作××242部队宿舍楼及食堂新建工程经济标，标书载明××242部队工程项目投标总价为25760841.38元，同时标书对工程宿舍楼及食堂项目的分项建筑费用、管理费、利润等均作了载明。开标后，××242部队宣布湖北红旗建设集团有限公司（以下简称红旗公司）预中标。

2013年6月10日，红旗公司在双方未签订建筑工程施工合同的情况下，经××242部队同意，进场施工。2013年6月22日，××242部队在施工过程中，给红旗公司发送停工通知书中，停工通知书中内容为"你部负责建设的炮兵营宿舍楼及综合食堂新建工程由于上级通知要求，于2013年6月23日开始暂停施工，请组织好相关工作，复工时间见《复工通知书》"。红旗公司接到××242部队的停工通知后，于次日2013年6月23日按要求停工，并向××242部队致工作联系函，就目前施工进展予以通报，并在函件中提出因停工通知书上的复工时间不明确，红旗公司无法做停工阶段的相关工作，包括项目管理人员及劳务人员的去留安置、材料及机具的去留及管理、资金周转调配等，红旗公司在函件中同时提出，（1）红旗公司按通知停止施工，进场材料存放现场，项目部留管理人员看守等待复工；（2）××242部队返还投标保证金，支付承建工程款10%，用于支付进场材料款及工人工资；（3）××242部队应承担停工期间损失。××242部队接受此函后未予书面回复，但于2013年7月1日将红旗公司投标保证金150万元予以返还。2013年10月28日，红旗公司致函××242部队，在请示报告中请求部队解决停工期间的项目部的损失。

同年12月27日，红旗公司致函××242部队，要求解决工人返乡工资及材料款。同日，红旗公司的工人在部队门口聚集上访，经双方协商，红旗公司于2013年12月30日出具承诺书，××242部队支付工程款100万元，红旗公司在收到工程款100万元后，3日内解决全部人工工资及材料供应商资金问题，如因红旗公司款项支付不到位或拖欠情况，导致出现工人上访的一切问题由其自行承担。2014年1月7日，红旗公司与××242部队签订协议书，协议书约定：（1）××242部队向红旗公司预付100万元，用于红旗公司截至目前的全部费用，红旗公司保证收到款项3天内将下欠工资和外欠材料款全部解决，红旗公司必须在收到款项后3天内将发放完的工资表和材料商收到的货款收据交给部队；（2）红旗公司保证在军区下达复工通知前就××242部队炮兵营宿舍楼新建工程截至目前发生的一切事宜不再发生任何形式上访；（3）若××242部队炮兵营宿舍楼新建工程在2014年5月30日前与××242部队协商没有处理结果，红旗公司有权通过正规途径向上级反映问题，要求上级单位对工程进行清算；（4）协议系双方在地位平等的基础上反复协商后的真实意思表示，一经签订即具有法律效力，红旗公司如违反以上协议，必须如数退还部队预付的100万元，承担相应责任……协议签订的同日，××242部队将工程款100万元支付给红旗公司。

2014年4月12日，红旗公司致函××242部队，请求复工。2014年5月3日，××242部队致函红旗公司称，3月份，总后勤部对我部营房建设情况进行了实地调研，调整了整体建设规划，要求我部所有新建工程项目必须重新设计、统一招标，鉴于此贵单位负责的我部原2013年度炮兵营宿舍楼新建工程，需进行结算处理，望贵单位迅速委托地方有资质的单位对工程翔实准确地进行结算，结算主要包括两部分：一是工程实际发生的工程量；二是工程停工后的损失。结算结束后立即报部队审核。2014年5月6日，红旗公司就××242部队的函件，复联系函，要求在结算后将工地现场的材料、设备以决算价格卖给××242部队，部队承担审计费用。2014年5月13日，红旗公司自行核算后出具清算工程报告致函××242部队，核算相关投资及损失共计13151442.74元。此后，红旗公司于2014年5月19日、7月14日、8月17日、9月3日分别致函××240部队、××242部队，要求部队解决问题。

2014年9月19日，红旗公司诉至法院，要求解除与××242部队之间的事实施工合同，××242部队支付土方工程量506174.90元、施工现场材料、设备折价款1622080元、临时设施折价款756532元、设备租赁费648571.60元、人工工资5996000元、购买工程材料定金损失553000元、工程管理费924162.46元、可得利益损失503551.08元、施工投入利息损失1407677.04元、税金损失696266.68元，上述款项合计为13614015.76元，在扣减××242部队已付100万元为12614015.76元，中国人民解放军新疆军区联勤部、××240部队对上述款项承担连带给付责任。

【案件争点】

建设工程施工合同解除后，利润及可得利益应否支持。

【裁判要旨】

《合同法》第97条规定，合同解除后，尚未履行的，终止履行；已经履行的，根据履行情况和合同性质，当事人可以要求恢复原状、采取其他补救措施、并有权要求赔偿损失。本案双方施工合同关系由于××242部队的原因导致解除，红旗公司要求××242部队赔偿其损失符合法律规定。对红旗公司上诉提出的各项损失数额如何认定的问题。

1. 窝工期间的劳务费用。鉴定单位对此问题的答复是计算该费用需两项材料：现场窝工工人工种及数量的证明材料、施工单位为窝工工人提供的伙食费用标准。原审中红旗公司未提供上述证据，二审期间红旗公司提供了自行编制的工资表，工资表反映了红旗公司向其工人发放工资的情况，但表中领取工资的工人与案涉工程的关联缺乏证明的环节。同时，工资表亦不能直接反映施工现场的窝工情况。因此，本院认为，红旗公司对窝工期间、窝工人员等相关事实仍缺乏客观有效的证据证明，红旗公司提出要求赔偿窝工期间劳务费用的请求不应予以支持。

2. 安全文明措施费用。根据《新疆维吾尔自治区建筑安装工程费用定额（2010）》规定，安全文明措施费是工程造价的组成部分。该费用是为满足施工现场安全、文明施工以及环境保护、职工生活和生产所需要的费用，即该费用因施工行为而产生，没有施工行为即不发生上述费用。根据本案查明事实，案涉工程于2013年6月10开工，至6月23日停工，施工日期仅13天。红旗公司已施工完成的工程造价，鉴定机构在计算时按定额规定计取了安全文明措施费。停工后未再发生施工行为，红旗公司再要求计取该费用无事实依据。

3. 管理费及利润。企业管理费是指建筑企业组织施工生产和经营管理所需费用，包括管理人员工资、办公费、差旅交通费、固定资产使用费、工会经费、职工教育经费等，属工程造价的组成部分，以直接费中的人工费、机械费、可计量措施人工费、可计量措施机械费的合计金额按一定比例提取，即企业管理费是根据施工单位完成的工程量计算的。原审鉴定单位在计算红旗公司已完成的工程造价时已按定额比例计取了企业管理费，为53480.06元。原审法院考虑到红旗公司在合同履行过程中无过错及红旗公司的实际损失情况,在红旗公司未施工的造价中又计取了管理费92416.24元,已充分保护了红旗公司的利益,法院予以确认。关于利润。由于双方当事人未签订书面合同,原审法院参考红旗公司投标书确定案涉工程利润为503551.08元并无不妥。《合同法》第113条规定,当事人一方不履行合同义务或者履行合同义务不符合约定,给对方造成损失的,损失赔偿额应当相当于因违约所造成的损失,包括合同履行后可以获得的利益,但不得超过违反合同一方订立合同时预见到或者应当预见到的因违反合同可能造成的损失。如红旗公司能够如约完成全部工程,则可获得503551.08元利润,由于××242部队违约,致红旗公司可得利益无法实现,根据上述法律规定,该利益损失属于合同当事人能够预见的合理损失,应当予以赔偿,原审仅支持其中的10%欠妥,法院予以纠正。除原审已支持的50355.10元外,法院增加可得利益损失453195.98元。

4. 其他费用。主要包括订货预付款、投标文件制作费、退场费等。红旗公司原审未提供已支付上述费用的单据,二审亦未提供,故对该费用法院不予支持。

5. 财务费用。该费用主要是指红旗公司为施工投入资金所产生的借贷成本。红旗公司对此问题没有提供证据,原审法院根据红旗公司已完成的工程造价数额、可确定的实际损失数额,按照银行同期贷款利率标准计算合理的资金损失并无不妥。则××242部队应向红旗公司支付的工程款及各项损失费用为2559242.17元,扣减××242部队已给付的2106046.19元(不含一审案件受理费、鉴定费),××242部队还应给付红旗公司453195.98元。

三、裁判规则提要

(一)合同解除方式、主体及法律后果

1. 合同解除的方式

从我国《民法典》第562条、第563条之规定,合同解除包括协商解除、约定解除和法定解除,本节主要阐述约定解除权和法定解除权,协商解除不再赘述。

(1)约定解除权。约定解除是指当事人双方订立合同时,在合同中约定一方解除合同的条件,或者在订立合同以后,另行约定一方解除合同的条件,在合同成立以后,没有履行或者没有完全履行之前,出现了约定的解除合同的条件时,约定的

享有解除权的人可以行使解除权，终止合同的权利义务。[1]约定解除主要体现在《民法典》第 562 条："当事人协商一致，可以解除合同。当事人可以约定一方解除合同的事由。解除合同的事由发生时，解除权人可以解除合同。"

关于合同约定解除权基本特点。一是既可以在订立合同中约定一方解除合同的条件，也可以在订立合同后另行约定解除合同条件；二是约定将来享有解除权本身并不导致合同的必然解除，仅是赋予当事人某种情况下解除合同的权利，是否行使由解除权人利益衡平后决定；三是约定将来享有合同解除权，是对将来合同效力的约定；四是约定解除合同的条件发生，并不导致合同的自动解除，必须由解除权人行使解除权才能解除。值得注意的是，当发生符合行使约定解除权的事由时，并不是自然就出现合同解除的法律后果，而根据《民法典》第 565 条规定，当事人一方依法主张解除合同的，应当通知对方。合同自通知到达对方时解除。我国《民法典》第 562 条仅仅是规定了约定解除的基础法律规范，并不排除当事人约定一方解除合同的条件。解除合同的条件成就时，解除权人可以解除合同。

（2）法定解除权。法定解除权即指由法律直接予以规定而非当事人合意，当一定事由发生时，一方可享有解除合同的权利。《民法典》第 563 条规定了法定解除权发生的四种原因。该条第 5 项还规定了兜底条款，即法律规定的其他情形。

①因不可抗力致使不能实现合同目的。关于不可抗力，《民法典》第 180 条第 2 款："不可抗力是指不能预见、不能避免且不能克服的客观情况。"不能预见、不能避免并不能克服是不可抗力范围的原则规定，对于哪些属于不可抗力的事件，我国法律没有具体规定，一般说来，以下情况被认为属于不可抗力：一是自然灾害。如地震、海啸、水灾等因自然界的力量引发的灾害。二是战争。战争的爆发可能影响到一国甚至更多国家的经济秩序，使合同履行成为不必要。三是社会异常事件。比如罢工、骚乱。四是政府行为。主要指合同订立后，政府颁布新的政策、法律，采取行政措施导致合同不能履行，如发布禁令等。[2]

但当事人依照这一情形行使法定解除权依法解除合同的，必须符合以下条件：第一，合同有效成立后，尚未履行完毕之前发生了不可抗力的情况。如果履约方迟延履约的情况下发生了不可抗力的事件，不可抗力则不能成为迟延履行方解除合同

---

[1] 全国人大法工委研究室编写组：《中华人民共和国合同法释义》，人民法院出版社 1999 年版，第 143 页。

[2] 参见《中华人民共和国合同法释义》，载全国人大官网 http://www.npc.gov.cn/npc/c2196/flsyywd_list.shtml，最后访问时间：2020 年 8 月 12 日。

或免除违约责任的理由。第二，由于不可抗力致使合同的目的不能实现。如果不可抗力只是致使合同暂时不能按期履行，则当事人不能解除合同，在不可抗力消失后，应当继续履行合同。①

②在履行期限届满之前，当事人一方明确表示或者以自己的行为表明不履行主要债务。该款也称为"预期违约"。预期违约分为明示违约和默示违约。所谓明示违约，指合同履行期到来之前，一方当事人明确肯定地向另一方当事人表示他将不履行合同。所谓默示违约，指合同履行期限到来前，一方当事人有确凿的证据证明另一方当事人在履行期限到来时，将不履行或者不能履行合同，而其又不愿提供必要的履行担保。预期违约，降低了另一方享有的合同权利的价值，如果在一方当事人预期违约的情况下，仍然要求另一方当事人在履行期间届满才能主张补救，将给另一方造成损失。允许受害人解除合同，受害人对于自己尚未履行的合同可以不必履行，有利于保护受害人的合法权益。②当事人依照预期违约条款行使法定解除权，应注意以下两点：第一，必须在合同履行期限届满之前行使，如当事人在合同履行期限届满之后表示不履行其债务，对方可追究其违约责任而不必解除合同；第二，必须在对方明确表示或以行为表明其不履行合同债务时才能行使。③

③当事人一方迟延履行主要债务，经催告后在合理期限内仍未履行。该款也称为"延迟履行违约"。迟延履行，指债务人无正当理由，在合同约定的履行期间届满，仍未履行合同债务；或者对于未约定履行期限的合同，债务人在债权人提出履行的催告后仍未履行。

债务人迟延履行债务是违反合同约定的行为，但并非就可以因此解除合同。必须满足以下条件，才可以解除合同：第一，对方当事人违反了双方对履行期限的约定，在履行期限届满时没有完全履行债务。债务的履行分为定有履行期限和未定有履行期限两种情况。定有履行期限的，是指双方约定了履行期限的最后时间。未定有履行期限的，债权人随时可以要求债务人履行，但必须给债务人必要的准备时间，准备时间届满后，即视为履行期限届满。第二，对方当事人迟延履行的是合同中约定的主要债务。当事人的迟延履行并不一定会导致合同目的的落空，只有当事人在合同规定的时间内未履行合同规定的主要债务，才会导致合同目的的落空。因

---

① 付金联：《判定合同解除案件的标准问题》，载《法律适用》2005年第5期。
② 参见《中华人民共和国合同法释义》，载全国人大官网 http://www.npc.gov.cn/npc/c2196/flsyywd_list.shtml，最后访问时间：2020年8月12日。
③ 付金联：《判定合同解除案件的标准问题》，载《法律适用》2005年第5期。

此，一方当事人在合同履行期限内已经履行了合同规定的主要债务。只是迟延履行了合同的次要债务，则只能要求迟延方承担违约责任，而不能因此解除合同。第三，必须对迟延方进行催告。所谓催告，是指债权人催促债务人及时履行合同债务的通知。催告必须采取书面形式，如信函、电报、传真、电子邮件等。只有当迟延方在另一方给予其合理的履行期限内仍不履行其主要债务时，另一方才可以行使其法定的合同解除权。[1] 需要注意的是，迟延履行的为主要债务，非主要债务并不能解除合同。

④当事人一方迟延履行债务或者有其他违约行为致使不能实现合同目的。该条也称为"根本违约"。迟延履行不能实现合同目的，指迟延的时间对于债权的实现至关重要，超过了合同约定的期限履行合同，合同目的就将落空。即只有违约方的违约行为足以导致合同目的不能实现，守约方才能行使合同解除权。[2]

判定违约后果是否重大、是否导致合同目的不能实现一般可以综合考查以下因素：第一，违约部分的价值或金额与整个合同金额之间的比例。第二，违约部分对合同目标实现的影响程度。在某些案件中，尽管违约部分的价值并不高，但对合同的实现有着重大影响。第三，在迟延履行中，时间因素对合同目的实现的影响程度。一般来说，时间因素不是合同中的决定性要素，一方迟延履行往往也不会导致另一方的合同目的落空，原则上不允许债权人立即解除合同。此时，应先由债权人向债务人进行催告，只有经催告后债务人在合理期限内仍未履行的，债权人才可以解除合同。但在定期债务中，依照合同性质或当事人的特殊合同目的，不在特定时日或期间履行，即不能达到合同目的的，当事人一方迟延履行时，可以认定为相对人的合同目的无法实现，相对人可以不经催告而直接解除合同。第四，违约的后果及损害能否得到修补。第五，在分批交货合同中，某一批交货义务的违反对整个合同的影响程度。第六，在合同不能继续履行的情形下，当事人期待通过合同而达到的交易目的往往无法实现。[3]

⑤法律规定的其他情形。其他法律规定，一般认为主要体现在《民法典》第527条和第580条规定：一是不安抗辩权下的解除权。我国《民法典》第527条规定：

---

[1] 付金联：《判定合同解除案件的标准问题》，载《法律适用》2005年第5期。

[2] 最高人民法院民事审判第一庭编：《民事审判指导与参考（总第41辑）》，法律出版社2010年版，第249～250页。

[3] 最高人民法院民事审判第二庭编著：《最高人民法院关于买卖合同司法解释理解与适用》，人民法院出版社2016年版，第409～410页。

"应当先履行债务的当事人,有确切证据证明对方有下列情形之一的,可以中止履行:(一)经营状况严重恶化;(二)转移财产、抽逃资金,以逃避债务;(三)丧失商业信誉;(四)有丧失或者可能丧失履行债务能力的其他情形。当事人没有确切证据中止履行的,应当承担违约责任。"第528条规定:"当事人依据前条规定中止履行的,应当及时通知对方。对方提供适当担保的,应当恢复履行。中止履行后,对方在合理期限内未恢复履行能力且未提供适当担保的,视为以自己的行为表明不履行主要债务,中止履行的一方可以解除合同并可以请求对方承担违约责任。"我国《民法典》对不安抗辩权下解除权的行使规定了前置程序条件。二是法律或者事实意义上的不能履行。我国《民法典》第580条第1款规定:"当事人一方不履行非金钱债务或者履行非金钱债务不符合约定的,对方可以要求履行,但有下列情形之一的除外:(一)法律上或者事实上不能履行;(二)债务的标的不适于强制履行或者履行费用过高;(三)债权人在合理期限内未请求履行。"

关于发包人解除权。原2004年《建设工程司法解释一》第8条规定:"承包人具有下列情形之一,发包人请求解除建设工程施工合同的,应予支持:(一)明确表示或者以行为表明不履行合同主要义务的;(二)合同约定的期限内没有完工,且在发包人催告的合理期限内仍未完工的;(三)已经完成的建设工程质量不合格,并拒绝修复的;(四)将承包的建设工程非法转包、违法分包的。"上述解释中有关合同解除的相关内容已为《民法典》第563条所包含,仅将承包人转包、违法分包情形上升至《民法典》第806条第1款内容。目前法律、行政法规和部门规章等均禁止工程转包、违法分包。转包和违法分包不仅会拉长利益链条、层层剥利,导致实践用于工程建设的工程款低于建设工程施工合同约定的工程款,而且会导致由不具有建筑施工资质的施工人进行工程施工,既损害建筑市场秩序,又影响建设工程质量安全,损害发包人的利益。[①] 针对于此,发包人可以根据自身实际情况,行使解除权。

关于承包人解除权。原2004年《建设工程司法解释一》第9条规定:"发包人具有下列情形之一,致使承包人无法施工,且在催告的合理期限内仍未履行相应义务,承包人请求解除建设工程施工合同的,应予支持:(一)未按约定支付工程价款的;(二)提供的主要建筑材料、建筑构配件和设备不符合强制性标准的;(三)不履行合同约定的协助义务的。"《民法典》第563条:"有下列情形之一的,当事人可

[①] 最高人民法院民法典贯彻实施工作领导小组主编:《中华人民共和国民法典合同编理解与适用(三)》,人民法院出版社2020年版,第2029页。

以解除合同：（一）因不可抗力致使不能实现合同目的；（二）在履行期限届满前，当事人一方明确表示或者以自己的行为表明不履行主要债务；（三）当事人一方迟延履行主要债务，经催告后在合理期限内仍未履行；（四）当事人一方迟延履行债务或者有其他违约行为致使不能实现合同目的；（五）法律规定的其他情形。以持续履行的债务为内容的不定期合同，当事人可以随时解除合同，但是应当在合理期限之前通知对方。"《民法典》第 806 条第 2 款："发包人提供的主要建筑材料、建筑构配件和设备不符合强制性标准或者不履行协助义务，致使承包人无法施工，经催告后在合理期限内仍未履行相应义务的，承包人可以解除合同。"《民法典》吸收了原司法解释的相关合理内容，由于"发包人未按约定支付工程款"的情形已为《民法典》第 563 条所包含，针对此情况，须根据双方合同约定以及《民法典》第 563 条进行综合评判是否解除。综上，约定解除达到约定解除事由即可行使解除权，对于法定解除权的条件相对比较严格，不得随意解除合同，否则与立法一直秉持的"鼓励交易、增加财富"的精神相违背，也不利于社会经济的稳定发展。

2. 关于违约方起诉解除

关于解除权的归属，我国《民法典》赋予当事人以解除权，行使解除权的主体只能是当事人。一般情况下，只有守约方才能行使解除权。关于违约方是否可以行使解除权的问题。《九民会议纪要》第 48 条规定："违约方不享有单方解除合同的权利。但是，在一些长期性合同如房屋租赁合同履行过程中，双方形成合同僵局，一概不允许违约方通过起诉的方式解除合同，有时对双方都不利。在此前提下，符合下列条件，违约方起诉请求解除合同的，人民法院依法予以支持：（1）违约方不存在恶意违约的情形；（2）违约方继续履行合同，对其显失公平；（3）守约方拒绝解除合同，违反诚实信用原则。人民法院判决解除合同的，违约方本应当承担的违约责任不能因解除合同而减少或者免除。"

其一，关于违约方起诉解除需要同时具备的条件。一是违约方起诉解除合同主观上必须是非恶意的，二是违约方继续履行合同对其显失公平，三是守约方拒绝解除合同违反诚信原则。"合同交易不是零和游戏，而是互赢的关系，合同的双方当事人都要照顾对方的合理期待，任何一方都必须尊重另一方的利益。"[①]

其二，违约方起诉解除合同需要对守约方的损失进行充分赔偿。《民法典》第

---

① 最高人民法院民事审判第二庭编著：《〈全国法院民商事审判工作会议纪要〉理解与适用》，人民法院出版社 2019 年版，第 317～318 页。

806 条分别规定了发承包双方的法定解除权。如在 2017 年版《施工合同示范文本》通用条款 16.1.3、16.2.3 对发承包双方解除权亦有详细规定。综上，合同的当事人均有解除权，但是对违约方的解除有一定的限制，且不影响其承担违约责任和赔偿责任。

3. 合同解除法律后果

《民法典》第 566 条第 1 款："合同解除后，尚未履行的，终止履行；已经履行的，根据履行情况和合同性质，当事人可以请求恢复原状或者采取其他补救措施、并有权请求赔偿损失。"

第一，尚未履行的，终止履行。合同依法成立以后，在当事人双方还没有按照合同的规定全面履行其义务之前，合同就依法被解除的，尚未履行的义务就终止履行，当事人双方再无履行尚未履行部分的义务，任何一方当事人也无权要求对方当事人履行尚未履行的部分。

第二，恢复原状或者采取其他补救措施。合同解除意味着当事人受领的给付失去法律依据，因而应当返还给付人，这就使受领人负有恢复原状的义务。因为合同一经解除即溯及于合同成立之时，和自始未缔结合同相同，各当事人所负担的本来给付消灭，因对方当事人为履行债务所受领的给付，即为无合法依据而受益，这和不当得利在本质上无任何差异。①

所谓其他补救措施，是指为补偿当事人已经作出的履行而采取的除恢复原状以外的其他措施，如修理、更换、重作、减价等。对于可以恢复原状的，应当尽量恢复，如果无法恢复的，可以采取其他补救措施。这种情形的发生，可由三个原因引起：一是合同的性质决定了不可能恢复原状，发生将来消灭的效力，解除权人只能采取其他的补救措施；二是合同的履行情况不适合恢复原状；三是当事人对清理问题协商而达成协议，既包括解除合同后达成协议，也包括《民法典》第 567 条的规定，即合同中的结算和清理条款继续有效。②但因建设工程的特殊性，属于合同的履行情况不适合恢复原状，其是劳务和建筑材料物化的过程，无法恢复原状，只能采取其他补救措施，对已完工的合格工程折价补偿。

第三，赔偿损失。合同解除后，当事人因合同解除而受到损失的，有权要求赔

---

① 郑玉波：《民法债编总论》，中国政法大学出版社 2004 年版，第 329 页。
② 最高人民法院民事审判第一庭编著：《最高人民法院建设工程施工合同司法解释的理解与适用》，人民法院出版社 2015 年版，第 89 页。

偿损失,"合同解除和违约损害赔偿都是违约的救济措施,两者并行不悖,合同解除后,仍然可以请求违约损害赔偿"。[1]《民法典》第 566 条规定,合同解除后,当事人有权要求赔偿损失。关于建设工程合同解除的法律后果,因发包人原因导致解除合同的,发包人承担自己的损失,并应赔偿承包人损失。依据《民法典》第 803 条和第 804 条,承包人有权要求发包人赔偿停工、窝工、倒运、机械设备调迁、材料和构件积压等损失和实际费用。依据 2017 年版《施工合同示范文本》,承包人有权要求发包人支付已付款待交付设备或材料费用、人员设备遣散费、已发生但尚未摊销完费用(如临时设施搭建费)、利润损失等。因承包人原因导致解除合同的,承包人应赔偿发包人损失。发包人的损失包括由于承包人违约导致的损失和为完成剩余工程而需额外增加的合理费用等。

(二)合同解除后,赔偿损失的范围

虽然赔偿损失作为承担民事责任的方式之一,但对于合同解除后,赔偿损失问题,各国法律均有不同的规定。大多数国家认为这两种措施是可以同时采取,如《法国民法典》第 1184 条规定,双务合同一方当事人不履行债务时,债权人可以解除合同并请求损害赔偿。《日本民法典》第 545 条亦规定,解除权的行使,不妨碍损害赔偿的请求。英美法亦认为解约方可以解除合同并请求损害赔偿。[2] 我国《民法典》第 566 条的规定,即合同解除并不影响赔偿损失的主张,特别是"债务已履行的:根据履行情况和合同性质,恢复原状或采取其他补救措施,并赔偿损失""合同因违约解除:除当事人另有约定外,违约方承担违约责任"。[3]

诚然,违约解除不应影响违约损害赔偿。主要争议点在于是否应包含信赖利益。"合同解除场合的赔偿损失,依然是违约损失赔偿,赔偿范围以履行利益(包括合同履行后可以获得的利益)为主,在不发生重复填补的前提下,也可以包括其他损失的赔偿(信赖利益、固有利益)。"[4] 由于建筑行业的特殊性,除法律另有规定外,赔偿范围可以考虑:(1)债务不履行的损害赔偿,包括可得利益(履行利益)和信赖

---

[1] 黄薇主编:《中华人民共和国民法典合同编释义》,法律出版社 2020 年版,第 242 页。

[2] 最高人民法院民事审判第一庭编著:《最高人民法院建设工程施工合同司法解释的理解与适用》,人民法院出版社 2015 年版,第 90~91 页。

[3] 最高人民法院民法典贯彻实施工作领导小组主编:《中华人民共和国民法典合同编理解与适用(一)》,人民法院出版社 2020 年版,第 660~662 页。

[4] 最高人民法院民法典贯彻实施工作领导小组主编:《中华人民共和国民法典合同编理解与适用(一)》,人民法院出版社 2020 年版,第 661 页。

利益。(2) 因合同解除而产生的损害赔偿，包括：①债权人订立合同所支出的必要费用。②债权人因相信合同能够履行而做准备所支出的必要费用。③债权人因失去他人订立合同的机会所造成的损失。④债权人已经履行合同义务时，债务人因拒不履行返还给付物的义务给债务人造成的损失。⑤债权人已经受领债务的给付物时，因返还该物而支出的必要费用。①

根据《民法典》第584条规定："当事人一方不履行合同义务或者履行合同义务不符合约定，造成对方损失的，损失赔偿额应当相当于因违约所造成的损失，包括合同履行后可以获得的利益；但是，不得超过违约一方订立合同时预见到或者应当预见到的因违约可能造成的损失。"在法律没有特别规定和当事人没有另行约定的情况下，应按完全赔偿原则，即因违约方的违约使受害人遭受的全部损失都应当由违约方承担赔偿责任。按照完全赔偿原则，违约损失赔偿额应当相当于因违约所造成的损失，包括实际损失和可得利益的赔偿。②

直接损失，又称为积极损失，是现实利益的损失。一般情况下包括因订立合同支出的必要费用，履行合同支出的必要费用，如临时设施费、施工现场机械停置费和周转、安全网停置费用、工人窝工费及进出场费、现场管理费和看场保安费用、为防止扩大损失采取措施费用等，可根据实际发生费用进行直接主张。

间接损失，即可得利益损失，是合同履行后可以获得的纯利润。赔偿可得利益损失可以弥补因违约方给守约方造成的全部实际损失，使守约方恢复到合同得到严格履行情况下的状态，促使当事人诚信履行合同。③根据交易的性质、合同的目的等因素，可得利益损失主要分为生产利润损失、经营利润损失和转售利润损失等类型。④建设工程施工中主要属于生产利润损失。如2017年版《施工合同示范版本》第2.1条、第5.1.2条、第5.4.2条、第7.3.2条、第7.5.1条、第8.5.3条多项条款中，均设置因发包人原因未能及时办理完毕前述许可、批准或备案，发包人原因造成质量不达标、工程不合格，未按时发出开工指令，发包人原因造成工期延误或暂停，发包人提供的材料或工程设备不符合合同要求等违约情况，由发包人承担由此增加

---

① 最高人民法院民事审判第一庭编著：《最高人民法院建设工程施工合同司法解释的理解与适用》，人民法院出版社2015年版，第91页。
② 参见黄薇主编：《中华人民共和国民法典合同编释义》，法律出版社2020年版，第281～282页。
③ 参见最高人民法院（2015）民一终字第226号。
④ 参见《最高人民法院印发〈关于当前形势下审理民商事合同纠纷案件若干问题的指导意见〉的通知》(2009年7月7日，法发〔2009〕40号）。

的费用和（或）延误的工期，并支付承包人合理的利润。

另，需要注意的是，虽违约损害赔偿的范围原则的相关条款上包括直接损失（积极损失）和间接损失（可得利益损失），但具体至每个案件，能否支持可得利益，应结合案件法律关系的性质和实际情况分析认定。要考虑的因素包括解除合同的一方是否也存在违约行为，通过恢复原状、其他补救措施能否弥补守约方的损失，双方当事人在订立合同时是否能够预见到损失的范围，当事人对损失赔偿范围是否另有约定，守约方是否会获得超出合同约定的利益等。[1]

（三）赔偿损失的限制性规则和举证责任

1. 限制性规则。人民法院在计算和认定可得利益损失时，应当综合运用可预见规则、减损规则、损益相抵规则以及过失相抵规则等，从非违约方主张的可得利益赔偿总额中扣除违约方不可预见的损失、非违约方不当扩大的损失、非违约方因违约获得的利益、非违约方亦有过失所造成的损失以及必要的交易成本。[2] 由上可知，建设工程施工合同中也应当坚持以下限制性规则：

一是可预见性规则。"违约赔偿的数额不得超过违反合同一方订立合同时预见到或者应当预见到的因违反合同可能造成的损失，这不仅适用于对可得利益的限制，也适用于实际损失的限制。"[3] 即可得利益不应超过违约方在订立合同时预见或应当预见的损失。1980年《联合国国际货物销售合同公约》第74条规定，赔偿损失"不得超过违反合同一方在订立合同时依照他当时已知道或理应知道的事实和情况，对违反合同预料到或理应预料到的可能损失"。与此，我国《民法典》第584条第1款也规定："当事人一方不履行合同义务或者履行合同义务不符合约定，造成对方造成损失的，损失赔偿额应当相当于因违约所造成的损失，包括合同履行后可以获得的利益；但是不得超过违反合同一方订立合同时预见到或者应当预见到的因违反合同可能造成的损失。"需要注意的是，可预见的主体是以违约方为准；预见的时间订立合同时；预见的内容为一般可预见的损失，对于特殊损失的预见，守约方负举证责任。

二是减轻损害规则。按照诚信原则的要求，守约方不得就其本可以采取合理

---

[1] 参见刘德权：《最高人民法院司法观点集成（新编版）·民商事增补卷1》，中国法制出版社2014年版，第197页。

[2] 参见《最高人民法院印发〈关于当前形势下审理民商事合同纠纷案件若干问题的指导意见〉的通知》（2009年7月7日，法发〔2009〕40号）。

[3] 黄薇主编：《中华人民共和国民法典合同编释义》，法律出版社2020年版，第284页。

措施予以避免的损失获得赔偿。《民法典》第591条规定:"当事人一方违约后,对方应当采取适当措施防止损失的扩大;没有采取适当措施致使损失扩大的,不得就扩大的损失请求赔偿。当事人因防止损失扩大而支出的合理费用,由违约方负担。""债权人负有的减损义务是一种强度较低的义务,学说上称之为不真正义务,债权人违反减损义务的,债务人不得请求债权人承担责任,而仅仅发生债权人利益的减损,即其不得就因违反减损义务而扩大的损失请求债务人赔偿。"[1] 即守约方为采取合理的减损措施,所支出的费用应由违约方承担,对于非合理措施费用,违约方不必承担,需要综合案件情况综合认定。

三是损益相抵规则。守约方因对方的违约行为而获得利益时,其所能请求的实际赔偿额为损失减去该利益的差额。在计算损失时可以扣除的利益通常有两种,其一是因标的物的毁损而发生的新生利益,其二是原应支出,即因损害事故的发生而免予支出的费用,如税收等。这些不能计入赔偿范围。

四是过失相抵原则。如果守约方对损失的发生也存在过错,则其应对自己过错部分承担相应的损失责任,从而减轻违约方的赔偿责任。

2.举证责任承担。对于合同解除后的赔偿损失举证责任,根据《最高人民法院关于当前形势下审理民商事合同纠纷案件若干问题的指导意见》提出举证责任的确定规则。即违约方一般应当承担非违约方没有采取合理减损措施而导致损失扩大、非违约方因违约而获得利益以及非违约方亦有过失的举证责任;非违约方应当承担其遭受的可得利益损失总额、必要的交易成本的举证责任。对于可以预见的损失,则需要根据《民事诉讼法》第67条和《民诉法司法解释》第90条、第91条中举证责任分配的基本原理进行分配,例如,"如果守约方主张其利润比按照客观方法计算的利润高,此时守约方应承担举证责任;如果违约方主张对方利润比按照客观方法计算所得出的利润低,此时违约方应承担举证责任"。[2]

(四)赔偿损失计算方法

纵观司法实践,一般认为目前对于合同解除后损失计算方法主要有四种:

1.以约定作为认定标准。损失赔偿的约定可以在建设工程施工合同签订时,也可在解除后,双方达成损失计算方法或者标准只要是双方真实意思的表示,即应尊

---

[1] 黄薇主编:《中华人民共和国民法典合同编释义》,法律出版社2020年版,第303页。
[2] 黄薇主编:《中华人民共和国民法典合同编释义》,法律出版社2020年版,第283页。

重执行。因此，在合同订立阶段，发承包双方应当有所预见合同解除后损失计算的约定，明确约定合同解除损失计算标准和方法，可有效防止纠纷进一步扩大。

2. 可得利益损失的衡量。若守约方证据可以证明存在可得利益损失，并结合双方利益平衡因素，从合同金额、实际履行情况、双方过错程度和市场一般利润等（可依据地方工作报告或者权威的行业协会发布的利润作为参考）因素综合考虑认定。

3. 以投标书报价中确定的工程利润作为参考。在招投标时，投标人在标书中的报价均包括利润项目，而该利润一般为施工单位预期利润，是经过科学论证后所得的结论，且投标书作为合同组成部分，且招标人对投标人的预期利润也是明知的。

4. 司法鉴定方式确定。在现有证据足以证明存在利润损失的情况下，但又无法达成一致意见或者难以明确计算，就需要通过委托鉴定机构对案涉项目利润进行专业鉴定，鉴定一般套取的为所在地区定额，定额利润也是反映当地平均利润水平，须根据案件实际情况、市场行业利润率、企业管理水平、材料价格并结合鉴定意见对可得利益损失进行综合认定。

综上，直接损失可根据当事人提供证据予以判定，对于可得利益损失等是否应予支持，则需根据合同履行及案件事实综合认定。合同解除后在确定赔偿损失的范围时，应当坚持赔偿可得利益说，主要是理由是："合同解除场合的损失赔偿请求权，是因合同解除之前的违约行为而发生的，并非因合同解除才产生，损失的对象是因违约行为而产生的损失，合同解除与损失赔偿都是违约的救济措施。对于违约损失赔偿，我国合同法规定的是赔偿可得利益，因而在合同解除与违约赔偿可以并存的情况下，损失赔偿的范围应为可得利益，即合同正常履行时，当事人可以获得的利益，包括当事人的缔约费用、履约准备费用等必要交易成本（信赖利益）以及合同履行后可以获得的利益。"[①]

四、辅助信息

《民法典》

第五百六十二条　当事人协商一致，可以解除合同。

[①] 最高人民法院民事审判第二庭编著：《〈全国法院民商事审判工作会议纪要〉理解与适用》，人民法院出版社2019年版，第322～323页。

当事人可以约定一方解除合同的事由。解除合同的事由发生时，解除权人可以解除合同。

第五百六十三条 有下列情形之一的，当事人可以解除合同：

（一）因不可抗力致使不能实现合同目的；

（二）在履行期限届满前，当事人一方明确表示或者以自己的行为表明不履行主要债务；

（三）当事人一方迟延履行主要债务，经催告后在合理期限内仍未履行；

（四）当事人一方迟延履行债务或者有其他违约行为致使不能实现合同目的；

（五）法律规定的其他情形。

以持续履行的债务为内容的不定期合同，当事人可以随时解除合同，但是应当在合理期限之前通知对方。

第五百六十五条 当事人一方依法主张解除合同的，应当通知对方。合同自通知到达对方时解除；通知载明债务人在一定期限内不履行债务则合同自动解除，债务人在该期限内未履行债务的，合同自通知载明的期限届满时解除。对方对解除合同有异议的，任何一方当事人均可以请求人民法院或者仲裁机构确认解除行为的效力。

当事人一方未通知对方，直接以提起诉讼或者申请仲裁的方式依法主张解除合同，人民法院或者仲裁机构确认该主张的，合同自起诉状副本或者仲裁申请书副本送达对方时解除。

第五百六十六条 合同解除后，尚未履行的，终止履行；已经履行的，根据履行情况和合同性质，当事人可以请求恢复原状或者采取其他补救措施，并有权请求赔偿损失。合同因违约解除的，解除权人可以请求违约方承担违约责任，但是当事人另有约定的除外。主合同解除后，担保人对债务人应当承担的民事责任仍应当承担担保责任，但是担保合同另有约定的除外。

第五百八十四条 当事人一方不履行合同义务或者履行合同义务不符合约定，造成对方损失的，损失赔偿额应当相当于因违约所造成的损失，包括合同履行后可以获得的利益；但是，不得超过违约一方订立合同时预见到或者应当预见到的因违约可能造成的损失。

第五百九十一条 当事人一方违约后，对方应当采取适当措施防止损失的扩大；没有采取适当措施致使损失扩大的，不得就扩大的损失请求赔偿。

当事人因防止损失扩大而支出的合理费用，由违约方负担。

第八百零六条 承包人将建设工程转包、违法分包的，发包人可以解除合同。

发包人提供的主要建筑材料、建筑构配件和设备不符合强制性标准或者不履行协助义务，致使承包人无法施工，经催告后在合理期限内仍未履行相应义务的，承包人可以解除合同。

合同解除后，已经完成的建设工程质量合格的，发包人应当按照约定支付相应的工程价款；已经完成的建设工程质量不合格的，参照本法第七百九十三条的规定处理。

建设工程施工合同纠纷案件裁判规则第 68 条：

因承包人的原因造成建设工程质量不符合约定，承包人拒绝修理、返工或者改建，发包人请求减少支付工程价款的，人民法院应予支持

【规则描述】　2020 年《建设工程司法解释一》第 12 条较原 2004 年《建设工程司法解释一》第 11 条，将"因承包人的过错"变为"因承包人的原因"，符合了《民法典》第 577 条关于违约责任归责原则所采用的严格责任原则，不以当事人的主观过错为构成要件，更注重强调责任主体的责任承担，这也进一步要求承包人注重工程质量的提升，保障质量合格。

一、类案检索大数据报告

本次检索获取了建设工程施工合同纠纷 2020 年 8 月 10 日前共 314 篇裁判文书。时间：2020 年 8 月 10 日之前；案例来源：Alpha 案例库；案由：建设工程施工合同纠纷；检索条件：（1）全文：发包人请求减少支付工程价款；（2）法院认为包含：同句"因承包人的过错造成建设工程质量不符合约定"；（3）法院认为包含：同句"承包人拒绝修理、返工或者改建"；（4）法院认为包含：同句"发包人请求减少支付工程价款"。本次检索获取 2020 年 8 月 10 日之前共计 314 篇裁判文书。其中：

①认为工程质量不符合约定，承包人拒绝修理、返工或改建，发包人请求减少（抵扣）工程价款共计 169 件，占比为 53.82%；

②认为无证据证明工程质量不符合约定，发包人应当支付工程价款的共计 41 件，占比为 13.06%；

③认为发包人擅自使用后，主张质量不合格减少工程款不予支持的共计 25 件，

占比为 7.96%；

④认为工程质量不合格，承包人无权主张工程价款的共计 19 件，占比为 6.05%；

⑤认为工程已竣工，未提工程质量问题，发包人应当支付工程价款的共计 21 件，占比为 6.69%；

⑥认为承包人已经修理、返工或者改建的共计 22 件，占比为 7.01%；

⑦认为原审中未诉，就修理、返工或改建费用可另行起诉的共计 17 件，占比为 5.41%。

整体情况如图 17-1 所示：

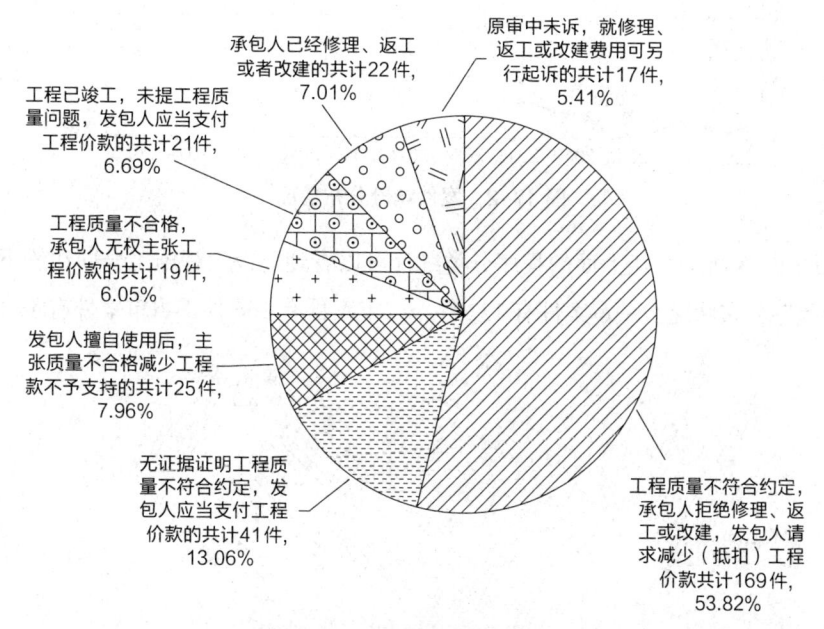

图 17-1 案件裁判结果情况

如图 17-2 所示，从案件年份分布可以看出，在当前条件下，涉及全文：发包人请求减少支付工程价款；法院认为包含：同句"因承包人的过错造成建设工程质量不符合约定"；法院认为包含：同句"承包人拒绝修理、返工或者改建"；法院认为包含：同句"发包人请求减少支付工程价款"的条件下，相应的民事纠纷案例数量的变化趋势。

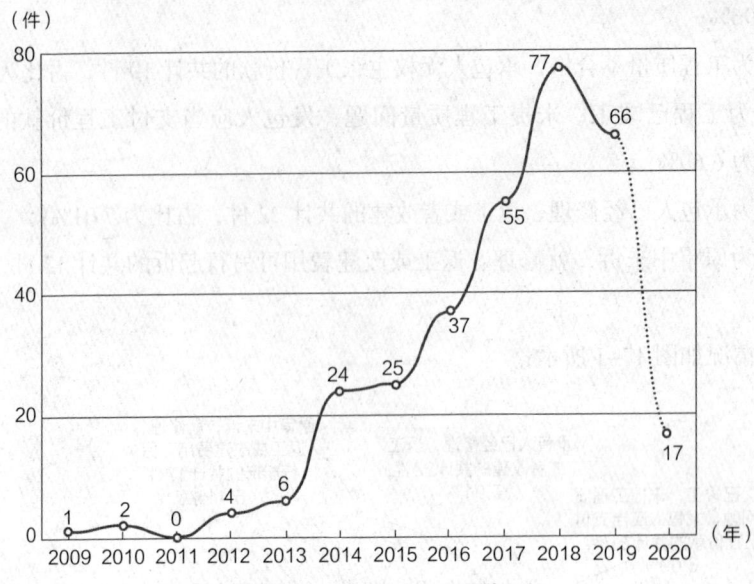

图 17-2　案件年份分布情况

如图 17-3 所示，从上面的程序分类统计可以看到建设工程施工合同纠纷下当前的审理程序分布状况。一审案件有 132 件，二审案件有 166 件，再审案件有 16 件。

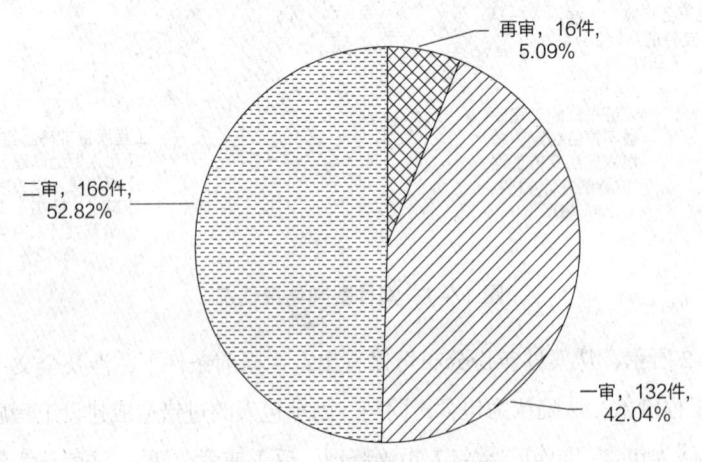

图 17-3　案件审理程序分类

通过对审理期限的可视化分析可以看到，当前条件下的审理时间更多处在 31～90 天的区间内，平均时间为 266 天。

二、可供参考的例案

> 例案一：嫩江县宝宏置业发展有限公司、黑河正亿房地产开发有限公司与中冶建设高新工程技术有限责任公司沈阳分公司建设工程施工合同纠纷案

【法院】

最高人民法院

【案号】

（2016）最高法民申 2097 号

【当事人】

再审申请人（一审原告、二审被上诉人）：嫩江县宝宏置业发展有限公司

再审申请人（一审原告、二审被上诉人）：黑河正亿房地产开发有限公司

被申请人（一审被告、二审上诉人）：中冶建设高新工程技术有限责任公司沈阳分公司

【基本案情】

2010 年 4 月 8 日，中冶建设高新工程技术有限责任公司沈阳分公司（以下简称中冶公司）与嫩江县宝宏置业发展有限公司（以下简称宝宏公司）、黑河正亿房地产开发有限公司（以下简称正亿公司）签订《工程合同书》，三方约定对嫩江县宝宏家园综合楼（以下简称宝宏家园）工程进行建设，开工时间为 2010 年 4 月 10 日，竣工时间为 2010 年 8 月 30 日，还约定了工程施工标准及其他相关内容。2010 年 4 月 18 日，中冶公司与正亿公司经招投标程序签订了《建设工程施工合同》，由嫩江县住房和城乡建设局备案。该合同除约定工程开工时间为 2010 年 4 月 7 日，竣工时间为 2010 年 11 月 30 日外，其他内容与《工程合同书》内容相同。合同签订后，中冶公司组织施工，该工程于 2010 年 11 月 30 日基本完工，宝宏公司承诺于 2010 年 12 月向业户交付楼房。宝宏家园工程建成后，于 2010 年 12 月后小区业户陆续入住。

2010 年 8 月 9 日，中冶公司与宝宏公司的代表对工程进度、工期以及工程质量等问题开会研究并形成会议纪要。其中，中冶公司法定代表人柴某建提出目前抹灰质量存在问题，并且工人量逐渐减少，希望现场负责人王某江解释原因，王某江称现场工人的确减少，并且质量存在问题，但会努力改善。宝宏公司法定代表人李某宝提出依照此次会议纪录为准，按照"工程进度计划，提前完工一天奖励 10 万

元,延误1天同样处罚延期误工费10万元"。中冶公司现场负责人王某江提出,如果2010年8月31日前计划完工,希望甲方取消"6.2"罚款,如果未完工,"6.2"罚款和延期误工费一起处罚。宝宏公司法定代表人李某宝同意王文江提出的条件。

2011年3月28日,中冶公司为谢某出具授权委托书,内容为:"今委托谢某为中冶公司嫩江项目部2011年宝宏家园小区维修主要代理人,全权代表中冶公司对嫩江项目部2011年宝宏家园小区维修执行权力,即日起任何人不得干预嫩江项目2011年宝宏家园小区维修事宜,我公司对代理人依规定办理的有关事宜均承担法律责任。"2011年7月,谢某为宝宏家园小区防水工程维修后,于2011年7月27日向宝宏公司出具借据及欠据两张,内容为"清华防水施工的宝宏家园3#楼、4#楼、5#楼、东厢2#楼、西厢2#楼屋面防水进行修复施工,支付工程修复费用119755元,借据拿回工程款欠据自动废除"。

2010年11月10日中冶公司以工作联系单方式,向刘某波施工队发出通知,其内容为:"根据中冶建设嫩江项目部与你刘某波施工队签订的施工协议,要求你刘某波队于2010年10月25日完成协议规定的嫩江宝宏家园小区(5#楼、东厢1#楼、东厢2#楼、东厢3#楼、东厢4#楼、西厢4#楼)的所有工程,但你队至今没有完成施工协议内规定的内容(楼梯踏步铺设、室内阳台及防盗门口抹灰找零),至此直接影响我工程的正常竣工。时至今日你施工队仍没有完成协议内的工作内容,特别是抹灰工程仍在进行施工中,因此影响了我单位施工的嫩江宝宏家园的竣工日期,并且给我公司在名誉上造成不良影响,在经济上给我项目部造成10余万元的直接经济损失。为此经我项目部研究决定将对你施工队进行6万元的经济处罚,以作为对我项目部的赔偿,现责令你施工队于2010年11月16日前必须完成上述未完项目,否则每拖延一天对你施工队罚款1万元。"

2011年4月10日,中冶公司与正亿、宝宏二公司,嫩江县容大监理有限公司、嫩江县设计院对"嫩江县宝宏家园"工程进行初验,形成"竣工初验报告"对工程存在的未完工程和工程缺陷进行认定。其中存在:(1)强电、弱电盒安装不到位。(2)塑钢窗与墙体接缝处不合格。(3)外墙涂料有起皮的现象。(4)下水管线漏水。(5)地沟管线布置不合理。(6)屋面有漏水问题。

【案件争点】

未经竣工验收时,业主对工程质量合格的确认有何效力。

【裁判要旨】

双方签订合同为当事人的真实意思表示,中冶公司作为施工单位应按照约定以及法律规定,履行工程质量达到合格标准的责任,正亿、宝宏二公司作为建设单位应在验收合格后使用该工程。本案工程未经竣工验收，建设单位实际接收并交付使用，构成擅自使用，依据2004年《建设工程司法解释一》第13条①的规定，应由建设单位自行承担基础、主体以外的一般工程质量责任。根据正亿、宝宏二公司在一、二审提出的诉辩主张，形成的会议纪要、初验报告的证据，结合鉴定结论，均证实双方争议的工程质量问题并非主体、基础质量问题，仅为一般性的质量问题。因此，正亿、宝宏二公司主张该部分质量问题的赔偿责任，缺乏法律依据。

2010年8月9日、11月10日，中冶公司与宝宏公司形成会议纪要和中冶公司向刘某波施工队发出工作联系单，是在工程交付使用前，各方就在建工程发现的工期、质量等问题形成的意见，不能作为使用后中冶公司应当承担责任的依据。2011年3月28日，中冶公司为谢某出具的授权委托书，没有明确修复范围，所达成的初验报告及有关会议纪要，中冶公司对各方达成一致的工程质量问题自愿承担责任，其应依据诚信原则，履行其承诺的维修义务。但维修仅在中冶公司认可的工程质量范围内承担责任。根据另案7号生效判决认定的事实和判决结论，该部分维修义务中冶公司已经履行完毕。另外，正亿、宝宏二公司向原审法院提出的诉讼请求为中冶公司施工质量不合格，主张经济损失，并非保修责任。因此，原审判决中冶公司承担保修责任不符合当事人诉请，不符合本案事实及法律规定，法院予以纠正。中冶公司该请求有理，法院予以支持。

例案二：重庆交通建设（集团）有限责任公司与重庆市佳海建筑工程有限公司建设工程施工合同纠纷案

【法院】

最高人民法院

【案号】

（2018）最高法民终494号

【当事人】

上诉人（一审被告、反诉原告）：重庆交通建设（集团）有限责任公司

被上诉人（一审原告、反诉被告）：重庆市佳海建筑工程有限公司

---

① 参见2020年《建设工程司法解释一》第14条："建设工程未经竣工验收，发包人擅自使用后，又以使用部分质量不符合约定为由主张权利的，人民法院不予支持；但是承包人应当在建设工程的合理使用寿命内对地基基础工程和主体结构质量承担民事责任。"

原审被告：重庆建工集团股份有限公司

【基本案情】

2010年1月，昭通市昭巧公路建设管理处（以下简称昭巧公路管理处）与重庆建工集团签订BT合同，约定由重庆建工集团以BT模式承包昭通至巧家（金塘）公路工程（以下简称昭巧二级公路）；其中14.1条约定："本项目工程造价计价依据为交通运输部2007年定额及云南省交通运输厅补充定额规定，编制施工图预算，合同实施期间不予调价。"

2010年3月19日，重庆建工集团与重庆交建公司签订《项目承包合同》，约定重庆建工集团将昭巧二级公路（二分部）交由重庆交建公司施工。随后，重庆交建公司将该二分部第三工区，具体为K69-K76工程、K64+400-K69+000路面工程水泥稳定级配碎石5%、K59+750威宁寨中桥桥墩治理工程、K0+000-K2+052.529法式郎进场便道工程分包给佳海公司施工。佳海公司的资质证书载明：注册资本800万元，资质等级为房屋建筑工程施工总承包暂三级；可承担单项建安合同额不超过企业注册资本金五倍的房屋建筑工程的施工。佳海公司于2010年3月份进场施工，于2012年12月退场。2014年7月10日，重庆建工集团承建的昭巧二级公路三合同段，包括案涉工程在内的公路进行交工验收，并形成《公路工程交工验收证书》。

2014年12月31日，昭通市公路工程质量监督站作出昭市交质监通〔2014〕72号文件（以下简称72号文件），载明："……为了尽快完成昭巧二级公路交工验收工作，及时启动该项目灾后恢复重建工作，现将相关交工验收前筹备工作要求通知如下：一、昭巧二级公路管理处组织设计、监理单位要按照昭市交质监通〔2014〕39号、71号文中检测出的质量问题与施工单位划清责任。（见附件）二、管理处根据检测和发现的质量问题进行工程量核定。三、对存在质量问题和施工缺陷的分项工程进行核算，并由施工单位签字认可。四、不合格工程在交工结算前给予计量扣减。五、以上工作完成后以书面形式报市交通运输局申请交工验收工作。"

2016年10月19日，佳海公司就其持有的《K69-K76竣工结算表》办理了昭巧公路管理处的盖章事宜。2016年12月中旬，重庆建工集团与昭巧公路管理处形成《昭通至巧家（金塘）二级公路竣工结算表》（以下简称《竣工结算表》），其中包含了依据昭市交质监通〔2014〕72号形成的《质量问题工程扣减修复金额结算表》，并经双方签字盖章确认。

2017年4月5日，重庆建工集团就为何《K69-K76竣工结算表》与《竣工结算表》存在较大工程施工内容以及计价计量的差异问题，向昭巧公路管理处发函。2017年4月6日，昭巧公路管理处复函："一、工程竣工结算原则。工程竣工结算，首先统计工程量，然后再套价计算工程款。昭巧二级公路竣工结算工程量统计表于2016年10月中旬签字并盖章，竣工结算表、质量问题工程修复款统计表于2016年12月中旬经甲乙双方签字确认。交工验收时路基、边坡防护工程、路面、交通标识等局部存在质量问题，但由于鲁甸县2014年8月3日地震，为了不影响灾后恢复重建工作，昭通市人民政府决定重庆建工集团撤出施工现场，不再对质量问题工程进行整改，由管理处在工程竣工结算款中扣减质量问题工程修复款，另行安排修复施工。所以工程结算分为两部分：先进行竣工工程结算，再进行缺陷工程结算，最后在竣工工程结算款中扣除缺陷工程修复款即为建工集团的竣工结算工程款。二、工程量确定原则。1.施工便道，建工集团所报的结算工程数量表中按照长度和细分工程量（体积）统计，但细分工程量支撑依据不足，细分工程量未报请验收。由于施工便道的作用就是为了方便主体工程的施工，既然完成了施工任务，便道就达到目的，虽然支撑依据不足，但确实存在，所以管理处明确以长度结算，长度以甲乙双方实际丈量长度为准，细分工程量不再单独结算。2.清除堆积土石方，建工竣工结算工程量统计表中统计的有滑坡减载、危岩处治、泥石流等细目。原设计有危岩处治、泥石流具体桩号和工程量的按原设计工程量统计，滑坡减载原设计无此细目。建工竣工结算工程量统计表中统计的有滑坡减载、危岩处治、泥石流等细目，该项目统计的工程均为实际施工过程中发生的上边坡垮塌后的清除堆积土石方工程，属于变更增加工程，因为原设计有清除堆和土石方细目，可以直接套用，所以在竣工结算表中，将昭巧二级公路所有竣工结算工程量统计表中所统计的滑坡减载、危岩处治、泥石流等细目统一套用清除堆积土石方项目。三、单价确定原则。合同约定以云南省交通运输厅批复的预算为依据，在不突破云南省交通运输厅批复的预算的情况下进行竣工工程结算。具体细目单价是甲乙双方通过多次谈判协商确定的结果，适用于昭巧二级公路全线，并且双方已经在竣工结算表上签字盖章，签字盖章的工程结算文件已经具备法律效力。"

【案件争点】

工程确实存在质量问题，但修复费用未经双方确认的责任如何承担。

【裁判要旨】

关于佳海公司应得工程款中是否应扣除缺陷工程修复款8072756元的问题。本案中，2014年12月31日昭通市公路工程质量监督站作出的72号文件载明："三、对存在质量问题和施工缺陷的分项工程进行核算，并由施工单位签字认可。四、不合格工程在交工结算前给予计量扣减。"2017年4月6日昭巧公路管理处复函中载明："工程结算分为两部分：先进行竣工工程结算，再进行缺陷工程结算，最后在竣工工程结算款中扣除缺陷工程修复款即为建工集团的竣工结算工程款。"2018年6月21日昭巧公路管理处作出的

（2018）6号复函载明："昭巧二级公路2010年1月开工，2012年6月完工通车，2014年7月10日通过交工验收。但在交工检测中检测出部分工程存在质量问题，交工验收文件要求缺陷工程整改修复合格后在竣工验收时一并验收。为了不影响地震灾后恢复重建工作，重庆建工集团同意采用在工程结算款中扣除缺陷工程修复款方式处理。"

从上述文件以及复函可以看出，案涉昭巧二级公路在2014年7月10日交工验收后，存在质量问题。交工验收文件要求缺陷工程整改修复合格后在竣工验收时一并验收，但由于发生地震，为了不影响地震灾后恢复重建工作，昭巧公路管理处与重庆建工集团通过多次协商，重庆建工集团同意采用在工程结算款中扣除缺陷工程修复款方式处理。本院认为，根据2004年《建设工程司法解释一》第11条[①]关于"因承包人的过错造成建设工程质量不符合约定，承包人拒绝修理、返工或者改建，发包人请求减少支付工程价款的，应予支持"之规定，正常情况下，佳海公司所施工交付的工程存在质量问题，应当先要求佳海公司进行修理、返工或者改建，如果佳海公司拒绝从事上述工作的，才能减少支付工程款。但是，本案系特殊情况，由于发生地震灾害，为了不影响地震灾后恢复重建工作，昭巧公路管理处与重庆建工集团协商同意采用在工程结算款中扣除缺陷工程修复款方式处理，符合当时的情势。但是缺陷工程修复款金额8072756元系业主方昭巧公路管理处与重庆建工集团协商确认，佳海公司并未参与协商过程，重庆交建公司亦未举证证明其曾与佳海公司就上述金额进行过核算，更未经佳海公司签字认可，故仅凭业主方与重庆建工集团协商确定的扣减数额要求对佳海公司应得工程款作相应扣减，缺乏事实依据。考虑到本案实际情况，即案涉工程确实存在质量问题，佳海公司应承担相应责任，基于公平原则，法院酌情考虑由佳海公司与重庆交建公司各承担50%的业主认定缺陷工程修复款，即双方分别承担8072756元×50%=4036378元。

关于是否应扣除重庆交建公司委托第三方修复质量问题工程所产生的维修费用489021元的问题。重庆交建公司没有举证证明佳海公司收到修复通知，或者收到通知却拒绝或不履行修复义务的事实存在。且重庆交建公司与第三方签订的缺陷处治施工合同没有明确指向佳海公司施工的范围，故其主张的应扣除委托第三方修复质量问题工程产生的费用489021元无事实依据，一审判决不予支持并无不当。

[①] 参见2020年《建设工程司法解释一》第12条："因承包人的原因造成建设工程质量不符合约定，承包人拒绝修理、返工或者改建，发包人请求减少支付工程价款的，人民法院应予支持。"

例案三：辽宁九州华伟农产品物流园有限公司与中国建筑第八工程局有限公司建设工程施工合同纠纷案

【法院】

最高人民法院

【案号】

（2019）最高法民终164号

【当事人】

上诉人（原审被告）：辽宁九州华伟农产品物流园有限公司

被上诉人（原审原告）：中国建筑第八工程局有限公司

【基本案情】

2012年12月20日，九州华伟公司与中建八局签订《建设工程施工合同》，该合同约定：中建八局承建九州华伟公司开发建设的位于铁岭市光荣街以东，北市路以北的东北·寿光果蔬贸易城项目一期工程（A2标段）。该工程为框架结构，建筑面积为220824平方米，承包范围为施工图全部内容（包括工程桩、基坑支护、土建、装修、给排水、暖通、电气、弱电、室外管网、绿化、消防等全部内容），开工日期为2013年5月1日，竣工日期为2015年8月1日，合同工期总日历天数822天；合同暂定总价为6.8亿元。此外，该合同通用条款第26.4约定"发包人不按合同约定支付工程款（进度款），双方又未达成延期付款协议，导致施工无法进行，承包人可停止施工，由发包人承担违约责任"。该合同通用条款第4.2约定"发生本通用条款第26.4款情况，停止施工超过56天，发包人仍不支付工程款（进度款），承包人有权解除合同。"上述合同签订后，中建八局按约定时间进场施工。

2013年7月，九州华伟公司与中建八局签订《合同文件补充协议》，双方关于承包范围，约定为除发包人指定分包指定供应以外的全部施工图纸内容，发包人指定分包、指定供应内容详见附件1"关于施工总承包范围的进一步说明"；关于施工合同工期，双方约定施工合同工期为2013年4月1日开工，2014年7月31日承包人承包范围内的工程全部完工，2014年10月1日总体工程竣工。详见附件2"A2地块工程节点工期"。2014年5月，九州华伟公司与中建八局签订《合同文件补充协议二》，约定：关于施工合同工期，最终合同竣工日期调整为2015年8月30日；关于补偿价款，总补偿费用370万元，包括就延期支付进度款部分，比照同期银行贷款利率计算的延期付款利息，计195万元，大型机械、周转料费用及现场管理费等，计

175万元，上述价款包含规费，税金及按照原合同约定的4%总价上浮；本次补偿价款发包人在项目复工后的第一次工程进度款过程中支付给承包人，2013年施工期内发生的涉及商品混凝土外加剂的费用，已审定签证费用，在项目复工后的第一次工程进度款中按合同约定比例支付给承包人，剩余支付的工程进度款433万元，发包人在项目复工后的前四次工程进度款中等额支付给承包人。

【案件争点】

要求承包人承担建设工程质量不符合约定相关责任的前提条件有哪些。

【裁判要旨】

九州华伟公司在本案一审中，抗辩主张应进行工程质量鉴定，目的在于减少工程款的给付，但并未明确扣减工程款数额。根据2004年《建设工程司法解释一》第10条[①]的规定，建设工程施工合同解除后，已经完成的建设工程质量不合格的，参照该解释第3条处理，即修复后的建设工程经竣工验收合格，发包人可请求承包人承担修复费用，修复后仍不合格的，发包人可以拒付工程款。同时，根据上述司法解释第11条的规定，因承包人的过错造成建设工程质量不符合约定，承包人拒绝修理、返工或者改建，发包人可以请求减少支付工程价款。从上述条款的规定可见，发包人认为工程质量不合格的，应当先要求承包人修复，承包人拒绝修复或修复后仍不合格的，发包人可以据此扣减或拒绝支付工程款。本案中，中建八局提供的《工程报验审核表》及其附件可以证明中建八局已完工的工程部分经由九州华伟公司委托的监理公司大连市工程建设监理有限公司检验合格。故案涉工程质量合格的本证已经成立，九州华伟公司未能举示充分证据证明案涉工程存在质量问题，亦未在案涉《建设工程施工合同》解除后要求中建八局对工程进行修复。故九州华伟公司提出要求减少或拒付工程款的请求，缺少上引司法解释规定的前置条件，亦不足以作为对承包人要求支付工程款的抗辩依据。九州华伟公司以案涉工程存在质量问题为由要求减少工程价款的请求，系基于工程质量问题提出的请求，这是相对于本诉（请求支付工程款）的独立的诉讼请求，并非上引司法解释条款规定的就质量问题要求承包人进行修复的抗辩。并且，九州华伟公司的抗辩理由涉及质量问题责任认定和具体金额，需另行认定后才能在诉争工程款中进行抵扣。因此，一审法院以九州华伟公司未提出反诉为由未予准许其要求进行质量鉴定的请求，并未违反法定程序。

[①] 参见《民法典》第806条第3款："合同解除后，已经完成的建设工程质量合格的，发包人应当按照约定支付相应的工程价款；已经完成的建设工程质量不合格的，参照本法第七百九十三条的规定处理。"

九州华伟公司若认为中建八局承建的案涉工程存在质量问题,应当承担违约责任或者赔偿修理、返工、改建的合理费用等损失的,可以另行提起诉讼。一审判决并未剥夺九州华伟公司的诉讼权利。法院对九州华伟公司的该项上诉请求,不予支持。

三、裁判规则提要

建设工程施工合同产生的质量责任系指承包人未按合同约定标准进行施工产生的责任;保修责任是在工程竣工验收合格后,承包人在保修期内对使用过程中出现的质量瑕疵应承担的义务。两者承担责任的事实和法律依据及责任承担方式均有不同。故发包人主张工程质量责任是在工程未经验收的情况下,如承包人施工质量不符合约定,发包人应当提起工程质量责任的主张,如工程质量已经验收合格,涉及工程质量问题,应根据《建设工程质量保证金管理办法》第2条规定,发包人只能提起保修责任,而不是工程质量责任。

(一)因承包人的原因造成建设工程质量不符合约定,发包人请求减少支付工程价款的相关情形

1. 工程未经竣工验收,且已完工程质量因承包人原因存在不符合合同约定标准,根据《民法典》第793条规定,承包人负有修复的义务,如修复后的建设工程经验收合格的,发包人可以请求承包人承担修复费用;如修复后的建设工程经验收不合格的,承包人无权请求参照合同关于工程价款的约定折价补偿。如承包人拒绝修复的,根据2020年《建设工程司法解释一》第12条"因承包人的原因造成建设工程质量不符合约定,承包人拒绝修理、返工或者改建,发包人请求减少支付工程价款的,人民法院应予支持"的规定,发包人可代为修复并要求承包方支付合理的修复费用,也可以请求减少支付工程价款。

2. 在工程未经验收合格的情形下,因承包人的原因造成建设工程质量不符合约定,发包人请求减少支付工程价款的情形,主要包括:

第一,工程未经验收合格,且存在质量问题,但承包人经过修复(关于修复次数,法律未作明确规定),可以达到合同约定的质量标准,发包人应当按照施工合同约定支付工程款;

第二,工程未经验收合格,且存在质量问题,但承包人经修复,仍无法达到合同约定标准及国家标准,承包人请求支付工程价款的,不予支持;

第三，工程未经验收合格，且存在质量问题，但承包人经修复，虽无法达到合同约定标准，但达到国家标准质量，承包人请求支付工程价款的，发包人可以请求减少支付工程价款；

第四，工程未经验收合格，且存在质量问题，承包人拒绝维修，如发包人自行维修无法达到合同约定标准及国家标准，承包人请求支付工程价款的，不予支持；

第五，工程未经验收合格，且存在质量问题，承包人拒绝维修，如发包人自行维修可以达到国家标准但无法达到合同约定标准，承包人请求支付工程价款的，发包人可请求减少支付工程价款（包括修复至国家标准的费用和质量标准降低的赔偿）；

第六，工程未经验收合格，且存在质量问题，承包人拒绝维修，如发包人自行维修可以达到国家标准及合同约定标准，承包人请求支付工程价款的，发包人可请求减少支付工程价款（包括修复至国家质量标准及合同质量标准的费用和发包人因此造成的损失）。

3. 在工程经验收合格的情形下，因承包人的原因造成建设工程质量不符合约定，发包人请求减少支付工程价款的情形。2020年《建设工程司法解释一》第12条规定："因承包人的原因造成建设工程质量不符合约定，承包人拒绝修理、返工或者改建，发包人请求减少支付工程价款的，人民法院应予支持。"由于该条主要"针对建筑工程还未交付使用（包括在建工程），出现的质量问题应如何处理作出的规定。如果建筑工程已经竣工验收交付使用后，出现了质量问题，则应当依照建筑工程保修的有关规定处理"，即工程经竣工验收交付使用后，工程进入保修阶段。根据《建设工程质量保证金管理办法》第9条规定，在工程保修期内，因承包人原因造成的缺陷，承包人应负责维修，并承担鉴定及维修费用。如承包人不维修也不承担费用，发包人可按合同约定从保证金或银行保函中扣除，费用超出保证金额的，发包人可按合同约定向承包人进行索赔。当然，"发包方在请求承包方承担质量修复费用后，不影响其依照合同约定及有关法律规定请求承包人承担违约责任及赔偿责任"即承包人维修并承担相应费用后，不免除其对工程的损失承担的赔偿责任。

（二）因工程质量问题，发包人请求减少支付工程价款请求权的行使方式

1. 关于发包人因工程质量问题，减少支付工程价款请求权的行使方式是反诉还是抗辩，存在不同的观点：观点一认为，主张减少工程款的一方是抗辩，无须再提起反诉。其理由是，双方当事人在订立合同时，对工程质量均有约定，在其质量未

达到合同约定标准时，就可在一方主张支付工程款的同时，向其请求减少给付工程款，无须再提起反诉。观点二认为，认为减少工程款数额不是抗辩事由，系一个新的诉讼请求，必须提起反诉，人民法院才能一并审理。观点三认为，对双方合同有明确约定的，如合同约定工程质量有瑕疵减少给付工程款的数额或者约定工程质量有瑕疵，其修复费用应从给付工程款中予以扣除等，就可以认定发包人提出的请求为答辩事由，而不认定为一个新的请求，对此就可以直接减少给付工程款数额或者将质量瑕疵修复费用予以扣除，但必须是双方合同有明确约定的，否则，发包人的请求应认定为是一个新的请求，其提出的反诉人民法院可一并审理。

一般认为，发包人主张减少工程款是抗辩，无须再提起反诉。其理由主要有：（1）发包人的请求没有形成一个独立的诉。反诉的基本属性是诉，反诉的成立意味着成立了一个新的诉讼法律关系；而减少给付工程价款的数额的请求仅导致发包人（被告）不支付合同约定的工程款的数额，而未产生新的诉讼法律关系，也没有导致诉的增加。（2）发包人（被告）的请求没有抵消或者吞并原告的诉讼请求，其不构成反诉。（3）对于发包人要求承包人支付违约金或者赔偿修理、返工、改建的合理费用等损失，属于独立诉讼请求，发包人以此为由提出反诉的，人民法院应当合并审理。

2. 在工程未经验收合格的情形下，因承包人的原因造成建设工程质量不符合约定，发包人请求减少支付工程价款的情形。工程未经验收合格且存在质量问题，但承包人经修复，虽无法达到合同约定标准，但达到国家标准质量，承包人请求支付工程价款，因未按合同约定进行修复，发包人请求减少支付工程价款的，应当属于抗辩。工程未经验收合格且存在质量问题，承包人拒绝维修，如发包人自行维修可以达到国家标准及合同约定标准，承包人请求支付工程价款的，发包人可请求减少支付工程价款，应当属于抗辩。

3. 在工程经验收合格的情形下，因承包人的原因造成建设工程质量不符合约定，发包人请求减少支付工程价款的情形。如前所述，工程质量验收合格后，因承包人的原因造成建设工程质量不符合约定，发包人根据2020年《建设工程司法解释一》第12条请求减少支付工程价款的情形，其性质属于因承包人违约导致的发包人损失或违约责任的承担，发包人通过债务抵销的方式，主张从工程保证金（工程款）中扣除相关费用，"在被告认可尚欠原告的工程款的前提下，提出原告交付的建设工程质量有瑕疵，请求在所欠工程款中扣除修复费用后，再支付工程款。因此，被告的这一请求，没有抵消或者吞并原告请求工程欠款的诉讼请求，其不构成反诉"。[①]

（三）签证与施工现场实际情况的处理

工程签证，既是工程合同管理中的重要工作，也是作为工程结算的依据之一，其主要集中在有关价款、工期和质量方面。主要讨论有关质量的签证，对此，又体现在发包人的"认质认价签证"。"认质认价"是发包人对同意使用材料的质量，符合有关规定并且可以接受的价格一种确认，是双方以书面形式对质量及价格的确认。在工程实施过程中，并非所有材料都需要认质认价，大部分材料是由施工单位在招投标环节根据招标文件的相关要求自主报价并自担风险。需要认质认价的材料一般仅限于以下范围：一是招标文件中规定以暂定价进入工程量清单报价的材料，二是按规定由建设单位采购供应的材料因某种原因改为施工单位采购供应的材料，三是通过合法、合理的程序变更后的材料。但在工程结算过程中或者诉讼中工程鉴定踏勘，经常会发现"认质认价单"与现场实际情况不符，如材料品牌签证与现场品牌名接近以假乱真，规格型号、档次以次充好（电工器材、洁具、五金配件及装饰面料厚度等）等现象。此时，如何进行工程款结算，司法实践中主要有三种处理意见：

1. 按照施工图加签证计算。2020 年《建设工程司法解释一》第 20 条规定："当事人对工程量有争议的，按照施工过程中形成的签证等书面文件确认。"一般认为，互相书面确认的工程签证的法律性质是双方对原合同补充协商一致的协议，对双方的行为具有法律约束力；可作为工程结算的直接证据。其具有以下法律效力：一是可执行性。工程签证涉及的利益已经确定，可直接作为工程结算的凭据，具有可执行性。在工程结算时，凡已获得双方确认的签证，均可直接作为计算工程量及工程价款的依据。二是独立性。由于工程签证是双方就工期、质量等意思表示一致而达成的协议，是施工合同履行结果和变化确认的事实，它与施工合同的履行结果和变化具有客观性、关联性和合法性，可以作为认定事实的证据使用。同样，"认质认价单"属于签证的一种，是经发包人审核确认，换言之，即使存在以次充好的现象，因双方已经达成合意，在不构成可撤销事由的情况下，相应的工程价款也应由发包人来承担。

2. 按照竣工图计算。竣工图作为工程竣工交付的条件之一，同时也是工程款结

[①] 最高人民法院民事审判第一庭编著：《最高人民法院新建设工程施工合同司法解释（一）理解与适用》，人民法院出版社 2021 年版，第 134～135 页。

算的重要依据。竣工图是施工单位根据实际实施汇总技术归档文件，其编制依据一般包括设计施工图、施工图纸会审记录（设计交底记录）、设计变更通知单（包括变更图纸和变更通知单）、技术变更核定洽商单、隐蔽工程验收记录、质量事故报告及处理记录建（构）筑物定位测量、施工检查测量及竣工测量等。《国家建委关于编制基本建设工程竣工图的几项暂行规定》规定："五、工程竣工验收前，建设单位应组织、督促和协助各设计、施工单位检验各自负责的竣工图编制工作，发现有不准确或短缺时，要及时采取措施修改和补齐。竣工图要作为工程交工验收的条件之一。竣工图不准确、不完整、不符合归档要求的，不能交工验收。在特殊情况下，也可按交工验收时双方议定的期限补交竣工图。"2013年版《清单计价规范》规定："11.2.1 工程竣工结算应根据下列依据编制和复核：建设工程设计文件及相关资料。"从以上条文可以看出，竣工图是由发包人组织，承包人编制，发包人复核确认，从这个意义上来讲，如果经发包人复核后无误签字确认，特别是涉及竣工图幅上反映的图形、尺寸、结构、材质以及有关的文字说明等，反映施工后的实际情况，做到图、文与实物相一致，则竣工图可以作为结算的依据之一。

3. 按照施工现场计算。因"认质认价单"反应的并不是施工现场的实际状态，对存在不符的部分，应当按照施工现场实际情况进行结算。主要理由如下：

其一，《民事诉讼法》第7条规定："人民法院审理民事案件，必须以事实为根据，以法律为准绳。"作为民事诉讼的证明要求，应当努力追求"法律真实"与"客观真实"相一致，施工现场是反映最终真实状态的客观事实，"认质认价单"反映的是法律事实，两者并不矛盾，而是辩证统一的关系。但客观真实始终是司法追求的终极目标，如果能够可以查证客观事实，且与法律事实不符，则应以客观事实应作为结算的依据。

其二，《建筑法》第59条规定："建筑施工企业必须按照工程设计要求、施工技术标准和合同的约定，对建筑材料、建筑构配件和设备进行检验，不合格的不得使用。"实际上，即使发包人已经认质认价的材料，承包人也有检验的义务，如果是故意隐瞒"以次充好"的事实，在主观上存在故意，施工单位存在过错，应对此承担相应的法律责任。

（四）存在工程质量问题与工程价款的处理

1. 工程质量问题的处理方法

按照《建筑法》第74条规定，对于造成建筑工程质量不符合规定的质量标准的，主要处理方法是返工、修理。修理处理可以在工程实施过程中，也可以在竣工验收后。当工程的某个检验批、分项或分部工程未达到规定的规范、标准或设计要求，存在一定质量问题时，可以通过修复达到要求又不影响使用功能和外观要求，可以进行修补处理。返工处理是在工程未达到规定的标准和约定，存在严重质量问题，对结构的使用和安全造成重大影响，且无法通过修补处理的情况下，可对检验批、分项或分部工程甚至整个工程返工处理，直至合格，无法修复导致质量不合格的，发包方有权拒付工程款。另外，对于工程质量问题虽然不符合规定的要求和标准构成质量事故，但视其严重情况，经过分析、论证、法定检测单位鉴定和设计等有关单位认可，对工程或结构使用及安全影响不大，也可不作专门处理。通常有以下几种情况：

（1）不影响结构安全和正常使用。如有的建筑物出现放线定位偏差，且严重超过规范标准规定，若要纠正会造成重大经济损失，若经过分析、论证其偏差不影响生产工艺和正常使用，在外观上也无明显影响，可不作处理。又如，某些隐蔽部位结构混凝土表面裂缝，经检查分析，属于表面养护不够的干缩微裂，不影响使用及外观，也可不作处理。

（2）有些质量问题，经过后续工序可以弥补。例如，混凝土墙表面轻微麻面，可通过后续的抹灰、喷涂或刷白等工序弥补，亦可不作专门处理。

（3）经法定检测单位鉴定合格。例如，某检验批混凝土试块强度值不满足规范要求，强度不足，在法定检测单位对混凝土实体采用非破损检验方法，测定其实际强度已达规范允许和设计要求值时，可不作处理。对经检测未达要求值，但相差不多，经分析论证，只要使用前经再次检测达到设计强度，也可不作处理。

（4）出现的质量问题，经检测鉴定达不到设计要求但经原设计单位核算，仍能满足结构安全和使用功能。例如，某一结构构件截面尺寸不足，或材料强度不足，影响结构承载力，但经按实际检测所得截面尺寸和材料强度复核验算，仍能满足设计的承载力，可不进行专门处理。这是因为一般情况下，规范标准给出了满足安全和功能的最低限度要求，而设计往往在此基础上留有一定余量，这种处理方式实际上是挖掘了设计潜力或降低了设计的安全系数。

2. 因不同质量问题导致工程质量标准降低的，应按照不同的工程价款扣减方式进行处理

虽然2020年《建设工程司法解释一》第12条赋予了发包人减少支付工程价款的权利，但是在具体实践中如何进行工程价款的扣减，实践经验结合工程造价的计

算方法，主要有以下几种办法：

（1）对于影响结构安全性的缺陷视缺陷的严重程度采用不同的扣减：

其一，结构缺陷经修复达到合同约定和国家规范要求，仍按照原计价标准支付工程价款，修复费用承包人承担。例如，砌体结构的砂浆饱满度未达到规范要求，通过拆除重砌，该段砌体达到要求后按照合同约定计价办法计入工程价款。

其二，结构缺陷无法修复，但是经法定鉴定单位确定其标准满足规范允许和设计要求值，那么按照构件实际达到的标准计算工程价款。例如，设计结构主体工程混凝土强度原设计为C40，但28天试块强度为C35，且C35混凝土强度经过法定鉴定单位和设计确认满足规范允许和设计要求值，那么就按照实际的C35混凝土进行计价。

其三，结构缺陷无法修复，经检测鉴定达不到设计要求但经原设计单位进行复核验算，仍能满足结构安全和使用功能。例如，按照构件的实际界面尺寸和强度值予以计价。

其四，结构缺陷无法修复，经检测鉴定达不到设计要求且经原设计单位进行复核验算不能满足结构安全和使用要求，就要根据缺陷的部位和情况进行拆除或加固。例如，对于拆除重建的费用，由承包单位自行承担，并承担由于拆除重建造成工期延误的违约责任；对于进行加固处理的，承包单位应委托有加固资质的设计单位进行加固方案的设计并经原设计单位认可，承包单位承担此加固费用，并承担违约责任。

（2）对于适用性（功能性）缺陷。在施工过程中，承包人偷工减料，"以次充好"的结果，除了造成结构安全性隐患以外，很有可能就是造成建筑物使用功能的缺陷和使用寿命的减少。主要有以下几种表现形式：

一是设计为A，实际施工为B。例如，在土方回填中，设计要求为3:7灰土回填（体积比3份石灰，7份素土），但在实际回填时用的2:8灰土甚至素土回填，则土方回填的单价应按照2:8灰土或素土回填的单价进行调整。

二是设计要求为N层，实际施工为M层。例如，屋面防水中设计为3层SBS改性沥青防水层，但是实际施工改为2层，如果无法进行重作或重作成本过高的情况下，就按照2层防水层的价格进行计价。

三是设计需要A工序，实际施工时取消了该工序。例如，装饰装修工程中基层板需要进行防火处理，要满刷防火涂料，但实际施工时改为阻燃板满足了防火要求，则需要将基层板的单价调整为阻燃板的材料价格并且扣除防火处理的材料和人工，机械费等相关费用。如果阻燃板质量不合格，不能满足防火要求，不仅不能进行材料价格的换算还要追究其违约责任，还将存在严重的安全隐患。

四是设计要求为优质的 A 品牌产品，实际施工为一部分 A 品牌，另一部分为不知名 B 品牌，如果在施工过程中发现该问题，应进行更换，将不合格材料退场。如果在竣工验收或竣工验收后发现该问题并且拆除重作成本较高，损失严重，应按照实际使用品牌的材料价格计入结算。

（3）感观性质量问题在建筑行业一般称之为质量通病，其不影响建筑物或构筑物的结构安全和使用功能，但是感观性不好，无法给使用者提供一个良好的使用环境，此类质量问题的差异主要体现在质量标准的定性评价上。目前我国建筑工程的质量等级为合格，只要满足合格要求的建筑物都可以进行正常的使用，具备设计要求的使用功能。但是建设单位根据项目的不同，可能提出项目要获得"鲁班奖"等更高质量的标准。

综上，承包人的工程质量责任根据工程是否验收合格，大体上可分为两个阶段的不同责任。基于施工合同产生的质量责任和基于验收后产生的保修责任，二者承担责任的事实和法律依据及责任承担方式均不同。在审判过程中，要进行有效区分，确定责任划分，合理解决工程结算中的质量问题。

四、辅助信息

《民法典》

第五百八十二条　履行不符合约定的，应当按照当事人的约定承担违约责任。对违约责任没有约定或者约定不明确，依据本法第五百一十条的规定仍不能确定的，受损害方根据标的的性质以及损失的大小，可以合理选择请求对方承担修理、重作、更换、退货、减少价款或者报酬等违约责任。

《建筑法》

第七十四条　建筑施工企业在施工中偷工减料的，使用不合格的建筑材料、建筑构配件和设备的，或者有其他不按照工程设计图纸或者施工技术标准施工的行为的，责令改正，处以罚款；情节严重的，责令停业整顿，降低资质等级或者吊销资质证书；造成建筑工程质量不符合规定的质量标准的，负责返工、修理，并赔偿因此造成的损失；构成犯罪的，依法追究刑事责任。

2020年《建设工程司法解释一》

第十四条 建设工程未经竣工验收，发包人擅自使用后，又以使用部分质量不符合约定为由主张权利的，人民法院不予支持；但是承包人应当在建设工程的合理使用寿命内对地基基础工程和主体结构质量承担民事责任。

第十六条 发包人在承包人提起的建设工程施工合同纠纷案件中，以建设工程质量不符合合同约定或者法律规定为由，就承包人支付违约金或者赔偿修理、返工、改建的合理费用等损失提出反诉的，人民法院可以合并审理。

建设工程施工合同纠纷案件裁判规则第 69 条：

发包人不得以承包人未开具发票为由拒绝支付工程价款，但合同另有约定的除外

【规则描述】　在建设工程施工合同中，支付工程款是发包人的主要合同义务，开具并给付发票仅为承包人的从给付义务，在合同无特别约定的情况下，两者不具有对等关系，发包人不享有先履行抗辩权。但如果施工合同中明确地约定了发包人的拒付权的，根据私法自治的原则，法院应当尊重当事人的合意，认定发包人的抗辩成立。同时，出卖人向买受人交付增值税发票，属于法律明确规定的义务，并非基于诚信原则产生的义务，故属于从合同义务。因此，承包人拒绝履行交付增值税专用发票义务的，发包人有权提起诉讼要求承包人履行，并可请求损失赔偿。

一、类案检索大数据报告

时间：2020 年 8 月 11 日之前；案例来源：Alpha 案例库；案由：建设工程施工合同纠纷；检索条件：（1）全文：发票；（2）法院认为包含：同句"发票"；（3）法院认为包含：同句"拒绝支付工程款"。本次检索获取 2020 年 8 月 11 日之前共计 550 篇裁判文书。其中：

①认为不提供（未开具）发票，则拒绝支付（不支付）工程款的主张，不予支持的共计 471 件，占比为 85.64%；

②认为以未提供竣工验收报告等理由拒付工程款，不予支持的共计 16 件，占比为 2.9%；

③认为已经开具发票，应当支付工程款的共计 27 件，占比为 4.91%；

④认为合同约定须开具发票再支付工程款予以支持的共计 22 件，占比为 4%；

⑤认为请求发票主张可另行主张权利的共计6件，占比为1.1%；
⑥认为工程完工（工程款已付），应当提供发票的共计8件，占比为1.45%。
整体情况如图18-1所示：

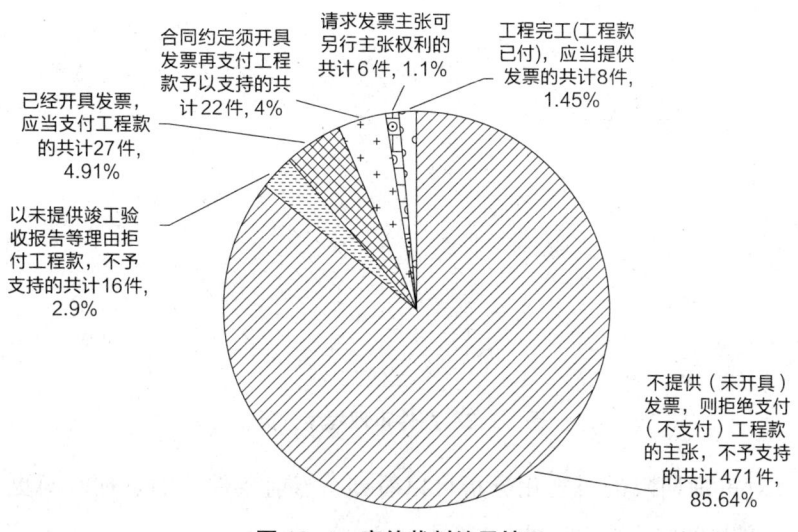

图 18-1　案件裁判结果情况

如图18-2所示，从案件年份分布可以看出，在当前条件下，涉及全文：发票；法院认为包含：同句"发票"；法院认为包含：同句"拒绝支付工程款"条件下的相应的民事纠纷案例数量的变化趋势。

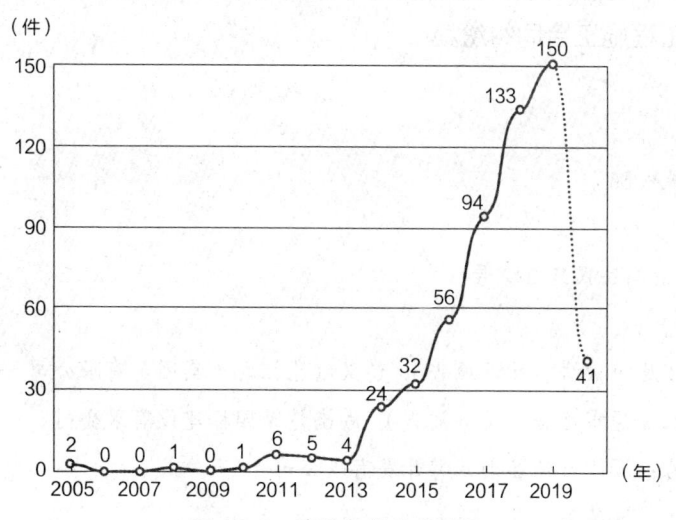

图 18-2　案件年份分布情况

如图 18-3 所示，从上面的程序分类统计可以看到建设工程施工合同纠纷下当前的审理程序分布状况。一审案件有 246 件，二审案件有 285 件，再审案件有 19 件。

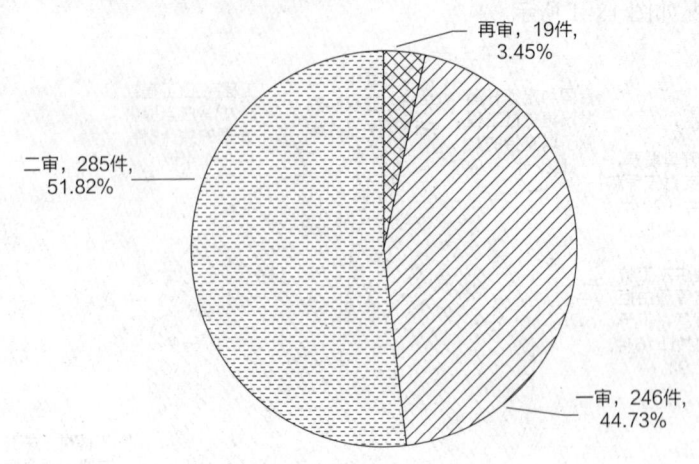

图 18-3 案件审理程序分类

通过对审理期限的可视化分析可以看到，当前条件下的审理时间更多处在 31～90 天的区间内，平均时间为 150 天。

二、可供参考的例案

例案一：遵义红色旅游（集团）有限公司与湖南楚峰园林建设有限公司等建设工程施工合同纠纷案

【法院】

最高人民法院

【案号】

（2017）最高法民终 242 号

【当事人】

上诉人（原审被告、反诉原告）：遵义红色旅游（集团）有限公司

被上诉人（原审原告、反诉被告）：湖南楚峰园林建设有限公司

原审被告：湄潭县仙谷山旅游开发有限公司

原审被告：匡某某

【基本案情】

2013年9月13日，潭县仙谷山旅游开发有限公司（以下简称仙谷山公司）（甲方）与湖南楚峰园林建设有限公司（以下简称楚峰公司）（乙方）签订《工程施工承包合同》，约定由仙谷山公司将其开发的"仙谷山小镇"的景观绿化工程发包给楚峰公司。双方在合同中对工程范围、开竣工日期、工程造价计算方法、质量标准及保修等进行了约定。关于工程款支付问题，双方约定：在甲方向乙方付款之前，乙方需向甲方提供相应金额的正规发票，否则甲方有权拒绝支付，并不视为甲方违约；仙谷山公司应按合同约定支付工程款，如未能按约支付工程款，则按应付而未付工程款的日千分之二支付违约金。

2016年1月29日，楚峰公司与仙谷山公司签署《工程结算确认表》，载明：送审金额4300万元，双方协商金额3000万元。仙谷山公司意见为"经双方协商为总包干价三千万元整"，楚峰公司意见为"如建设方同意2016年2月7日前支付一千万元，则同意双方协商总价三千万元作为最终结算总价"。仙谷山公司及其法定代表人匡某某分别签章、签字，楚峰公司法定代表人李成作为施工单位负责人签字。2015年12月15日，双方对工程进行验收，其中，"建设单位"栏的意见为"验收合格"，仙谷山公司签章确认。工程建设过程中，仙谷山公司陆续向楚峰公司支付工程款共计1052万元，尚有1948万元未支付。

【案件争点】

是否有权以未足额开具已付工程款增值税专用发票为由拒付剩余工程欠款。

【裁判要旨】

仙谷山公司与楚峰公司之间系建设工程施工合同法律关系，仙谷山公司作为发包人的主要合同义务就是支付工程款，楚峰公司作为承包人的主要合同义务是交付建设成果，而开具发票仅是楚峰公司的附随义务。在涉案工程经竣工验收后，仙谷山公司即负有按《工程结算确认表》支付工程款的义务。在工程款的支付过程中，仙谷山公司从未以对方未开具发票为由主张先履行抗辩权，楚峰公司也未曾作出拒绝履行开具增值税发票义务的意思表示，仅抗辩仙谷山公司应先支付工程欠款。仙谷山公司迟延支付剩余1948万元工程款，楚峰公司为避免垫付税款造成的损失，未开具全部工程款（包括部分已付款）增值税发票，也是合理行使抗辩权。故遵义红色旅游（集团）有限公司以楚峰公司尚未足额开具已付工程款的发票为由拒付剩余工程欠款，理由不成立。

例案二：连云港市远通房地产开发有限公司与江苏南通二建集团有限公司建设工程施工合同纠纷案

【法院】

最高人民法院

【案号】

（2017）最高法民终20号

【当事人】

上诉人（原审被告）：连云港市远通房地产开发有限公司

被上诉人（原审原告）：江苏南通二建集团有限公司

【基本案情】

2010年9月19日，连云港市远通房地产开发有限公司（以下简称远通公司）（甲方）与江苏南通二建集团有限公司（以下简称南通二建）（乙方）签订《东方海逸豪园总承包合作协议》，约定：甲方"东方海逸豪园"整体项目建筑安装费约2.5亿元左右，由乙方总承包建设。2011年6月1日，双方就"东方海逸豪园"小区工程签订一份建设工程施工合同，约定：工程内容是桩基、地下室、超市、住宅楼。2011年12月1日，远通公司向南通二建发出中标通知书，载明中标范围、中标价等。2011年12月3日，双方签订一份建设工程施工备案合同，约定合同价款暂定为中标价18257.67537万元，开工日期2011年12月3日，竣工日期2013年8月3日。该备案合同约定的其余内容与2011年6月1日双方订立的施工合同均相同。

2012年11月16日，南通二建向远通公司发出苏通二建字（2012）第26号"工程暂停令"，以远通公司未按约支付到期进度款、负债严重等为由，要求自2012年11月25日起阶段性停工15天。2014年4月24日，远通公司复函称，工程款已在积极筹备中，将南通二建作为重点付款单位，远通公司售房款将交给中国长城资产管理公司监管，确保工程款优先支付。2014年4月29日，双方签订《连云港"东方海逸豪园"商谈备忘录》，约定具体付款时间和金额。因远通公司未能按照2014年4月29日备忘录约定付款，南通二建于2014年6月10日向一审法院起诉。2014年9月18日，一审庭审中，远通公司同意终止双方的建设工程施工合同。2014年11月13日，双方签订《退场协议书》。同年11月14日，双方签订《"东方海逸豪园"分项工程相关事宜补充协议》。同年11月17日，南通二建从案涉工程施工现场全部撤离，现场由远通公司接管。截至2014年10月26日，双方确认远通公司就案涉工程已付南通二建工程款总额为13535.5万元。诉讼中经简单确认案涉工程退场前已完工程量确定为287388082.64元，其中土建结算价275575044.43元，安装结算价11813038.21元。

【案件争点】

未开具发票能否成为拒付工程款的理由。

【裁判要旨】

开具并交付工程款发票属于南通二建履行本案合同的附随义务，并非法定或双方当事人约定的工程款支付条件，更不会导致远通公司无法依约支付工程款，故远通公司关于南通二建迟延交付远通公司8615.5万元工程款增值税发票，导致其无法支付工程款的上诉理由，无事实和法律依据。由此，一审法院认定案涉工程款具备支付条件并判令远通公司支付工程款，并无不当。

例案三：中天建设集团有限公司与新疆温商房地产开发有限公司建设工程施工合同纠纷案

【法院】

最高人民法院

【案号】

（2014）民一终字第4号

【当事人】

上诉人（原审原告、反诉被告）：中天建设集团有限公司

上诉人（原审被告、反诉原告）：新疆温商房地产开发有限公司

【基本案情】

2007年6月21日，新疆温商房地产开发有限公司（以下简称温商公司）与中天建设集团有限公司（以下简称中天公司）签订《工程承包补充协议》，温商公司拟将盛世嘉业国际商贸城A、B、C、D幢工程发包给中天公司。2007年8月31日《中标通知书》（新建中标字2007第71号，业经招标办备案）记载：中天公司中标盛世嘉业国际商贸城—地王大酒店（B幢）和地王佳座（D幢）。2007年9月4日，温商公司（发包人）与中天公司（承包人）签订盛世嘉业国际商贸城—地王大酒店（B幢）和地王佳座（D幢）的《建设工程施工合同》（乌鲁木齐市建设委员会备案日期2007年10月16日）。

2008年1月21日《中标通知书》（新建中标字2008第02号，业经招标办备案）记载：中天公司中标盛世嘉业国际商贸城——地王鞋都（A幢）。2008年1月28日，温商公司（发包人）与中天公司（承包人）签订盛世嘉业国际商贸城——地王鞋都（A幢）的《建设工程施工合同》（乌鲁木齐市建设委员会备案日期2008年3月6日）。2008年8月5日，温商公司与中天公司签订《工程补充协议（二）》，对2007年6月21日《工程承包补充协议》的有关条款进行了修改和补充。

经双方2009年2月9日、13日接洽，由于温商公司坚决要求终止施工合同，中天公司原则上同意，但是要求尽快完成工程价款结算和支付结算后认定的工程款。2009年4月30日，温商公司（甲方）与中天公司（乙方）签订《协议书》约定：双方签订的《工程承包补充协议》、两份《建设工程施工合同》和《工程补充协议（二）》予以终止并解除，甲方不追究乙方的工期责任，并就解除合同的相关事宜达成一致意见。后双方因工程款支付问题诉至法院。

【案件争点】

要求开具发票的请求是否属于法院受案范围。

【裁判要旨】

收取工程款开具工程款发票是承包方税法上的义务，无论是否在合同中明确约定，要求承包方收到工程款后开具相应数额的工程款发票也都是发包方的合同权利。因此，温商公司要求中天公司收取工程款后开具相应数额的工程款发票的请求应予支持，一审判决认为该请求不属于民事审判解决的范围并不予审查，属适用法律错误，予以纠正。

三、裁判规则提要

（一）关于开具发票是否构成后履行抗辩权

根据《民法典》第526条："当事人互负债务，有先后履行顺序，应当先履行债务一方未履行的，后履行一方有权拒绝其履行请求。先履行一方履行债务不符合约定的，后履行一方有权拒绝其相应的履行请求。"后履行抗辩权，也有人称为"先履行抗辩权""先违约抗辩权"，是指"在双务合同中应先履行的一方当事人未履行或者履行债务不符合约定的，后履行的一方当事人享有拒绝对方履行请求或者拒绝对方相应履行请求的权利"。① 后履行抗辩权的成立要件，主要包括：一是同一双务合同，且互负债务；二是债务有先后履行顺序；三是应先履行者不履行债务，或者履行债务不符合约定；四是后履行的债务已到履行期。即只有同时满足上述条件后，方可行使后履行抗辩权。

其中，关于同一双务合同且互负债务关系，双方的义务是否构成对待给付是一个重要方面，因为"在双务合同中，当事人互负对待给付义务，当事人一方履行义务，是为了换取对方的履行，所以，在先履行一方不履行自己的债务时，后履行一方为保护自己的履行利益，就可以拒绝对方的履行要求"。② "建设工程合同作为一种双务合同，依据其合同的本质，合同抗辩的范围仅限于对价义务，也就是说，一方不履行对价义务，相对方才享有抗辩权。支付工程款与开具发票是两种不同性质的义务，前者是合同的主要义务，后者并非合同的主要义务，二者不具有对等关系。只有对等关系的义务才存在先履行抗辩权的适用。如果不是对等关系的义务，就不能适用先履行抗辩权。"③

（二）发包人不能以未开具发票为由拒付工程款

审判实务中，发包人往往是以承包人未开具发票作为抗辩理由拒付工程款，《民法典》第788条规定："建设工程合同是承包人进行工程建设，发包人支付价款的合同。"建设工程合同，是指"承包人进行工程建设，发包人支付价款的合同"④。因此，建设工程施工合同中，承包人的主要义务是按合同约定的时间和质量标准完成工程施工，即按质按期进行工程建设；发包人的主要义务是按照合同约定的时间和金额支付工程款，即按照建设工程合同约定支付价款。只要承包人按照约定完成了施工，发包人就应当支付工程款，包括工程预付款、进度款和结算款。法律规定或合同约定承包人负有开具工程款发票的义务，但是这仅是合同的从给付义务。

关于主要义务，一般是指根据合同性质而决定的直接影响合同的成立及当事人订约目的的义务。合同中主要义务的特点在于主要义务与合同的成立或当事人的缔约目的紧密相连，对主要义务的不履行将会导致债权人订立合同目的无法实现，债

---

① 黄薇主编：《中华人民共和国民法典合同编释义》，法律出版社2020年版，第146页。
② 最高人民法院贯彻实施工作领导小组主编：《中华人民共和国民法典合同编理解与适用》，人民法院出版社2020年版，第434~435页。
③ 最高人民法院民事审判第一庭编：《民事审判实务问答》，法律出版社2022年版，第79页。
④ 黄薇主编：《中华人民共和国民法典合同编释义》，法律出版社2020年版，第655页。

务人的违约行为会构成根本违约，债权人有权解除合同；在双务合同中如果一方不履行其依据合同所负的义务，另一方有权行使抗辩权。一方当事人违反开具发票的义务并不构成根本违约，另一方当事人不能仅仅因为未及时出具发票而主张解除合同，也不能因此而行使后履行抗辩权[1]，而后履行抗辩权的适用要求之一，就是双方义务具有对等关系，先履行的当事人拒绝履行主合同义务，构成根本违约，后履行的当事人方有权以此抗辩。支付工程款是发包人的主要合同义务，开具并给付发票仅为承包人的从给付义务，在合同无特别约定的情况下，两者不具有对等关系，开具发票的义务显然不属于建设工程施工合同中的主要义务，因此，发包人不享有先履行抗辩权。司法实践中，有的当事人主张对方当事人"拖欠已付工程款的发票的事实，足以构成其继续支付工程款的法定事由，应当免除其逾期付款责任"的，显然是将开具发票义务错误地认为属于"主给付义务"，而开具发票作为从给付义务是无法对支付工程款的主给付义务形成抗辩，因此，主张因未开具发票而免除逾期付款责任的理由，显然无法成立。

如果施工合同中明确地约定为主要合同义务和发包人的拒付权的，根据私法自治的原则，法院应当尊重当事人的合意，可以认定发包人的抗辩成立。如果合同中仅约定了"先开票，后付款"，此时仅能认定当事人对开具发票的时间进行了约定，而不能认为未开具发票就可以不付款。只有合同中明确约定了"未开发票可以拒绝付款"，通过约定将开具发票的义务上升至与付款对等的地位。此时，发包人以承包人未开具发票为由主张拒绝付款或付款条件为成就的抗辩的，方可成立。如河北省高级人民法院2018年的《建设工程施工合同案件审理指南》第54条规定："支付工程款义务和开具发票义务是两种不同性质的义务，不具有对等关系。发包人以承包人违反约定未开具发票为抗辩理由拒付工程款的，人民法院不予支持。但可以明确承包人具有向发包人开具发票的义务。发包人提起反诉请求主张承包人开具发票的，人民法院应予支持。"

（三）关于开具发票的行为性质

1. 开具发票属于法定义务

《发票管理办法》第3条规定："本办法所称发票，是指在购销商品、提供或者接收服务以及从事其他经营活动中，开具、收取的收付款凭证。"《增值税专用发票

---

[1] 最高人民法院民事审判第一庭编：《民事审判实务问答》，法律出版社2022年版，第79页。

使用规定》第10条规定："一般纳税人销售货物或者提供应税劳务，应向购买方开具专用发票。"《发票管理办法》第19条规定："销售商品、提供服务以及从事其他经营活动的单位和个人，对外发生经营业务收取款项，收款方应当向付款方开具发票。"因此，开具发票属于出卖人的法定义务。根据《税收征收管理法》第21条的规定，单位、个人在购销商品、提供或者接收经营服务以及从事其他经营活动中，应当按照规定开具、使用、取得发票。对合同当事人拒不开具发票的行为，权利遭受侵害的一方当事人可向税务部门投诉，由税务部门依照税收法律法规处理。同时《发票管理办法》也规定，对拒不开票的义务人，税务管理机关可责令开票义务人限期改正，没收其非法所得，可并处罚款。增值税专用发票管理制度还规定，取消开具增值税发票的资格、收回拒不开票义务人的增值税发票。

2. 开具发票是合同义务

开具发票作为一项法律义务，违反该义务，法律及行政法规课之以行政责任。但承担行政责任，并不当然排除民事责任的承担，还须看该义务是否属于法定或意定的合同义务，不能仅以开具发票是税法的规定，就直接认定不属于平等主体的权利义务关系，进而排除法院的受理。当事人在合同中未约定开具或交付发票的相关事项，出卖人仍然负有向买受人开具发票的义务。若当事人在合同中明确约定了出卖人的交付发票的义务，虽然该义务为法定义务，但依据合同自由及合同当事人意思自治的原则，当事人的明确约定可以使交付发票的义务同时具备法定和意定的性质。即使合同中未明确约定交付发票的义务，基于法律的规定，该义务仍是出卖人的合同义务。

3. 开具发票是从合同义务

一般认为，附随义务是在债之关系上，除给付义务以外，基于诚信原则，在当事人间还发生保护、照顾、通知、忠实及协助义务，是债务人依诚信原则于契约及法律所规定的内容之外所附有的义务。[①]《民法典》第509条第2款规定："当事人应当遵循诚信原则，根据合同的性质、目的和交易习惯履行通知、协助、保密等义务。"我国学界通说认为，该条规定的"通知、协助、保密等义务"即属于附随义务。附随义务的法理依据是民法上的诚信原则及公平原则，是法官在裁判过程中发展出的一种义务，是一种事后的义务，是法官依赖职权确定的义务。实

[①] 参见王泽鉴：《民法学说与判例研究（第四册）》，中国政法大学出版社1997年版，第98页。

际上是在损害发生后,法官依据诚信原则的要求给予受害人救济的正当化依据。[1] 当事人违反了附随义务,守约方不能单独诉请履行,只有权要求损害赔偿。若将出卖人交付发票的义务认定为附随义务,那么买受人即不能单独诉请要求收款方履行交付发票的义务,而只能要求出卖人方赔偿因此造成的损失。从合同义务不决定合同的性质和类型,但具有辅助主合同义务之功能,是确保债权人利益能够获得最大满足、合同能够完整履行所必不可少的义务。违反从合同义务,债权人可以独立请求履行,亦可以请求损害赔偿。从合同义务的产生一般基于法律的明文规定、当事人的约定或交易习惯。

《民法典》第599条规定:"出卖人应当按照约定或者交易习惯向买受人交付提取标的物单证以外的有关单证和资料。"该条规定的"交付……以外的有关单证和资料"即属于从合同义务。出卖人违反该义务的,应承担违约责任。从合同义务的不具独立性,是相对于主合同义务而言的,不影响其在诉讼中的独立请求。买受人可以单独诉请法院强制出卖人履行交付"提取标的物单证以外的有关单证和资料"的义务或请求赔偿损失。[2] 且根据2020年《买卖合同司法解释》第4条之规定:"民法典第五百九十九条规定的'提取标的物单证以外的有关单证和资料',主要应当包括保险单、保修单、普通发票、增值税专用发票……"故增值税专用发票亦属于《民法典》第599条中规定的"单证和资料"。出卖人向买受人交付增值税发票,属于法律明确规定的义务,并非基于诚信原则产生的义务,故属于从合同义务。出卖人拒绝履行交付增值税专用发票义务的,买受人有权提起诉讼要求出卖人履行,并可请求损失赔偿。

(四)可通过诉讼主张承包人开具发票

出卖人向买受人交付增值税专用发票属于《民法典》第599条规定的从合同义务,不论当事人是否在合同中明确约定,出卖人都应当忠实履行,否则,应承担违约责任。买受人可以向人民法院提起诉讼要求出卖人继续履行交付发票之义务。同时,增值税专用发票是买受人支付增值税额并可按照增值税的有关规定据以抵扣增值税进项税额的凭证,如果出卖人不提供增值税专用发票,买受人的进项税额一部

---

[1] 参见最高人民法院民事审判第二庭编著:《最高人民法院关于买卖合同司法解释理解与适用》,人民法院出版社2012年版,第130页。

[2] 参见最高人民法院民事审判第二庭编著:《最高人民法院关于买卖合同司法解释理解与适用》,人民法院出版社2012年版,第138页。

分就不能抵扣,其权利就受到损害。故不提供发票不仅破坏国家对税收的管理,亦是对买受人利益的直接侵害,减损了买受人对合同的履行利益。故买受人可以单独诉请出卖人履行给付增值税专用发票的从给付义务,对此,法院应当依法予以受理并作出裁判。

如《上海市高级人民法院关于当前商事审判若干问题的意见》第10条所指出的:"根据《中华人民共和国合同法》第136条和《增值税专用发票使用规定》第10条的规定,出卖人给付增值税专用发票为法定义务,是出卖人必须履行的买卖合同的从给付义务。从给付义务与附随义务的主要区别之一,就是从给付义务与主给付义务联系更为密切,其存在的目的就是在于补助主给付的功能,而附随义务是辅佐实现给付义务的。在买卖合同中,增值税专用发票的提供与出卖人的主给付义务——交货,关系最为密切,事关买受人利益的实现。如果出卖人不提供增值税专用发票,买受人的进项税额一部分就不能抵扣,其权利就受到损害。所以买受人可以单独诉请出卖人履行给付增值税专用发票的从给付义务,对此法院应当予以受理。"又如《江苏省高级人民法院关于当前商事审判若干问题的解答(一)》第13条:"问:买卖合同纠纷案件中,买方提起诉讼,单独请求判令卖方开具增值税发票的,能否支持?答:我们认为,应当支持。《合同法》第一百三十六条规定,出卖人应当按照约定或者交易习惯向买受人交付提取标的物单证以外的有关单证和资料。"《买卖合同司法解释》第4条规定,《民法典》第599条规定的"提取标的物单证以外的有关单证和资料",主要应当包括保险单、保修单、普通发票、增值税专用发票、产品合格证、质量保证书、质量鉴定书、品质检验证书、产品进出口检疫书、原产地证明书、使用说明书、装箱单等。因此,买方请求卖方开具增值税专用发票或普通发票的,符合法律规定,均应当予以支持。

四、辅助信息

《民法典》

第五百零九条第二款 当事人应当遵循诚信原则,根据合同的性质、目的和交易习惯履行通知、协助、保密等义务。

第五百二十六条 当事人互负债务,有先后履行顺序,应当先履行债务一方未履行的,后履行一方有权拒绝其履行请求。先履行一方履行债务不符合约定的，后履行一方有权拒绝其相应的履行请求。

第五百九十九条 出卖人应当按照约定或者交易习惯向买受人交付提取标的物单证以外的有关单证和资料。

第七百八十八条 建设工程合同是承包人进行工程建设，发包人支付价款的合同。

2020年《买卖合同司法解释》

第四条 民法典第五百九十九条规定的"提取标的物单证以外的有关单证和资料"，主要应当包括保险单、保修单、普通发票、增值税专用发票、产品合格证、质量保证书、质量鉴定书、品质检验证书、产品进出口检疫书、原产地证明书、使用说明书、装箱单等。

建设工程施工合同纠纷案件裁判规则第 70 条：
国家审计机关的审计结果不宜直接作为工程结算的依据，但合同另有明确约定的除外

【规则描述】　审计机关对政府投资或以政府投资为主的建设项目的总预算或者概算的执行情况、年度预算的执行情况和年度决算、单项工程结算、项目竣工决算，依法进行审计监督。但《审计法》规范的是审计机关与被审计单位之间的行政关系，不是被审计单位与其合同相对方的民事合同关系。《审计法》的规定不宜直接引申为应当以审计结果作为被审计单位与施工单位进行结算的依据。若以审计结果作为被审计单位与施工单位进行结算的依据，实质上是以审计决定改变建设工程合同，扩大了审计决定的法律效力范围。

一、类案检索大数据报告

时间：2020 年 8 月 11 日之前；案例来源：Alpha 案例库；案由：建设工程施工合同纠纷；检索条件：（1）全文："竣工结算"；（2）法院认为包含：同句"审计结果"；（3）法院认为包含：同句"竣工结算的依据"。本次检索获取 2020 年 8 月 7 日之前共计 14 篇裁判文书。其中：

①认为双方当事人明确约定以审结结果作为竣工结算依据的共计 4 件，占比为 28.57%；
②认为按照双方已经认可的审计结果作为结算依据的共计 1 件，占比为 7.14%；
③认为以审计结果作为竣工结算依据不予采信的共计 6 件，占比为 42.86%；
④认为应当以审结结果作为竣工结算依据的共计 2 件，占比为 14.29%；
⑤认为没有明确约定以审计结果作为竣工结算依据，以鉴定意见作为结算依据的共计 1 件，占比为 7.14%。

整体情况如图 19-1 所示：

图 19-1　案件裁判结果情况

饼图内容：
- 没有明确约定以审计结果作为竣工结算依据，以鉴定意见作为结算依据的共计1件，7.14%
- 应当以审结果作为竣工结算依据的共计2件，14.29%
- 双方当事人明确约定以审结果作为竣工结算依据的共计4件，28.57%
- 按照双方已经认可的审计结果作为结算依据的共计1件，7.14%
- 以审计结果作为竣工结算依据不予采信的共计6件，42.86%

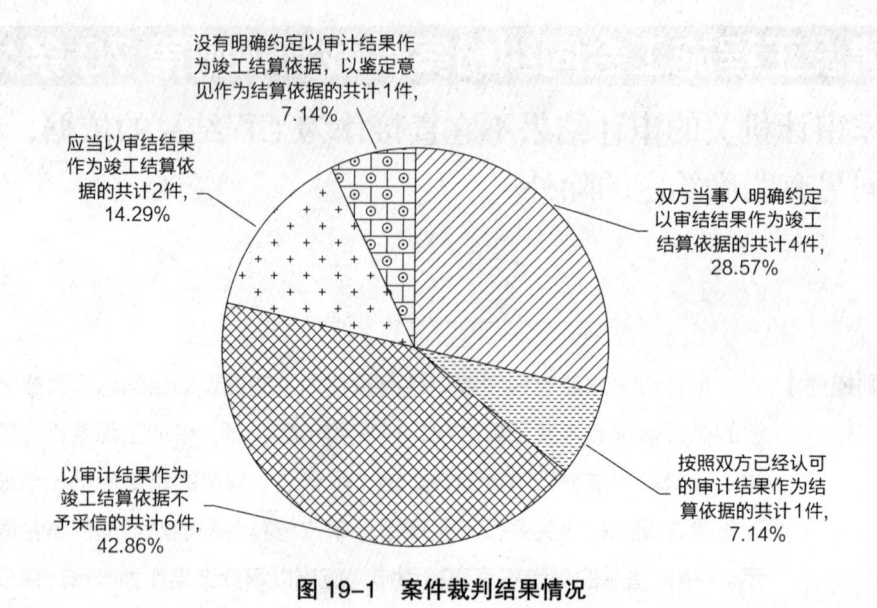

如图19-2所示，从案件年份分布可以看出，在当前条件下，涉及全文：竣工结算；法院认为包含：同句"审计结果"；法院认为包含：同句"竣工结算的依据"条件下的相应的民事纠纷案例数量的变化趋势。

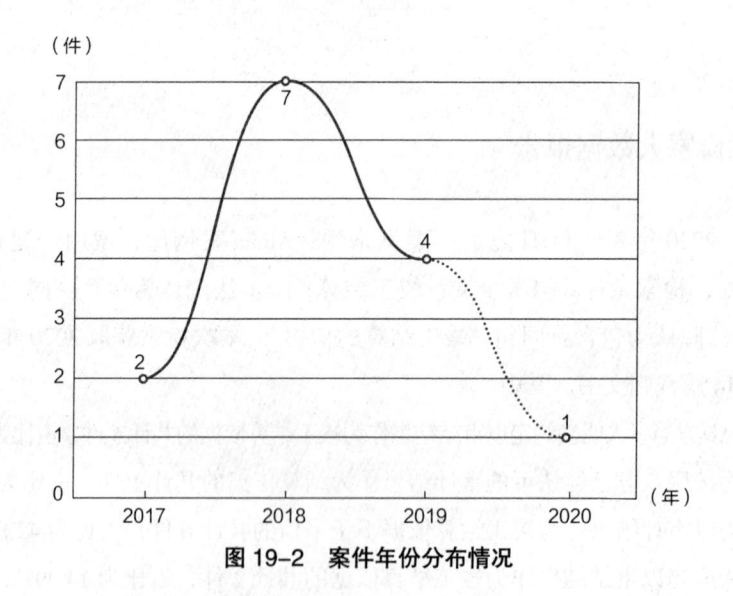

图 19-2　案件年份分布情况

（2017年：2件；2018年：7件；2019年：4件；2020年：1件）

如图19-3所示，从上面的程序分类统计可以看到建设工程施工合同纠纷下当前的审理程序分布状况。一审案件有7件，二审案件有7件。

图 19-3 案件审理程序分类

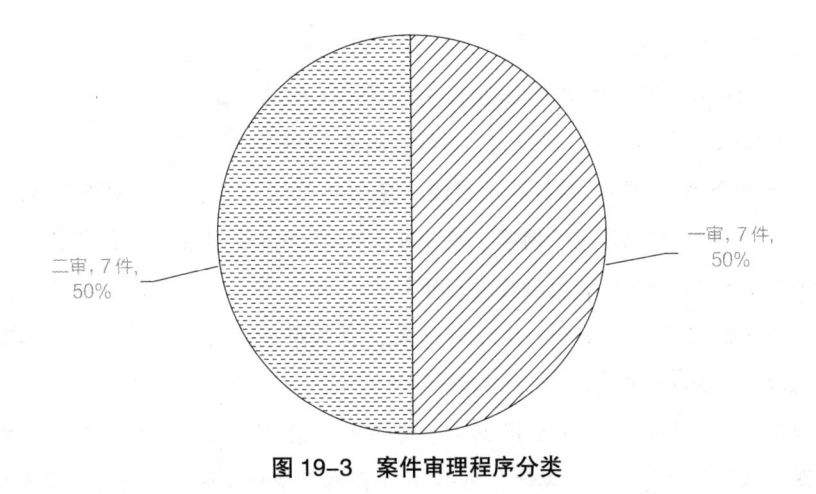

通过对审理期限的可视化分析可以看到，当前条件下的平均审理时间为 294 天。

二、可供参考的例案

例案一：哈尔滨市第五医院与黑龙江四海园建筑工程有限公司建设工程施工合同纠纷案

【法院】

　　最高人民法院

【案号】

　　（2015）民一终字第 94 号

【当事人】

　　上诉人（一审被告）：哈尔滨市第五医院

　　被上诉人（一审原告）：黑龙江四海园建筑工程有限公司

【基本案情】

2010 年 10 月 11 日，哈尔滨市第五医院（以下简称哈五院）对案涉工程进行招标。2010 年 10 月 14 日，哈五院通知黑龙江四海园建筑工程有限公司（以下简称四海园公司）中标。2010 年 10 月 28 日，哈五院与四海园公司签订《建设工程施工合同》，约定：由四海园公司承包案涉工程，结算工程款待审计部门审计后付 95%，扣除总造价 5% 的质量保证金，15 个工作日内余款一次性付清。第 65.2 条约定质保金的扣留方式为：工程竣工后，审计结束结算价款的5%扣留。

2011年10月1日工程竣工。2012年8月10日投入使用。四海园公司原主张已给付工程款为179585520.89元，后因哈五院出具说明，将已给付款中的1500万元作为支付案涉工程以外的骨科后楼、烧伤楼维修改造项目的款项，故四海园公司对已付工程款数额进行了调减。庭审中，对四海园公司主张已付工程款的数额及提交的相关证据，哈五院表示待庭后审核并予答复。虽经一审法院释明并预留答复期限，哈五院逾期未答复。一审法院认定，至四海园公司起诉时止，哈五院共给付工程款为164585520.89元。

一审法院另查明：2010年8月25日，哈五院作为甲方与共赢公司作为乙方，签订《建设工程竣工结（决）算审计合同》（以下简称《审计合同》），约定：甲方委托乙方对案涉工程结算进行审计。合同约定的委托内容为：（1）编制工程量清单；（2）工程结算造价审计。2013年3月25日，共赢公司依据哈五院的委托对案涉工程造价进行审核，出具哈共赢咨审字（2013）第2号《哈尔滨市第五医院骨科烧伤病房综合楼扩建项目工程结算审核报告》（以下简称《审核报告》），确认审核后工程结算金额为329825640.37元。哈五院、四海园公司及共赢公司在该《审核报告》上加签公章。

再查明：2013年7月3日，哈尔滨市审计局依据有关行政部门的要求，将案涉工程项目列入2013年的审计计划，哈五院与四海园公司就案涉工程签订《建设工程施工合同》时，该项目并未列入审计计划。同年11月26日，该局向哈五院下达了哈审投通（2013）108号《审计通知书》。本案一审审理期间，该局向哈五院发出了《审计报告征求意见稿》，并附《五院建设项目工程结算明细表》《建设工程结算审计认定单》。《五院建设项目工程结算明细表》中，体现案涉工程审计金额为252693277.43元。该局负责该审计项目的相关人员在接受一审法院调查询问时称，最终结果应以《审计报告》为准，《审计报告》何时出具尚无法确定，且并非所有哈尔滨市所属工程项目都需要进行审计。哈五院称，案涉工程在《建设工程施工合同》签订时，相关部门已经要求进行审计，但未举示证据证实。

【案件争点】

以社会审计还是行政审计作为工程款结算依据。

【裁判要旨】

关于《建设工程施工合同》约定的"审计结算"是共赢公司的社会审计还是哈尔滨市审计局的行政审计问题。审计机关与被审计单位之间的行政审计属于行政法律关系调整的范畴，无论被审计单位是否同意，其一旦被纳入审计对象，必须无条件接受审计机关的审计。而发包人与承包人之间的建设工程施工合同法律关系，属于平等主体之间的民事法律关系，审计和接受审计必须有委托方和受托方的合意。建设工程施工合同中，当事人之所以要引入第三方机构进行结算审计，其目的是利用第三方的专业知识来弥补发包方在工程造价专业知识上的不足，将工程成本控制在合理范围。审计机关介入当事人之间的民事法律关系，尤其是将行政审计结论作为工程款结算的依据，必须有当事人明确的合意。本案中，当事人并未在合同中约定审计部门即为哈尔滨市审计局，至于哈五院所称四海园公司多次到哈尔滨市审计局接受审计，仅说明该公司对行政审计持配合态度，但无法得出其愿意将该局的审计结果作为工程款结算依据的结论。由于审计机关依法独立开展审计，并不受民事主体的合意约束，如果建设工程施工合同将行政审计结果作为工程款结算的依据，则应当具备合同签订时审计机关已经将相关工程列入了审计范围这一前提条件。哈五院在法院庭审时声称，案涉工程当然属于行政审计的范围，却一直未提供证据。相反，从一审法院向哈尔滨市审计局查证的情况看，案涉工程在合同签订时并未列入该局的审计对象，直到该工程投入使用后的2013年7月3日，该局才依据相关行政首长的批示列入审计计划，当事人不可能在签订合同时，就已经预料到前述批示的事实会确定发生。

其次，在《建设工程施工合同》签订之前，哈五院已与共赢公司签订了《审计合同》，对共赢公司承揽案涉工程造价审计业务的内容、费用直至出具工程结算审计报告进行了一系列的约定，结合《建设工程施工合同》《审计合同》其他条款内容及实际履行情况，哈五院与四海园公司约定的审计应当是共赢公司的社会审计，而非哈尔滨市审计局的行政审计。哈五院称《建设工程施工合同》所约定的审计单位系指哈尔滨市审计局，所约定的审计结算指该局的行政审计依据不足，理由不能成立。

例案二：中铁十九局集团有限公司与重庆建工集团股份有限公司建设工程施工合同纠纷案

【法院】

最高人民法院

【案号】

（2012）民提字第205号

【当事人】

申请再审人（一审被告、反诉原告、二审上诉人）：中铁十九局集团有限公司

被申请人（一审原告、反诉被告、二审被上诉人）：重庆建工集团股份有限公司

【基本案情】

2003年8月22日，重庆金凯实业股份有限公司（以下简称金凯公司）作为重庆市北部新区经开园金山大道西延段建设项目业主单位和监管单位，与重庆建工集团股份有限公司（以下简称重庆建工集团）签订《金山大道西延段道路工程建设工程施工合同》，将金山大道西延段道路工程发包给重庆建工集团承包。在《金山大道西延段道路工程工程造价计价原则》中，双方对未定价的材料、立交桥专用材料、路灯未计价材料价格的确定方式约定为"金凯公司、经开区监审局审定后纳入工程结算"。中铁十九局集团有限公司（以下简称中铁十九局）经金凯公司确认为岚峰隧道工程分包商，并于2003年11月17日与重庆建工集团签订《单项工程项目承包合同》（以下简称分包合同），主要约定：重庆建工集团将金山大道西延段岚峰隧道工程分包给中铁十九局，合同价暂定8000万元；第6条资金管理第2款约定：工程竣工经综合验收合格，结算经审计部门审核确定后，扣除工程保修金，剩余工程尾款的支付，双方另行签订补充协议明确；合同对工程内容、承包结算等内容进行了具体约定。之后，中铁十九局按照合同约定施工。

2003年12月，金凯公司改制，重庆市北部新区经开园金山大道西延段项目业主变更为重庆市经开区土地储备整治中心，即现重庆市北部新区土地储备整治中心（以下简称土储中心）。2005年，金山大道更名为金渝大道。

2005年9月8日，金山大道西延段道路工程竣工，同年12月通过验收并于2006年2月6日取得《重庆市建设工程竣工验收备案登记证》（建竣备字〔2006〕024号）。之后，出于为该路段工程岚峰隧道、花沟隧道部分竣工结算提供价值依据的目的，重庆市经开区监察审计局委托重庆西恒招标代理公司对上述工程进行竣工结算审核。2006年8月10日，西恒公司出具《基本建设工程结算审核报告》（以下简称审核报告），载明岚峰隧道造价为114281365.38元（包含岚峰隧道内人行道面层费用28569.53元，非本案诉争工程范围）。以该审核报告为基础，重庆建工集团与中铁十九局于2007年12月5日对中铁十九局分包的工程进行结算，确认中铁十九局图纸范围内结算金额为114252795.85元，扣除各项费用后，分包结算金额为102393794元（税金等费用由财务部门按规定收取）。至一审起诉前，重庆建工集团累计已向中铁十九局支付涉案工程的工程款98120156.63元。

2008年10月9日至11月21日，重庆市审计局以土储中心为被审计单位，对金渝大道（原金山大道）道路工程竣工决算进行审计，并出具渝审报〔2008〕142号审

计报告，审定土储中心应核减该工程竣工结算价款15481440.93元，其中本案所涉的岚峰隧道工程在送审金额114252795.85元的基础上审减8168328.52元。同年12月24日，重庆市审计局以《关于北部新区经开园金渝大道道路工程竣工决算的审计决定》（渝审决〔2008〕111号），责令土储中心核减该工程结算价款15481440.93元，调整有关账目，并要求土储中心在2009年3月20日前执行完毕。

2009年2月9日，土储中心向重庆建工集团发出《关于执行重庆市审计局对金渝大道（原金山大道）工程竣工决算审计决定的函》（渝新土储函〔2009〕5号），要求其按照重庆市审计局复议结果，将审减金额在3月1日前退还土储中心。重庆建工集团已经扣还了部分款项。

2010年9月1日，重庆建工集团向重庆市第一中级人民法院起诉称，根据重庆市审计局对金山大道西延段项目的审计，对中铁十九局完成工程的价款审减8168328.52元，扣除双方约定的费用，实际分包结算金额应为94878931.76元（含重庆建工集团应退的管理费）。重庆建工集团在上述审计前已累计向中铁十九局支付工程款98120156.63元，多支付了工程款3241224.87元，故请求：（1）中铁十九局立即返还重庆建工集团多支付的工程款3241224.87元；（2）本案诉讼费用由中铁十九局承担。

【案件争点】

如何确定结算工程款的依据。

【裁判要旨】

根据《审计法》的规定及其立法宗旨，法律规定审计机关对政府投资和以政府投资为主的建设项目的预算执行情况和决算进行审计监督，目的在于维护国家财政经济秩序，提高财政资金使用效益，防止建设项目中出现违规行为。重庆建工集团与中铁十九局之间关于案涉工程款的结算，属于平等民事主体之间的民事法律关系。因此，本案诉争工程款的结算，与法律规定的国家审计的主体、范围、效力等，属于不同性质的法律关系问题，即无论案涉工程是否依法须经国家审计机关审计，均不能认为，国家审计机关的审计结论，可以成为确定本案双方当事人之间结算的当然依据，故对重庆建工集团的上述主张，法院不予采信，对案涉工程的结算依据问题，应当按照双方当事人的约定与履行等情况确定。

关于分包合同是否约定了案涉工程应以国家审计机关的审计结论作为结算依据的问题。本院认为，分包合同中对合同最终结算价约定按照业主审计为准，系因该合同属于分包合同，其工程量与工程款的最终确定，需依赖合同之外的第三人即业主的最终确认。因此，对该约定的理解，应解释为工程最终结算价须通过专业的审查途径或方式，确定结算工程款的真实合理性，该结果须经业主认可，而不应解释为须在业主接受国家审计机关审计后，依据审计结果进行结算。根据《审计法》的规定，国家审计机关的审计系对工程建设单位的一种行政监督行为，审计人与被审计人之间因国家审计发生的法律关系与本案当事人之间的民事法律关系性质不同。因此，在民事合同中，当事人对接受行政审计作为确定民事法律关系依据的约定，应当具体明确，而不能通过解释推定的方式，认为合同签订时，当事人已经同意接受国家机关的审计行为对民事法律关系的介入。因此，重庆建工集团所持分包合同约定了以国家审计机关的审计结论作为结算依据的主张，缺乏事实和法律依据，法院不予采信。

例案三：深圳市奇信建设集团股份有限公司与绵阳市中心医院建设工程施工合同纠纷案

【法院】

最高人民法院

【案号】

（2018）最高法民再185号

【当事人】

再审申请人（一审原告、二审被上诉人）：深圳市奇信建设集团股份有限公司

被申请人（一审被告、二审上诉人）：绵阳市中心医院

【基本案情】

2010年6月，绵阳市中心医院为实施绵阳市中心医院改扩建三期工程外墙装饰工程，经过公开招投标，由深圳市奇信建设集团股份有限公司（以下简称奇信公司）中标承建。2010年8月18日，绵阳市中心医院作为发包人、奇信公司作为承包人、市级医院灾后重建工程建设指挥部市中心医院工程建设办公室（以下简称市级医院灾后办）作为委托现场管理人签订《建设工程施工合同》。后奇信公司作为承包人进场施工。

2011年9月13日，案涉工程竣工验收合格。同日，奇信公司将该工程交付绵阳市中心医院。同月，奇信公司向绵阳市中心医院提交了竣工结算报告，载明"结算总价51585465元"。2011年11月7日，绵阳市中心医院委托重庆恒申达工程造价咨询有限公司（以下简称恒申达公司）对外墙装饰工程造价进行审核，恒申达公司出具《基本建设工程结算审核报告》。

2012年8月9日，绵阳市审计局向绵阳市中心医院出具《审计通知书》（绵审投

通（2012）57号，主要载明"我局决定成立审计组，自2012年8月13日起，对你单位组织建设的绵阳市中心医院改扩建三期工程竣工结算进行送达审计"。绵阳市中心医院向奇信公司已支付工程价款为39591115.12元。

【案件争点】

案涉工程款结算条件是否成就。

【裁判要旨】

《合同法》第269条规定，建设工程合同是承包人进行工程建设，发包人支付价款的合同。本案中，《建设工程施工合同》为双方当事人真实意思表示，不违反法律、行政法规的强制性规定，合法有效，对双方当事人均具有法律约束力。案涉工程已于2011年9月13日通过竣工验收，并交付绵阳市中心医院使用，绵阳市中心医院应当支付相应的工程价款。根据《审计法》的规定，审计机关的审计行为是对政府预算执行情况、决算和其他财政收支情况的审计监督。相关审计部门对发包人资金使用情况的审计与承包人和发包人之间对工程款的结算属不同法律关系，不能当然地以项目支出需要审计为由，否认承包人主张工程价款的合法权益。只有在合同明确约定以审计结论作为结算依据的情况下，才能将是否经过审计作为当事人工程款结算条件。根据法院再审查明的事实，双方在《建设工程施工合同》中并未约定工程结算以绵阳市审计局审计结果为准，在其后的往来函件中，奇信公司亦只是催促尽快支付工程款，其中两份函件中提及的系恒申达公司结算审计，而非绵阳市审计局的审计。在2014年1月8日的最后一份函件中，奇信公司虽认可"待绵阳市审计局复审后多退少补"，但并未认可以绵阳市审计局的审计结论作为工程款结算及支付条件。二审判决以结算条件没有成就为由，对奇信公司支付工程价款的诉讼请求不予支持，适用法律错误，法院予以纠正。

三、裁判规则提要

（一）关于政府审计

1. 政府审计的概念

审计是由国家授权或接受委托的专职机构和人员，依照国家法规、审计准则和会计理论，运用专门的方法，对被审计单位的财政、财务收支、经营管理活动及其相关资料的真实性、正确性、合规性、合法性、效益性进行审查和监督，评价经济责任，鉴证经济业务，用以维护财经法纪、改善经营管理、提高经济效益的一项独立的经济监督活动。政府审计是由政府审计机关依法进行的审计，在我国一般被称为国家审计。我国国家审计机关包括国务院设置的审计署及其派出机构和地方各级人民政府设置的审计厅（局）两个层次。国家审计机关依法独立行使审计监督权，对国务院各部门和地方人民政府、国家财政金融机构、国有企事业单位以及其他有国有资产的单位的财政、财务收支及其经济效益进行审计监督。

2. 行政机关对政府投资工程进行审计的依据

《审计法》第22条规定："审计机关对政府投资和以政府投资为主的建设项目的预算执行情况和决算，进行审计监督。"《审计法实施条例》第20条规定："审计法第二十二条所称政府投资和以政府投资为主的建设项目，包括：（一）全部使用预算内投资资金、专项建设基金、政府举借债务筹措的资金等财政资金的；（二）未全部使用财政资金，财政资金占项目总投资的比例超过50%，或者占项目总投资的比例在50%以下，但政府拥有项目建设、运营实际控制权的。审计机关对前款规定的建设项目的总预算或者概算的执行情况、年度预算的执行情况和年度决算、单项工程结算、项目竣工决算，依法进行审计监督；对前款规定的建设项目进行审计时，可以对直接有关的设计、施工、供货等单位取得建设项目资金的真实性、合法性进行调查。"《审计署关于印发政府投资项目审计规定的通知》第6条规定审计机关对政府投资项目重点审计内容包括：履行基本建设程序、投资控制和资金管理使用、项目建设管理、设备物资和材料采购、土地利用和征地拆迁、环境保护、工程造价、投资绩效等情况。

（二）立法机关关于审计结果与结算依据的意见

1. 地方立法规定

《北京市审计条例》第23条规定："政府投资和以政府投资为主的建设项目纳入审计项目计划的，建设单位可以与承接项目的单位或者个人在合同中约定，双方配合接受审计，审计结论作为双方工程结算的依据；依法进行招标的，招标人可以在招标文件中载明上述内容。"《上海市审计条例》第14条第3款规定："政府投资和以政府投资为主的建设项目，按照国家和本市规定应当经审计机关审计的，建设单位或者代建单位应当在招标文件以及与施工单位签订的合同中明确以审计结果作为工程竣工结算的依据。审计机关的审计涉及工程价款的，以招标投标文件和合同关于工程价款及调整的约定作为审计的基础。"《江西省审计条例》第18条规定："政府投资和以政府投资为主的建设项目，建设单位或者代建单位可以在招标文件中载明或者与承接项目的单位在合同中约定，建设项目被纳入审计项目计划的，审计结果作为工程结算的依据。"

2. 全国人大的意见

以上规定可以看出，部分省、自治区、直辖市和一些设区的市在地方性法规中对审计结果作为政府投资和以政府投资为主的建设项目竣工结算依据作了规定。这些规定主要有三种情况：一是直接规定审计结果应当作为竣工结算的依据；二是规定建设单位应当在招标文件中载明或者在合同中约定以审计结果作为竣工结算的依据；三是规定建设单位可以在招标文件中载明或者在合同中约定以审计结果作为竣工结算的依据。但政府投资项目依法应当接受政府审计，是指对建设项目的预算和决算进行审计，目的是保障政府投资资金安全和使用效益。而建设单位和工程承包单位之间则属于平等民事法律关系，如果强制工程承包单位接受政府审计结果，则属于以行政权力强行限制民事权利。

对此，2013年中国建筑业协议联合26家地方建筑业协会和有关行业建设协会两次向全国人大常委会申请对规定"以审计结果作为工程竣工结算依据"的地方性法规进行立法审查，并建议予以撤销。2015年5月，中国建筑业协议再次向全国人大常委会提交《关于申请对规定"以审计结果作为建设工程竣工结算依据"的地方性法规进行立法审查的函》，认为规定混淆了行政法律关系与民事法律关系的界限，与《审计法》《合同法》的有关规定相抵触。

2017年2月22日，全国人大法工委印发《对地方性法规中以审计结果作为政府投资建设项目竣工结算依据有关规定的研究意见》，指出地方性法规直接规定以审计结果作为竣工结算的依据和规定应当在招标文件中载明或者在合同中约定以审计结果作为竣工结算的依据，虽然可以在一定程度上加强对政府投资资金的保障，在法律上却存在以下问题：

一是扩大了审计决定的效力范围。根据《审计法》的规定，审计机关对政府投资和以政府投资为主的建设项目的预算执行情况和决算，进行审计监督；审计机关在法定职权范围内作出的审计报告、审计决定，被审计单位应当执行；被审计单位对审计机关作出的有关财务收支的审计决定不服的，可以依法申请行政复议或者提起行政诉讼。《审计法》规范的是审计机关与被审计单位之间的行政关系，不是被审计单位与其合同相对方的民事合同关系。《审计法》的规定不宜直接引申为应当以审计结果作为被审计单位与施工单位进行结算的依据。地方性法规以审计结果作为被审计单位与施工单位进行结算的依据，实质上是以审计决定改变建设工程合同，扩大了审计决定的法律效力范围。

二是限制民事权利，超越了地方立法权限。根据《立法法》规定，民事基本制度只能制定法律。地方性法规为执行法律、行政法规的规定，可以根据本行政区域的实际情况作出具体规定，但无权对法律规定的民事权利作出限制或者减损的规定。在投资建设活动中，负责政府投资和以政府投资为主建设工程的建设单位与施工单位是平等的民事主体，双方签订的建设工程合同属于民事合同。虽然建设工程出资全部或者主要来源于国家财政，有一定的特殊性，但并不能因此改变二者之间平等的民事法律关系。地方性法规强制要求以审计结果作为合同双方竣工结算依据，将适用于被审计单位的审计决定扩大适用于被审计单位的合同相对人，限制了施工企业正当的合同权利，缺乏上位法依据，超越了地方立法权。

2017年6月5日，全国人大法工委发出《关于对地方性法规中以审计结果作为政府投资建设项目竣工结算依据有关规定提出的审查建议的复函》。该复函提出，经过充分调研和征求意见，认为地方性法规中直接以审计结果作为竣工结算依据和应当在招标文件中载明或者在合同中约定以审计结果作为竣工结算依据的规定，限制了民事权利，超越了地方立法权限，应当予以纠正。并要求有关地方人大常委会对地方性法规中的相关规定自行清理、纠正。

（三）审计结果原则上不应作为结算依据，除非合同另有约定

即使是在政府投资建设项目中签订的施工合同，建设单位和施工单位亦是法律地位平等的民事主体，平等民事主体之间的真实合意应当得到支持与尊重。《审计法》规范的是审计机关与被审计单位之间的行政关系，不是被审计单位与其合同相对方的民事合同关系。如果允许依照审计结果来改变双方当事人的约定，无异于破坏了当事人双方对于合同的预先安排和对于合同的预期。[①] 因而，在当事人没有特别约定的时候，建设单位或者施工单位主张以审计报告作为工程价款结算依据的，应当不予支持。

当然，不以审计结论作为竣工结算依据并不影响审计对国有资金的监督，反而在以审计结论作为结算依据的基础上，若双方当事人对结算价款存在争议，作为经

---

① 王毓莹：《审计部门对建设资金的审计不影响建设单位与承建单位的合同效力及履行》，载最高人民法院民事审判第一庭编：《民事审判指导与参考》2012年第4辑。

国家机关确定的审计价格，反而难以得到有效纠正和救济。① 如果绝对地、片面地、武断地将审计结果作为工程竣工结算的当然依据，则有审计机关的行政权力代替了民商事当事人通过协商、和解及调解等方式修正价款的质疑，进而影响平等主体解决民事争议的权利。② 另外，但是如果建设单位和施工单位在合同中明确约定了以审计结论作为结算依据时，则应当尊重当事人合意。

最高人民法院在《关于建设工程承包合同案件中双方当事人已确认的工程决算价款与审计部门审计的工程决算价款不一致时如何适用法律问题的电话答复意见》中指出："审计是国家对建设单位的一种行政监督，不影响建设单位与承建单位的合同效力。建设工程承包合同案件应以当事人的约定作为法院判决的依据。只有在合同明确约定以审计结论作为结算依据或者合同约定不明确、合同约定无效的情况下，才能将审计结论作为判决的依据。"最高人民法院在《关于常州证券有限责任公司与常州星港幕墙装饰有限公司工程款纠纷案的复函》指出："本案中的招投标活动及双方所签订的合同合法有效，且合同已履行完毕，依法应予保护。证券公司主张依审计部门作出的审计结论否定合同约定不能支持。"最高人民法院在《关于人民法院在审理建设工程施工合同纠纷案件中如何认定财政评审中心出具的审核结论问题的答复》指出："财政部门对财政投资的评定审核时国家对建设单位基本建设资金的监督管理，不影响建设单位与承建单位的合同效力及履行。但是，建设合同中明确约定以财政投资的审核结论作为结算依据的，审核结论应当作为结算的依据。"最高人民法院办公厅印发的《全国民事审判工作会议纪要》第4条第1项指出："除合同另有约定，当事人请求以审计机关作出的审计报告、财政评审机构作出的评审结论作为工程价款结算依据的，一般不予支持。"

（四）发包人"不正当"地拖延审计的，人民法院可委托鉴定

《民法典》第159条规定，附条件的民事法律行为，当事人为自己的利益不正当地阻止条件成就的，视为条件已成就。双方当事人在建设工程施工合同中明确将审计结论作为付款的前置条件，但如果发包人故意"拖延"审计，导致付款条件迟迟不能成就的，根据上述规定，应当认为付款条件已成就。但发包人的拖延行为应当构成"不正当"的程度，如合同中约定了审计期限，但在超过这一期限后审计未完

---

① 王凌凌：《行政审计结果是否能够作为工程竣工结算的依据》，载《建筑时报》2015年2月19日。

② 姜昀：《审计报告不影响船舶建造合同双方结算协议的效力》，载《人民司法》2016年第6期。

成，经承包人催告在合理期限后仍未完成的，可以认定发包人"不正当地"拖延审计。如果合同中没有约定审计期限，人民法院可以根据当地审计的通常期限来认定合理期限。在认定工程款支付条件成就后，应解决工程具体数额的问题。由于发承包双方对于工程款结算金额无法达成一致，人民法院可以根据承包人的申请对工程造价进行鉴定，从而得出发包人应付工程款的具体数额。

四、辅助信息

《民法典》

第五百二十五条 当事人互负债务，没有先后履行顺序的，应当同时履行。一方在对方履行之前有权拒绝其履行请求。一方在对方履行债务不符合约定时，有权拒绝其相应的履行请求。

第五百二十六条 当事人互负债务，有先后履行顺序，应当先履行债务一方未履行的，后履行一方有权拒绝其履行请求。先履行一方履行债务不符合约定的，后履行一方有权拒绝其相应的履行请求。

第七百八十八条 建设工程合同是承包人进行工程建设，发包人支付价款的合同。

建设工程合同包括工程勘察、设计、施工合同。

第七百九十九条 建设工程竣工后，发包人应当根据施工图纸及说明书、国家颁发的施工验收规范和质量检验标准及时进行验收。验收合格的，发包人应当按照约定支付价款，并接收该建设工程。

建设工程竣工经验收合格后，方可交付使用；未经验收或者验收不合格的，不得交付使用。

《审计法》

第二十二条第一款 审计机关对政府投资和以政府投资为主的建设项目的预算执行情况和决算，进行审计监督。

《审计法实施条例》

第二十条 审计法第二十二条所称政府投资和以政府投资为主的建设项目，包括：

（一）全部使用预算内投资资金、专项建设基金、政府举借债务筹措的资金等财政资金的；

（二）未全部使用财政资金，财政资金占项目总投资的比例超过50%，或者占项目总投资的比例在50%以下，但政府拥有项目建设、运营实际控制权的。

审计机关对前款规定的建设项目的总预算或者概算的执行情况、年度预算的执行情况和年度决算、单项工程结算、项目竣工决算，依法进行审计监督；对前款规定的建设项目进行审计时，可以对直接有关的设计、施工、供货等单位取得建设项目资金的真实性、合法性进行调查。

第三部分
建设工程施工合同纠纷案件裁判关联规则

◆ 建设工程施工合同纠纷案件裁判规则第 1 条：

另行签订的建设工程施工合同约定的工程范围、建设工期、工程质量、工程价款等，与中标合同不一致，属于背离合同实质性内容

【规则描述】 本条规则主要是关于建设工程合同中哪些内容属于合同的实质性内容。本规则系在《招标投标法》第 46 条和《建设工程司法解释一》第 21 条中的"实质性内容"的基础上进一步丰富和明确，亦是《建设工程司法解释二》[①] 第 1 条的主要内容。中标人和招标人在签订中标合同之后，另行签订的合同对工程范围、建设工期、工程质量、工程价款等，与中标合同不一致，属于背离中标合同"实质性内容"。

◆ 建设工程施工合同纠纷案件裁判规则第 2 条：

另行签订的变相降低工程价款的让利合同，属于背离中标合同实质性内容

【规则描述】 本条裁判规则是关于变相降低工程价款是否属于背离中标合同的认定问题。招标人和中标人在签订中标合同后，另行签订的变相降低工程价款的合同，属于对"合同实质性内容"中的工程价款的变更，违反了《招标投标法》第 46 条的强制性规定，法院应当依法认定其无效。"变相降低工程价款"是指中标人作出的以明显高于市场价格购买承建房产、无偿建设住房配套设施、让利、向建设方捐款等承诺。

---

① 《最高人民法院关于审理建设工程施工合同纠纷案件适用法律问题的解释（二）》（法释〔2018〕20 号），已失效，后文不再赘述。

⚖ 建设工程施工合同纠纷案件裁判规则第 3 条：

另行签订的建设工程施工合同实质性内容与中标合同不一致的，按照中标合同确定权利义务

【规则描述】 本条裁判规则主要是明确建设工程施工合同的发承双方应按照中标合同履行的权利义务关系的内容。《招标投标法》第 46 条规定"招标人和中标人不得再行订立背离合同实质性内容的其他协议"，但未明确违反该条规定的法律后果。为了维护招投标秩序和其他竞标人的合法利益，法律规定当事人不得任意变更中标合同的实质性内容，否则法院可以认定该变更内容无效，且不得作为认定当事人权利义务和结算工程价款的依据。

⚖ 建设工程施工合同纠纷案件裁判规则第 4 条：

不属于必须招标的建设工程进行招标的，另行签订的施工合同背离中标合同实质性内容的，应以中标合同作为工程价款结算依据

【规则描述】 本条裁判规则主要是关于不属于必须招标的建设工程进行招标后的工程款结算问题。无论是主管部门要求或者自愿对非强制招标项目进行招标的，并根据招投标结果签订建设工程施工合同后，又另行签订与中标合同实质性内容不一致的合同时，只要履行了招投标程序，就应当受《招标投标法》的约束，应当以中标合同作为工程价款的结算依据。

⚖ 建设工程施工合同纠纷案件裁判规则第 5 条：

中标合同实质性内容与招投标文件不一致的，以招投标文件作为结算依据

【规则描述】 本条裁判规则主要是关于发承双方的中标合同与招投标文件不一致时的结算依据的问题。《招标投标法》第 46 条规定要求招标人和中标人按照招标文件和投标文件订立书面合同，这就要求当事人签订的中标合同与招标文件、投标

文件、中标通知书载明的工程范围、建设工期、工程质量、工程价款相一致，否则不一致的条款无效，应将招投标文件作为结算工程价款的依据。

建设工程施工合同纠纷案件裁判规则第 6 条：

当事人就同一建设工程订立的数份建设工程施工合同均无效，工程质量合格的，参照实际履行的合同结算工程价款

【规则描述】 本条裁判规则是关于当存在多份无效合同时如何进行工程款结算的问题。《建设工程司法解释一》第 2 条规定建设工程施工合同无效的，可以参照合同约定结算工程价款。《建设工程司法解释二》第 11 条则确定当事人就同一工程项目签订数份合同均被认定无效的，但建设工程质量合格的，可以参照实际履行的合同结算建设工程合同价款。

建设工程施工合同纠纷案件裁判规则第 7 条：

不属于必须招标的建设工程进行招标后，因客观情况出现在招标投标时难以预见的变化导致合同变更的，不属于背离中标合同实质性内容

【规则描述】 本条裁判规则主要明确非强制招标项目采用招标程序后，因客观情况导致合同变更时的认定问题。当事人在履行合同的过程中对合同进行变更，是法律赋予合同当事人的一项基本权利。建设工程项目施工周期较长，在合同履行过程中发生订立合同时无法预料的情形时，当事人协商合同变更是正常的，亦是法律所允许，且并非所有的变更都会构成"黑白合同"。在建设工程开工后，因设计变更、建设工程规划指标调整等客观原因，发包人与承包人通过补充协议、会谈纪要、往来函件、签证等洽商记录形式变更工期、工程价款、工程项目性质的，不应认定为变更中标合同的实质性内容。

建设工程施工合同纠纷案件裁判规则第 8 条：

发包人未取得建设工程规划许可证等规划审批手续，签订的建设工程施工合同无效

【规则描述】 本条裁判规则是明确发包人没有取得建设规划许可证等审批手段时的合同效力认定问题。建设单位取得建设工程规划许可证是进行合法建设的前提，未取得建设工程规划许可证或者未按照建设工程规划许可证进行建设的行为违反了《城乡规划法》的相关规定，属于违反了《合同法》第52条第5项规定的违反法律、法规效力性强制规定的行为，因此，签订的建设工程施工合同无效。

建设工程施工合同纠纷案件裁判规则第 9 条：

发包人在起诉前取得建设工程规划许可证等规划审批手续的，建设工程施工合同有效

【规则描述】 本条裁判规则主要是明确在无建设工程规划许可证时的施工合同效力补正的问题。发包人未取得建设工程规划许可证等规划审批手续而签订的建设工程施工合同无效，但是如果在案件起诉前补办并取得建设工程规划许可证等规划审批手续的，施工合同的效力得到了补正，可以认定合同有效。

建设工程施工合同纠纷案件裁判规则第 10 条：

施工合同无效，损失大小无法确定的，可参照合同约定确定损失大小，根据双方过错程度及过错与损失之间的因果关系等因素作出裁判

【规则描述】 本裁判规则是明确建设工程施工合同无效时的损失赔偿如何解决的问题。建设工程施工合同无效的，合同中约定的违约责任条款亦无效，但并不能因此免除当事人的损害赔偿责任。合同无效，一方当事人请求对方赔偿损失的，应当就对方过错、损失大小、过错与损失之间的因果关系承担举证责任。损失大小无法确定时，法院可以参照合同约定的质量标准、建设工期、工程价款支付时间等内

容确定损失大小，同时应结合双方过错程度、过错与损失之间的因果关系等因素作出裁判。

建设工程施工合同纠纷案件裁判规则第 11 条：

建筑资质的出借方和借用方对工程质量不合格等造成的损失，向发包人承担连带赔偿责任

【规则描述】 本裁判规则是关于挂靠人与被挂靠人[①]对发包人承担连带赔偿责任的事由和原因问题。《建筑法》第 66 条规定对因工程不符合规定的质量标准造成的损失，建筑施工企业与使用本企业名义的单位或者个人承担连带赔偿责任。《建设工程司法解释一》第 25 条规定发包人对因建设工程质量发生的争议，可以以总承包人、分包人和实际施工人为共同被告提起诉讼。《建设工程司法解释二》第 4 条规定发包人可以请求出借方与借用方对建设工程质量不合格等因出借资质造成的损失承担连带赔偿责任。

建设工程施工合同纠纷案件裁判规则第 12 条：

发包人订立合同时明知挂靠事实的，实际施工人可以直接向发包人主张工程价款

【规则描述】 本条裁判规则是关于发包人明知挂靠时，实际施工人可以向发包人主张权利的问题。发包人在订立合同时明知挂靠事实，仍然与承包人签订建设工程施工合同的，视为发包人认可实际施工人挂靠承包人实际承包工程。此时，承包人仅为名义上的合同相对方，发包人与实际施工人之间成立事实上的建设工程施工合同关系，实际施工人按合同约定完成施工，发包人亦应向实际施工人支付工程价款。若发包人未按约付款，则实际施工人可以直接向作为事实施工合同相对方的发包人直接主张工程价款。

---

① 由于术语"借用资质"与"挂靠"在不同司法解释中均有使用和通用。考虑到在建设工程领域使用"挂靠"系约定俗成，本书"挂靠"与"借用资质"作通用理解。

建设工程施工合同纠纷案件裁判规则第 13 条：

经发包人同意承包人已实际进场施工的，以实际进场施工为开工日期

【规则描述】 本条裁判规则是关于承包人已经实际进场的情况下，开工时间的认定问题。开工日期的确定对判断承包人是否按照约定的工期完成施工有重要影响。法院在认定开工日期时，应尽量贴近实际开工的日期。《建设工程司法解释二》区分了以下几种情形：第一种，开工日期以发包人或监理人发出的开工通知载明的日期为准；第二种，开工通知发出后，如果工程尚不具备开工条件，则以开工条件具备后的时间为开工日期，但若因承包人的原因导致开工通知发出后又无法实际开工的，则仍以开工通知载明的时间为准；第三种，开工通知发出前，如果承包人经发包人同意已经实际进场施工的，以实际进场时间为开工日期；第四种，发包人或者监理人没有发出开工通知，现有证据也无法证明何时实际开工，则须综合开工报告、合同、施工许可证等载明的时间和案件其他事实，认定开工日期。

建设工程施工合同纠纷案件裁判规则第 14 条：

合同约定顺延工期应当向发包人或监理人提出申请签证确认，虽未取得确认，但承包人能够证明申请过的，可顺延工期

【规则描述】 本条裁判规则是明确承包人申请工期顺延的司法认定问题。建设工程施工合同中约定，承包人顺延工期需要提出申请，并经发包人或监理人签证的方式进行确认。但发包人或监理人往往以各种理由拒绝签证确认，如果法院一概以工期顺延申请未获签证确认为由认定工期不顺延，显然对承包人有失公平。因此，只要承包人能够证明顺延工期的申请是在合同约定的期限内提出的，且顺延事由符合合同约定，当然应支持承包人顺延工期的主张。

建设工程施工合同纠纷案件裁判规则第 15 条：

发包人在约定期限后同意工期顺延或者承包人提出合理抗辩的，工期应相应顺延

【规则描述】 本条裁判规则是明确承包人在没有申请签证工期顺延时如何保障承包人的工期顺延的问题。如发承双方在建设工程施工合同中明确约定了"逾期索赔失权"的条款，如承包人没有在合同约定的期限内申请顺延工期并索赔的，则视为放弃索赔权利或者视为工期不顺延，应当按照当事人的约定处理。但如果承包人能够提出合理抗辩，或发包人在约定期限后同意工期顺延的，法院应当认定工期顺延。

建设工程施工合同纠纷案件裁判规则第 16 条：

当事人未约定质量保证金返还期限的，自建设工程通过竣工验收之日起满二年

【规则描述】 本条裁判规则是明确建设工程质量保证金的返还期限问题。根据《建设工程质量保证金管理办法》的规定，承包人可以在缺陷责任期满后向发包人申请返还保证金。缺陷责任期一般为 1 年，最长不超过 2 年，由发承包双方在合同中约定，如合同中未约定缺陷责任期的，按 2 年计。同时，缺陷责任期起始日的计算，一般以工程通过竣工验收之日为起算日。由于承包人原因导致工程无法按规定期限进行竣工验收的，缺陷责任期从实际通过竣工验收之日起计。

建设工程施工合同纠纷案件裁判规则第 17 条：

发包人返还工程质量保证金后，不影响承包人根据合同约定或者法律规定履行工程保修义务

【规则描述】 本条裁判规则主要明确在返还工程质量保证金后承包人还要承担工程保修义务的问题。《建设工程质量管理条例》第 40 条针对建设工程的最低保修

期作了具体的规定。承包人在合同约定或法律法规规定的保修期内所承担的保修义务是法定义务，不能通过合同约定予以排除。建设工程的保修期比缺陷责任期要长，缺陷责任期满后，发包人向承包人返还质量保证金，只表明承包人不再承担工程质量缺陷责任，但不影响承包人向发包人承担保修义务。

◎ 建设工程施工合同纠纷案件裁判规则第 18 条：

承包人提起本诉后，发包人以工程质量不符合合同约定或者法律规定为由提起反诉的，可以合并审理

【规则描述】 本条裁判规则是明确发包人是否可以工程质量不符合合同约定或者法律规定为由提起反诉的问题。承包人向发包人主张工程款，发包人以工程质量存在问题为由主张付款条件未成就或请求减少工程价款的，应作为抗辩，无须提起反诉；若发包人以工程质量存在问题为由请求承包人承担违约责任的，应当提起反诉。同时，基于诉讼效率和便利当事人的考虑，对于发包人提起的反诉，法院可以合并审理。

◎ 建设工程施工合同纠纷案件裁判规则第 19 条：

当事人约定按照固定价结算工程价款，一方当事人请求工程造价鉴定，不予支持

【规则描述】 本条裁判规则是明确发承双方约定固定总价结算时是否还可以申请鉴定的问题。双方在建设工程施工合同中明确约定工程价款为固定总价，承包方虽申请对工程造价进行鉴定，但鉴于双方对工程造价约定的系固定价，故对其鉴定申请不予支持。

◆ 建设工程施工合同纠纷案件裁判规则第 20 条：

诉讼前双方已就工程价款达成结算协议的，一方当事人要求对工程造价进行鉴定的，不予支持

【规则描述】 本条裁判规则是明确发承双方达到工程价款协议时是否还可以通过鉴定重新结算的问题。当事人在诉讼前已就工程价款的结算达成协议，一方在诉讼中要求通过鉴定的方式重新结算的，不予支持，但结算协议被法院或仲裁机构认定为无效或撤销的除外。本条规则来源于《建设工程司法解释二》第 12 条，是对《建设工程司法解释一》第 23 条中规定"有争议的事实"的细化、丰富和发展。

◆ 建设工程施工合同纠纷案件裁判规则第 21 条：

对工程造价等专门性问题有争议，经法院释明，负有举证责任的当事人不申请鉴定，应承担举证不能的法律后果

【规则描述】 本条裁判规则是明确负有举证责任的当事人不申请鉴定时的法律后果的问题。在发承双方就合同履行过程中对有关要件事实发生争议时，应当由负举证责任的一方承担举证责任，事实无法查清，需鉴定方法来认定事实时，经人民法院释明，告知负举证责任的一方当事人如不申请鉴定，其诉请可能因证据不足不能得到相应的支持，负举证责任的当事人明确表示不申请鉴定的，应当承担举证不能的法律后果。

◆ 建设工程施工合同纠纷案件裁判规则第 22 条：

一审中负有举证责任的当事人未申请鉴定，二审申请鉴定，人民法院认为确有必要的，应当发回重审，或者查清事实后改判

【规则描述】 本条裁判规则是明确一审未提出鉴定申请的，二审是否还可以申请鉴定的问题。一审诉讼中负有举证责任的当事人未申请鉴定，虽申请鉴定但未支付鉴定费用或拒不提供相关检材料，在二审诉讼中申请鉴定，人民法院认为确有必

要的，应当依照《民事诉讼法》第170条第1款第3项的规定处理，即原判决认定基本事实不清的，裁定撤销原判决，发回原审人民法院重审，或者查清事实后改判。

◈ 建设工程施工合同纠纷案件裁判规则第23条：

鉴定材料应当进行质证，经质证不能作为鉴定依据的，根据该鉴定材料作出的鉴定意见不得作为认定事实的依据

【规则描述】 本条裁判规则主要是明确未经质证的材料是否可以作为认定案件事实的依据的问题。对于双方当事人提供的证据，应当进行质证；未经质证程序，证据材料不得作为认定案件事实的根据。为了查明案件事实的需要，人民法院应当组织当事人对鉴定意见进行质证；对于当事人提供的有争议的鉴定材料，经过质证后，发现鉴定材料不真实或具有其他不能作为鉴定依据的，则依据该鉴定材料得到的鉴定意见部分，不能作为认定案件事实的依据。

◈ 建设工程施工合同纠纷案件裁判规则第24条：

建设工程施工合同的承包人，享有建设工程价款优先受偿权

【规则描述】 本条裁判规则主要是明确享有建设工程价款优先受偿权的法定主体问题。《建设工程司法解释二》第17条规定仅与发包人订立建设工程施工合同的承包人，才能就工程价款享有优先受偿权。优先受偿权是以工程价款的请求权为权利基础的，对于挂靠、转包、违法分包的实际施工人、次承包人以及工程款债权转让的受让人，其与发包人没有直接的合同关系，对发包人并不当然享有工程款给付请求权，故不享有优先受偿权。与发包人订立勘察合同、设计合同的勘察人、设计人对勘察费、设计费亦不享有优先受偿权。

建设工程施工合同纠纷案件裁判规则第 25 条：

装饰装修工程发包人是建筑物的所有权人的，装饰装修工程的承包人可以请求装饰装修工程款，并就该装饰装修工程折价或拍卖的价款享有优先受偿权

【规则描述】 本条裁判规则主要是明确装饰装修工程中的承包是否享有建设工程价款优先受偿权的问题。装饰装修工程的承包人对发包人欠付的工程价款就其承包施工的装饰装修工程对应的价值范围内享有优先受偿权，且要求装饰装修工程的发包人必须是该建筑物的所有权人。若装饰装修工程的发包人不是建筑物所有权人，则将整个建筑物进行折价或拍卖来偿还债务，则有失公平，严重损害了建筑物所有权人的利益。

建设工程施工合同纠纷案件裁判规则第 26 条：

施工合同无效，但建设工程质量合格，承包人享有工程价款优先受偿权

【规则描述】 本条裁判规则主要是解决施工合同无效时承包人是否还享有建设工程价款优先受偿权的问题。《合同法》第 286 条规定建设工程的承包人享有建设工程价款优先受偿权，优先受偿权的基础是承包人对发包人享有建设工程价款债权，如工程质量不合格，则发包人有权拒绝支付工程款，承包人的建设工程价款优先受偿权也就无从谈起。故建设工程质量合格，是承包人享有工程款优先受偿权的首要前提。同时，建设工程价款优先受偿权是为了保护承包人的工程价款给付请求权设立的，合同无效，并不影响承包人向发包人主张工程价款，故合同无效并不导致承包人工程价款优先受偿权的丧失。

建设工程施工合同纠纷案件裁判规则第 27 条：

未竣工的建设工程质量合格的，承包人享有优先受偿权

【规则描述】 本条裁判规则主要是明确建设工程中的未竣工工程中的承包人是

否享工程价款优先受偿权的问题。建设工程价款的组成及支付主要包括预付款的支付、进度款的支付、竣工后付款、工程尾款的支付等，工程竣工验收只是发包人支付部分工程款的节点，并非支付所有工程款的前提。承包人享有建设工程价款优先受偿权的基础是对发包人享有建设工程价款的债权请求权，工程未竣工，但只要承包人完成的工程质量合格，发包人即应支付相对应的工程价款，承包人亦能主张建设工程价款优先受偿权。

◈ 建设工程施工合同纠纷案件裁判规则第 28 条：

人工费、材料费、施工机具使用费、企业管理费、利润、规费、税金等属于建设工程价款优先受偿权范围

【规则描述】 本条裁判规则主要是明确建设工程优先受偿权的范围。《优先受偿权批复》第 3 条规定建设工程价款包括承包人为建设工程应当支付的工作人员报酬、材料款等实际支出的费用，不包括承包人因发包人违约所造成的损失。但该批复确定的优先受偿权的范围过于狭窄，不利于对承包人工程款债权的保护，故《建设工程司法解释二》第 21 条规定承包人建设工程价款优先受偿权的范围依照国务院有关行政主管部门关于建设工程价款范围的规定确定。结合《建筑安装工程费用项目组成》和《建设工程施工发包与承包价格管理暂行办法》等国务院有关行政主管部门的意见，建设工程的价款除了包括承包人为建设工程应当支付的工作人员报酬、材料款等实际支出的费用，还包括施工机具使用费、企业管理费、利润、规费和税金等。

◈ 建设工程施工合同纠纷案件裁判规则第 29 条：

承包人行使建设工程价款优先受偿权的期限为六个月，自发包人应当给付建设工程价款之日起算

【规则描述】 本条裁判规则主要是解决建设工程价款优先受偿权的行使期限和起算点的问题。《优先受偿权批复》第 4 条规定："建设工程承包人行使优先权的期限为六个月，自建设工程竣工之日或者建设工程合同约定的竣工之日起计算。"由于

建设工程结算周期长、结算流程复杂，工程竣工后 6 个月内往往难以完成结算，也就导致了承包人结算尚未完成、工程价款的数额尚未确定的情况下，就已经超过了优先受偿权的行使期限，这就容易导致《合同法》第 286 条规定的保护承包人工程价款债权的立法目的无法实现。基于此，《建设工程司法解释二》第 22 条规定，承包人行使建设工程价款优先受偿权的期限为 6 个月，自发包人应当给付建设工程价款之日起算。

建设工程施工合同纠纷案件裁判规则第 30 条：

发包人和承包人约定放弃优先受偿权有效，但不得损害建筑工人利益

【规则描述】 本条裁判规则是关于当事人能否事先约定放弃或限制建设工程价款优先受偿权的行使。建设工程价款优先受偿权是法律赋予承包人的权利，承包人有权在法律规定的范围内处分自己的民事权利，故发承包双方可以约定放弃或限制优先受偿权的行使，但不得损害建筑工人的利益。建筑工程是劳动密集型产业，建筑工人的工作报酬占据了工程价款很大一部分的比例，故建设工程价款优先受偿权不仅关系承包人自身的利益，也关系广大建筑工人的工资权益的实现。

建设工程施工合同纠纷案件裁判规则第 31 条：

实际施工人以发包人为被告主张权利的，人民法院应当追加转包人或者违法分包人为第三人，查明欠付工程款数额，判决发包人在欠付工程款范围内承担责任

【规则描述】 本条规则是关于实际施工可以突破合同相对性向发包人主张工程款的内容。基于保护处于弱势地位的建筑工人权益的目的，《建设工程司法解释一》第 26 条和《建设工程司法解释二》第 24 条都赋予了实际施工人突破合同相对性，直接向发包人主张工程款的权利。为查明案件事实，法院应当追加转包人或者违法分包人作为第三人参加诉讼。同时为了平衡各方当事人的利益，需要查明发包人欠付工程价款的具体数额后，判决发包人在欠付工程款范围内对实际施工人承担付款责任。

建设工程施工合同纠纷案件裁判规则第 32 条：

转包人或违法分包人怠于向发包人行使到期债权时，实际施工人可以对其造成损害为由提起代位权诉讼

【规则描述】 本条规则是关于实际施工人有权向发包人提起代位权诉讼的规则。《建设工程司法解释二》第 25 条规定了在转包人或者违法分包人怠于向发包人行使到期债权对其造成损害时，实际施工人可以根据《合同法》第 73 条的规定提起代位权诉讼。

建设工程施工合同纠纷案件裁判规则第 33 条：

建设工程必须进行招标而未招标的，建设工程施工合同无效

【规则描述】 采用招标投标方式对工程进行发包，是将竞争机制引入交易过程，确保了建筑市场准入的良性竞争，旨在减少暗箱操作和不正当利益输送，从而保证建设工程的质量，保证人民群众的生命财产安全。《招标投标法》规定了必须进行招标的工程范围，主要立法目的在于对大型基础设施、公用事业等关系社会公共利益、公众安全的项目建设以及对民生工程等公共事务范畴的规制；并规制国有资金或者国际组织、外国政府借款、援助资金等公共资金的使用效益，防止在使用该类资金的工程项目中的资金被滥用。同时，对于必须进行招标的工程项目，应严格限定而不得随意扩大其范围，除非法律、行政法规另有明确规定。对于纯民营资本投资且不涉及社会公共利益、公众安全的建设工程，不应认定为属于必须进行招标的工程项目范围。

建设工程施工合同纠纷案件裁判规则第 34 条：

建设工程中标无效的，建设工程施工合同无效

【规则描述】《招标投标法》对招标代理机构、招标人和投标人在招投标过程中的行为作了许多禁止性的规定，目的是防止损害国家利益、社会公共利益或者他人

合法权益。中标无效，是法律对中标的结果予以否定性评价，由此签订的建设工程施工合同亦无效。违反法律规定的招标代理机构、招标人和投标人将承担行政责任，给其他利益相关的主体造成损失的，还应承担民事赔偿责任，情节严重的，还可能被追究刑事责任。

◈ 建设工程施工合同纠纷案件裁判规则第 35 条：

承包人未取得建筑施工企业资质或超越资质等级的，建设工程施工合同无效

【规则描述】 我国法律对从事建筑活动的建筑施工企业实行资质强制管理制度，禁止施工企业在没有取得相应资质或超越资质等级的情况下承接建设工程。之所以对建设工程合同的主体资质有严格的规定，是出于保护涉及国计民生的重大社会公共利益之考量，建设工程的质量不仅关系到社会大众的人身财产利益，甚至可能影响社会安全与稳定。但如果在工程竣工前，承包工程的施工企业取得了建设工程要求的相应资质，说明承包人具备承包该工程项目的经济和技术能力，故在工程质量得到保证的情况下，认可合同的效力，一方面是充分尊重当事人合同自由，坚持慎用合同无效原则的体现，另一方面也符合《建筑法》等法律法规禁止承包人超越资质等级许可范围承揽工程的立法初衷和立法目的。

◈ 建设工程施工合同纠纷案件裁判规则第 36 条：

承包人非法转包、违法分包建设工程，与他人签订建设工程施工合同无效

【规则描述】《合同法》和《建筑法》明确禁止承包人将工程转包和违法分包。根据《建设工程司法解释一》第 4 条的规定，承包人在承包工程后将建设工程转包或违法分包给第三方，违反法律的强制性规定，因此签订的施工合同，应当认定为无效。

建设工程施工合同纠纷案件裁判规则第 37 条：

没有资质的实际施工人借用有资质的建筑施工企业名义的，与他人签订建设工程施工合同无效

【规则描述】 借用资质行为规避了行政管理机关对建筑施工企业资质条件的管理，扰乱了建筑市场的正常秩序，严重影响了建设工程的质量，法律对此行为明确规定予以禁止。根据《建设工程司法解释一》第 1 条的规定，没有资质的实际施工人借用有资质的建筑施工企业名义签订的建设工程施工合同，应当认定无效。对于具备相应资质的施工企业借用其他施工企业资质承揽工程，虽然"名义上"具有了承建工程的条件，同样破坏了建筑市场秩序，损害了建筑业的健康发展，有悖于《建筑法》的立法目的，同样应当认定施工合同无效。

建设工程施工合同纠纷案件裁判规则第 38 条：

建设工程施工合同无效，但建设工程质量合格的，可以参照合同关于工程价款的约定折价补偿承包人

【规则描述】 建设工程施工合同的特殊之处在于，建设工程的施工过程，就是承包人将劳务及建筑材料物化到建设工程的过程。基于这一特殊性，合同无效，发包人取得的财产形式上是承包人建设的工程，实际上是承包人对工程建设投入的劳务及建筑材料，故而无法适用无效恢复原状的返还规则，只能折价补偿。"承包人请求参照合同约定支付工程价款"，并不意味着承包人对于工程结算的两种补偿方式享有选择权。同时基于平等保护合同当事人的需要，在施工合同被认定无效时，发包人同样有权请求参照合同关于工程价款的约定支付工程价款。

⚠ 建设工程施工合同纠纷案件裁判规则第 39 条：

发包人擅自使用未经竣工验收的建设工程，承包人仍应在建设工程合理使用寿命内对地基基础工程和主体结构质量承担民事责任

【规则描述】 建筑物的地基基础和主体结构的质量，关系着整个建筑物的安全，关系着建筑物内部和周边人员的生命财产安全。因此，无论建筑工程是否经过验收、发包人是否擅自使用，如果建筑工程在合理使用寿命内地基基础工程和主体结构质量出现问题，承包人都需要承担责任。建设工程未经竣工验收发包人擅自使用的，承包人仍应按照合同的约定或有关规定承担质量保修责任。

⚠ 建设工程施工合同纠纷案件裁判规则第 40 条：

当事人对建设工程实际竣工日期有争议的，按照不利于过错方的原则处理

【规则描述】 竣工日期包括计划竣工日期和实际竣工日期，确定建设工程实际竣工日，其法律意义涉及给付工程款的本金及利息起算时间、计算违约金的数额以及风险转移等诸多问题。视为竣工日期，主要包括承包人提交验收报告之日为竣工日期和转移占有建设工程之日为竣工之日。《建设工程司法解释一》第 14 条规定的"建设工程经竣工验收合格的，以竣工验收合格之日为竣工日期"，对于司法实践中较为常见的"发包人拖延验收"和"发包人擅自使用"现象，采取有利于非违约方原则，或者说不利于过错方原则处理。

⚠ 建设工程施工合同纠纷案件裁判规则第 41 条：

当事人明确约定发包人收到竣工结算文件后，在约定期限内不予答复视为认可的，应当按照竣工结算文件结算工程价款

【规则描述】 发包人、承包人在施工合同中明确约定发包人收到竣工结算文件后，在一定期限内不予答复，视为认可竣工结算文件的，根据《民法总则》第 140

条的规定，发包人的不予答复拟制为默示的意思表示，发生视为认可竣工结算文件的法律效果。竣工结算文件也因此成为发、承包双方认可的结算协议，承包人可以请求按照该竣工结算协议结算工程价款。

⚖ 建设工程施工合同纠纷案件裁判规则第 42 条：

建设工程竣工前，当事人对工程质量发生争议，工程质量经鉴定合格的，鉴定期间为顺延工期期间

【规则描述】 本条规则是关于建设工程竣工前的工程质量鉴定期间的工期责任问题。在建设工程竣工前，当事人对工程质量发生争议，申请人民法院对工程质量进行鉴定的，如果工程质量不合格，则承包人承担相应的责任，鉴定期间计入工期；如工程质量合格，则鉴定期间为顺延工期期间。

⚖ 建设工程施工合同纠纷案件裁判规则第 43 条：

因设计变更导致工程量或质量标准发生变化，当事人对该部分工程价款不能达成一致的，可以参照施工合同签订时当地建设行政主管部门发布的计价方法或者计价标准结算工程价款

【规则描述】 本条规则是关于设计变更后和质量标准发生变化后的工程价款结算问题。在建设工程施工合同履行过程中，因发包人设计变更导致工程量或质量标准发生变化的，如果合同中对此没有约定，而当事人亦不能达成一致的，不能直接适用或参照合同约定内容结算工程价款，可以参照施工合同签订时的当地建设行政主管部门发布的计价方法或者计价标准结算工程价款。

建设工程施工合同纠纷案件裁判规则第 44 条:

因工程质量发生争议的,发包人可以以总承包人、分包人和实际施工人为共同被告

【规则描述】 本条规则是关于工程质量纠纷中的诉讼主体如何确定的问题。与发包人签订建设工程合同的总承包人,对所承包的全部工程的质量向发包人负责。总承包人将工程分包的,和分包人一起对工程质量向发包人承担连带责任。总承包人将工程转包、违法分包或出借资质的,与实际施工人就工程质量向发包人承担连带责任。故发包人可以以总承包人、分包人和实际施工人为共同被告。

建设工程施工合同纠纷案件裁判规则第 45 条:

因承包人的原因,致使建设工程在合理使用期限内造成人身和财产损害的,承包人应当承担赔偿责任

【规则描述】 本条是关于建设工程使用期限内造成人身和财产损害的责任承担问题。如果是因承包人施工原因造成工程存在质量缺陷的,导致建设工程在合理期限内造成人身和财产损害的,承包人应承担损害赔偿责任。

建设工程施工合同纠纷案件裁判规则第 46 条:

当事人对垫资和垫资利息有约定,承包人可以请求发包人按照约定返还垫资及其利息

【规则描述】 本条规则主要是关于建设工程施工过程中承包人垫资及垫资利息处理的内容。发承包双方在建设工程施工合同或其他协议中对垫资及利息有明确约定的,承包人可以向法院主张发包人返还其垫资及利息,但约定的利息计算标准不能高于中国人民银行发布的同期同类贷款利率。如果发承包双方对垫资没有约定的,按照工程欠款处理。如果对垫资有约定,但未对垫资利息进行约定的,承包人不得请求发包人支付利息。

建设工程施工合同纠纷案件裁判规则第 47 条：

发包人未按照合同约定支付工程价款的，承包人有权请求发包人从应付工程价款之日起支付利息

【规则描述】 本条规则主要是关于工程款利息的起付时间的内容。发承包双方对工程款支付时间有约定的，利息从应付工程款之日计付；没有约定或者约定不明确的，以下的时间视为应付款时间：建设工程已实际交付的，为交付之日；建设工程没有交付的，为提交竣工结算文件之日；建设工程未交付，工程价款也未结算的，为当事人起诉之日。

建设工程施工合同纠纷案件裁判规则第 48 条：

发包人未按约定支付工程价款的，致使承包人无法施工，且在催告的合理期限内仍未履行相应义务的，承包人有权请求解除建设工程施工合同

【规则描述】 本条规则主要是关于承包人合同解除权的问题。发包人不按照合同约定履行相应的合同义务，致使承包人无法进行施工，且在催告的合理期限内仍然没有履行支付价款的合同义务的，承包人有权请求解除与发包人的施工合同。

建设工程施工合同纠纷案件裁判规则第 49 条：

承包人存在严重的违约行为，致使发包人不能实现合同目的的，发包人有权请求解除合同

【规则描述】 本条规则主要是关于合同解除的规则，主要涉及承包人违反合同义务时，发包人有请求解除合同的权利。主要包括：承包人明确表示或者以行为表明不履行合同主要义务的；承包人在合同约定的期限内没有完工，且在发包人催告的合理期限内仍未完工的；承包人已经完成的建设工程质量不合格，并拒绝修复的；承包人将承包的建设工程非法转包、违法分包的，人民法院对发包人解除建设工程施工合同的请求予以支持。

建设工程施工合同纠纷案件裁判规则第 50 条：

建设工程施工合同解除后，已经完成的建设工程质量合格的，发包人应当按照约定支付相应的工程价款

【规则描述】 本条规则主要是合同解除后发包人是否应当支付工程价款的规则。总的原则是，建设工程施工合同解除后，已经完成的建设工程质量合格的，发包人应当支付相应的工程价款；如果已经完成的建设工程质量不合格，经过修复，验收合格的，发包人可以请求承包人承担修复费用，但承包人需要承担相应的修复费用；经过修复，建设工程质量经验收不合格的，承包人请求支付工程价款，不予支持。

建设工程施工合同纠纷案件裁判规则第 51 条：

因建设工程质量不合格造成的损失，发包人有过错的，应承担相应的民事责任

【规则描述】 本条规则主要是关于建设工程质量不合格的损失责任承担的问题。建筑施工企业对工程的施工质量负责，因工程质量不合格造成的损失，由承包人承担。但发包人对造成工程质量缺陷存在过错的，应承担相应的过错责任，如发包人提供的设计有缺陷、设计不符合强制性标准；发包人提供或者制作、购买的建筑材料、建筑构配件不符合强制标准等。